国际市场营销学

刘重力 邵 敏 主编

南开大学出版社
天 津

图书在版编目(CIP)数据

国际市场营销学 / 刘重力,邵敏主编. —天津:南开大学出版社,2015.3(2017.8重印)
ISBN 978 7-310-04770-3

Ⅰ.①国… Ⅱ.①刘… ②邵… Ⅲ.①国际营销－高等学校－教材 Ⅳ.①F740.2

中国版本图书馆 CIP 数据核字(2015)第 051364 号

版权所有　侵权必究

南开大学出版社出版发行
出版人:刘立松
地址:天津市南开区卫津路 94 号　邮政编码:300071
营销部电话:(022)23508339　23500755
营销部传真:(022)23508542　邮购部电话:(022)23502200

＊

天津泰宇印务有限公司印刷
全国各地新华书店经销

＊

2015 年 3 月第 1 版　2017 年 8 月第 2 次印刷
230×170 毫米　16 开本　20 印张　2 插页　364 千字
定价:46.00 元

如遇图书印装质量问题,请与本社营销部联系调换,电话:(022)23507125

前　言

目前我们所面临的 21 世纪，世界经济的发展出现了两大趋势，一方面，人类社会随着 20 世纪末以来新经济的发展，已经进入了瞬息万变的信息时代，世界经济已不可逆转地走向了全球化；另一方面，20 世纪 80 年代以来席卷全球的经济体制改革打乱了多年来的陈规旧矩，一个新的经济秩序正在全球范围内建立。在这种发展条件下，处在新世纪初的中国应该怎样迎接新世纪经济发展的各种挑战？这是摆在我们面前的一个值得认真对待的现实问题。

在这种新的挑战面前，人们普遍有一种危机感，这种危机感包括我们所面临的外部世界日益剧烈的国际竞争。随着中国经济的日益强大，已经被国际社会看作是一种威胁，尤其是西方发达国家，已将我们作为了潜在的竞争对手；同时，现代科学技术突飞猛进地发展，科技创新带来的新产品、新工艺不断出现，市场日臻成熟，管理日益规范，而我国国内的基础设施相对落后，经营管理尚不完善，市场竞争还没有形成一定的竞争实力，中国经济面临的竞争环境也日益严峻。但从某种意义上讲，这种危机感也会给我们带来经济腾飞和赶超世界先进水平的特殊机会，例如，日益剧烈的国际竞争可以为我国企业创造更加广阔的市场；日新月异的科技创新可以为我国企业赶超世界先进工业水平提供一个有力的跳板。正如我国政府在制定 2010 年远景经济发展蓝图时所指出的那样，要赶超世界先进水平，使我国彻底地摆脱贫困，我们不仅需要艰苦奋斗，而且还需要充分地利用当今世界上的先进科学技术和管理方法，只有这样，我们的企业才有可能在国际竞争中成为强者。

但在这种背景下，我们还发现了一个不争的事实，即如今的国际市场，竞争激烈、强者林立，却没有一个企业可以永久称雄一方。曾几何时，在国际市场上赫赫有名的大型公司和企业在 20 世纪末都先后陷于困境，这些昔日的强者之所以陷入困境，主要是未能适应国际市场日新月异的变化，犯了市场营销战略上的"近视症"。如果说市场营销战略的"近视症"能发生在成熟的市场经济社会里，它就更可能发生在成长中的市场经济社会里。我国正处在社会主义市场经济的成长之中，我们的企业要想成为国际市场竞争中的强者，就更需要灵活地把握市场营销战略和战术，建立起"为他人谋福利"的长远战略思想。

本教材是以市场营销学的基本理论作为基础，针对复杂多变的国际市场营销环境，从理论和实践两个方面研究企业进入国际市场的方式、从事国际生产和经营活动的策略和手段以及企业国际市场运营的组织形式和管理机制的一门学科。目前，国际营销学在国外已经形成了一门比较系统的管理科学，在我国国际经济与贸易专业的基础课程建设中，国际市场营销学已成为该专业培养国际商务领域高级应用性人才的重要基础课程。

本教材在编写过程中借鉴了西方国际营销学的有关思想，吸收我国市场营销学家和国际贸易专家们的研究成果，以典型案例分析贯穿整个教学体系，并根据国际营销学的交叉学科特点，从多种角度进行分析和探讨，不仅在体系上日臻完善而且结构上也做了较大的调整，其特点将体现在以下四个方面：第一，针对21世纪国际市场营销观念和营销方式的变化特点，特别强调企业必须树立国际战略营销观念，不仅要以追逐利润为目标，还要考虑相关利益者的利益。第二，深入探讨21世纪知识经济与科技革命对顾客需求、企业营销策略及营销方式的影响，并就此提出自己的观点和看法。第三，针对21世纪人们环保意识的增强及各国对生态环境的不同要求，书中将对绿色营销的观念进行解读。第四，针对21世纪国际市场竞争的加剧，国际竞争战略、策略和手段的研究也将赋予新的内容。总之，这本书是具有一定的理论研究价值和现实可操作性的教材，因此我们在编写中始终注重其理论性、实用性和系统性，使该书真正能够对传统国际营销学教学体系进行一定的改革与创新，并对培养适应21世纪国际经济贸易发展需要的国际市场开发人才发挥一定的积极作用。

本教材主编是长期从事国际贸易理论与实务以及国际市场问题教学与研究工作的教师，具有扎实的经济学理论基础和应用经济研究的实践经验，并具有多次参与主编相关内容教材的经历与经验。在编写中，还参考了许多国内外相关领域专家、学者的著作与教材，并从中受到启发和吸取了现代国际营销学的理念和精髓。在此基础上，作者根据长期积累的丰富的教学经验和本课程研究领域的大量教学资源，对本教材的体系和内容进行了系统的补充修改和完善，使其更加适应21世纪企业国际市场营销活动的需要。

本教材第1~5章由刘重力教授编写，第6~10章由邵敏副教授编写。博士研究生李玉娜、李红阳等参与了部分章节资料的搜集整理和校对工作。在本教材的编辑出版过程中，得到南开大学出版社和王乃合编辑等的支持与帮助，在此表示诚挚的谢意。

编　者

2014年11月于南开园

目 录

第一章 导论 ·· 1
　第一节 国际营销的产生与发展 ··· 1
　第二节 国际营销学的研究对象 ··· 7
　第三节 国际营销学的研究方法 ··· 10
　本章小结 ··· 14
　重要概念 ··· 14
　思考习题 ··· 15
　案例分析 ··· 15

第二章 国际营销环境分析 ·· 17
　第一节 国际营销政治与法律环境 ··· 17
　第二节 国际营销经济与人口环境 ··· 27
　第三节 国际营销社会与文化环境 ··· 32
　第四节 国际营销物质生态环境 ··· 37
　第五节 21世纪国际营销环境的变化 ·· 45
　本章小结 ··· 60
　重要概念 ··· 62
　思考习题 ··· 62
　案例分析 ··· 63

第三章 国际市场信息来源及获取的方法 ·· 66
　第一节 国际市场信息来源与渠道 ··· 66
　第二节 国际市场信息调研的范围 ··· 72
　第三节 国际市场信息调研的方法 ··· 77
　本章小结 ··· 82
　重要概念 ··· 83
　思考习题 ··· 83
　案例分析 ··· 83

第四章 进入国际市场营销战略的选择与确定 ······································ 86
　第一节 国际市场营销战略概述 ··· 86

  第二节 企业进入国际市场战略模式的选择…………………… 93
  第三节 企业进入国际市场战略目标的确定…………………… 103
  本章小结……………………………………………………………… 112
  重要概念……………………………………………………………… 113
  思考习题……………………………………………………………… 113
  案例分析……………………………………………………………… 114

第五章 进入国际市场战略的实施……………………………………… 116
  第一节 进入国际市场前的准备工作…………………………… 116
  第二节 进入国际市场战略战术分析…………………………… 127
  第三节 进入战略的组织设计与管理…………………………… 141
  本章小结……………………………………………………………… 154
  重要概念……………………………………………………………… 155
  思考习题……………………………………………………………… 155
  案例分析……………………………………………………………… 155

第六章 国际市场细分和目标市场定位……………………………… 158
  第一节 国际市场细分的含义与作用…………………………… 158
  第二节 国际市场细分标准……………………………………… 160
  第三节 国际目标市场的选择…………………………………… 164
  第四节 国际市场产品定位……………………………………… 170
  本章小结……………………………………………………………… 175
  重要概念……………………………………………………………… 176
  思考习题……………………………………………………………… 176
  案例分析……………………………………………………………… 177

第七章 国际营销产品策略……………………………………………… 179
  第一节 国际营销产品的含义…………………………………… 180
  第二节 国际营销产品的组合…………………………………… 183
  第三节 国际营销新产品的设计与开发…………………………… 187
  第四节 国际营销产品的标准化与差异化策略…………………… 192
  第五节 国际营销产品的生命周期……………………………… 197
  第六节 国际营销产品的商标与包装…………………………… 203
  本章小结……………………………………………………………… 210
  重要概念……………………………………………………………… 211
  思考习题……………………………………………………………… 212
  案例分析……………………………………………………………… 212

第八章　国际营销定价策略 ················· 215
第一节　国际营销产品定价的影响因素 ············· 215
第二节　国际营销产品定价目标与程序 ············· 223
第三节　国际营销产品定价方法 ················ 227
第四节　国际营销产品定价策略 ················ 233
本章小结 ······························ 243
重要概念 ······························ 244
思考习题 ······························ 244
案例分析 ······························ 244

第九章　国际市场销售渠道策略 ················ 249
第一节　国际销售渠道的选择 ·················· 249
第二节　国际销售渠道的管理 ·················· 256
第三节　国际销售渠道的策略与目标 ·············· 261
本章小结 ······························ 269
重要概念 ······························ 269
思考习题 ······························ 270
案例分析 ······························ 270

第十章　国际营销促销策略 ··················· 273
第一节　促销与促销组合 ····················· 273
第二节　国际营销促销策略 ··················· 278
第三节　影响促销策略选择的主要因素 ············· 301
本章小结 ······························ 305
重要概念 ······························ 306
思考习题 ······························ 306
案例分析 ······························ 307

参考文献 ····························· 311

第一章 导论

学习目标

国际营销学是市场营销学的延伸与发展，是一门研究企业如何满足国外消费者和客户需要的科学。研究怎样满足国外客户的要求，首先要分析企业所面临的外部环境和自身的优劣势，并据此制定出切实可行的经营战略和策略手段来指导企业的整体活动。只有这样，才能使国外客户及时获得所需的产品或服务，得到最大的满足，同时也使企业获得最佳的经济效益。因此，国际营销学就是这样一门研究企业如何制定国际营销管理策略，更有效地开发海外销售市场的学科。通过本章的学习，要求掌握国际市场营销的基本概念，辨别国际市场营销与市场营销、国际贸易的不同，了解国际营销学的发展历程和主要研究方法，知悉国际市场营销的重要意义。

国际营销学是近几十年才建立起来的一门新兴学科。它有其自身的研究对象、内容体系和研究方法。国际营销学是世界经济发展的产物，它一经产生，就显示出强大的生命力，在世界范围内，对从事国际营销企业的经营活动，起到了重要的指导作用。

第一节 国际营销的产生与发展

我们知道，"营销"一词来源于英文中的"Marketing"，它本身包含两层含义：作为经济行为或实践行为，一般译为"营销"或者"市场营销"；作为一门科学，则译为"营销学"或"市场营销学"。这就是说，营销与市场密切相关，市场营销是和市场同时产生和发展起来的。但是，市场营销学从经济学中形成独立的学科，则是在20世纪初期。正如美国市场营销学家菲利普·科特勒（P. keltet）所说，"市场营销学是一门年轻的学科，又是一门古老的学科"。所谓"古老"，是指反映市场营销活动的营销思想和营销策略，在许多文明古国有关的古代史料中都曾有所记载;所谓"年轻",是指反映市场营销活动客观规律的独立学科——市场营销学,却是近几十年来才逐步形成和发展起来的。

一、市场营销学的产生

市场营销学从经济学中分离出来,成为独立的新兴学科,它的形成与发展大体经历了以下三个阶段。

(一)形成阶段(19世纪末至20世纪20年代)

在这个阶段,世界上主要资本主义国家先后完成了工业革命,生产得到迅速发展。当时,市场的基本趋势是卖方市场,企业主要是增加产量,降低成本,以满足市场需求。此时,就企业经营思想而言,营销学家称之为"生产导向型"阶段。但是,产品结构与市场需求结构并不都一致,有的行业或企业由于采用先进技术,实行科学管理,使劳动生产率得到极大提高。在这时,开始出现生产增长超过需求增长的势头。这种市场供求状况要求企业家以及经济学家重视并研究商品的销售问题,于是,市场营销学作为独立的学科便应运而生。

但是,这时的市场营销学与现代市场营销学还有很大不同,在研究范围上,也仅限于对销售渠道、推销技巧等方面的研究。在理论上也没有形成一定的理论基础和指导原则。在实践运用上,一般还仅限于大学校园的研究,较少用于指导企业开拓市场的营销活动。

(二)实践阶段(从20世纪30年代至第二次世界大战结束)

这一阶段是市场营销理论从大学的课堂走出来,应用于企业的市场营销实践指导阶段。这种现象的出现,是市场供求格局发生变化的客观要求。这时,主要资本主义国家先后经过两次技术革命以后,工业生产飞速发展,生产资料用品和日用消费品大量涌现,以致生产严重过剩,商品销售困难,企业纷纷倒闭,终于爆发了1929~1933年那次世界性的经济危机。当时企业面临的已经不是卖方市场,而是严重的供过于求的买方市场。企业面对着这样的市场形势,主要问题已经不是如何增加产量、降低成本,而是如何把商品推销出去。市场营销学家为了帮助企业把商品推销出去,开始着重研究推销方法和推销技巧。广告学就是在这时从市场营销学中分离出来的一门新学科。为解决商品销售问题,市场营销学家提出了"创造需求"的概念,从而将市场营销学的研究工作大大推进了一步。为适应企业占领市场的需要,人们开始重视市场调查、行情分析、市场预测的研究及其在营销实践中的应用问题。一些公司还设立了商情调研机构,派出推销人员从事推销工作。这时,广告商已经发展成一个行业,为企业的促销活动提供服务。在这一阶段,市场营销的研究工作大大向前发展了一步,市场营销学研究成果已经在商品销售的实践活动中得到了广泛的应用。

但是，在这一阶段，市场营销学的理论和实践尚有其很大的局限性。在理论上仅限于推销观念的范畴内。由原来的生产观念转变为推销观念固然是前进了一大步，但它仍然限定在以产定销的推销原则上，而不是以市场为导向的生产和经营。在实践上，这时的市场营销学应用也仅被局限在流通领域，还未能对潜在的市场需求进行研究，也未能将研究的范畴扩大到生产领域。

（三）变革阶段（从20世纪50年代至今）

从20世纪50年代开始，在工业发达国家，市场营销的概念发生了根本的变化，企业的经营思想也发生了革命性的变革，即由以往的"推销观念"转变为"市场观念"。

市场观念认为，只重视产品的推销是不够的，企业的生产经营活动应该自始至终以满足消费者的需求为中心。这个需求，即是现实的需求，又包括潜在的需求。生产者要研究消费者的需求，发现消费者的需求，满足消费者的需求。企业在满足消费者需求中获得利润。根据这种理论和营销观念，市场是营销过程的起点，而不是生产过程的终点。这样，市场营销学就突破了流通领域，深入到生产过程中。观念的变化，也推动了实践的发展。

第二次世界大战以后，西方主要资本主义国家很快将军事工业转向民用，加之第三次科学技术革命的推动，劳动生产率大大提高，工业生产迅速发展，社会产品急剧增加，市场趋势进一步发展为供过于求的格局。为了避免20世纪30年代大危机教训的重演，西方主要国家纷纷采取刺激消费的措施，实行高工资、高福利、高消费政策，刺激人们的购买力，促使市场需求在质和量上都产生越来越高的要求。商品供给与需求的这种变化趋势，使得卖方市场很快地转变为买方市场，市场竞争的范围更加广阔，竞争的程度更加激烈。在激烈的竞争中，企业越来越认识到顾客是"上帝"，顾客的需求就是企业发展的中心，只有主动地调查研究顾客的需求，发现顾客现实和潜在的需求，并设法满足这种需求，企业才能占领市场，才能生存与发展。市场营销学家们适应这种需求，提出了一些新的理论、新的概念，从而大大推动了市场营销学的发展。

二、国际营销的产生与发展

国际营销（International Marketing）是市场营销在空间上的扩展，是企业跨国界的生产和经营活动。也就是企业将产品输往世界其他国家的消费者和用户手中，获取商业利润的销售经营活动。国际营销随着国际间商品经济交往的发展而发展起来。从20世纪20年代开始，人们就把市场营销理论应用于出口贸易。第二次世界大战以后，随着国际分工深化，国际间经济上的相互依赖不断加强，国际合作范围日益扩大。国际经济关系的这种变化，不仅对企业的经营活动带来直接影响,而且对营销理论的研究提出了新的要求。于是,20世纪50年代到60年代初,人们把市场营销学中行之有效的基本原理,运用于国际经济活动中,经过总结、加工、整理,便形成了国际营销理论。1959年,R.L.克莱姆(R.L.Kramer)把国际营销理论系统化。以后,国际营销理论由不断完善,逐步形成独立的专门学科。在20世纪60年代,国际营销学的专门著作首先出现在美国。

(一)国际营销学产生于市场营销学

国际营销学是在市场营销学的基础上发展起来的,作为市场营销学的不同分支,国际营销学与市场营销学既有联系,又有区别。

1. 国际营销学与市场营销学的联系

国际营销学与市场营销学的联系主要表现在三个方面:①基础的共同性。国际营销学与市场营销学都以经济学的基本原理作为理论基础。现代管理学、数学、统计学、会计学、社会学、心理学等诸多学科的内容,既可以指导国内的市场营销活动,又可以广泛运用于国际营销中。②观念的一致性。在当代,国际营销观念与国内营销观念是一致的,都以市场观念作为指导原则,以满足消费者和用户的需求为中心。满足需求,一是满足消费者和用户对商品和服务在使用价值上的需求;二是满足消费者和用户在心理观念上的需求。由于观念上的一致性,就对企业的国内外营销活动提出了相同的要求:即企业生产和销售产品和服务都要有自己的目标市场,要有特定的用户作为自己的买主;企业提供的产品和服务,不仅在物质功能上而且在价值观上,都要满足目标市场的需求;企业销售产品和服务的时间、地点、方式、价格等方面,都必须便于顾客购买;企业还要及时地为顾客提供信息和满意的售后服务,以满足现实顾客和潜在顾客对商品和服务的多种需求。③经营的延伸性。在经营上,国际营销与国内营销往往存在一定的联系。就其经营发生的过程看,国际营销是国内营销的延伸。也就是说,企业发展国际营销,多是在国内营销发展的基础上,随着生产的发展、技术的进步、企业规模的扩大和经济实力的增强,进而开始进军国际市场,实行全球性的生产和经营活动,因此,国际营销和国内营销在经营上一般都是有着一定的联系的。

2. 国际营销学与市场营销学的区别

国际营销学是在市场营销学的基础上延伸与发展起来的,国际营销学吸收和借鉴了市场营销学的基本观念和理论,用以指导企业在更加复杂的环境中从事经营活动。由于国际营销环境的特殊性,决定了国际营销学与市场营销学之间,无论在外部环境的分析上,还是在制定营销策略和规划上,都有着明显的区别。

第一，国际营销学特别强调营销环境的分析。企业在国内从事营销活动时，对于国内的政治法律环境、经济环境、社会文化环境等因素的发展趋势，比较容易分析与预测。但是，企业在国际市场从事营销活动所面临的环境因素，却因国家不同而相差甚远。这是因为，各国经济发展水平不同，政治法律制度不同、社会文化和价值观念也不一样，加之国际营销人员往往习惯于用其在母国所形成的价值观念来分析和判别国际市场的环境发展趋势，使得正确分析国际营销的难度增大。这也是国际营销学特别强调环境分析的原因所在。

第二，营销策略的组合更加复杂与多样化。国际营销与国内营销相比，不但面临着如何开发市场的问题，还面临着怎样突破市场障碍和及时进入市场的课题。美国著名营销学家菲利普·科特勒（Philips Kotler）在20世纪80年代初期提出的大市场营销（Megamarketing）观念，就是针对当时企业在国际营销中所面临的各种市场环境障碍所提出来的。所谓大市场营销，是指企业不但应该合理运用现有的营销手段，还应该再加上两个营销手段，即"政治权力"和"公共关系"（4P再加上两个P-politics、public-relations）以便突破目标市场国政府及其有关利害集团所设置的市场障碍。另外，在运用现有营销组合策略方面，国际营销与国内营销相比，则更加复杂和多样化。例如：在定价策略上，国际营销人员除了考虑成本、市场供求、竞争对手、利润水平外，还应考虑关税、汇率、利率、保险及目标市场国的法令法规等；在分销方面，由于各国分销渠道不一和各国中间商的规模不同，导致企业在选择渠道模式和筛选中间商时，面临许多国内分销所不曾碰到的问题；在产品方面，由于经济水平和消费习惯的不同，国外消费者对产品的质量、服务、包装等方面的要求与国内顾客相比相差较远，而且不同国家消费者的要求也不尽相同。

第三，对营销活动的管理要求更高。国际营销管理要求企业首先必须管理好在每个目标市场国的营销活动，同时必须对各国的营销活动进行统一规划和控制，以便充分发挥企业整体优势和跨国经营的效益。这是因为各国的环境各有特点，如在关税、所得税、竞争激烈程度以及对产品的要求上都不尽相同。企业可以充分利用各国环境的不同，取长补短，争取最佳的经济效益，这些都是国内营销管理未曾遇到过的课题。

（二）国际营销与国际贸易

国际营销学是从企业角度出发，研究如何在一个或一个以上的国家从事生产经营活动。其中主要涉及怎样准确分析目标市场国的环境因素，怎样充分发挥自身的优势。在满足国外消费者和客户需要的同时，求得企业长久生存和发展。而国际贸易学则是从一个国家角度出发，研究国与国之间或地区之间的商品和劳务的交换活动，两者之间的主要区别在于三点：

1. 着眼点不同

从学科特点角度讲，国际营销学属于微观学科范畴，是管理学的一个分支，其研究对象是在国际市场上从事生产经营活动的各类企业；而国际贸易学则是以经济学理论为指导的一门宏观学科，其研究对象主要是国与国之间在生产领域和流通领域的商品与服务的交换活动。

2. 目标不同

国际营销学旨在分析国际市场上消费者的需求特征、研究企业怎样发挥自身优势，最大限度地满足消费者的这种需求，以求企业的长久生存和最佳的经济效益。而国际贸易学探讨的课题则是怎样通过国与国之间的商品与劳务的交换来实现比较利益，利用各国经济之间的互补性，达到提高生产效益率，降低成本，取得国际收支平衡的目的。

3. 涉及的范围不同

国际营销学中所涉及的商品和服务的交换，即可以跨越国界，也可以在一国之内进行，企业可以在母国制造产品，然后在目标市场国进行销售，也可以在目标市场国设厂生产产品并在当地进行销售。而国际贸易学中的商品和服务的交换必须是跨国界的交换，因此国际贸易额是一国国际收支表中重要的组成部分。而企业的国际营销成果只记入本企业的有关报表之中，不会记入母国进出口贸易的统计数字中。另外，国际营销与国际贸易相比，不但具有国际贸易的产品购销、定价、分销的功能，还具有市场调研、促销、产品创新等独特功能。

(三) 国际营销与国际金融

国际营销是跨越国界的企业经营活动。而国际金融的研究对象则是资本的国际移动及其内在规律。两者相辅相成，缺一不可。一方面国际营销引起了国际间的债权债务关系，促进了货币资本的国际流动；另一方面，国际信贷、国际汇兑、国际结算等国际金融活动又为企业国际营销活动创造了必要的金融环境，加速了企业产品或服务在国际上的流通。随着国际分工的深化和国际统一大市场的形成，国际营销与国际金融的联系将更加密切。具体分析可以表现在三个方面：

第一，国际间的产品流动与资本流动的一体化。即一笔交易，从国际营销角度讲，是商品的国际移动，而从国际金融角度分析，则是资本的国际流动。例如，"二战"以后，各国政府及金融机构大力发展了出口信贷业务。对于出口商来讲，出口信贷有助于其开拓国际市场，而对于进口商来讲，出口信贷为其提供了资金支持，成为其融资的一个重要途径。出口信贷是一国政府为了支持商品出口，由银行对本国出口商或外国进口商及进口国银行提供的贷款业务。

通常用于贸易额较大，付款期较长的成套设备、大型机械、船舶等出口，出口信贷主要包括买方信贷和卖方信贷两种方式，此项业务一般由专业银行办理，如美国的"进出口银行"、日本的"输出入银行"、法国的"对外贸易银行"等，由政府财政拨款，支持贸易的发展，使产品流动与资本流动逐渐一体化。

第二，随着各国金融机构的规模和职能的不断扩大，国际金融成为国际营销活动重要条件。企业进行国际市场分析与预测，需要金融机构提供信息和有关企业的资信情况；企业在营销过程中所需要的资金，需要从金融机构得到融通；企业产品实现国际转移所产生的债权债务关系，需要依靠国际结算体制来进行清算，企业的国际营销活动离不开金融机构的支持。

第三，国际金融市场利率和汇率的变动，也直接或间接影响国际营销活动的正常进行。这是因为，一方面一国的利率和汇率的上浮，使本国企业的出口成本上升，同时使进口的成本下降；另一方面，一国的贸易赤字也会影响其汇率的稳定，甚至导致货币贬值。

所以说，随着国际分工的深化和国际统一大市场的形成，国际营销与国际金融的联系越来越密不可分。

第二节 国际营销学的研究对象

国际营销学作为市场营销学的一个分支，是一个正在发展完善中的新的学科。国际营销学的研究对象，概括地讲，包括三个方面：国际市场的需求、企业的国际市场营销活动以及国际市场营销规律。

一、国际市场的需求

国际营销学作为一门应用性很强的经济管理学科，它是以国际市场上消费者的需求为中心进行研究的，所谓以市场需求为中心，就是指国际市场上消费者的需求是国际营销学研究的起点，研究消费者的需求会贯穿国际市场营销活动的全过程。而且国际营销活动的终点，仍然强调的是对消费者需求的研究。

1. 消费者需求是国际营销学研究的起点

国际营销学是从市场调查入手，发现需求的主体、需求的客体、需求的数量、需求的时间和地点、满足需求的方式和条件以及满足消费者需求的市场营销环境。

国际营销学研究的消费者需求，应以全球市场需求为其重点研究对象。传统市场营销学往往注重地理意义上的市场需求，研究每个市场上独特的消费者群体，因而影响了营销活动的扩展。与传统的需求观念相比，全球市场需求注重研究在全球范围内拥有共同需求的消费者群体，重点着眼于市场需求的相似之处，而不是市场的地域分布状况。譬如，全球市场对耐用消费品的需求越来越相似；中老年消费者对保健营养品有着相似的需求。当然，全球市场需求观念并不忽视不同消费者在市场需求方面的差异。如不同国家和地区，由于民族、宗教、文化传统、消费习惯等方面存在差异，会出现需求的多样性。但是，全球市场需求观念并不关注各地的购买者是否都一样，而是不同国家或地区在多大程度上存在着共同的消费者需求。在这种情况下，国际市场营销人员要尽可能地寻求更相似的产品市场和服务市场。

2. 研究消费者需求的变化贯穿国际市场营销活动的全过程

国际营销学不仅研究整个营销过程中消费者现实需求的实现和满足，更重视研究消费者需求的变化，不断发现新的需求，以及对变化了的需求如何适应和满足。同时会着力于发现那些尚没有被满足的需求，也就是潜在需求，通过营销策略组合的改进，使其潜在需求变化为现实的需求，这一切都始终贯穿在国际营销活动的全过程中。

3. 国际营销活动的终点仍然强调的是对消费者需求的研究

这里研究的是消费者对商品和服务的满足程序和意见的反馈，研究潜在的市场需求及消费需求的发展趋势。当然，国际营销学所研究的消费者需求，应该是以全球市场需求为重点研究的对象。

二、企业的国际营销活动

企业的国际市场营销活动，是国际市场营销学研究的重点。所谓企业的国际市场营销活动，是指企业根据全球市场需求情况，有计划地组织企业的整体营销活动，为消费者提供满意的商品和服务，以获得最大限度的利润。获得最大限度的利润是企业追求的目标，那么，要想实现这一目标，企业的整体营销活动至少包括以下几方面：

1. 产品策略的研究与制订

企业的整体营销活动，必须以满足市场消费需求为中心。而消费者需求的满足，一般说来，主要是向消费者提供一定的"产品"来实现。当然，这里的"产品"，既包括能满足消费者对使用价值需要的物质产品，如产品的实体及其质量、品牌、式样、款式、包装等，又包括能满足消费者在精神上需要的非物质形态的服务，如售后服务、产品的信誉等。

2. 生产过程的科学管理

产品的使用价值是在生产过程中形成的。产品的精神附加值，在很大程度上也是在生产过程中造就的。有许多服务的形成过程，同时也是消费过程。可见，生产过程是满足消费者需求的重要环节。对这一环节如何进行科学管理、提高产品和服务质量、降低成本费用，是研究企业营销活动的重要内容。

3. 流通领域的研究

流通领域的研究限于在流通领域内对商品交换的研究，是狭义市场营销学研究的对象。广义市场营销学仅把流通领域里商品交换、商品分销作为它的研究内容。在流通领域，现代市场营销学研究如何将消费者需要的产品和服务，以适当的时间、地点、价格、方式送到消费者或用户手中。换句话说，它是研究国际市场上消费者满意的产品和服务如何顺利地转移到消费者和用户手中。

4. 国际营销因素组合的研究

营销学不仅注重分别研究开发国际市场的产品策略、国际促销策略、国际市场定价策略和国际销售渠道策略，而且注重研究这四项策略的最佳组合。不仅研究不同市场企业营销组合的各自特点，而且研究企业全球营销活动的集中与协调，研究营销组合标准统一的有关方面。当然，标准统一或各具特色的营销组合取得成功的关键是首先研究并评估各国市场对标准统一的或不同特色的营销组合的潜力，然后研究开发出不同的营销因素组合与之相适应。

5. 企业营销组合与管理的研究

企业营销组合与管理是国际营销学研究的重要内容。它旨在研究建立科学的国际营销管理组织与管理过程，以使企业的产品和服务有计划地进入目标市场，满足消费者的需要，最大限度地实现企业的各项指标，其中包括企业的利润目标。

三、国际市场营销的规律

国际市场营销规律是国际营销实践的总结，也是研究国际市场营销的归宿。国际市场营销是最近几十年才广泛开展的一种国际性经营活动，国际营销学也是一门十分年轻的学科。这一领域的规律，虽然有许多专家做过研究，但限于时间较短，只能说是刚刚开始，今后随着实践的发展不断进行总结，还有大量的研究工作要做，以便更好地指导企业的国际营销活动。所以，国际营销学研究对象的全部内容，是从国际市场消费需求开始，继而研究如何更好地满足消费者需求的企业整体营销活动，最后研究消费过程及其规律性。

在国际市场营销学的研究对象中，强调满足消费者的需求，无疑是正确的，如果企业片面追求满足消费者需求，而忽视自身的条件和优势，那么，生产的产品往往不是自己的长项产品，其结果必然造成产品的滞销。如若如此，既不可能满足消费者的需求，又不可能获得满意的利润收入。据此，美国市场营销学家托略利（Hans B.Thorelli）提出"生态学观念"（Ecological View），也可称为"相对优势理论"。这种理论的核心是：消费者的需求随着社会的进步不断发展，而每一个企业的资源都是有限的，因此，每个企业提供给消费者的商品和服务应该是本企业资源相对优势的那一部分；相反，如果企业只顾市场需求，不顾个人的人力、物力和财力资源条件，盲目发展，一般很难成功。当然，企业即使不具备资源的相对优势也不是完全无能为力的，它可以利用市场环境，在客观环境允许的情况下，通过主观努力创造优势。这种理论，对于企业制定正确的营销策略，防止片面追求市场需求，扬长避短，创造优势，是有实用价值的。与此同时，企业在强调满足消费者需求时，又往往忽视社会整体利益，如，为了满足消费者对某种商品的需求，过量生产，造成环境污染；为了满足消费者求新的需求，过早淘汰一些尚有需求的产品而去追求一些新的产品，造成社会资源严重浪费；为了扩大市场，满足部分消费者的求新愿望，过度包装、夸大包装，既浪费了材料，又污染了环境。据此，营销学家提出了"社会市场观念"或称"社会利益理论"。这种理论的核心是：企业提供的产品和服务，不仅要符合本企业的优势，能满足消费者的现实需要，而且还要符合消费者和整个社会的长远利益。

此外，近年来，人们还提出：企业营销应努力做到满足消费者需求、企业发展、职工利益和社会发展四个方面协调发展的目标。按照这个理论，现代企业的营销活动不仅应该以满足市场需求为中心，而且，还要发展和创造相对优势，重视社会的整体利益和长远利益。这些理论观点在国际营销中具有重要的指导意义。

第三节 国际营销学的研究方法

国际营销学的研究方法与这一学科的特点有着密切的联系。国际营销学的特点表现有三点：首先是它的国际性。国际营销的国际性是指它所研究的是全球范围内的国际市场营销活动。它的研究所得出的结论，可以不分国界，对任何从事国际营销的企业都有一定的指导意义。其次是经验性。国际营销学的经验性是指对国际营销学的研究不是停留在一般的概念、范畴的研究上，而主要是研究企业的实践活动和营销经验。国际营销学的内容主要是企业国际营销成功经验的总结和带有一定指导意义的市场营销规律。最后就是应用性。国际营销学的应用性是指这一学科从市场营销学中分离出来，是随着世界发达国家企业国际营销活动的广泛发展应运而生的。这一学科的研究工作不是为了研究而研究或是为了理论而研究，研究的直接目的是为了指导企业的营销活动，是为了指导营销实践。

国际营销学的这些特点，对于国际营销学研究采用什么方法有着直接的影响。国际营销学与经济学的研究方法有其相同之处，但是，由于国际营销学有其自身的特点，使其与其他学科相区别，除了一般相通的研究方法外，还有其特殊的研究方法。

一、微观分析的方法

国际营销学属于应用学科，由于它所研究的企业多是置身于国际大环境中，所以，对宏观经济环境的研究，也是国际营销学经常使用的方法。如，在市场环境中企业所面临的国际经济环境，所在国的政治、经济、人文、法律等环境。但是从总体看，这仅仅是问题的一个方面，而且进行这些宏观因素分析的目的完全是为了微观方面——对企业的国际市场经营决策进行服务的，宏观经济因素的分析并不是目的的本身。因为，国际营销学应该主要采取的是微观经济的研究方法。

国际营销学中使用的微观分析的方法，指的是它的分析研究工作主要是针对着企业，围绕企业在国际市场的经营活动进行。如，企业在国际市场上的产品开发、促销策略的制定、企业定价策略的研究、企业产品的分销和分销渠道的管理等。国际营销学研究的基本内容都针对企业进行微观分析与研究，以制定出相应的战略、策略和行动计划，用于指导企业的营销活动。也就是说，微观企业分析是国际营销学研究的着眼点。

二、定量分析的方法

在国际营销研究中，既有定性分析又有定量分析的问题。研究国际营销中的问题，需要把定性分析与定量分析结合起来。例如对经济环境的判断、对中间商的评估等。但是，即使对这些问题的定向判断也必须建立在大量数量分析的基础上，况且，从国际营销学研究的全部内容看，有许多都是量化研究的内容。因此，我们这里也要强调运用定量分析的方法来对国际营销中的问题进行分析。

研究国际营销学要实行定量分析，就要首先摒弃那种在经济学研究中单纯进行定性分析的旧观念，树立定量分析的量化概念和方法论。在具体研究中，要注重实地调查，掌握足够的数据，还应建立有关的数据库系统，进行数据积累。就国际营销研究的不同领域看，也需要进行定量分析。例如，从国际营销环境分析到国际营销管理研究，从市场调研到信息反馈，从营销战略制定到营销策略执行等,都需要通过大量的数据分析来进行一定的量化研究工作。因此,在国际营销学研究中我们也特别强调定量分析的方法。

三、动态分析的方法

动态分析的方法是相对静态分析的方法而言的。一般说来,在研究工作中,既要采用动态分析,又要采用静态分析。在国际营销学研究中,无疑也要采用静态分析的方法。例如,研究国际市场的历史经验,研究某一时点上的市场容量,对以往国际营销策略的评估等。但是,这种静态分析的情况毕竟不多,而大量的是进行动态分析。在国际营销研究中,之所以主要采取动态分析的方法是因为:

第一,影响国际营销的外在因素是经常发生变化的。市场营销的环境影响因素,如经济、社会、政治、文化、法律、技术等市场环境影响因素不是固定不变的,而是经常发生变化的,国际营销学的研究也必须根据国内外变化了的市场环境影响因素进行分析与调整,以便制定出正确的战略和策略来与发展变化了的外部环境相适应。

第二,竞争对手的策略和手段也是处于变化中。竞争对手的战略、策略、市场占有份额等情况,客观上是经常变动的,因此,对竞争对手的研究也不能仅仅采用静态分析的方法,而是应该根据竞争对手不断变化的策略手段,相应地进行分析研究,随时采用经过调整后的策略手段来有针对性地应对国际市场激烈的竞争。这些竞争对手包括现实的竞争对手和潜在的竞争对手,研究潜在的竞争对手更需要采用动态分析的方法。

第三,企业的国际营销因素组合策略也是处在动态变化中。营销因素组合是企业的国际营销策略组合,它是企业根据自身的资源和条件,自己可以掌握和控制的内在因素,如企业市场营销组合中的产品策略、促销策略、价格策略、渠道策略等因素,这些因素的共同特点是企业可以主动调整。然而,企业的主动调整绝不是主观进行的,它必须符合客观的要求,也就是它必须与客观变化的外部环境相适应,这就要求对这些内在因素的研究与策略的制定,必须要采取动态分析的方法。

四、实证分析的方法

国际营销学和理论经济学不同,它是一门应用性很强的管理学科。它研究的出发点和归宿都是为了企业在国际营销中的应用,指导企业的营销工作,在满足市场消费需求中,企业求得满意的利润。因此,它的研究就要从现实出发,研究企业的营销实践活动,总结和概括企业的营销经验,然后,把研究取得的成果再应用于营销实践，进行验证。因此，可以把国际营销学的研究归纳为：实践—总结—实践，这样一个循环往复的过程。可见，实证分析的也是国际营销学分析研究中的一个重要的环节。

在国际营销的研究中，强调实证分析的方法体现在以下四个方面。第一，在研究对象上，它是以一个企业面临的国内外市场环境、市场竞争态势、企业的应对策略、管理措施与效果等客观现实和实际运作作为描述对象的。第二，在研究目的上，国际营销学的研究目的主要是为企业的国际市场营销活动服务的。研究的直接目的是为了分析与指导实践，主要不是为了建立什么理论体系，而是利用国际市场发展中的大量数据资料来分析描述市场发展中的问题以及进行市场发展前景预测。因此，研究工作的这种目的性决定了采用实证分析方法对解决现实问题应该更具有一定的重要性。第三，在研究成果的体现上，国际营销学的研究成果主要体现在对企业营销成功经验的总结，对成功经验的总结必须建立在大量具有一定说服力的事实依据上。因此，它的研究就更强调实证依据。第四，在研究成果的验证上，既然国际营销学研究的成果是为了直接指导企业的实践活动，那么，这些成果是否真的有效，需要企业去实践，去验证。在验证的基础上，去伪存真、去粗取精，使研究的成果不断地达到一个新的更高的水平，从而推动国际营销学这一新兴学科的持续发展。

五、系统分析的方法

国际营销学本身是一个庞大而复杂的系统，它由不同的子系统极其错综复杂的内部结构和相互之间纵横交错的联系构成。其中，每个层次、每个环节、每个要素的变化都会直接、间接地影响市场的运行。同时，国际营销不仅受整个国际市场的影响，而且，还受国内市场和所在国市场的制约。而各所在国的市场又是一个系统，企业产品所属的部门和行业也有自己的系统，甚至每个企业内部都有自己的系统。各个系统之间，每个系统内部的不同层次、不同环节、不同要素之间，都相互联系、相互制约。某一方面的变化都有可能影响企业的营销行为，影响市场需求的满足，影响企业的经济效益。因此，研究国际营销学必须采用系统分析的方法，在相互独立彼此关联中进行分析与研究。

在国际营销学中采用系统分析的方法主要表现在：第一，在指导思想上，研究人员和企业管理人员要把本企业置于国内市场、国际市场、目标国市场、产品所属部门和行业的系统中去观察；第二，对于一个企业，也必须作为一个系统，研究它内部的不同层次、不同环节、不同要素间的相互联系，以发挥企业的整体经济经济效益；第三，企业国际营销战略和策略的制定，管理机构的设立，不同层面的运行规范，有关企业发展的决策，都应该是进行系统分析、研究的结果。

本章小结

国际营销学是一门研究以国外顾客需求为中心，从事国际市场营销活动的企业管理方面的科学。所谓以国外顾客为中心，是指企业必须研究国外目标市场，了解并按照国外顾客的需要，有计划地组织产品生产，进行适当的宣传活动，制定为国外顾客所能接受的价格，并通过适当的渠道把这些产品送到顾客手中，使企业所开展以产品、定价、渠道、促销为内涵的整体营销活动，不仅在流通领域，而且扩展到生产领域和消费领域。因此，一切从事国际营销活动的企业，要想战胜竞争对手，必须从适应和刺激国外顾客的需要和欲望出发，有计划地组织本企业的整体营销活动。

由于国际营销环境的特殊性，决定了国际营销学与市场营销学之间，无论在外部环境的分析上，还是在制定营销策略和规划上，都有着明显的区别。与市场营销学相比，国际营销学特别强调环境分析，营销策略的组合更加复杂与多样化，对营销活动的管理要求也更高。国际营销也不同于国际贸易，二者之间的区别在于它们的着眼点不同、目标不同和涉及的范围不同。

国际营销学的研究方法主要有五种：第一是以企业为研究对象的微观分析方法，也就是说微观企业是国际营销学研究的着眼点。第二是尤其注重定量研究方法，即注重国际市场调研。第三是动态分析方法，要注重分析国际市场营销环境的变化和竞争对手的策略和手段变化，并据此调整自己的国际营销策略组合。第四是实证分析的方法，即研究企业的营销实践活动，总结和概括企业的营销经验，然后把研究取得的成果再应用于营销实践，进行验证。第五是系统分析的方法。

重要概念

营销　国际营销学　国际市场营销活动　国际营销规律

思考习题

1. 试述市场营销学的发展过程。
2. 试述国际营销学与市场营销学的联系和区别。
3. 试述企业的整体营销活动包括哪些内容？
4. 对于国际营销学进行研究的分析方法有哪些？分别具有什么特点？

案例分析

柯达的国际市场营销

一、柯达的日本之行

当富士闯入美国市场时，柯达决定不和富士针锋相对，而把战略重点转移到15亿美元容量的日本胶卷和相纸市场。其实柯达虽已进入日本市场，但从未对此真正重视过。1984到1990年间，柯达加大了对日本市场的投入，总投资额达到5亿美元，雇员也由原来的12人增加到4500人。这一举措使得柯达在日本成为仅次于富士的老二。

1. 增加研究开发投入

柯达进入日本市场的一个原因是为了追随日本的科研动向。柯达不仅自己建立了一个研究中心，还和日本的一些公司合资。例如，柯达在日本买下了10%的35mm微型相机的生产商，并与三菱化工建立合资企业，生产"威宅"磁盘。同时，柯达还针对富士的"大成像室"推出了柯达"小成像室"。此外，它还向在日本光像实验室市场上占主导地位的富士发起了猛烈的进攻。

2. 分销渠道策略

柯达的影像产品以前在日本市场上是通过日本尼加公司代理经销。1986年柯达与日本的尼加建立了合资公司，加强了产品销售的控制。

此外，柯达还成功地跻身于原来只出售日本胶卷的照相店，没过几年分销店就从30000家增加到60000家。但柯达始终无法打入只出售一种品牌（通常是富士）的专卖店（通常是小型的夫妻专卖店）。在打入日本铁路网时，柯达也遇到了麻烦，主要是要进入该市场，必须和代理商、批发商和铁路管理部门三方面进行交涉,而柯达在这方面显然缺乏联系的方式和相应的关系。

3. 加强促销手段

柯达花了几年时间在日本"时代广场"建立了一个巨型的柯达广告牌,以加大宣传力度,树立柯达形象。

二、采用产品系统法

采用产品系统法开发、推出新产品是柯达的一大特色。

所谓产品系统法是指其产品的胶片格式是特定唯一的,只有特别设计的可兼容的相机方可使用。采用此方法,从快速自动相机到光盘相机,柯达都获得了成功。从1963年柯达推出其快速自动相机的短短26个月内,快速自动相机的销量达1000万台。1972年,柯达又推出一种小型号的快速自动相机,称为便捷式快速自动相机。到了1975年,柯达的这种相机的销售量达到6000万台,而同时期其竞争对手的相机销量仅为1000万台。柯达正是通过这种系统开发方法,不断保持其技术的垄断地位,最终在便捷快速相机市场保持较强的竞争力。

但采用产品系统法的风险也很大。有些产品系统如快速系统、光碟系统和8mm照相录像机便遭受了失败。1982年,柯达推出了快速照相系统,但这种产品在欧洲和日本的销售很不景气,人们似乎更习惯用35mm高分辨率相机。光碟系统也未达到预期的8~10年的良好销售生命周期,甚至连其3亿美元的开发成本都没能收回。到了1988年,柯达无奈地宣布停止这种产品的生产。另一种令人失望的产品是柯达的8mm照相录像机。这种产品曾被宣传为商用录像机,但由于它使用的磁带比普通磁带窄,因为不受消费者青睐,最终被称为是"一种过时的玩意儿",以失败告终。

三、柯达的多角化经营

考虑到电子、无胶卷成像成为21世纪照相业的主导趋势,柯达较早涉足电子行业。1972年,柯达收购了以高密度数据存储为专长的斯宾物理公司,成为柯达多角化经营的里程碑。然而,由于柯达在这一行业既没有技术优势,又没有成本优势,屡屡碰壁。1988年,柯达以5亿美元收购了斯蒂尔药品公司,成为其多角化经营的又一实例。然而,多角化经营也给柯达带来了诸如文化冲突等问题,如何有效地解决这些问题,成为柯达的当务之急。

案例思考问题

1. 柯达的国际营销活动包括哪些?
2. 你认为该如何进行成功的国际市场营销?

第二章 国际营销环境分析

学习目标

国际市场营销要面临各国或地区之间在政治、经济、法律以及社会文化环境等方面存在的差异。分析国际营销环境的目的是寻求国际营销机会,避免环境风险,适应外部环境的变化。本章将从国际营销政治与法律环境、经济与人口环境、社会与文化环境以及物质生态环境等方面的研究入手,进一步分析各种环境因素的变化及其对国际市场营销的影响。通过本章的学习,要求掌握国际营销环境的含义和构成,了解国际政治与法律环境、国际经济与人口环境、国际社会与文化环境和国际物质生态环境的内涵及其对企业国际营销活动的影响;理解绿色营销的内涵及意义;知悉进入21世纪以来国际营销环境的新变化,以及由此派生出来的网络营销策略。

国际营销环境可分为国际宏观营销环境和国际微观营销环境两个层次,国际营销宏观环境是指国际企业所在的母国以及它已经或即将在其中开展营销活动的目标国家或地区的政治、法律、经济、人口、文化、物质生态环境等各种因素。国际营销微观环境是指企业在营销活动跨越国界情况下的内部环境、竞争环境和产品的市场环境。国际市场营销微观环境的分析同企业的国内市场营销微观环境分析并无根本区别,只是各环境要素的变量更多、更复杂,具有更大的不确定性。因此本章着重探讨国际宏观环境。国际营销导向的企业由于往往是脱胎于其母国的国内市场,对于母国的环境因素认识较为深刻,甚至是了如指掌,因而对国际营销环境的研究往往集中于市场营销目标国或地区方面。

第一节 国际营销政治与法律环境

政府对环境的影响,是通过政策、法令规定以及其他限制性措施而起作用。政府对外商的政策和态度,反映出其改善国家利益的根本想法。因此,企业在进入国家之前必须尽可能评估该国的政治环境和法律环境。

一、国际营销政治环境

国际市场营销的政治环境有广义、狭义之分。广义的政治环境是指整个国际政治体系和格局；狭义的政治环境则是指企业所进入的目标市场国的政治环境，即对企业的国际营销活动有直接影响的政治因素。这里主要研究狭义的国际营销政治环境。每个国家的政治环境都有其独特性，企业在进入一个新的外国市场之前，必须对其政治环境进行细致考察，以了解可能遇到的阻力和风险。同时，还必须注意到政治环境并非是静止不变的，所以必须动态地、发展地研究政治环境。一国的政治环境主要包括：政府在经济管理中的作用、政府政策的稳定性、国家之间的关系、民族主义以及政治风险等。

（一）政府在经济管理中的作用

企业在他国从事市场营销时，营销活动的批准权掌握在当地政府的手中，在分析国际市场环境时，国际营销人员绝不能忽视这个事实。在国际经济贸易活动中，完全自由放任的经济发展时代已经过去了，政府对经济生活都在实行着不同形式的干预，不同类型国家的政府，在国家经济中发挥着不同类型的作用；国家管理经济生活的政策法令来源于不同国家政府中占统治地位的政党对经济发展的态度。因此，政府对经济活动的态度以及在经济管理中的作用都是国际营销企业所必须关注的。

按照政府在经济活动中的态度分类，政府在经济发展中的作用，可分为两大类：一是参与者；二是管理者。所谓参与者是指政府以购买者的身份出现在社会经济活动中。在许多国家，政府都是以集团消费者或买主的身份出现。国际营销企业关心政府在经济活动中的参与程度，是因为政府作为国际营销活动中最大的买主，在特定的市场运作中，将会对国际营销企业的市场开发与管理、市场营销策略与组合带来重要的影响。如有些国际的市场由政府经营与垄断；某些种类的产品由于政府的干预，使得企业的营销运作能力受到很大的限制。

政府作为管理者，及国家经济法令、政策、规章的制订者出现在经济生活中，对国际营销活动必然会产生重大影响。因此国际营销人员，不仅应了解政府是如何管理经济的，更应了解各国政府经济政策法规的差异以及产生这些政策法规的政治背景。

政府在经济生活中的作用，在很大程度上取决于政府的类型。世界上多数国家的政府可分为两类：议会制政府和专制政府。一般来说，议会制政府能经常向人们征求意见或反映多数人的意见。从理论上讲，可以代表多数人的意愿，能够及时了解经济发展中的问题。而专制政府或集权制国家政府，往往由统治者独自制订有关政策，而不遵循经济发展规律或市场运行规律，也不专门考虑广大人民的需要与愿望，经济发展中的问题较多，市场营销环境较差。

在了解政府对经济发展的态度的同时，还应了解各国政党的情况，因为政党在国家经济中扮演着十分重要的角色，有时甚至会决定政府对经济发展以至一国对外贸易政策的态度。政党制度有四种基本形式：两党制、多党制、一党制和一党专制。两党制是由势均力敌的两个政党组成。两党各有主张，营销人员要重点研究执政党的主要政策倾向。英国和美国都是实行两党制的国家。在多党制国家，没有一个政党具有独立控制政府的能力，政府由各党联合组成。与两党制相比，多党制的党派联合变化更为频繁，因为联合执政时间取决于各党的协作。多党制最典型的例子是意大利，另外德国、法国、比利时、荷兰和以色列也属此类。一党制是某一政党占绝对支配地位，其他政党没有机会在选举中获胜。这种情况在刚开始实行议会制的国家比较普遍。这种体制随着进一步演化，可能转成多党制。墨西哥是一党制的很好例子。对于一个经济发展处于困难时期的议会制国家，健全的一党制对国家的稳定和发展具有重要意义。一党专制与一党制不同，它镇压或压制其他的党派，它的执政不是通过自由竞争，而是通过军事或政变的手段获得的。一党制不会发展成为两党制或多党制，而可能成为独裁制。国际营销人员应当在该国政体和政府类型的基础上分析政府对经济发展的态度以及政府在经济管理中的作用，进而分析该国政府对外国营销者和国际营销的态度。

（二）政府政策的稳定性

一国政府的政策始终处于某种发展变化过程之中，只是变化的程度会有所不同。如果这种变化是渐进的，而且通常通过分析政府政策变化的机制可以预见，则企业会有调整策略的余地，不能说明政府政策不稳定。只有突发性、根本性的变化，市场营销理论才定义为不稳定性。这种剧变，往往会使企业措手不及。所以政治的动荡不定、瞬息万变，必然会给国际市场营销造成一种不确定的，十分不利的影响。考虑一国政策的稳定性，是国际营销企业进入该目标市场的前提。

不稳定性通常由政府结构的变化以及政府首脑在各党派中的更换而引起。一般可表现为：社会不稳定（骚乱、游行或其他示威活动）、政府危机（反对力量力图颠覆政府）、内战或来自邻国的武装进攻、游击战争、政治暗杀、政变、政府高层领导人非正常更换。这些变化必然会导致包括重新调整贸易政策在内的政策指导思想的变化。当性质完全不同的政府更替时，各种政策经常会有巨大变化，贸易政策也不例外。在过去几十年中，加纳、埃塞俄比亚、伊拉克等许多国家的变化都严重阻碍了国际营销活动的进行。

稳定性直接影响政府政策的连续性，目标市场国政府政策的稳定性和连续性对于从事国际市场营销的企业尤其重要。例如，在许多国家，政府更迭频繁。在这种情况下，可能订立的合约尚未执行，政府已换了。新政府可能同意也可能不同意前任政府所做的承诺，执行合约则会遇到困难。而且许多企业都是以追求长期利润为目标的，许多国际市场营销决策都是以相当长的时间为基础的。政策的不稳定必然会破坏企业目标的实施，可能使原来良好的中长期市场营销计划变得毫无用处，更进一步说，在政府政策急剧变化和不可预测的情况下，企业也难以做营销决策。一个不可预测的、对政策实行重大改革的政权上台以后，其恶化营销环境的程度较之政府腐败和对外国产品的敌意造成的后果更甚。因为即使政府对外国产品实行一系列控制性政策，使国际营销变得困难，但其结果是可知的，企业仍可通过采取有针对性的策略调整予以防范。但当政府政策不可知时，情况变得过于复杂，国际营销企业则难以应付。

（三）国家之间的关系

国家之间的关系实际上是一国的国际关系。这里是指东道国国家与从事国际营销企业所在国的关系，以及与其他国家的关系。与国内营销活动不同，从事国际营销活动的企业常常会受到母国与东道国之间关系的影响，甚至关系到企业在东道国营销活动的成败。因为当两国之间进行商务活动时，包括政治、文化、法律等在内的双边关系都会对商务活动起作用。

一般说来，两国之间的经贸关系与两国间的政治关系同向发展。如中美间的政治关系改善时，双边贸易量增加；反之，当两国政治关系因出现矛盾和分歧而紧张时，贸易量就会减少，有些国家间存在的特殊关系，比如，法国及非洲一些国家，历史上曾是宗主国与附属国的关系，这些非洲国家深受法国的语言、文化的影响，从而使得它们之间的贸易往来频繁。

东道国与其他国家的关系也会影响到国际企业的营销活动。如阿拉伯国家对与以色列有业务往来的公司设置障碍，甚至予以制裁。企业进行国际营销时，要注意东道国与其他国家的友好或敌对关系，以便于制定相关的营销策略。在一般情况下，从是否参加区域性或国际性组织及是否遵守双边及多边条约等情况，大致可看出一个国家与其他国家关系的状况。

（四）民族主义与政治风险

各个国家和民族都不同程度地存在民族主义情绪，都有民族优越感和爱国主义精神。民族主义的主要宗旨是保护民族经济。当前，与政党和政府更替引起的政治环境不稳定性相比，强烈的民族主义对国际市场营销的影响更为持久。因此，从事国际市场营销的人员必须尊重各国的民族利益和民族感情。大多数比较古老的国家，对国家的忠诚和自豪感建立在以下共同特征的基础上，例如种族、语言、宗教或意识形态。而许多历史较短的国家，特别是非洲，由于过去是殖民地附属国而偶然形成了各国的边界，在这些国家里有不同的部落、宗教和语言，这些因素都容易导致内战频发，因而对国际营销活动产生影响。

政治风险是指目标市场所在国的政治变革或经济政策的变动，对一个企业的利润水平造成不利影响的可能性。政治风险产生的原因很多，如民族感情的抵触、政治观点的对抗、社会动荡及混乱、当地财团或商业利益受到威胁、新的国际联盟的形成、其他利益集团的压力等。总体政治风险产生于企业对东道国政治制度前景认识的不确定性。例如1998年印度尼西亚5月骚乱，导致许多华人企业严重损失。政局不稳定不一定会迫使企业放弃投资项目，但肯定会干扰企业经营决策和获利水平。

国际营销活动可能遇到的政治风险是多种多样的，如汇率管制、进口限制、价格限制、劳工政策、没收、征用和国有化等。此外还有关税壁垒、非关税壁垒、外汇管制等。这些对外资企业的利益会造成一些或大或小的损害。为尽可能减少政治风险，国际营销企业在进入目标市场国之前，应对目标市场的政治前景进行系统的评估，以寻求相应对策。同时，企业在进行国际市场营销时，要保持高度的政治敏感性，既要了解政治环境可能带来的风险和阻力，也要看清企业所销售的产品是否会引起政治性的保护或排斥，对政治事件的反应尤其要灵敏。

二、国际营销法律环境

国际营销法律环境是指与企业所从事的国际营销有关的法令规章，从本质上讲是政治环境的衍生物。了解当地的法律环境对企业来说是非常重要的，法律代表一个国家书面的或正式的政治意愿，在这种意义上，一个国家的政治与法律制度是密切相关的。国际市场营销的法律环境主要是由目标市场国家的法律环境和国际间有关经济贸易法律环境所组成。

（一）目标市场国的法律环境

各国都制定有自己的法律，可以对产品、定价、分销、促销等市场营销活动进行调节。这些法律在不同的国家有很大的差异，企业要进行国际市场营销活动，就必须了解各有关国家的国内相关法律规定及其差异，并遵守目标市场国的法律规范。

与企业国际市场营销关系较密切的国内法规有产品质量法、标准法、商标法、包装法、促销限制规定、工业产权保护法等。例如，在日本，护发、护肤用品禁止含有甲醛，所以洛杉矶的 DEP 公司要出口产品到日本，只好对产品生产做相应调整，以保证产品不含甲醛。英国的割草机由于达不到德国所规定的噪音标准，因而不得进入德国市场。墨西哥规定，产品必须以公制计量标志才能出售。印度规定商标中不能使用河流、山川的名字。加拿大规定，进口的罐头食品必须符合本国政府所规定的包装要求。丹麦有一条包装法，规定软饮料的瓶子必须是可回收使用的，这就使许多法国矿泉水商望而却步，因为把用过的瓶子再运回法国费用实在太高了。各国或多或少对零售价格有一定限制，通常的作法是规定最高限价、最低限价或限制价格变动等。例如，比利时对药品除了订立最高价格限制外，规定批发商和零售商的毛利率分别为12.5%和30%。在印度和西班牙，许多商品的价格都是受到政府管制的。

各国对促销的规定也比较多。阿根廷政府规定，在刊登药品广告之前必须获得卫生局的批准。英国政府禁止烟、酒类产品在电视上做广告。在德国，只要在广告中用了比较方法，其竞争对手就可能到法院要求出示广告中所明示或暗示的优越性的证据。吹捧性广告在美国是可以接受的，但在加拿大却可能被判为欺骗行为。加拿大的法律规定，所有的宣传表达都要经过检查，以确保向公众的宣传介绍不是虚假骗人的。又如对有奖销售的规定，在芬兰，只要不采用"免费"这个字眼，不强迫消费者购买产品，有奖销售在相当大的范围内是允许的。而在奥地利，凡是对某些用户实行优惠待遇的现金折扣都被禁止，他们认为，有奖销售会造成对买主的区别对待。法国的限制也比较严，规定以低于成本的价格出售产品或者以购买另一件产品为条件赠给顾客礼品或奖品都是违法的。

工业产权保护法对企业顺利开展国际营销有重要作用。工业产权是发明专利、专有技术、商标所有权和版权等的总称。许多企业花费成千上万美元建立象征高质量和其他特性的名牌和商标，如"柯达"、"可口可乐"、"松下"等，以吸引消费者购买本公司产品。企业也花费大量人力、物力致力于研究开发出新技术、新工艺，如静电印刷术、尼龙和玻璃纸生产等。这些工业产权通常可以受到法律保护，以防止其他公司非法盗用。但是，许多公司常常发现他们的工业产权在国外，在没有任何许可证，或者在不付任何报酬的情况下，被其他公司盗用谋利。公司不仅失去了有利可图的市场，而且会因冒牌产品的低劣质量影响声誉。此外，不但有公司在仿制和销售他们的产品，或者在盗用他们的商标，而且这个实际上侵犯他人工业产权的公司在它开业的国家反倒成了有关工业产权的合法所有者，这些都是违反知识产权或工业产权保护法的。譬如有许多这样的案例：一些公司丧失了对自己商标的所有权，不得不花钱赎回所有权，或者为了使用这些商标支付使用费，或者只好放弃这个商标。例如，我国的"五星"啤酒出口国外，由于他人已在当地注册了"五星"啤酒商标，只好改为"九星"啤酒出口。

要想在每个目标市场国都申请工业产权保护的费用是相当大的。为了有效地保护工业产权,许多国家都参加制定了一些保护工业产权的公约,这种相互承认保护工业产权的国际公约主要有:《保护工业产权巴黎公约》、《商标注册马德里协定》和《建立世界知识产权组织公约》等。

(二)国际间有关经济贸易法律环境

目前,国际上没有相当于各国立法机构的国际法制定机构,或者说世界上没有对各国具有同等约束力的国际法,同时也没有执法的国际法庭存在,但许多国际条约、国际惯例、国际组织的决议以及有关国际组织的判例等都得到许多国家的默认与承诺。国际市场营销人员在其决策过程中必须考虑到许多国际性协约,并要同一些实施相关法律的组织打交道。现在世界上对于国际市场营销活动影响较大的国际经济贸易法律规则主要有:

1. 国际标准化组织(ISO)的有关规定

在经过联合国大会批准的国际组织中,国际标准化组织对国际营销影响最大,世界上大部分工业化国家都是其成员国,目前该组织已拥有114个专门技术委员会,其宗旨是制定一套统一的国际标准制度。虽然目前各国都有自己的一套标准和规范,但统一的国际标准制定工作进展缓慢,所以各国营销人员在出口产品和产品设计时,必须考虑到本国标准、当地标准和ISO标准。

2. 联合国国际贸易法委员会的有关规定

联合国国际贸易法委员会(UNCITRAL)是联合内设机构,主要目的是在全球范围之内制定一套统一的商业法规。该组织的工作目的不仅是对各国法律及其他国际性组织法律进行分析,而且在此基础上建立促进新的国际法和国际公约的标准化商业法规体系。如目前 UNCITRAL 对国际收支问题、商业仲裁问题以及国际商运法律问题的规定,对国际营销工作的顺利进行无疑是有重要的影响和作用的。

3. 调整国际间贸易行为的有关立法和规定

国际间的商品贸易关系非常复杂,经过长期的国际贸易实践总结和归纳的一些国际贸易惯例和法规,是各国国际营销企业所不能忽视的。这类立法调整的对象和范围十分广泛,包括有关国际公约、条例、惯例、协定、规则等。其中比较有影响的,如《关税及贸易总协定》、《联合国国际货物销售公约》、《国际贸易条件解释通则》以及许多国家之间签订的双边通商航海条约(TCN)、征税协约(TCN)等。

4. 保护生产者和销售者的立法规定

保护生产者和销售者的立法规定又称为工业产权法。主要包括商标法和产权法。如《保护工业产权巴黎公约》、《专利合作条约》、《欧洲专利条约》《商标国际注册马德里协定》、《商标注册条约》等。许多企业进入国际市场时，都涉及商标和专利注册的问题，为了有力地扩大市场、增加销量，维持和保护商品和技术专利不受到侵害，必须熟知有关的国际惯例和规定。

5. 保护公平竞争的立法规定

这种立法又称国际反托拉斯法、限制性商业惯例或保护竞争法。有关这方面的立法，除各国的国内立法外，至今尚未有具法律约束性的完整的国际立法。比较有影响的是联合国有关组织和会议制定的《关于控制限制性商业行为多边协议的一套公平原则和规则》、《国际技术转让行动守则》、《跨国公司行动守则》中的有关条款。

（三）国际间法律体系的差异性

世界上没有两个国家的法律制度是完全相同的，同时法律的运用也有很大的差异。国际营销者除了了解各目标市场国家的法律运用和国际间经贸法规外，还要注意世界各国法律体系之间的差异性。

目前，世界各国的法律制度可归结为两大体系：大陆法系和普通法系。大陆法系指欧洲大陆各国及受其影响的其他一些国家的法律体系。世界上大多数国家都属于大陆法系。该法系以法国和德国为代表，许多欧洲国家及拉美各国、非洲部分国家和近东的一些国家都属于大陆法系，其他国家属于普通法系。

大陆法系的特点是：①普遍采用成文法，在结构上强调系统化、条理化、法典化和逻辑化。所采用的方法是用几个大的法律范畴把各种法律规则分门别类归纳在一起。大陆法系各国把全部法律分为公法和私法两大部分。大陆法系各国都主张编撰法典，但各国在法典的编制体例上却不完全相同。②法律的实施以法律条文为依据，由法官加以引证和解释。法官对法律享有很大的解释权。大陆法系旨在制定出针对所有可能的法律问题的法律条文，以适应各种不同的事实和情况。所以，尽管法律条文本身似乎很具体，但同一法律的应用可能会产生不同的解释，对于那些不熟悉东道国法律条文的国际营销人员来说，存在着很大的不确定性。

普通法系的特征是：①采用判例法，实行先例约束力原则。在普通法系国家，商法的第一性依据是普通法，即由法庭判决所确立的先例。②重视程序法。而大陆法系国家则重视实体法较多于程序法。现在，普通法系国家受成文法作用的影响越来越大。

由此可见，法律体系的差别会给企业的国际市场营销带来很大影响，所以企业要了解目标市场国的法律基础，区分它属于普通法系还是大陆法系。另外，即使是属于相同法系的两个国家，其法律制定也不尽相同，企业还应熟悉各国具体的商事法律规定。

（四）国际经济贸易争端解决的途径

从事国际市场营销的企业要与不同的国家和地区打交道。由于各国的政治、经济、法律环境以及风俗习惯不同，在国际市场营销中发生这样那样的争端是难免的。因此，采取适当方式，公平合理地解决争端，是国际营销顺利进行的保证。

根据各国的法律规定和司法实践，解决国际经济贸易争端的方式一般有四种：协商、调解、诉讼和仲裁。

1. 协商

协商指发生争端以后，由双方当事人进行磋商，都做一定的让步，在彼此认为可以接受的基础上达成和解协议，解决纠纷。协商的优点是：无须经过仲裁或司法程序，可省去仲裁或诉讼的麻烦和费用，而且气氛友好，灵活性较大，有利于双方合作关系的发展。所以一般情况下，双方都愿意采用协商方式解决争端。通过友好协商的方式解决贸易争端，可以保证国际营销活动顺利的进行。

2. 调解

调解指由第三方从中调停，促使双方当事人解除纷争的一种方式。调解有三个明显的特点：一是方法灵活简便，无须经过繁琐的诉讼或仲裁程序，也无复杂的法律适用问题。二是在调解中，调解人的存在对争端的解决起重要作用，除了转达双方当事人的意见外，还可提出解决的方案，促使双方解决争端。三是调解是在双方当事人自愿的基础上进行的，任何一方都不能迫使他方接受调解。正因为经调解达成的和解协议完全出于当事人的自愿，所以一般都能自觉履行。

3. 诉讼

诉讼指发生经济争端后，当事人一方向有管辖权的一国法院起诉，请求法院按照法律规定做出判决，解决争端。诉讼方式的最大特点是强制性。一方面，在双方当事人之间没有仲裁协议的情况下，一方当事人向法院起诉，无须征得他方的同意，如另一方当事人拒不出庭，法院可发出传票强令其出庭；另一方面，法院做出的并经有关国家承认的判决具有强制约束力，败诉方必须无条件地予以履行。

由于世界上不存在一个超乎国家之上的司法机构来解决不同国家公民之间的商事法律问题，各国的法律制度又各不相同，所以在解决国际争端时就面临着司法管辖权问题，即采用哪一个国家的法律为依据。国家间发生争端的双方可能是政府之间、公司与政府之间或公司之间。政府之间的争端可以交国际法庭裁决，而后两种争端如以诉讼方式解决，就只能由一方当事人向有管辖权的一国法院起诉。以哪个国家的法律为依据是解决争端的首要问题。如果在合同或其他法律文件中包含有关司法管辖权的条款，那么就以合同中规定的国家法律为依据，而不管向哪一国的法院提出起诉。因为各国法院之间有这样一种惯例：即凡有可能，外国法院都可以按其他国家或地区的法律来解决争端。但是，即使有了专门的管辖权条款，如果合同不是在该条款指定的国家内签订或者履行的，那么有些法院则不理会该条款，此时司法管辖权没有效力。如果合同中没有司法管辖权条款或者司法管辖权没有效力时，有两种方法确定管辖权：一是以合同签订地点的法律为依据；二是以合同履行地点的法律为依据。如果按这两种方法会得到不同的结果，那么当事人各方自然都希望以对己方有利的国家的法律为依据，这样会造成争端解决的困难。那么法院会按"最密切联系"原则解决，即哪国与合同关系最密切，就适用哪国法律。通常，为了避免麻烦，国际间签订的合同或协议中最好加上一条司法管辖权条款，以确定将来发生争端时以哪一国的法律为准。即："双方特此同意：本合同签订于××，有关本协议的任何问题皆受××的法律的约束。"

4. 仲裁

双方当事人在争议发生之前或之后，达成书面协议，自愿将他们间的争议交给双方同意的仲裁机构，按照一定的程序进行审理并做出裁决，从而消除争议。仲裁是解决国际经济贸易纷争的一种较为普遍的方式。与协调、调解相比，仲裁具有如下特点：①有仲裁员参加，而且仲裁员是以裁判者的身份而不是以调解人的身份对当事人争议的事项做出裁决；②仲裁裁决具有强制性执行的法律效力，对双方当事人均具有约束力。如果败诉方不执行判决，胜诉方可向法院提出申请，要求予以强制执行。

为了保证发生争端时能够提交仲裁解决，在合同或其他法律文件中最好包括仲裁条款或仲裁协议书，表示愿意把当事人之间将来可能发生的争议提交仲裁解决。大多数仲裁都是在一家正式的国内或国际仲裁机构主持下进行的。这些机构专为解决国际经济贸易争端而设，拥有经验丰富的仲裁员，制定了有关仲裁程序的正式规则。国际上重要的正式仲裁机构主要有：法国的国际商会仲裁院、瑞典斯德哥尔摩商会仲裁院、英国伦敦仲裁院、美国仲裁协会、日本商事仲裁协会等。我国的正式仲裁机构是中国对外经济贸易仲裁委员会和海事仲裁委员会。

国际经济贸易争端的仲裁解决常常涉及外国当事人和外国财产，因而往往需要得到外国的承认和执行。为解决这一问题，除了各国国内法做了专门规定外，国际上还订立了许多双边和多边公约。较具代表性的是1958年由联合国主持在纽约订立的《承认和执行外国仲裁裁决公约》。该公约规定，缔约国应相互承认和执行对方国家所做的仲裁裁决，承担维护其他缔约国仲裁裁决的义务。世界上的主要贸易国都已经参加了该公约，它为执行外国仲裁提供了保证和便利。

第二节 国际营销经济与人口环境

经济与人口环境是影响国际营销企业的最为重要的因素。国际市场经济与人口环境的分析，既包括分析一个具体国家或地区的经济与人口特征，也包括对该国家或地区参与国际经济活动或所加入国际经济联盟状况的分析。

一、经济环境

经济环境是影响国际营销最重要的环境因素，它直接关系到市场现状及其变动趋势。对经营国际业务的营销企业而言，最关心的是社会总体购买力水平。而社会总体购买力水平又是一个综合性的指标，它是社会经济发展水平、产业结构、工资、物价、消费水平、消费结构、储蓄、信贷、税收等一系列经济变量的函数。为此企业要了解所处的经济环境，就需要重点分析和研究一国的经济发展水平、经济体制、经济规模、产业结构等环境影响因素。

（一）经济发展水平

一个国家处于不同的经济发展阶段，居民收入高低不同，消费者对产品的需求不同会直接或间接地影响到国际市场营销。以消费品市场来说，经济发展水平较高的国家，在市场营销方面，强调的是产品的款式、性能及特色，要大量进行广告及销售推广活动，品质竞争高于价格竞争；而在经济发展水平较低的国家，则偏重产品的功能及实用性，它的推广主要靠口头传播和介绍，价格因素要比产品品质更为重要。在工业品市场方面，经济发展水平较高的国家，着重投资生产那些能够节省劳动力，且先进、精密、自动化程度高、性能好的生产设备；在经济发展水平较低的国家，则不得不投资在那些消耗劳动力多，且简单、易操作、性能较为落后的生产设备上。因此，对不同经济发展水平的国家，应采取不同的市场营销策略。目前，就世界各国的经济发展水平来说，大体分为四种类型：

1. 自给自足型经济

处于这一类型的国家的经济结构以传统农业为主，制造业和其他产业微乎其微。由于劳动生产率极其低下，产品绝大部分供自身消费，剩余产品很少，因而商品经济很不发达，市场基本封闭，有限的对外贸易仅限于偶然调剂，因此，进入这类国家的市场机会是很少的。

2. 原料出口型经济

这类国家拥有某种储量极为丰富的自然资源，如石油输出国组织成员国拥有大量的石油资源，资源开采部门发展迅速，其他产业部门远为落后，国民经济结构呈单一经济的不合理状况。原料输出经济型国家可以通过资源出口获取大量外汇，因而支付能力很强。这类国家对其"支柱"产业所需的先进生产设备、运输工具等有旺盛的需求，高档消费品也有一定市场。

3. 新兴工业化型经济

这类国家的加工及制造业迅速发展，超过了农业发展速度，并带动了能源、原材料、中间产品和生产设备进口需求量的大幅度增加，同时将其生产的优质、低价产品销往世界各地。这种类型国家有许多，如巴西、新加坡、韩国、墨西哥等，其居民购买力较强，消费需求呈多元化趋势，市场繁荣稳定。

4. 发达工业化型经济

这类国家主要指北美、欧洲一些国家以及日本和澳大利亚。这些国家的经济特点是产业结构层次高、工农业高度发达、生产力水平高、技术先进、资金充裕。这类国家多半是资本、技术、高科技产品、合成材料等的主要输出国，同时也是原材料和能源的进口大国，并且中间产品和最终消费品也具有一定的市场。这类国家消费市场庞大，人均收入及消费水平高，是国际市场营销的主要场所。

（二）经济体制

经济体制是一国宏观经济环境最基本的体制。传统上认为存在着两类经济体制，即单纯的市场经济体制和单纯的经济体制。市场经济体制是生产资源的配置和使用，由市场机制所决定的经济体制，在计划经济体制下，政府通过集中计划在全国范围内进行生产资源的配置和使用。但在现实经济生活中，这两种极端形式的经济体制已不存在了。绝大多数国家都处于这两种形式之间，采取混合经济体制，区别在于是更接近市场经济体制还是更接近计划经济体制。

经济体制的属性直接影响一国政府对经济的干预程度，从而影响到企业的国际营销活动。在实行高度集中的计划经济体制的国家，政府直接掌管国民经济的管理权，对外国企业的产品和投资大都采取限制甚至禁止的态度，而且这些国家的市场机制不健全，垄断现象较为严重，实行这类经济体制的国家不利于企业的国际营销活动。在实行自由市场经济体制的国家，政府一般对外国企业的产品和投资持积极的欢迎态度，特别是给予外国投资企业以优惠的政策和待遇，如减免税政策、国民待遇等。而且这些国家市场信息充分，市场机制健全，价值规律和价格机制充分发挥其市场调节作用，优胜劣汰的市场竞争原则能得到充分体现。

(三)经济规模

要估计某一市场的潜力,营销人员需要了解有关国家和地区的经济规模及变化速度。市场就是拥有购买力商品的能力。经济规模包括国民生产总值、人均国民生产总值和收入分配以及个人消费模式等有关购买力的变量。

1. 国民生产总值

它是指一国或地区在一年内用货币表示的所有最终产品和服务价值的总和,说明一国经济发展的水平。从国际营销的角度看,它是反映一国总需求规模的指标。但是仅仅看国民生产总值指标是片面的,要把握一国或地区的购买力,还要注意收入的分配。

2. 人均国民生产总值和收入分配

人均国民生产总值是指一国或地区的国民生产总值在该国或地区居民每人名下的平均数。人均国民生产总值与消费者的购买习惯、购买能力密切相关。从国际范围看,收入差距已成为不同国家消费商品购买差异的主要原因。人均收入高的国家,其个人消费水平也高,因而高档产品在收入高的国家有较大的潜在市场。一般而言,一国或地区 GNP 越高,经济发展水平也越高,但是石油生产国例外。尽管这些国家的人均国民生产总值很高,但其总体经济发展水平并非如此,因而在这类国家,潜在的市场仅体现在某些方面。另外,人均收入水平仅意味着实际收入分配的均等情况。各国收入的分配方式不同,收入的均等程度也就不同。在一些国家,一小部分人收入水平可能远远高于国内平均水平,而大部分人的收入水平则在平均水平以下,在这类国家中只有穷人和富人之分,中产阶级人数较少。在此情况,人均收入并不反映这些国家真实的市场购买力。根据收入分配状况,可归结为以下几类:家庭收入很低、家庭收入大部分很低、家庭收入两极分化、家庭收入低中高分布和家庭收入大部分中等型。

3. 个人消费

国际市场营销人员需要了解目标市场消费者如何分配他们的可支配收入及其消费模式。消费者个人收入包括工资、红利、租金、退休金和赠予等收入。可支配收入是指扣除消费者个人缴纳的各项税款后可用于个人消费和储蓄的那部分收入。个人储蓄增加,意味着现在购买力的减少,潜在购买力的增加。消费信贷则刺激现在购买力的增长。收入的变化会引起消费者支出模式的变化。恩格尔定律指出,随着收入水平上升,必需品消费所占比例逐渐下降。因此,随着整个世界的收入水平上升,奢侈品或耐用消费品的贸易会呈增加趋势,生活必需品的贸易在整个贸易中的比例会逐渐下降,该类产品的价格也会降低。此外,消费者家庭所处的生命周期阶段、消费者家庭的居住环境等因素,也会影响消费者的消费模式。

（四）产业结构

各国（地区）的产业结构并不完全雷同，其产业结构和消费结构也并不完全吻合，因此地区间的商品流通才成为必要。产业结构中有主导产业、支柱产业和附属产业之分，有新式产业和传统产业之分，有三次产业之分，还有优势产业与劣势产业之分，等等。不同的产业结构造成了对生产资料不同的需求结构，也造成了不同的最终产品（含服务）结构，这一切，为不同的产品和服务进入该市场提供了各种各样的机会。

二、人口环境

人口是构成市场的基本要素，在经济发展水平、人均国民收入等条件大体相同的情况下，一个国家或地区的人口数量越多，商品的市场容量和需求量也就越大。人口的各种特征，如人口数量、人口增长率、人口分布、人口构成等，对企业的市场营销活动会产生重要的影响。

（一）人口数量

各国的人口数量决定着世界的潜在市场。许多产品的消费与人口直接有关。对于许多"必需品"而言，诸如凭处方出售的药品、保健品、某些食品以及教育设备，人口数字是市场潜力的最重要标志。对于其他一些产品来说，如价格低或能满足特殊需要的产品，人口也是有用的平均标志。后一种产品主要包括一些食品饮料、化妆品、日用百货类等商品。

（二）人口增长率

一般而言，市场规模的扩大与人口增长率成正比。因为人口增长意味着人们对商品需求的增长，需求的增长导致市场规模的扩大。但是，若人口增长率超过了经济增长率，即人口增长过快，就会导致人均收入降低，购买力下降，市场规模就会萎缩，因为市场是由人口与购买力两个因素构成的。近半个世纪以来，世界人口总体上呈加速递增之势，就全球人口来看，其数量是呈递增趋势，而且其递增的速度越来越快。有关资料显示，全球人口在20世纪初为16.5亿，1950年为25亿，1960年30亿，1970年为37亿，1980年为45亿，1987年7月12日世界人口突破了50亿。到1999年10月世界人口已达到60亿。人口专家预测，2025年世界人口将达85亿。人口增长的同时，意味着全球市场规模的扩大。

（三）人口分布

对于从事国际营销的企业来说，各国的人口分布直接影响到企业销售渠道策略的制订和选择。虽然营销主要对象是单个国家的市场，但对世界地区性人口布局做适当探究也很重要。世界人口最多的 9 个国家有 6 个分布在亚洲，该地区人口数占世界人口一半以上。相比之下，非洲、中东、北美和南美地区人口相对稀少。人口分布状况对产品需求、促销方式、分销渠道产生不同的影响。在 19 世纪 60 年代工业革命以前，世界上 70%的人住在农村，现在许多国家的人口则主要集中在一些大中城市。西欧、日本等国 80%以上的人口住在城市。人口密集越大的地方，对商品的需求量就少。例如，美国人口最稠密的地方是大西洋沿岸、五大湖边缘和加利福尼亚沿海地区，这些地区也是美国最大城市的所在地。该地区生活水平相对较高，对汽车等高档消费品的需求量却明显高于其他地区，而且还是贵重商品、高档化妆品和艺术品的大量集散地。这里，商品促销活动较为集中，信息传播快，宣传媒介多。如果在这些地区选择分销渠道，只需找少数实力强、资信好的代理商就可以适应了。

（四）人口构成

人口的性别和年龄构成对市场营销的影响也很大。消费者的年龄对市场营销来说，意味着收入的多少、家庭的大小以及对商品的不同价值观和不同需求。不同的年龄层次对商品有不同的需求，从而形成了婴儿市场、青年人市场和中老年人市场等。从各国人口年龄来看，一般发达国家老年人所占的比例较高，而发展中国家老年人所占比例较小，但是抚养系数平均都比较高。这也是导致发展中国家贫穷的原因之一。例如，日本大致由两个劳动年龄的人养一个由于太老或太年幼而不能工作的人。在肯尼亚，其比例不到一比一。因此，在其他条件相同的情况，如果日本工人和肯尼亚工人的收入一样多，每个日本人的收入比肯尼亚人的收入至少会高 30%。性别的差别，不仅给市场需求带来差别，而且两性的购买力和购买行为也有所不同。由于女性多操持家务，大多数家庭生活用品为女性采购，而且儿童用品也可归入妇女用品市场。而男士则是汽车、人寿保险等的主要购买者。但是，随着妇女就业率增加，男女双方都为家庭带来收入，双方都有权支配收入。在美国，以往在购买汽车的决策中，妇女只占 3%~4%，而如今能占到 30%~40%。男性消费者和女性消费者对广告媒体有不同的习惯。例如，电视上的球赛和拳击赛节目拥有较多的男性观众，而电视连续剧拥有的则是较多的女性观众。另外，近年来，由于世界人口出现了老龄化的趋势，使得世界市场的商品结构和消费需求也发生了相应的变化。特别是发达国家人口高龄化的结果，使得许多专为老年人提供医疗保健用品、老年人食品、服装及相关的各种服务的市场都得到了广泛的发展。

第三节 国际营销社会与文化环境

随着国际营销活动的深入和发展,人们越来越重视社会文化环境在市场营销中的地位和作用。企业在进行国际营销时,要同具有各种文化背景的人和组织打交道,各国的文化差异,决定不同的消费模式、需求偏好和满足需求的方式,从而对营销活动产生重要的影响。所以,国际营销人员了解目标市场国的社会文化特点、文化差异及其发展变化,是十分必要的。

一、社会文化环境的内涵

文化是人类在社会历史发展过程中所创造的物质财富和精神财富的总和,它包括价值观、伦理道德、宗教、美术、艺术、风尚、习俗等。人类学家一致认为,每种文化都具有三个特征:第一,文化非遗传之物,而是由人们后天学习获得的;第二,知识、信念、道德、习惯和其他各种文化要素构成相互联系、大小各异的总体;第三,文化是由特定社会集团成员具有理智的行为特征所构成。总之,既定的文化总有一套完整的生活规范,使人们得以适应物质文化环境。因为整个生活方式与人生观及社会行为标准融为一体,所以,文化不仅体现我们自己的行为,而且体现我们对他人行为的要求。

文化囊括了生活的全部,在人类学家看来"文化"一词的范围是由该词的定义所包含的成分来表现的。这些成分包括:

(一) 物质文化水平

物质文化分为两部分——技术和经济。技术包括创造物质资料所使用的技巧,它是一个社会的人们所拥有的专门技能。经济是指人们使用其功能和由此而产生的利益方式。它包括商品和劳务的生产、分配、消费和交换方式。物质文化影响需求水平,以及产品的质量和种类,同时也影响产品的生产和销售方式。一个国家的物质文化对营销具有重要意义。

(二) 审美观

与人和宇宙的影响密切相关的是文化的审美观,即艺术、民间传说、音乐、戏剧及舞蹈。由于审美观对理解某一特定文化中线条、颜色和美的内涵起着重要的作用,所以国际市场营销人员尤其需要重视研究审美观。如果对一个社会的审美标准缺乏文化上的正确理解,产品设计不会取得成功。如果对审美标准感觉迟钝,广告和包装设计就不会有效力,而且可能触犯顾客的大忌,造成不良影响。

（三）语言文字

语言的多样性使国际市场营销工作很困难，不仅每个国家有自己的语言，而且许多国家有几种语言。语言不仅可以确定一个文化集团，而且也把这个集团与其他集团区分开。实际上，政治家把语言差异作为政治稳定的一种措施。但这并不是说国际市场营销人员必须是语言学家，但语言技能是有助于开展工作的。一般人最多只能掌握几种语言，因此，企业还得依靠当地人消除语言和文化差异。在每个国外目标市场，分公司都需要能讲两种语言的当地人或移民作为经理人员开展工作。

（四）风俗习惯

风俗习惯分为两种类型，一类风俗习惯与一定的生活条件和居住环境密切相关，例如中国北方人喜喝烈酒，南方人喜喝低度酒，四川、湖南人喜辣，广东人喜欢喝中草药熬的凉茶等，都和一定的气候、水土有关。另一类风俗习惯则主要受历史、传统文化的影响而形成，例如中国人在中秋节要吃月饼，在端午节吃粽子等。

风俗习惯可以体现在一些民间传统节日和喜庆活动中，不同节日有不同的需求特点。风俗习惯可以体现在对事物的评价上。即使对同一事物，也可因风俗习惯不同而得出不同的评价。例如，中国人称荷花出污泥而不染，十分高洁，但日本人多于丧事上使用它；因此，在本国获得好评的事物不一定在海外也得到好评，用国内现成美好的事物名称作为商标品牌，到了海外也未必能产生积极的效应。

风俗习惯也可以体现在对颜色的好恶上。例如，白色在西方国家表示着纯洁的象征，在婚礼上新娘喜穿白色婚纱，但传统的中国民俗，多把红色作为喜庆的颜色。中国人在海外展销会上使用红字做的横额，往往会令东道主联想到贸易的"赤字"等。

风俗习惯也可以体现在本无褒贬含义的数字上。如西方人不喜欢13（根源于耶稣基督遇害的典故）；中国南方人不喜欢4（认为与"死"谐音，喜欢8（与发财的"发"谐音）；日本人不喜欢4和9（认为与"死"和"苦"谐音），等等。

风俗习惯可以体现在消费行为和消费方式上。中国的发菜产地在北方，而销售市场主要在华南，特别是粤语地区，其原因无非是"发菜"与"发财"谐音所致。东方人消费观念比西方人显得保守一些，因而比基尼泳装之类在东方国家不易流行，在储蓄率上则东方人高于西方人。

风俗习惯还可以体现在礼仪上。中国人收礼时喜欢稍作推让，并且认为当着客人面打开所收礼物来看，是不礼貌和贪婪的；但欧美人则在收礼时表示高兴，还当着客人的面打开礼物并称赞它，表示对客人的谢意。

（五）教育与价值观

目标市场顾客受教育的程度影响其消费行为、价值取向。首先，教育水平的差异影响到新产品特别是技术性能复杂的新产品的推广。教育水平低的国家（或顾客层次），对技术复杂程度高的产品难以接受，而多购买传统产品。其次，教育水平高低的差异也影响到顾客接受市场信息的程度，影响顾客对商品进行选择、比较、鉴别。最后，教育水平的差异还影响到营销者对信息传递的媒介选择，影响到市场调查的发生，等等。

价值观是人们对于客观事物的评价标准，它包括财富观念、时间观念、生活态度、对于传统与现代文化的态度等。在对待财富的观念上，有的民族崇尚俭朴，有的则习惯于高消费；有人则相信炫耀自己的财富等。这就影响到消费潮流更替的速度、一次性消费品流行的程度。在时间观念上，有的国家生活节奏快，时间观念强；有的则生活节奏慢，时间观念淡薄。这就影响到人们对于节省劳动、节省时间的商品与服务的需求量。在生活态度上，如对妇女就业的态度，对购买行为中男女决策权的态度，对消费权益保护的认识，对环境保护的认识，对新事物、新产品是否勇于尝试和接受，都对国际营销企业在国际市场上的经营效果产生直接或间接的影响。

（六）宗教信仰

宗教影响着人们的观念和生活。当今世界上，仅信仰天主教、基督教、伊斯兰教、佛教的国家就有20多亿人口。各宗教又有不同教派，不同的宗教有不同的文化倾向和价值观。如佛教宣扬世界是苦的，只有信仰佛教才能脱离苦海；天主教要求教信徒依从教会，而新教则强调凭个人奋斗来自救；伊斯兰教强调恪守《古兰经》的训诫。不同的宗教信仰往往为人们树立不同的道德准则和禁忌，直接影响着不同社会和不同宗教信仰人们的生活习惯和消费行为。

二、社会文化环境对国际营销的影响

传统观念认为，市场营销是一种经济活动，经济因素是决定市场营销环境的唯一主要因素。但是，随着科学技术高度发展，新产品不断涌现，人们的经济收入普遍提高，在基本生活需要得到满足的基础上，消费者的购买力会投向有更强选择性的商品，单纯用经济因素已经不足以说明消费者行为的特点。它不能解释为什么两个收入完全相同的人或者人均收入相近的两个国家消费税收迥然不同。近年来，经济发达国家间相互贸易有增加的趋势，虽然在一定程度上说明收入水平和经济技术水平的接近可能导致需求的趋同性，而各个国家消费者的需求爱好、经济模式也存在很大差异，尤其是在消费品的市场营销方面，非经济的因素具有越来越重要的意义。市场营销活动不仅是一种经济活动，而是一种文化活动。

因为随着现代市场营销观念的转变，消费者既是企业营销活动作用的客体，同时又是市场的主体。所以，国际市场营销除了受目标市场的经济技术等环境因素的影响以外，非经济的因素特别是文化的因素起着越来越重要的作用。例如，20世纪80年代的一项调查发现，欧共体国家中荷兰的真空吸尘器的家庭拥有率为95%，而意大利则仅有7%。这个差别很大程度上是由于两国不同的文化传统和生活方式造成的，只有很小一部分可归因于经济的原因。因为，在荷兰几乎每个家庭都有地毯。而在意大利使用地毯的家庭则相当稀少。又比如收入水平虽然是耐用品消费需求的主要决定因素，但不是唯一的决定因素。以日本市场为例，随着收入的增加，许多节省劳动和时间的产品饱和度大大提高，普通的日本家庭都拥有洗衣机、冰箱、汽车等耐用消费品。但是，在日本暖气的使用率却不高，空调机的家庭拥有量也比较低，冬天人们仍习惯于用煤油炉取暖，夏天则用风扇消暑。这主要是日本资源匮乏的历史，形成了人在思想观念上节约资源的意识，因而形成了与之相适应的消费习惯。所以，在日本市场上，只有较小型的适合家庭使用并且能够节省资源的产品才可能有较大的销售潜力。而那些高能耗的产品很难找到好的销售渠道。可见，面临众多的社会变迁与截然不同的文化习俗，企业必须突破文化环境，积极寻找有利的市场机会，才能在激烈竞争的国际市场营销中有所作为。

文化环境因素对国际营销的影响还表现在不同的文化往往决定了不同的消费行为。消费作为社会生活的一部分，已深深打上了文化的烙印。文化因素已经影响到了消费者的生活态度，如在商品的价值取向，对广告促销的反应，购买行为的特点以及具体的消费形式上。在消费品市场上，食品消费对文化因素最为敏感，文化的作用已超过经济收入水平的影响。例如，在意大利，大多数家庭主妇观念上认为制作食品是她们在家庭中应尽的主要责任之一，并且是一种勤劳的表现。所以，每个家庭主妇每天花费4~5个小时用于准备食品。相比之下，美国的家庭主妇每天花费不到1小时。因此，在美国畅销的罐头食品和方便面却不为意大利所接受。又如，在英国，整个咖啡市场，速溶咖啡销售量占了90%，而在瑞典速溶咖啡却只有15%。英国市场上速溶咖啡之所以占有如此大的份额与其传统的热饮料的消费有关。因为英国是一个习惯饮用茶叶的国家，饮用咖啡的历史不长。在英国人看来，速溶咖啡的泡制过程更接近于茶，而且在热饮料中通常要加牛奶，可以速溶的咖啡的味道是否纯正就显得不那么重要了。由此可见，文化因素往往决定着某些商品的国际市场营销。

三、文化的变化与企业营销

文化不是静止的，而是在变化的。人们在解决社会问题时会借用一些被认为是有用的其他文化。社会一旦采取拿来主义，便会对它进行调整，使之适应社会发展的需要。一种特定的行为模式一旦被社会认可，它便成为获准的方式，并被当作该群体的一部分文化遗产传授下去。文化遗产是人类与其他动物的根本区别之一。文化通过不断地传授，从而产生了广泛的行为模式，但它仍然保留着本民族文化的根本特点。对于国际市场营销人员来说，文化的这一相似但却不同的特点，对于深入理解和感觉这种文化具有重要意义。

文化的发展也不是没有阻力的。研究表明，什么样的新事物能被接受，以及在多大程度上被接受，这取决于人们对这一新事物感兴趣的程度以及新事物对旧事物的改变模式，也就是新事物对现行事物的价值标准和行为模式有多大的破坏力。一般说来，人们最容易接受那些兴趣大、破坏力小的新事物。大多数文化都有着民族中心主义倾向。也就是说，人们对本民族的文化有着一种强烈的认同感，并自觉不自觉地贬低其他文化中陌生和未知的部分。民族中心主义会导致对本民族文化的优越感，对其他民族文化的劣等感或新奇感，这使文化吸收过程更为复杂。民族中心主义是一种持续的现象，但其形式随时间的不同而有所变化。产生文化抵制的原因是多方面的。有时是实际生活不需要，或者是因为理解上、习惯上或信仰上不需要，或者是由于物质文化环境条件不具备且现在暂时不需要，一种文化是由相互关联的多方面因素而组成的，当一种新事物威胁到原有文化的神圣性时，或与传统文化发生巨大冲突时，文化抵制就表现得非常强烈。

因此，当营销人员将一项创新或一种新产品介绍给具有一种特定文化的国家或地区时有两种选择：要么等待变革，要么促成变革。前者需要的是希望和耐心，直至一种新文化最终被接受；后者则需要在介绍新观念、新产品时，有目的地克服阻力，加快接受的进度。显然，并不是所有的营销活动都需要通过变革才能被接受。实际上，许多成功的、极具竞争性的营销是通过变革才能被接受的；许多成功的、极具竞争性的营销是通过"文化适应战略"而完成的。就其本质而言，是用一种尽量适合现存文化的改良措施推进类似产品的渗透。营销人员必须有这样的认识，只要经过艰苦的努力，不论成功与否，它都会给某种文化打上一定的烙印。

第四节 国际营销物质生态环境

近年来，随着经济全球化的发展和全球环境的不断恶化，在自由贸易和环境保护之间出现了两难选择。国际环境公约、ISO14000 国际环境管理体系系列标准和绿色标志制度等的制定与执行，使得人们对国际营销环境中的物质生态环境影响因素逐步给予了足够的重视与关注。物质环境因素与国际营销、环保问题与国际影响、实施绿色国际营销战略等，都是国际营销企业，特别是发达国家在开展国际销售业务中越来越重视的问题。

一、物质生态环境与国际营销

企业在国际市场营销中所面临的物质生态环境，主要是指世界各国的气候、地形、物质资源。由于世界各国地理分布差异很大，造成其气候、地形和资源的巨大差异。这些物质资源的差异与变化，也会给企业造成一些环境威胁与市场机会，所以，企业的营销管理是不能忽视目标市场国家的物质资源状况及其发展变化的。

（一）世界基本物质资源种类

世界上基本的物质资源主要有三种类型：

第一类是取之不尽、用之不竭的资源，如空气、水等。近几十年来，这类资源的生存状况也不断受到了威胁。特别是世界各地尤其是现代化的城市用水量加快（估计世界用水量每 20 年增加一倍），世界水资源问题已日益引起人们的关注。同时世界各国水资源分布不均，加之气候条件不断恶化，所以目前世界上许多国家面临着缺水。这种情况不仅会影响人们的生活，而且对工农业生产也是一种威胁。

第二类是较少但可以更新的资源，如森林、粮食等。资源分布不均对国与国之间的贸易及企业国际营销产生广泛的影响。不同的国家由于其资源的种类和数量差异较大，其生产的产品也存在很大的差异性，特别是与资源密切相关的产品。如加拿大森林资源丰富，生产的纸张原料好、质量高、价格廉，具有很强的竞争力，对加拿大进行国际营销时，应选择其薄弱方面，如以棉花作为原料的产品。因此在开展国际营销时，应是销售地国家所缺乏的或缺乏竞争力的产品，以提高产品国际营销的成功率。

第三类是有限又不能更新的资源，如石油、煤、铀、锡、锌等矿物质。近几十年来，由于这类资源供不应求或在一段时期内供不应求，有些国家需要这类资源的企业正面临着或曾面临着威胁，必须寻找代用品。在这种情况下，就需要研究与开发新的资源与原料，这样又给某些企业造成新的市场机会。

（二）世界基本物质生态环境的发展趋势

企业的基本物质环境的发展变化也会给企业造成一些环境威胁和市场机会，所以，企业的国际市场营销必须分析研究其自然环境方面的动向和发展趋势。目前这方面的主要动向，一是环境污染程度日益增加；二是许多国家对自然资源管理的干预不断加强。

第一是世界环境污染程度日益增加。近代工业革命使人与自然环境的关系又一次发生巨大变化。在战后短短的几十年历程中，环境问题迅速从一国或地区性问题发展成为波及世界各国的全球性问题，出现了一系列国际社会关注的热点问题，如气候变化、臭氧层破坏、森林破坏与生物多样性减少、大气及酸雨污染、土地荒漠化、海洋污染、有毒化学品污染和危险废物越境转移等。环境污染程度日益增加，公众对这个问题越来越关心，纷纷指责环境污染的危害性。这种动向对那些造成污染的行业和企业是一种环境威胁，它们在社会舆论的压力和政府的干预下，不得不采取措施控制污染；另一方面，这种动向也给控制污染、研制和开发环保型产品和包装的企业造成了新的市场机会。

第二是各国对自然资源管理的干预不断加强。随着经济发展和科学的进步，许多国家的政府都对自然资源的管理加强干预。但是政府为了社会利益和长远利益而对自然资源加强干预，往往与企业的经营战略和经济效益相矛盾。例如，为了控制污染，政府往往要求企业购买昂贵的控制污染设备，这样就有可能影响企业的经济效益。又如，目前世界上许多制造工厂，特别是发展中国家的工厂，如果按法律和合理污染标准严格控制，就有可能要关、停、并、转，这样就可能会影响到企业的发展。因此企业的管理当局要想妥善地解决环境污染问题，就要加强对本国资源的管理，这一切可能会对有关企业的国际营销产生重要的影响。

另外，国际社会对日益严重的环境问题已经引起了广泛的关注，通过开展国际研讨活动，建立多种多样的环境管理日程，签定国际性环境管理条约体系，来加强国际范围的环境污染治理。

（三）物质生态环境对国际营销的影响

物质生态环境与国际营销这两个看似不相干的问题近年来变得纠缠不清了，国际贸易或企业间的国际营销促进了国际间经济贸易往来和世界经济的发展。随着国际间商品贸易量的不断扩大所带来的环境恶化使得越来越多的环境保护者开始对自由贸易者发难。随着 WTO 多边贸易体制将贸易与环境列入谈判日程，我们需要弄清国际间商品和贸易往来与物质生态环境究竟是一种什么样的关系？在多边贸易体制下讨论环境涉及哪些问题？环境对国际营销究竟带来什么样的影响？这一系列问题都将是国际营销企业需要面临的问题。

所谓国际营销与环境问题主要涉及以下几个问题：一是环境法规对国际产品竞争力的影响；二是与环境相关的标准对国际营销的影响；三是为环境目标而采取的贸易措施的合法性。

关于环境法规对产品国际竞争力影响的讨论早在20世纪70年代就开始了。1972年斯德哥尔摩召开的第一届联合国人类环境大会使贸易和环境问题成为国际关注的问题。当时主要关注的问题是，如果一个国家通过征收污染税、制定排放标准而对环境进行保护，其产品国际竞争地位势必就会受到影响，这就是所谓环境法规对产品国际竞争力的影响。

关于人们关注的另一个问题是与环境相关的产品标准，例如食品中杀虫剂的残留标准或汽车尾气排放标准，可能成为非关税贸易壁垒问题。贸易体系很久以来十分关注各国订立的健康、卫生安全标准成为潜在的贸易障碍的问题。国际上对与环境相关的产品标准问题采取了务实的态度，GATT承认各国有权建立这种标准，第二十条规定为保护人类、动植物生命和健康所必需采取的贸易限制措施可以是GATT义务的例外。1972年的OECD"关于环境政策国际经济方面的指导原则"除污染者付费原则以外，也涉及了产品标准问题。

到20世纪90年代，环境问题除了竞争力和产品标准上有一些新的变化以外，还出现了如何为保护环境采取相应的贸易措施以及贸易自由化对环境的效应。此外，发达国家也提出将贸易和环境问题纳入WTO多边贸易谈判中的建议。下面做具体分析：

1. 环境与竞争力问题

如果说20世纪70年代对环境与竞争力的分析只是集中在贸易领域，就如何将环境标准因素作为一种要素来考虑其怎样产生竞争力上的差异，以及消除这种差异的贸易手段上，90年代这一问题则出现了一些变化。20世纪90年代环境影响产品国际竞争力的问题涉及两个本质上不同，但又互相有联系的方面：一是与分析有关的问题，包括贸易自由化对环境的效应、与环境有关的贸易措施对环境的影响、环境法规对贸易型式的影响；二是与谈判相关的问题，包括在国际环境协定中的贸易措施及其与贸易规则的关系、国内环境措施对贸易的影响。

环境与竞争力是一个分析上的问题，但是与政治概念挂钩时，则又涉及谈判问题，或者是一个公平贸易的问题。从分析角度上，工业化国家随着经济发展，环境法规有越来越严的趋势，这主要是因为环境法规是与经济发展水平相关的，发达国家居民对高质量的环境有较强的偏好，因此导致产品成本相对于环境标准较低的国家要高，发达国家担心本国的制造业会向环境标准较低的国家转移，或者竞相降低环境标准来吸引外国投资，使发达国家相对于发展中国家处于竞争劣势。这种情况导致发达国家在谈判问题上坚持要采取强制措施，迫使发展中国家提高环境标准，在国际协调环境标准，或者在多边贸易框架下允许采取处罚性贸易措施，对来自低环境标准地区的产品征收绿色反补贴税，补偿竞争力上的损失。

实际上，在20世纪末21世纪初国际论坛上一些谈判一般都是基于这样的一个前提，即环境对国际竞争力有直接影响，所以需要规范环境标准，避免免费搭车。最近进行的国际投资协定的谈判对国际贸易和国际环境管理产生了一定的影响，尽管国际投资协定最终未能达成。有的国家建议在多边投资协定中加入对环境标准较松的国家进行约束的条款，使之与国际标准看齐。美国的环境保护者要求多边环境协定中要有例外条款，为保护环境可以采取措施，建议颁布强制性的环境标准，在签署多边环境协定之前需要满足这些标准。其他的团体则建议谈判一个更为广泛的可持续性投资协定，遵循21世纪议程的原则。OECD的谈判有建议在多边投资协定中订立"污染避风港"条款，使投资协定的成员承诺不要降低标准和鼓励外国直接投资。

虽然环境对竞争力的影响还需要进一步的研究才能有结论，但是环境对竞争力有影响这一先入为主的概念一时还消除不了，竞争力问题仍然是国际间商品贸易与环境问题的一个主要方面。

2. 与环境相关的标准与国际营销

在过去的几十年中，环境法规变得越来越强，包括的内容日渐广泛，环境法规几乎涉及了一个产品的整个生命周期，从制造所需的原料到产品的包装、回收、环境标志。在国家层面上，环境法规通过一些措施来落实，而环境标准是这些措施的基础，尤其是销售产品的标准，分为产品标准和方法标准：①产品标准。规定使用或处理产品避免环境伤害需要有的环境特点，如油漆中不能含有铅，因为有毒重金属可能扩散到环境中去而造成损害，产品不能含有氟氯化碳（CFCs），因为它破坏了臭氧层。近年来，产品标准越来越多，而且越来越细致。②方法标准。生产工艺和加工方法（PPMs）标准，规定产品如何生产及其对环境可能的影响的标准。PPMs标准在一国内应用时不会产生什么问题，当应用于国际间产品推销时，相当于将对本国的经济活动设定的标准强加于进口产品之上，对国际营销有重要的影响。

环境保护者对环境的关注越来越强，反过来使人们不得不提出环境措施可能成为变相保护主义的问题。将合法的环境政策从变相的保护主义中挑出来不是容易的事情。例如，美国对豪华轿车进口征收奢侈品税实际上保护了国内生产者，减少了进口。乌拉圭回合将产品标准问题作为谈判中的主要问题，所达成的贸易的技术壁垒协议（TBT）以及动植物卫生检疫措施协议（SPS）都是针对产品标准的，鼓励成员在产品标准上参照国际标准，对变相的贸易壁垒在法律上有了进一步的约束。WTO 承认与产品相关的 PPMs 基础上的产品标准，但是不允许以非产品相关的 PPMs（对不影响产品特点的生产方法）来收费或制定标准。方法标准不像产品标准那样容易协调，WTO 与产品有关的产品标准问题总的来说尚未得到满意的解决，尤其是环境标志问题。

3. 为保护环境而采取的贸易措施的合法性

20 世纪 70 年代以后，世界上的多边环境协定纷纷出现，现在约有 200 个多边环境协定，其中 20 多个含有为保护环境而采取贸易限制措施的条款。多边环境协定采取贸易限制措施一般要达到的目的是：禁止或限制环境协定规定的目标产品或物质的贸易、建立法规框架来规范环境协定中的产品或物质的贸易、限制产生环境问题的产品的销售、鼓励更多的国家加入环境协定以及避免免费搭车。

多边环境协定缔约国在执行多边环境协定中的贸易措施的同时，许多国家国内立法中也有多项与环境有关的贸易措施，其中有的为了保护动植物物种、有的出于保护环境目的、有的为保护一国权限以外的环境资源、有的针对损害环境的产品，其他的则出于制裁的目的。美国为保护环境制定有多种贸易限制措施，尤其在野生动物和渔业保护上。

GATT 不反对一个国家采取行动来保护环境，一个国家可以使用适用于本国的产品规则来针对进口和出口产品，也可以采取认为是必要的行动来保证本国的生产和加工过程不伤害环境。但是现在保护环境采取的贸易限制措施与多边贸易体制义务产生了一定的冲突，不管是环境协定中的，还是单边采取的贸易措施都如此。

环境协定采取的贸易措施与 GATT 的最惠国待遇、国民待遇、取消数量限制及第二十条规定存在潜在的矛盾。贸易争端产生时，是在环境协定中还是在 GATT/WTO 中来处理争端也是一个需要解决的问题。因此，在贸易与环境领域分清环境协定与多边贸易体制的关系非常重要，这样可以减少贸易争端、改善全球环境保护及合作、降低市场扭曲及对产品歧视、稳定新的 WTO 制度，缓解南北在贸易政策上的紧张状态。

一些单边贸易限制措施也是不符合多边贸易规则的，尤其一些措施在一国权限之外单边的保护环境资源时，造成对一些生产过程影响环境的产品的限制或歧视。这些单边措施在保护全球共有资源时则具有一定的政治含义。随着各国保护环境的意识不断增强（尤其是发达国家），为保护环境而越来越多地采取贸易限制措施，这就产生了这样的贸易措施是正当的，还是变相的保护主义的问题。分析这一问题需要区分该贸易措施是针对国内环境问题还是为了解决越境的环境问题。如果为了国内环境而进行贸易限制，基本上是保护主义性质的。在越境环境问题上，贸易措施是一种次优的工具，产权分配、对生产和消费的干预政策等要优于贸易措施。对于环境协定中的贸易措施，限制措施由于是多边的，具有合法的法律地位。

二、环保运动与国际营销

20 世纪 90 年代以来，随着国际经济一体化的发展，国际间的经贸往来活动日益密切，国际营销企业所关注的生产成本和市场准入问题，这时已远远地超出了一国环境影响因素，越境的、全球环境威胁以及相关贸易问题逐渐提上议事日程，人们早在 20 世纪 70 年代就意识到的一国的污染源可能污染另一国或者国际共有的资源，如海洋等问题，并对这类问题着手进行分析。许多国际环境和资源保护组织开始行动，世界环境问题重新引起了人们的关注。

（一）自然环境破坏及环保运动兴起

环保运动是关心社会的公民和政府为保护和改善人们生活环境所进行的有组织活动。环境保护主义者并不反对营销和消费，只是希望这些活动遵循更多的生态原则。他们认为营销系统的目的应使生活质量最佳化，而生活的质量不仅是消费者商品和服务量与质的问题，也是环境的质量问题。环境保护主义者希望环境成本应包含在生产者和消费者的决策之中，赞成使用税收和制定条例限制违反环保行为的真实社会成本，并要求企业在反污染的设施上投资，对不能回收的废弃品收税，引导企业和消费者重视环境保护。

一方面环境保护主义运动的开展，使得许多消费者开始关注自己赖以生存的环境，关注自己的消费行为是否造成环境污染，自觉使用以可再生资源所生产的产品，使用带有环保标志的绿色产品；另一方面，各国政府也采取积极措施，制定各种严格环保政策，并强制要求企业购买设施和采取措施解决环境问题。因此，在开展国际营销活动时，必须密切关注当地政府和市场消费者对环境保护的关注程度，否则，再好的产品因不符合消费者的环保意识，也可能导致产品营销活动的失败。一般来说西方发达国家消费者环保意识非常强，采取营销活动时要特别宣传产品使用了多少再生资源，而且要强调对环境污染非常小，以迎合消费者环保观念。更重要的是，进行国际营销活动时，必须了解和遵循当地有关环保的法令和条规，否则产品可能遭到封存和禁止销售的处罚。企业在进行国际营销时，必须针对特定市场，对产品进行合适的包装、改造，避免引起环保问题争议。在对西方国家开展营销活动时，产品最好能通过

ISO14000 的环保认证标志,有该国际认可的环保标志的产品可以在全球市场免除与环境相关问题的检查。这样既可以节省时间,也可以确立企业的环保品牌意识。

(二)环保运动对国际营销的影响

环保运动一方面迫使企业面对环境问题采取措施免遭淘汰威胁,另一方面,公众对环境的关心也为有警觉的公司创造了营销机会,如为控制污染的设施、空气清洁器及再循环中心创造了市场机会,也为发现新产品制造方法和新的包装方法而不破坏生态平衡者创造了大好的营销环境。因此环保主义运动,对于锐意求新的关注环保问题的企业,在开拓国际市场时是一个大好机会。如最近一段时间,中国加强对环境污染的治理,国外许多企业纷纷踏入中国市场,获取丰厚回报。在 21 世纪,环保产品的设计、开发、研制将成为一个独立的世界性大产业,而我国企业在环保产品设计、开发方面还处于起步阶段,因此开拓环保国际市场,必须进行创新和加强这方面的研制和开发投入。

三、可持续发展战略与绿色营销

21 世纪,随着工业和经济发展,自然环境问题变得越来越严峻,一方面,资源日益枯竭。在地球上可利用的三种资源中,无限资源,如空气暂时没有问题,但是许多团体已看出其潜在的危险性,水在世界某些地区已成为问题;有限可循环使用资源如森林和食物,由于随意砍伐和耕地减少,也面临威胁;有限不可循环使用资源如石油、煤和各种矿产品等,产生问题最为严重,许多矿产品在 21 世纪将面临枯竭。另一方面,环境污染程度越来越严重。许多产品废弃以后不可回收造成环境污染,如塑料制品需要一百年才能分解;有限产品如氟利昂对空气臭氧层具有破坏作用,增加了紫外线对地球的照射,损害广大居民的身体;二氧化碳排放污染空气并使得全球变暖。污染问题的日益严重化,引起各国政府高度重视,它们纷纷出台环保法律和法规,并提出可持续发展战略。

(一)可持续发展战略的提出

可持续发展战略是指社会经济发展必须同自然环境及社会环境相联系,使经济建设与资源环境相协调,使人口增长与社会生产力发展相适应,以保证社会实现良性循环发展。然而,社会经济的长足发展,在为社会创造巨大财富,给广大消费者提供物质福利及给企业带来巨额商业利益的同时,也严重地浪费了自然资源,破坏了自然生态平衡,污染了环境,并造成恶劣的社会环境,严重地威胁着人类生态环境的良性循环。因此,保护自然环境,治理环境污染,改变恶劣的社会环境,实施可持续发展战略,势在必行。

可持续发展战略的实施,从宏观方面,要求政府重视制定及实施可持续发展战略的总体目标、方针及其方法。从微观方面,要求企业将营销活动同自然环境、社会环境的发展相联系,使企业营销活动有利于环境的良性循环发展。也就是说,要求企业从实施可持续发展战略的高度来开展绿色营销。

(二)企业开展绿色营销势在必行

绿色营销是在绿色消费的驱动下产生的。所谓绿色消费,是指消费者意识到环境恶化已经影响其生活方式,要求企业生产以及销售对环境冲击最小的绿色产品,以减少对环境伤害的消费。绿色营销,是指企业以环保概念为其经营思想,通过制定以及实施绿色营销战略,满足消费者的绿色消费需求,实现企业经营目标。绿色营销是营销的延伸及扩展。就营销过程而言,两者并无差异,都包括市场营销调研、目标市场选择、制定企业国际市场营销战略与营销组合策略等。但如果抛开营销一般性,对国际营销和绿色营销两者进行深入剖析,将会发现两者显现出不同的特征。

1. 营销重点不同

传统营销的重点是由企业、顾客与竞争者构成的所谓"魔术三角",通过协调三者之间的关系来获取利润。企业外在的自然环境,只有当它影响到"魔术三角",从而影响企业盈利时,方被考虑。绿色营销的重点是考虑企业营销活动同自然环境的关系,即研究自然环境对企业营销活动发生何种影响,而企业营销活动对自然环境又发生何种冲击。可见,绿色营销研究的焦点是对"魔术三角"的进一步扩展。

2. 产品表现有所差异

绿色产品具有同传统产品不同的特点。所谓绿色产品,指对社会或环境的改善有所贡献的产品,或减少对社会或环境所造成损害的产品,或指对环境及社会生活品质的改善优于竞争者所提供的产品。绿色产品同传统产品在主要方面表现是一样的,如其核心产品都是为了满足消费者的需求、其产品技术都符合各种技术标准和要求、为了实现企业盈利的目标其产品都强调具有一定的竞争力。但绿色产品除具有上述三种表现外,更重要的是强调绿色的特点。从产品能否维持环境的可持续发展及从企业应负的社会责任来评价,绿色产品必须体现以下四种绿色理念:其一,企业在选择生产何种产品及应用何种技术时,必须考虑尽量减少对环境的不利影响;其二,产品在生产过程中要考虑安全性,产品在消费中要考虑降低对环境的负面影响;其三,企业在设计产品及包装时,要降低原材料消耗,并减少对环境的不利影响;其四,从产品整体概念考虑产品的设计、产品形体及售后服务,要节约及保护环境。

3. 绿色产品强调绿色分销渠道

绿色分销同传统分销有差异性。至今，分销渠道虽然尚不能成为绿色营销的重点，但绿色分销日益成为企业关注的问题，不少企业提出使用绿色通道，应用无铅燃料及控制污染装置的交通工具和使用节省燃料的交通工具；强调降低分销过程中的浪费，即对产品处理及储存方面的技术进行革新，以降低对资源的耗费；在分销环节上，注意简化供应环节，以节省资源的耗费。

4. 通过绿色媒体进行绿色促销

绿色促销具有同传统促销不同的特点。绿色促销是通过绿色媒体，传递绿色产品及绿色企业的信息，引起消费者对绿色产品的需求及购置行为。在绿色促销中，绿色广告、绿色公关、绿色人员推销具有不同的特征。

5. 绿色产品实行的是绿色价格

绿色价格主要特征是反映了环境成本，即绿色产品通常会吸收保护环境及改善环境所支出的成本，并将这些费用记入绿色价格中。因此，一个企业及产品的绿色化程度将影响其成本构成。目前绿色价格在上升，或由于有利于环境的设备替换会造成环境污染的设备而增加费用；或由于实施环保法引起企业支出费用的增加；或由于为防范自然灾害支付的保险费及清理垃圾所支付的费用增加；或由于推行绿色营销改变公司组织结构及行政管理方式而增加费用支出等。同时，绿色价格也可能由于其他因素作用而降低，如由于产品及包装原材料的节约而降低费用；由于交通工具使用能源的节约及企业固定成本的节约等。

总之，从长远看，绿色价格会下降，但在短期内成本会增加，并且往往将增加的成本以较高的价格转嫁给消费者。

随着经济的发展和全球环境问题的出现，在自由贸易与环境保护之间出现了两难的选择。国际公约组织、ISO14000 国际环境管理体系系列标准和绿色标志制度等的制定和执行，一方面有利于环境保护与可持续发展，另一方面又导致绿色壁垒，给企业开展国际营销制造障碍。因此，在可持续发展日益成为世界主题背景下，实施绿色国际营销战略，树立企业绿色营销和品牌形象，有助于企业顺利进入国际市场，特别是发达国家的市场，顺利开展营销活动。

第五节　21世纪国际营销环境的变化

进入 21 世纪以来，国际营销环境中有几个趋势值得注意：一是全球化的力量会继续影响着每一个人的商务活动和个人生活；二是科技力量将会继续进步，生物工程、数字革命、机器人、智能化等标志着新的科技革命时代已到来；三是政府经济部门管理的放松，市场在相对自由的环境中运营，竞争性经济能比高度管制或计划经济创造更多的财富。这三种趋势意味着无穷无尽的市场机会，同时也意味着市场竞争的加剧和营销难度加大。

一、21世纪国际营销环境的变化及其影响

21世纪国际营销环境变化的特征主要表现在：技术革命带来了技术创新，改变了企业生产、经营和管理组织模式，同时改变了市场运行模式和机制。信息技术革命带来的全球经济一体化趋势，推动着知识经济的发展，改变了传统工业经济时代的营销模式和竞争策略。特别对一些发达国家，它们的经济正在发生或已经发生转型，知识经济已初见端倪，因此企业在制定国际营销策略时，必须注意到技术革命特别是信息技术发展带来的变化。以信息技术革命为中心的知识经济，作为一种新型经济形式对企业开展国际营销的影响是多方面的。

首先，是对顾客需求的影响。由于技术革命推动世界经济飞速发展，人民生活水平迅速提高，消费需求由低层次的生理需求向高层次满足转变；从对物质需求向精神需求转变；消费需求日益趋向个体化；对服务水平和产品的品质有更高需求；信息技术革命使得一对一服务成为可能，如美国的联邦快递公司可以随时向世界各地用户提供邮寄包裹的所处状态、何时到达目的地信息，用户只需要通过因特网在网上输入包裹代码即可。

其次，是对产品策略的影响。知识经济时代，知识成为经济的核心要素，产品的价值由传统上以物质价值为基础变为以知识含量为基础进行衡量。因此利用技术革命对产品实行技术创新，提高产品的知识含量是企业的重要竞争策略，如日本利用"克隆"技术生产的克隆牛肉满足了消费者的生理需求，更主要的是满足了对高技术的"消费"。国际市场一体化和竞争激烈化，使得企业要想在国际市场立于不败之地，必须利用新技术不断对产品进行创新，即不断地提高品质。

同时，技术发展日新月异，产品的设计、开发和使用周期缩短，时间成为产品策略成败的关键，谁在时间上抢先一步就可获得广阔的市场，如美国的网景公司利用微软的疏忽，在短短的一年时间内就占据因特网上浏览器软件市场的80%以上，微软公司花费巨大代价才与其平分秋色。

技术革命特别是信息技术革命，使得全球经济呈现出网络化、数字化特征，传统的以实物交换为基础的交易方式被以数字交换为基础的无形交易所代替。网络化和数字化技术使得世界各地市场被无形地连接在一起，在不同地区市场

之间进行交换是透明的，不受地理位置和时间约束，信息的交换变得非常容易和成本低廉，通过网络获取国际市场信息和开展国际营销变得异常简捷，同时国际营销中的交易活动也变得更加灵活、直接，通过网络与国外市场交易如同在国内市场交易一样便捷。因此，信息技术发展推动交易的全球化、交易的直接化和便捷性，开展国际营销必须充分利用世界性网络进行信息交互和沟通，降低国际交易的费用和交易风险。

再次，是对营销管理的影响。国际营销是在国际市场上进行营销活动，企业面对的国际营销环境和因素比国内市场复杂得多，因而传统的国际营销管理受地理位置和时间约束，一般采取松散性管理，而且对不同市场都必须设立相应的机构和配套组织，所以开拓国际市场成本相当高，控制风险也相当大。而信息技术革命带来全球通信便捷，使得远程办公、远程会议和远程管理成为可能，并且随着信息成本不断下降，这种现代化的管理模式和方式越来越易于操作，它可以大幅度压缩传统的旅行费用和额外开支。可见，国际营销的迅猛发展与信息技术革命是紧密相连的。同时知识经济兴起，促使企业从传统的侧重机构组织等硬件管理，向教育、培训和提高员工的荣誉感等软件管理转变，而培养国际员工的归属感和提高素质与企业的国际营销战略是紧密相连的。

最后，是对竞争战略的影响。技术革命的加速发展，使企业在获取巨大利润的同时，需要大量的投入和承担巨大风险。因此，采用高技术开拓国际市场的企业，一般都注重与相关企业建立战略合作联盟，因而，使传统的单纯竞争形式变成既是竞争对手又是合作伙伴、相互依赖相互竞争的形式。如美国的英特尔公司为开拓存储器市场就与日本的富士通公司联合开发研制，共同享受成果。同时，由于知识经济的发展，国际市场的竞争由传统的对资本等低层次资源占有的竞争，转变为对知识生产、占有和利用能力的竞争。

二、21世纪广泛发展的网络营销

近年来 Internet 在全球范围内迅速发展，全球使用网络越来越多。网络时代的到来给企业的国际营销带来了巨大的冲击，引起了营销学的一场革命，网络营销也应运而生。网络是一种环境，它不同于以往的市场环境，其营销的方式、观念也会不一样，网络营销是传统营销的发展和延伸。

（一）网络营销改变了传统营销方式

与传统营销相比，它有以下几点不同：①网络营销是一种同步互动式的市场营销。而传统营销是一种异动单向式的市场营销。传统营销活动是单向的营销者通过各种各样的传播媒介向消费者提供单向的信息输送，再以各种各样的调查方法来了解顾客的需求。这种过程在大多数情况下是分离互动的，信息的发送反馈之间存在时滞。在网络营销环境下，消费者可以直接在网上与企业销售员对话，直接询价，直接通报需求信息。企业可以充分利用网络的高度互动性使市场调研、产品设计、生产到售后服务保持同步互动。②网络营销把传统的同质化、大规模营销转变为个性化一对一的营销。③网络营销的观念是顾客导向的营销观念，而传统营销是市场导向的营销观念。④营销观念从传统营销的分散独立过程发展到统一协同的工作过程。传统营销的企业，各个环节由不同的部门和人员负责，消费者和企业之间缺乏合适的沟通渠道。沟通成本较高，管理也较分散。而在网络营销下沟通成本很小，通过消费者满意这一观念使企业内部协调运作形成一个整体。⑤网络营销还是一种数据库式的营销。在网络环境下，企业建有大量的数据库供消费者查询，企业也通过网络调研形式来建立顾客数据库，根据顾客的特征来设计产品满足顾客需要。⑥网络营销是一种动态的营销。企业可以利用网络的互动性特征，依据市场需求及时来调整产品及其价格，使营销应变性更强。

　　网络的环境给营销带来了巨大的变化，但是并不是表明所有的企业都能够进行网络营销，也并非所有的商品都能进行网上营销，网上营销有利也有弊。

　　网络从以下几个方面改变了企业的营销活动：①网络改变了企业的竞争环境。网络从本质上讲是一种与电视广播不同的媒体，它具有交互性，顾客与企业之间可以进行交互式的交流，这使得顾客在交易过程中具有更大的主动权，改变了以往企业在交易中具有的某种垄断性的优势，这迫使企业在争夺顾客上要不断进行创新、关注顾客需求，企业之间的竞争也更加激烈。同时，世界范围内的网络联网已打破了时空、地域的限制，使企业面临着一个真正意义上的全球市场。企业面临的竞争对手不再是某一地区或国家的竞争对手，而是来自全球范围内的竞争对手。企业面临的市场也是全球性的市场，这使企业面临的竞争环境更加复杂多变。②网络使企业产品的制造方式和生产方式发生了变化。传统的生产方式讲求规模经济、批量生产，随着各种柔性制造技术的出现与互联网的出现使企业能够满足顾客个性化的需求，从而使企业的生产从批量化的生产转变为定制式的生产。③网络的出现改变了企业的交易方式。网络电子商店的出现使得顾客的交易在网上完成，不需要以传统的货币为媒介进行交易，交易方式从货币交易方式转向电子货币式的无货币方式交易。网络的交互性特点也使网络直销的一对一的营销成为可能，企业可以不需中间商就能完成交易，这使中间商面临着更恶劣的竞争环境。④网络对营销观念也带来了冲击性的影响。网络改变了企业的经营环境，而环境的变化要求企业的经营观念也要依环境而变化。正如当初企业从生产观念转向市场营销观念是因为市场从卖方市场变到了买方市场一样，网络环境下，市场从企业在交易中占主导地位变到了消费者占主导地位,这就要求企业的营销观念从以市场为导向转向以顾客为导向。在以市场为导向的观念下,市场占有率、销售量与企业的利润具有正相关关系,企业的利润来源于其产品的销售量,而顾客导向下则是顾客的满意是企业利润的来源。⑤网络还改变了企业的生产要素结构,在没有网络的时代,知识信息在生产要素中处于次要地位。网络时代的到来,使知识信息成为了第一生产力,企业竞争的焦点也转向了知识与信息的竞争上。

网络营销往往解释成借助联机网络、电脑通信和交互式媒体的威力来实现营销目标的一种营销方式。这种解释存在着很大的局限性,它仅把网络看成了一种工具,而忽略了网络对营销观念的改变。在现实生活中,网络不仅仅局限于电脑网络,还包括电话网、电讯网等,网络营销应涵盖其他的网络结构。网络营销可解释成在网络环境下,企业以消费者满意为中心,通过产品、定价、渠道、促销等一系列的经营活动来获取恰当的利润满足社会需求的过程。

网络营销的发展虽然是对传统营销方式的变革,但目前发展中还受到一些条件的限制。一是技术和硬件上的限制。网上货币付款方式并非十分安全,消费者对此持有疑义。并不是每一个消费者都拥有电脑,都是网民。在全球总人口中网民还只占一小部分。同时商品的网上展示也并非是十全十美。商品的一些重要特征还无法通过网络展示出来。二是网络也并非是完美无缺的媒体,网络虽然具有互动性,消费者在消费时占有主动地位,但消费者并不会主动上网去观看企业千辛万苦设计出来的网上广告。企业在促销上反而具有一定的被动性。再者,在有些行业网络营销并不实用也没有必要。在具有规模经济、追求低成本的行业进行个别生产会使成本急剧升高,反而会使企业遭受损失。这些企业的网络只是帮助企业了解消费者需求。另外,网络营销带来了商流与物流的高度分离,网上虽然可以进行快速交易,但商品实物却还没有进行配送。对于一些物流配送功能不强和不能找到配送系统的企业就难以开展网络营销。消费者早早付了账款而要等待较长时间才能得到商品,这反而会引起消费者的不满。

因此,在看到网络给我们带来巨大好处的同时也要考虑网络可能会带来的问题。企业在考虑是否进行和开展网络营销时要谨慎考虑自身的实力、所处的行业、市场环境和企业的经营目标等因素,而不能因为时代已进入了网络时代就必须开展网络营销。

(二) 网络营销的管理与决策

网络营销的管理与决策是一个系统的管理过程。它有一个程序化的过程,企业首先决定是否该进入网络营销领域,在进入网络营销领域后企业应当以怎样的指导思想来指导网络营销?如何进行网络营销管理?

1. 网络营销的进入决策

企业的经营者在考虑进入决策时,必然要考虑进入网络营销的目的是什么?企业是否有实力进入网络营销?网络营销的利润是否高于常规利润?企业何时进入网络营销等这些问题。企业进入网络营销的目的会因不同的市场状况、企业状况而不同,一般而言,企业进入网络营销是为了获取竞争优势,抢占竞争的制高点,但这并不意味着网络营销必然会带来竞争优势。如果所有的企业都开展网络营销,企业又怎能获取竞争优势。网络营销不止是一种营销方式,还是一种理念。企业能否通过网络营销获取竞争优势则取决于其营销的管理。对一些小型企业而言,他们进入网络营销的目的可能并不是获取竞争优势,而是想和竞争对手保持对等地位。同样,网络营销也并不能确保企业一定能够和竞争对手保持对等地位,这要看双方的营销管理是否对等。

在考虑进入决策时,企业的主管必须明确其目标。在明确其目标的同时,还需认清网络技术对竞争的本质性改变何在,其带来的缺陷何在。同时要认清未来技术的发展趋势,明确决定网络竞争的因素,以使目标更明确可行。企业自身的实力往往决定着企业能否进入网络营销。网络是一种工具,是一种媒介,企业要在网上营销必须有相应的硬件和软件的保证。硬件设施通过购买的方式可以取得,而一些软件性的技术却并不能通过购买来完成,企业的员工不能认清其核心业务所在,就不能把核心业务转化为可在网上传递的信息,企业也无法开展网络营销。而决定企业是否进行网络营销的关键还在于其成本利润关系。企业开展网络营销会带来一些成本的下降,但进行网络营销,企业需建立内部网站,设立信息部门,还要开发各种信息软件,这使企业成本增加。企业的其他部门要使用内部网络也会增加其使用成本。企业还要向外部网站刊登网络广告,使网络促销成本上升。网络营销带来了一系列的成本增加,但网络营销也使企业的一些传统营销费用减少,直接降低了企业与顾客间的交易成本,因此企业要核算网络带来的成本增加是否小于利润的增加。当企业的成本增加小于利润的增加时,企业才进入网络进行营销。企业也必须确定其进入的时机,是率先进入?还是跟随进入?率先进入的企业往往面临着技术风险、经济风险、组织风险、政府风险和市场观念的风险。跟随进入的风险较小,但也失去了先占性的优势。在进入时机的选择上并无标准答案,企业要依据市场状况、行业状况、本企业状况来决定。

2. 网络营销观念的转变

企业在考虑进入网络营销的同时,也必须注意其营销指导观念的变化。传统营销的指导观念是以经济学的厂商理论为指导的。厂商理论是建立在卖方市场的基础上的,虽然在传统营销过程中卖方市场已逐步为买方市场所取代,企业也是以市场营销观念为指导的,但由于传统营销下信息传递的异步性和信息的不对称性使厂商在营销过程中占有主动地位,厂商理论仍对企业具有指导意义。企业大多也是以厂商理论来分析其利润成本结构,制定经营战略的。在网络营销环境下,网络信息传递的互动性,使信息传递趋于同步,这改变了消费者与企业的关系,使消费者在企业营销中占有主动地位,掌握了主动权,个性化消费的复归使企业的生产处于被动地位,企业传统的规模生产也要被柔性制造所取代。环境导致了消费者与厂商的互动关系。企业的营销指导观念也要从以市场为导向的观念转向以消费者为导向的观念上来,要从传统的 4P 理论转向强调 4C 理论上来。4C 指顾客的需求、顾客的费用、顾客购买的方便性、顾客与企业的沟通。网络营销强调 4C 理论,但 4C 理论仍需 4P'S 组合来支撑,是在了解消费者个性化的 4C 需求的基础上,通过传统的 4P 策略来获取利润,获取竞争优势。企业在进入网络营销后如果没能及时地转变企业员工的观念,企业就难以使员工在营销中关注消费者需求,而不能使消费者满意,从而也不能获取竞争优势。

3. 网络营销的管理

企业在进入网络营销领域后,就要进行网络营销管理,网络营销管理仍可借鉴传统营销的 4P 组合理论,仍可分为产品策略、定价策略、渠道策略和促销策略。在产品策略中企业要决定哪些产品适合网络营销,要考虑产品的特点、性能和消费者服务的内容,并非每一种产品都适合在网上营销,对一些典型的具有规模经济效益的产品,如对汽车进行网络营销成本可能较高,而不适于在网上营销。产品是否适合在网上营销主要看是否符合以下几个条件:如产品是否能够软件化、无形化,是否容易通过网络传递;产品质量是否容易标准化;产品是否能满足顾客的需求;产品的品牌知名度是否足够高,是否为消费者所熟悉;产品是否没有地域性特点;企业是否有能力及时配送或有效利用社会物流系统进行配送;进行网络营销的成本是否低于传统的销售渠道成本等。

在确定企业产品是否适应网络营销后,就要进行 4P 决策了,具体内容如下:

(1) 网络营销的产品策略要充分体现以消费者为导向的观念,由于网络的互动性,企业的产品要以人性化的方式,针对顾客的个别需求做出一对一的营销服务,进行柔性生产。其他的内容与传统营销相似,在此不做展开叙述。

(2) 价格策略。由于网络交易的成本较为低廉但价格弹性较大,企业应在充分审查所有价格结构后再合理地设计网上交易价格。以合理的方式拟订价格策略,针对产品的一对一特性设计价格,使消费者认可其产品价值而获得满意感。

(3) 网上促销策略。由于网民对网上企业的强迫性商业行为很反感，讨厌电子垃圾，而网络又具有它自身的网络礼仪，因此网络促销具有独特性，它是一种软营销的促销方式，它包括网站、网上广告和网络公关三个组成部分。

企业内部网站的网页是企业直接同消费者打交道的门面，影响企业的形象，直接关系到能否吸引消费者使其关注网站的其他内容。对手网站的网页要精心设计，要从营销的角度来研究网页的制作应遵循的原则、采取的结构和表达方式，以便于消费者获取信息。网页设计要做到界面精美生动，下载速度快，同时易于导航。

网络广告则是企业在外部网站上刊登企业内部网站的信息。网上广告所采取的策略与传统的广告并不相同。网络广告不是大面积的播送而是等候消费者自己选择，互联网上出现了标题广告、电子赠卷及给阅读广告的冲浪者浏览的专营广告的站点等。关于网络公关方面，由于网络营销对象的广泛性和不确定性使企业形象的毁坏和建立都很容易，因而企业要小心地对待每一个顾客并利用网络论坛、邮件清单、新闻组等网络社区聚集的场所树立形象，提供信息，发展企业和其顾客的公共关系。

(4) 网络营销渠道策略。企业应实现网络渠道的多元化，将传统的营销渠道与网络营销的新型渠道紧密结合起来，以全面建立最大化的顾客接触。特别要重视网络营销的新渠道方式——直接营销方式。企业要建立一个数据库系统，自动记录顾客的基本信息，及时地向顾客传送产品及其服务，满足顾客需求。渠道策略中的物资配送是网络营销成功的关键。企业是自己建立配销渠道，还是利用有效的社会物流系统取决于企业产品的特性、企业的实力和企业的目标等诸多方面。除此之外，企业还要注意强化顾客关系，加强顾客与企业间的信息双向交流，掌握更多的顾客信息，使顾客满意。在支付方式的选择上，要尽量适应顾客的支付方式要求，不能统一地实行电子付款方式。因为电子付款方式有时并不是一种很安全的方式，网上的其他网民可能会获取顾客的账户信息，而盗用电子账户资产，造成顾客损失。在支付方式上要尽量多样化。

三、21世纪国际营销观念的新变化

企业营销观念是企业进行营销活动的指导思想，它概括了一个企业对待营销工作的基本态度和思维方式。观念存在于一定的社会形态，营销观念的发展变化也是与其所处的经济社会发展环境和市场供需状况密切相关的。

(一) 营销学未来的发展环境

21世纪是新经济的世纪，新经济使得企业的营销面临着更为复杂的环境、更激烈的竞争。经济的全球一体化、区域一体化发展与信息技术的发展为企业

的营销带来了新的变革和机遇。营销学的发展离不开环境，宏观环境的变化会改变营销的背景。在新的背景下，企业就得转换其营销观念、营销战略来适应环境的变化，营销学也随之而发展变化。进入 21 世纪宏观环境有以下几个明显的特征：

1. 经济的全球一体化发展

所谓经济的全球一体化发展，是指资本、贸易、生产过程都在世界范围内的自由流动，也是指各国经济在世界范围内和机制上的统一和发展。经济的全球一体化表现出如下特点：

（1）信息技术革命的巨大浪潮。自第二次世界大战后，电子计算机得到迅速发展，为信息技术的发展提供了基础。至 20 世纪 90 年代，美国开始建立信息高速公路，信息高速公路的建立极大地提高了信息的传递速度，改善了信息的不对称程度，使美国经济得到了持续稳定的发展。其他发达国家也开始建立信息高速公路，发展中国家也密切注意信息高速公路技术的发展。信息技术的发展为国际贸易和跨国公司的发展提供了技术基础。

（2）国际金融一体化进程持续深化。20 世纪 80 年代以来，国际金融市场上的管制逐渐放松，交易的制度环境也日益宽松。各种新金融工具的出现与电子技术的运用为资金在国际间的流动创造了方便条件。国际金融市场的一体化程度日益加深。1997 年的全球金融服务贸易乌拉圭回合谈判使得 90% 的金融市场得以开放，国际金融市场的日交易量已突破 200 亿美元，这促进了全球经济一体化进程。

（3）跨国公司的迅速发展使得生产活动也进一步全球化。在 1998 年发生了第五次兼并浪潮，在这期间美国的花旗银行与旅行者银行合并，大众公司收购劳斯莱斯公司。通过购并，公司的规模急剧扩张，市场占有率提高，竞争力增强。跨国界的购并使得跨国公司可在全球范围内进行资本营运。

（4）贸易的全球化。发达国家与发展中国家都想通过国际贸易来寻求发展，使贸易的自由化程度提高。世界货物、劳务、科技、资本、信息、劳动力等在全球贸易中规模扩大、流动速度加快。目前世界贸易增长率比世界经济增长率高出两倍。贸易的发展极大地推动了经济的全球化。世界经济已成为一个由众多国家组成的不可分割的立体网络，几乎所有的国家都被纳入其运行体系中。经济的全球一体化改变了企业的营销环境，使得企业面向的市场不再仅是国内市场而是全球市场，企业也面临来自世界范围内的跨国公司的竞争。为获取竞争优势，企业要在世界范围内组织市场营销活动，要用全球化的营销战略来经营。

2. 经济的区域一体化发展

经济的区域一体化是指两个或两个以上的国家在各自的机构下，通过共同协商，利用区域内部市场促进区域内的专业分工，发展规模经济，逐步消除贸易壁垒，增进它们之间的经济依存关系，达成成员国之间的互惠互利，并加强它们在世界经济中的地位和作用。区域性国际经济一体化与区域集团的出现和发展体现了世界经济的相互依存、相互作用，是国际竞争向更高层次、更新状态发展的一种表现形式。区域一体化在 20 世纪 90 年代发展到鼎盛时期，全世界区域组织不断增加。据日本贸易振兴会统计，截至 1996 年已达 112 个，而其中 2/3 是 20 世纪 90 年代建立的。最典型的区域一体化组织是欧洲经济共同体，现在它已经拥有 25 个成员国，在地理上第一次把地中海国家和北极圈国家联为一体，目前它已经扩展到东欧国家。从 1992 年 2 月《马斯特里赫特条约》签署，欧共体更名为欧洲联盟。1999 年 1 月发行统一货币。经济的区域一体化消除了区域内的市场障碍，降低了贸易壁垒，使得资源得以自由流动，促进了区域内的竞争，增强了区域内企业的活力。同时，区域一体化还加强了对区域经济的保护，增加了对区域外企业的壁垒。经济的区域一体化也改变了企业的营销环境。一方面企业需要关注全球市场，一方面需要注意区域经济壁垒，区域之间的区别使得企业的营销环境更为复杂多变。

3. 一种新经济——知识经济的兴起

联合国研究机构在《以知识为基础的经济》的报告中提出了以知识为基础的经济这一概念。所谓以知识为基础的经济是建立在知识和信息的生产、分配和使用之上的经济。在这一基础上，美国总统克林顿曾在 1997 年 2 月将以知识为基础的经济改为知识经济，并提出 21 世纪将是知识经济的世纪。其后许多学者、经济学家围绕这一概念展开了激烈的争论。不管在理论上"知识经济"的定义是否准确，知识经济这一概念已为人们所接受，它是一种不同于工业经济时代的一种经济。在工业经济时代，起决定作用的生产要素是资本，在农业经济时代起决定作用的生产要素是土地。在知识经济时代，起决定性作用的不是资本而是技术，这说明世界已经进入新经济时代。在当今世界，经济的发展比以往任何时候都更依赖于知识的扩散和应用，计算机微电子等知识密集型的产业是所有产业中增长最快、产值最高的产业。生物工程、空间技术、海洋技术等新技术的迅速崛起，方兴未艾。这是由知识的特点所决定的。由于认识到这一点，各个国家都加大了对高新技术的投入，有近 2/3 的科研经费投入到了高新技术产业。这些投入也得到了回报，有近 50%以上的国内生产总值来源于高新技术。这些都表明企业将在知识经济的环境下进行营销，谁掌握了知识经济下的知识资本的运营技巧，谁将在营销大战中获胜。

(二) 21世纪营销观念的新发展

21世纪营销观念的代表是社会营销观念,而社会营销观念又具体表现为绿色营销、关系营销、服务营销、文化营销以及整合营销等观念。

1. 绿色营销观念

20世纪90年代以来,风靡全球的绿色革命为企业带来了勃勃生机。树立绿色营销观念,开发绿色产品,拓展绿色市场,已成为21世纪企业营销发展的新趋势,也给企业创造了新的机遇。

绿色营销观念认为,企业在营销活动中,要顺应可持续发展战略的要求,注重地球生态环境保护,促进经济与生态协调发展,以实现企业利益,消费者利益,社会利益及生态环境利益的统一。绿色营销观要求企业在营销中,要以可持续发展为目标,注重经济与生态的协同发展,注重可再生资源的开发利用减少资源浪费,防止环境污染。绿色营销强调消费者利益、企业利益、社会利益和生态环境利益四者利益的统一,在传统的社会营销观念强调消费者利益、企业利益与社会利益三者有机结合的基础上,进一步强调生态环境利益,将生态环境利益的保证看作是前三者利益持久地得以保证的关键所在。绿色营销观念的出现,就是引导企业在国际市场营销活动中引导绿色需求、开发绿色产品、注重价格中的绿色因素、将绿色营销贯穿营销活动的全过程。

(1) 以绿色营销观念引导企业绿色需求。这就要求企业在考虑国际市场营销活动中,必须坚持以绿色营销观念为指导,在营销全过程中都强调"绿色"因素,注重绿色消费者需求的调查与引导。从目前国际市场需求来看,一些发达国家对绿色产品的需求量极大。以绿色食品为例,在英国,对绿色食品的需求量大大超过了本国生产能力潜力。每年进口量占该类食品消费总量的80%,德国则高达98%,表明绿色产品具有巨大的市场潜力。我国企业一方面要树立起开拓国际市场的意识。在绿色产品开拓中,注意在文化内涵、标准体系经营管理上与国际市场接轨,努力提高绿色产品质量,积极争取ISO14000认证,抓住一切有利时机,开发绿色产品进入国际市场。另一方面,要积极调查国内消费者需求特征,引导我国消费者的绿色需求。

(2) 注重绿色产品的开发与生产。绿色产品的开发与生产,要求企业在生产营销过程中,必须强调产品的安全、优质、低能耗、少污染的因素。因此,要求企业在产品的开发和生产中最起码要做到两点:一是扩大绿色产品生产规模。既要扩大现有绿色产品的经营规模,提高单个企业的规模经济效益,又要提高企业群的规模经济效益。不仅要求绿色产品生产企业不断努力壮大自己,还要企业内联外争,促进绿色产品市场的发展。二是积极推行清洁生产方案。在积极进行现有产品绿化的同时,应密切关注绿色新科技、绿色新工艺、绿色新材料、绿色新产品的发展动向，适时地引进和开发绿色新产品。清洁生产方案的实施，主要是通过资源的综合利用；短缺资源的开发；二次能源的利用；以及节能、节水、省料等，实现合理利用资源，减缓资源的枯竭之目的。另外是通过减少甚至消除废物和污染物在产品生产全过程及产品的整个生命周期内的产生和排放，实现产品生产和产品消费过程与环境相融之目的。实现清洁生产还必须要实行两个方面的控制；一方面是产品生命周期全过程控制。即从原材料加工提炼到产出产品、产品使用、直至报废处置的各个环节都必须采取必要的清洁方案，以实施物质生产，人类消费污染的预防控制。另一方面是生产的全过程控制。即从产品开发、规划、设计、建设、生产到运营管理的全过程，都必须采取必要的清洁方案，以实施防止物质生产过程中污染发生的控制。

（3）注重定价中的绿色因素。由于绿色产品是经有关部门通过严格认证以后，方获得绿色产品标志的产品，其质量标准、环保标准等方面都有较高的要求。因此，在成本构成方面与一般产品也有所不同，除了要考虑生产、经营过程中所发生的一般成本、费用以外，还必须考虑绿色资源的开发和运用所付出的代价，为保证清洁的成本，开发和运用绿色包装所增加的成本，废弃物的回收、处理所增加的成本等。

产品定价过程中，除了要考虑成本以外，还必须考虑政策因素和市场因素。按照国际上通常的做法，政府应允许绿色产品的价格比同类产品价格上浮一定的比例。从市场因素来看，绿色产品的目标顾客是具有一定购买能力、具有一定的文明程度、具有一定素质的消费群体。他们的购买目的不再是仅仅考虑满足生存的需要，而更多的是追求安全、自尊和自我价值的实现。这一群体中的消费者，有的从自身的安全与健康考虑，往往愿意为购买代表时尚、文明的绿色产品而适当多支付费用。

（4）绿色营销贯穿营销全过程。在渠道选择、促销、服务、企业形象树立等营销全过程中都要考虑以保护生态环境为主要内容的绿色因素。绿色营销观念的树立，要求企业生产经营的产品从生产过程到消费过程、从外包装到废旧物的回收都要利于人类的健康持续发展，有利于环境的保护和改善，能够在创造企业内部经济的同时带来社会外部的经济性。绿色营销观念的树立，绿色产品市场的拓展，改变了过去我国主要依赖于外延扩大的高投入、高消耗、低产出、低质量的经济增长方式，建立起一个集约型的永续经营的经济体系，有利于经济与生态的协同发展，有利于可持续发展战略的实现。

2. 公共关系营销观念

随着社会的不断发展，一个新的概念逐渐被人们接受，这就是"公共关系营销"。近些年，许多企业都建立了"公关营销部"，一些大学建立了"公关营销专业"。有的学者还提出,"现在企业正处在一个公共关系营销的新时代"。

近十年来,由于公共关系自身的发展和在市场营销中的作用日益显著,两者已经紧密结合在一起。这样,公共关系营销的概念就应运而生了。并且,得到了人们的认同。公共关系学和市场营销学都是市场经济的产物,它们像一对孪生兄弟,一同诞生、一同成长,它们相互依存、相互渗透,市场经济越发展,它们结合得就越紧密。公共关系营销就是公共关系与市场营销二者的结合,其基本特征在于充分运用现代公共关系的原理,从一个全新的角度来进行市场营销的策划和实施,树立良好的企业形象,创造适宜的营销环境,使产品借助企业的知名度和美誉度进入市场,实现销售。

公共关系营销的基本原则就是"公众利益至上原则"。从公共关系的观点讲,公众是组织赖以生存和发展的基础。因此,企业的一切营销活动都应以公众的利益为出发点。这里所说的公众既有内部公众,又有外部公众。内部公众指企业内部员工,外部公众指顾客和一切与企业有关联的社会其他公众。公众利益至上原则就是说企业的营销既要考虑企业内部员工的利益,又要考虑顾客的利益,还要考虑社会其他公众的整体利益。有的企业只考虑自身的利益,以假代真,以次充好,做虚假广告欺骗顾客,为了企业赚钱不惜损害顾客的利益,这就违背了公共关系营销的基本原则。有的企业只考虑满足顾客的需求,一些产品在生产过程中和售后使用过程中,会破坏人类的自然环境和生态平衡,这也不符合公共关系营销的基本原则。当然,如果仍然像在计划经济年代那样,企业只讲"无私奉献",而造成亏损负债,员工开不出工资,那也不符合公共关系营销的基本原则。

3. 全新的顾客营销服务观念

当今社会已进入服务社会或服务经济社会,服务部门创造的价值在国民生产总值中所占的比重已超过工业部门所占的比重。服务在当今的社会中已占有举足轻重的地位,人们无时无刻不在和服务打交道,买商品的同时也会买服务。服务创造了就业机会,促进了生产力的提高。对服务与服务营销的研究并不是同时进行的,在 20 世纪五六十年代,学者们开始试图给服务下定义,并试图从不同的角度进行分类。而直到 1977 年,美国银行总裁列尼·休斯坦撰文《从产品营销中解放出来》,才拉开了服务营销研究的序幕。

近年来,与关系营销相关的另一个营销发展趋势,就是对顾客价值的重视。该趋势最明显的标志,是在大公司中所推行的核心业务过程再塑造活动。贯穿这些活动的主旨思想是"顾客满意与认同是长期赢得市场、创造价值的关键"。营销价值是基于顾客对产品和服务的理解,因此,要能使顾客满意,就必须加强实施或改进核心业务流程管理,这包括新产品实现流程、存货管理流程和顾客服务流程。其中，顾客服务流程是营销活动中最需要强化的重点。

事实上，现代营销越来越明显地向服务经济转化，服务好坏决定着营销的绩效。全新的顾客服务营销正是反映在完善产品的服务系统、维系顾客、增进企业和顾客的彼此信任与友好关系，以及建立一切以顾客为中心的产品服务的创新机制。

值得指出的是，在企业内部有一种崭新的服务观念，已获得了普遍认同，即所有的企业部门，甚至包括那些不与外部顾客（即消费者）有直接接触的部门在内，都有他们自己内部的顾客，也就是说，在企业内部的组织运行中，也需要推行服务营销观念。如今，有些企业已通过鉴定企业间的营销契约来反映这种理念。除此之外，对"服务恢复"的重视也会在现代营销中处于举足轻重的地位。所谓"服务恢复"就是迅速高效地处理抱怨和服务失败。及时、有效地处理顾客不满会使顾客忠诚度更加强烈。

4. 文化营销观念

在现代社会，文化的功能日益凸显，正在各个领域影响着人们的生活。文化已成了人们在生活中谈论最多的词汇。文化渗透到社会生活的各个角落之中，文化也同样渗透到企业的营销之中。文化对企业营销产生了十分强烈的影响。一方面，文化影响着消费者的需求，不同文化背景的消费者，其需求的产品也不一样，消费的习惯、爱好、行为也不一样。如在中国，回族人不吃猪肉，而其他民族则吃猪肉。另一方面，文化影响着企业员工的行为，企业中的员工由于经常在一起共同劳动、工作，而形成了共同的价值观和行为准则，形成了企业文化。这种文化约束着员工的行为，也影响着企业的营销策略。文化影响着产品信息的传播，广告会因语言的不同而不同，同样的单词在不同的文化背景下有不同的含义，不同的文化背景对广告的规定也会不一样。不同文化的人价值判断的标准不一样，对同样的商品其认可的价值会有差别。企业要依文化不同而采用不同的定价策略。不同的文化背景下其促销的渠道也会不一样，同样的渠道方式在一种文化下可行，在另一种文化下却行不通。文化与营销是紧密相连的，是相互影响、相互作用的关系。

文化营销观念是在传统营销与关系营销的基础上发展而来的，它是在吸收了传统营销的理论与吸收了服务营销的顾客需求导向理论的基础上，融入了文化对营销所起的作用而引起广泛注意的。文化营销观念是通过有意识地发现、培养和创造某种核心价值观念，来达成企业经营目标的一种营销方式，文化营销观念特别注重追求顾客的满意度，它与一般的顾客满意度有区别。文化营销观念是通过顺应或创造某种价值观或者价值观念的集合来达到某种程度的满意。价值观是文化营销的基础，核心价值观更是文化营销的关键。只有发现顾客的价值群，加以识别培养才能创造出能使顾客满意的核心价值观。

5. 整合营销观念

20世纪的后20年中，经济学、管理学和营销学都得到了创新性的发展。1993年美国著名管理学教授米歇尔·哈默和咨询专家杰姆斯·钱贝合作出版了《企业再造》，在全球管理学界引起震动，企业再造也成了国际商界的热门话题，它是在对传统的分工理论进行反思与检讨的基础上提出来的。既然企业可以进行再造，企业的营销过程也可以进行重新的组合与再造。在吸取了管理学、经济学以及其他相关学科理论的基础上，整合营销也应运而生。整合营销包含了整合与营销两个概念。整合的英文表达为integrated，汉语释义为综合、合并或一体化，它以完整的结合成一体为特征。这一特征表现为结合成一个统一的整体，把诸分离部分结合成一个更完整、更和谐的整体。

整合营销观念是以整合企业内外部所有资源为手段，重组企业的生产行为与市场行为，充分调动一切积极因素，以实现企业利润目标的全面的、一体化的营销。简言之，就是一体化营销。整合营销观念主张把一切企业的活动，如采购、生产、外联、公关、产品开发等，不管是企业经营的战略策略，方式方法，还是具体的实际操作，都要进行一体化整合重组，使企业在各个环节上达到高度协调一致，紧密配合，这就是所谓的整合营销观念。企业开展整合营销时，一般整合战略重塑、组织的动态再造、价值的确认、产品的整合开发、整合营销的传播沟通、整合营销的推进实施等几个方面的内容。

6. 营销创新观念

"创新"是企业发展的动力和源泉，是经营活动的核心与基础，这是已为多数企业家所接受的一种观念。但从企业发展的实践来看，创新并不仅是单纯的产品性能或技术上的革新，也是企业经营活动的创造，即产品创新发展必须与营销战略的实施紧密相连。事实证明，在现有的市场中，许多经营的主导者不一定是产品创新的先驱者，而更多的是能在市场营销周期的第二阶段"市场成长期"占据优势的挑战者。显然，这种现象与对市场的认知程度和创新学习有关。具体讲，市场营销对创新学习的推动主要表现为：

（1）促进研究与开发部门对市场需求与变化的了解。创新、学习与速度不仅是过去几十年企业发展的时尚，而且可以预见，它仍然是21世纪企业管理活动中的主要特征。因此，随着这种趋势持续不断的发展，未来企业为了适应创新发展的需要，会对除市场提供的技术信息以外的其他信息，如市场需求、竞争状况产生更大的兴趣。日本学者若杉隆平在研究日本企业经营的特征时指出，日本企业研究开发的成功之处就在于"不是先依据研究开发部门的强烈创意进行产品设计，然后再转入生产和销售的。它往往是根据从生产工程、销售、营销等部门反馈出来的信息决定研究和开发的目标。也就是说,日本企业的研究和开发战略是市场导向型的,或强烈反应了生产现场要求的。它决定研究开发的方式不是技术推进型,而是需求拉动行"。未来的市场营销研究除了仍然采用像集体共同分析、市场反应模型,以及成功的数据库营销一部分广泛运用的消费者行为分析等技术方法以外,还将更多地采用"直接和顾客一起运作"这种最具效率的手段。

(2) 有效地组织试销和风险营销。试销是指通过产品线的延伸,以试验性的价格和其他策略,在市场中有控制地增加销售。而风险营销是力图进行更为基本型的产品和营销创新。从根本上讲,这两种产品创新的基本方式都是市场拓展的有效方法。前者是一种不断渐进式的创新行为,而后者属于一种跳跃式的发展。但是,无论是哪种方式的创新途径,都不是随意进行的,它们都是按所规划的业绩、成本和拓展市场的能力而采取行动的结果。因此,如何全面有效地组织、规划创新也是营销的一项重要职责。

总之,随着经济全球化、科技进步的不断发展,21世纪的市场营销,企业面临的市场环境更为复杂,生产者和消费者的分歧可能会更加尖锐,因此,营销工作的难度也会更大。而营销学是管理学中最富能动作用的一个领域,市场上经常出现新的挑战,企业必须做出新的反应。运用新的营销观念去应对挑战,无疑是企业的最佳选择。

本章小结

国际营销宏观环境是指国际企业所在的母国以及它已经或即将在其中开展营销活动的目标国家或地区的政治、法律、经济、人口、文化、物质生态环境等各种因素。国际营销宏观环境的基本特征是对一国国界之内的营销行为具有明显的、直接的、富有约束力的影响。国际营销导向的企业由于往往是脱胎于其母国的国内市场,对于母国的环境因素认识较为深刻,甚至是了如指掌,因而对国际营销环境的研究往往集中于市场营销目标国或地区方面。

国际政治环境主要包括政府在经济管理中的作用、政府政策的稳定性、国家之间的关系、民族主义以及政治风险等方面。第一,国际营销人员不仅应了解政府是如何管理经济的,更应了解各国政府经济政策法规的差异以及产生这些政策法规的政治背景。第二,政策的不稳定必然会破坏企业国际营销目标的实施,可能使原来良好的中长期市场营销计划变得毫无用处。第三,从事国际营销活动的企业常常会受到母国与东道国之间关系的影响,甚至关系到企业在东道国营销活动的成败。第四，从事国际市场营销的人员必须尊重各国的民族利益和民族感情。企业在进行国际市场营销时，要保持高度的政治敏感性，既要了解政治环境可能带来的风险和阻力，也要看清企业所销售的产品是否会引起政治性的保护或排斥，对政治事件的反应尤其要灵敏。

国际法律环境主要包括目标市场国的法律环境和国际间有关经济贸易法律环境。首先，各国都制订有自己的法律，可以对产品、定价、分销、促销等市场营销活动进行调节。这些法律在不同的国家有很大的差异，企业要进行国际市场营销活动，就必须了解各有关国家的国内相关法律规定及其差异，并遵守目标市场国的法律规范。其次，尽管法律条文本身似乎很具体，但同一法律的应用可能会产生不同的解释，对于那些不熟悉东道国法律条文的国际营销人员来说，存在着很大的不确定性。最后，法律体系的差别会给企业的国际市场营销带来很大影响，所以企业要了解目标市场国的法律基础，区分它属于普通法系还是大陆法系。

国际经济环境是影响国际营销最重要的环境因素，包括经济发展水平、经济体制、经济规模、产业结构等因素。首先，一个国家所处经济发展阶段不同，消费者对产品的需求侧重点会不同，这会直接或间接地影响到国际市场营销。其次，经济体制的属性直接影响一国政府对经济的干预程度，从而影响到企业的国际营销活动。第三，要估计某一市场的潜力，营销人员需要了解有关国家和地区的经济规模及变化速度。

国际人口环境包括目标市场国人口数量、人口增长率、人口分布、人口构成等方面。首先，在经济发展水平、人均国民收入等条件大体相同的情况下，一个国家或地区的人口数量越多，商品的市场容量和需求量也就越大。并且一般而言，市场规模的扩大与人口增长率成正比。其次，对于从事国际营销的企业来说，各国的人口分布直接影响到企业销售渠道策略的制定和选择。最后，目标市场国人口的性别和年龄构成对国际市场营销的影响也很大。不同的年龄层次对商品有不同的需求，从而形成了婴儿市场、青年人市场和中老年人市场等。而性别的差别，不仅给市场需求带来差别，而且两性的购买力和购买行为也有所不同。

国际社会与文化环境包括审美观、语言文字、风俗习惯、教育与价值观和宗教信仰等方面。第一，审美观对理解某一特定文化中线条、颜色和美的内涵起着重要的作用，所以国际市场营销人员尤其需要重视研究审美观。第二，语言的多样性使国际市场营销工作很困难，不仅每个国家有自己的语言，而且许多国家有几种语言。一般人最多只能掌握几种语言，因此，企业还得依靠当地人消除语言和文化差异。第三，风俗习惯可以体现在一些民间传统节日和喜庆活动中，体现在对事物的评价上，体现在对颜色的好恶上，体现在本无褒贬含义的数字上，体现在消费行为和消费方式上，体现在礼仪上。第四，教育水平的差异影响到新产品特别是技术性能复杂的新产品的推广，也影响到顾客接受市场信息的程度，影响顾客对商品进行选择、比较、鉴别能力，还影响到营销者对信息传递的媒介选择和市场调查的发生。

企业在国际市场营销中所面临的物质生态环境，主要是指世界各国的气候、地形、物质资源。由于世界各国地理分布差异很大，造成其气候、地形和资源的巨大差异。这些物质资源的差异与变化，也会给企业造成一些环境威胁与市场机会。各国与环境相关的标准与法规也会影响国际营销。国际环保运动也为有警觉的公司创造了营销机会，产生了绿色营销策略。

21世纪国际营销环境变化的特征主要表现在：一方面，技术革命带来了技术创新，改变了企业生产、经营和管理组织模式，企业要想在国际市场立于不败之地，必须利用新技术不断对产品进行创新即不断地提高品质。同时，技术发展日新月异，产品的设计、开发和使用周期缩短，时间成为产品策略成败的关键，谁在时间上抢先一步就可获得广阔的市场。另一方面，信息技术革命使得全球经济呈现出网络化、数字化特征，使信息的交换变得非常容易和成本低廉，通过网络获取国际市场信息和开展国际营销变得异常简捷，由此产生了网络营销策略。

重要概念

国际营销政治环境　国际营销法律环境　仲裁　经济体制　文化　绿色营销　网络营销　社会营销观念

思考习题

1. 试述一国的政治环境主要包括哪些方面？
2. 试述国际贸易争端的解决途径通常有哪些？
3. 试述根据世界各国的经济发展水平不同，国家大体分为哪几种类型？
4. 试述从人类学家的角度看文化定义的具体内含有哪些？
5. 国际营销与绿色营销的不同之处有哪些？
6. 试述网络营销对企业的利与弊。
7. 试述21世纪营销观念的代表是什么？它的具体表现有哪些？

案例分析

一、睡衣风波

1997年美国和加拿大之间围绕"古巴睡衣"问题发生了一场政治纷争,而夹在两者之间的是一家百货业的跨国公司——沃尔—马特公司。当时,争执的激烈程度可以从下面的报纸新闻标题中见得一斑:"将古巴睡衣从加拿大货架撤下:沃尔—马特公司引起纷争"、"古巴问题:沃尔—马特公司因撤下睡衣而陷入困境"、"睡衣赌局:加拿大与美国赌外交"、"沃尔—马特公司将古巴睡衣放回货架。"

这一争端是由美国对古巴的禁运引起的。美国禁止其公司与古巴进行贸易往来,但在加拿大的美国公司是否也应执行禁运呢?当时,沃尔—马特加拿大分公司采购了一批古巴生产的睡衣,美国总部的官员意识到此批睡衣的原产地是古巴后,便发出指令要求撤下所有古巴生产的睡衣,因为那样做违反了美赫尔姆斯——伯顿法。这一法律禁止美国公司及其在国外的子公司与古巴通商。而加拿大则是因美国法律对其主权的侵犯而恼怒,他们认为加拿大人有权决定是否购买古巴生产的睡衣。这样,沃尔—马特公司便成了加、美对外政策冲突的牺牲品。沃尔—马特在加拿大的公司如果继续销售那些睡衣,则会因违反美国法律而被处以100万美元的罚款。且还可能会因此而被判刑。但是,如果按其母公司的指示将加拿大商店中的睡衣撤回,按照加拿大法律,会被处以120万美元的罚款。

案例思考题
1. 造成沃尔—马特公司困难处境的原因是什么?
2. 结合案例说明政治环境与法律环境之间的关系。
3. 你认为如何防范国际营销中的法律风险?

二、可口可乐公司的跨文化营销

（一）通过渠道本土化，深入村镇

可口可乐在美国的做法是用卡车把饮料送到各个渠道终端，但是这种做法在某些国家和地区却是无论如何都做不到的，因为在非洲和印度的某些地方连一条像样的路都找不到。要想让可口可乐在这些基础设施十分落后的地方也能做到"无处不在"，只能根据当地的实际情况构建本土化的渠道。于是，穿着红色马甲的可口可乐员工会用拖拉机、手推车、自行车把可乐送到每个村镇。这种具有地方本土特色的配送与分销体系在非洲已吸纳了1.5万的就业人口，他们分布在3000多个分销中心。现代化的标准配送体系显然无法适应这里的状况，渠道本土化是唯一的方式，也是最好的方式，也只有通过这种方式可口可乐才有可能进入最偏远地区的市场。

（二）品牌形象平民化，迅速普及

如果可口可乐是一种价格昂贵的奢侈品，显然不利于其产品实现"无处不在、物超所值、首选品牌"的宗旨，而要在收入相对较低的欠发达国家实现品牌形象的平民化并不容易，在印度可口可乐找到了合适的契合点。在印度最平民化的娱乐方式就是看电影，每年上映的影片多达1600部，全国有1300万人是每天都要看电影的。因此，可口可乐选择了印度的电影明星作为代言人，让可口可乐在短时间内变得家喻户晓，且显得亲切和熟悉。同时它以极低的价格销售产品，每罐售价只有5卢比，约合0.57元人民币。而且，其销售的地点遍布槟榔店、小吃店、修理店，更贴近百姓的生活，即使在乡村地区也能够很方便地买到。在印度，其他的软饮料只会在特定场合饮用，被当作奢侈品，但可口可乐却显得更为平民化，可以随时随地享用。

（三）运用跨界营销，锁定目标顾客

可口可乐如果单纯依靠自己的力量去寻找目标客户群体并维持与顾客的紧密联系无疑需要耗费大量的人力、物力，而通过跨界的交叉营销则可以与其他的战略合作伙伴共享客户群体，无需在吸引新顾客、留住老顾客的问题上花费过多的精力。在跨文化营销的过程中若想事半功倍，要么像当地人一样思考和执行，要么让当地人替你思考和执行。在中国市场，可口可乐曾经与网络游戏公司盛大合作借《永恒之塔》游戏推广零度可乐，也与天联世纪联手借《街头篮球》推广产品，更为人津津乐道的是其与《魔兽世界》的全方位合作，通过这一跨界营销成功锁定了网络游戏玩家这一消费群体。可口可乐与其合作伙伴的目标消费群体基本是重合的,因为只有中国的企业真正了解自己的消费者,因此在跨文化营销过程中借势也是不可忽视的一个环节。

案例思考题
1. 结合案例说明国际文化环境在国际营销活动中的重要性。
2. 可口可乐公司的跨文化营销实践对你有哪些启示?

第三章 国际市场信息来源及获取的方法

学习目标

国际市场信息是指国际市场上各种经济活动的相关数据、资料、信息情报的统称，它反映了国际市场经营活动的变化、特征和发展趋势等情况。国际营销业务及其环境的错综复杂性使得国际市场营销人员必须掌握异常多的信息，才能制定和成功地实施国际市场营销战略。本章教学的重点是分析国际市场信息来源与调研方法。通过本章的学习，要求学生主要掌握国际市场直接信息来源与间接信息来源，了解国际营销的网络信息系统的种类和利用。国际市场调研是企业制定正确的国际营销策略的前提，因此通过本章的学习，学生应掌握国际市场信息调研的内容和程序，熟悉常用的国际市场信息调研方法，了解各种调研方法的优点和缺点，能够针对不同调研主题选择合适的调研方法。

企业若想成功地开展国际市场营销，参与国际市场的竞争，就必须有市场信息做保证，这些市场信息必须准确、及时、系统、适用、经济、明晰。国际市场又是错综复杂的，它所反映的市场状况和市场信息也是多种多样的。国际市场既有类别之分，又有质、量、度之差。在整个国际市场运行过程中，市场信息无时不在，无处不有。在现代国际市场上，国际市场信息是企业开展市场营销活动必不可少的先决条件，是市场营销决策的重要基础，国际市场信息的搜集、整理、分析、开发和利用状况，直接决定企业市场营销的成败。

第一节 国际市场信息来源与渠道

国际市场信息的来源分为两大类：一类是企业信息人员亲自搜集、整理、加工的各种原始信息，即主要靠实地考察得来的直接信息；另一类是他人搜集并通过整理加工的各种间接信息资料，即第二手信息资料。

一、直接信息的来源与渠道

直接信息主要是靠企业实地进行考察得来的第一手资料，也就是通过所谓的"实地调研法"获取的资料。许多发达国家都有比较严密的直接信息搜集网络。通过这些信息网，许多企业对国际市场有关产品的生产、销售、财务、技术、价格等行情几乎了如指掌。

国际市场直接信息资料的来源，是指国际市场调研人员采用实际调查的方式，亲自到有关海外市场获取的资料信息。常用的方法有以下几种：

（1）企业直接派技术人员、信息人员或推销人员等，到准备进入的海外目标市场国家进行实地考察，了解市场、客户、消费者需求，并搜集相关市场信息。

（2）委托本国驻外经济贸易机构进行调研获取当地市场信息。随着国际市场规模的不断扩大，各国家、地区和国际型企业在海外市场都设有分支机构或子公司，在开展业务的同时，他们都注意搜集所在国的相关信息以提供给有关部门，或开展咨询服务。

（3）委托本国出国人员（特别是经济、技术访问团）对有关的国际市场进行专门调查或附带调查。国际型企业在开发国际市场之前，或者开拓市场过程中，会派出相关人员或者利用出国人员开展业务的机会，搜集相关信息。

（4）企业在开展国际业务中，利用分布在世界各地的销售网点，不断地从地区市场上反馈得到信息资料。

（5）委托目标市场所在国的代理商、零售商、进口商、批发商或其他的中间商，帮助搜集有关的市场信息。

（6）通过相关网络收集信息资料。各个行业以及行业下的各个企业一般都设有网站，发布自己产品的消息。此外，一些综合网站也会对国际市场信息进行报道或评论。

国际市场调研人员在国外搜集第一手资料信息与在国内搜集第一手资料信息相比，所面临的难题是共同的，所不同的是困难的程度。影响资料信息工作获取的最主要的因素是被调查对象是否愿意或能否提供所需信息，或者调查者是否有能力使本不愿合作的调查对象提供正确可靠的信息，文化上的差异是许多调查对象不愿意或不能够向调研者提供信息的主要原因。语言文字的涵义、消费者对某一种产品的认同、调查人员的态度及采访时的策略，都会对调查结果产生影响。因此，为了取得真正有意义的信息，要求国际市场调研人员必须具备以下两方面的能力：一是必须熟悉和理解所调研市场的文化背景，对该市场的社会风俗、思想观念、语言文字、人情世故、商业惯例等有清楚的了解。二是必须具有适应各种情况的创造性能力，调研人员要见机行事，善于采用不同的方法或手段,还必须有耐心,有幽默感,同时要能够接受那些与自己的设想或大多数人意见不相符的新发现。

二、间接信息的来源与渠道

间接信息的来源包括企业内部信息源和企业外部信息源两个方面。与国际市场有关的企业内部信息源主要是企业自己搜集、整理的国际市场信息、企业产品在国际市场销售的各种记录、档案材料和历史资料,如客户名称表、购货销货记录、推销员报告、客户和中间商的通讯、信件等。

企业外部的国际市场信息源包括的范围很广,主要是国内外有关的公共机构,其中包括以下几种类型:

1. 本国政府机构

本国政府有关部门、国际贸易研究机构以及设在各国的办事机构,通常较全面地搜集世界或所在国的市场信息资料。本国的对外贸易公司、对外贸易咨询公司等,也可以提供较为详细、系统、专门化的国际市场信息资料。

2. 外国政府

世界各国政府都有相应的部门搜集国际市场资料,很多发达国家专门设有贸易资料服务机构,向发展中国家的出口企业提供部分或全部国际市场营销资料,如世界各国进出口贸易统计资料、销售机会、各国进口要求和手续、各国市场销售方法和营销惯例、经营各类具体产品的进口商、批发商和代理商的名称表、求购具体数量的具体产品的买主名称。此外,每个国家的统计机关都定期发布各种系统的统计数据,一些国家的海关甚至可以提供比公布的数据更为详尽的市场贸易和营销方面的资料。美国政府是世界上最大的信息来源机构,它集中了全世界各大市场的大量资料,只要打个电话到美国商务部查询,计算机能迅速输出所需要的信息,收费相对比较低。

3. 图书馆

每个国家都有图书馆,无论是大学的、地方的、还是国立的、私人的;也无论是专业的,还是综合性的,都可以提供有关市场贸易方面的资料。公共图书馆和大学图书馆,至少可以提供市场背景资料的文件和研究报告,有关具体课题的大量资料一般从专业图书馆和资料室索取,这种图书馆在发达国家很多。最有价值的信息,往往来自附属于对外贸易部门的图书馆。这种图书馆起码能提供各种贸易统计数字、有关市场的产品、价格情况以及国际市场分销渠道和中间商的基本市场信息资料。

4. 国际组织

这类组织很多,与国际市场信息相关的主要有:联合国(United Nations)

出版的有关国际的和国别的贸易、工业和其他经济方面的统计资料以及与市场发展问题有关的资料；国际货币基金组织（International Monetary Fund）出版的有关各国和国际市场的外汇管理、贸易关系、贸易壁垒、各国对外贸易和财政经济发展情况等资料；联合国粮农组织（United Nations Food and Agricultural Organization）出版的农业以及与农业有关的统计资料，包括国际的和地区的农业市场发展资料；联合国贸易与发展会议（United Nations Conference on Trade and Development）出版的有关国际贸易方面的会议公报、专业文件和各种国际贸易、国际市场经营方面的资料如贸易壁垒、普遍优惠制等。联合国工业发展组织（United Nations Industrial Development Organization）可以提供的有关工业发展、工业化、工业生产率、技术转让等方面的资料和信息；国际贸易中心（International Trade Centre）提供的特种产品的研究、各国市场介绍等资料，还设有答复贸易咨询的服务机构，专门提供由电子计算机处理的国际市场贸易方面的全面、完整、系统的资料；世界银行（World Bank）出版的有关世界银行及成员国银行业务的年度报告以及国际开发协会、国际金融公司的各项政策和业务，以及成员国经济贸易、投资、货币、外汇、汇率的变化发展状况等信息资料。世界贸易组织（World Trade Organization）可以提供的有关国际贸易进出口许可证、关税和非关税贸易壁垒、互惠原则、国际收支、倾销、海关、政府采购等信息资料。

此外还有一些国际性和地方性组织提供的信息资料，对了解特定地区或国际经济集团的经济贸易、市场发展、国际市场营销环境也是非常有用的，比如经济与社会发展理事会、西欧共同市场，中美洲共同市场，石油输出国组织，77国集团，拉丁美洲经济体系，经济互助委员会，欧洲自由贸易联盟，东南亚国家联盟，非洲、加勒比和太平洋国家集团等搜集出版的资料信息。

5. 商会

通常情况下，商会分为若干级。第一级是国际商会。国际商会总部设在巴黎，会员是各国的全国性商会。国际商会可以提供有关国际商业、国际贸易、国际市场营销方面的信息资料。信息面广，综合性强，具有权威性。第二级是双边或多边商会，会员大多从事国际贸易和国际市场营销工作。这种商会能提供开展贸易和营销业务的客户、两国或多国之间的贸易情况以及其他的市场营销信息。第三级是各国的全国性商会和地方商会。这些商会可以提供有关本地的贸易状况、需求特点、产品结构、价格行情、商业机构、营销政策、经济法规、中间商及销售渠道等信息。

6. 同业公会或行业协会

它们是特定工业行业或贸易行业中各企业的联合体。如化工、机电、采矿、进出口等行业。很多同业公会或行业协会出版有关行业的生产、销售定期统计资料和会员名录以及行业现状、供给结构、需求结构、未来发展、营销规划等方面的信息。

7. 各国外交使节和贸易机构

各国驻外使领馆，常常能够提供驻在国外的大量信息资料，包括贸易统计数字、关税、进出口额、进出口产品品种、市场价格、生产企业、贸易企业和进出口企业名称以及该国能够提供帮助的官方和非官方组织名称等。

8. 银行

银行往往是经济信息的丰富源泉，企业开户银行对客户比对其他人可以提供更多的信息和帮助，特别是国际型银行的总行或在世界各地的分行、代理行，能提供极为详尽、准确的贸易资料。通常情况下，国际性的大银行可以提供以下信息资料和帮助：（1）有关世界大多数国家的定期的或特定的市场报告，内容包括市场动态、贸易政策和未来展望等。（2）各有关客户公司的商业信誉和信用程度。（3）有关国家的信贷期限、支付方式、利率、汇率的最新资料。（4）向外国商人做介绍并安排约会，提供贸易洽谈机会。

此外，许多国际型大银行都发行期刊，而且，通常是一经索取就可以免费得到。这些期刊上一般有全国性的经济调查、商品评论以及上面提及的有关资料。这些资料有利于把握国际市场和各细分市场的营销环境。

9. 商情调研机构

这些机构除了为委托人完成研究和咨询工作外，还定期发表市场报告和专题研究论文。比较具有代表性的机构有英国的经济学家情报所（the Economist Intelligence Unit）、美国的斯坦福研究院（Stanford Research Institute）和国际商业情报中心（Business International Intelligence Centre）等。也许这些机构的研究资料不能满足或不完全符合企业对市场信息的要求，但至少它们能够提供大部分信息所需的背景材料，从而使信息调研省去大量工作。如《欧洲工业品市场资料汇编》、《英国销售信息资料集》等，对企业搜集和分析国际市场信息极为有用。

10. 消费者组织

现在，在许多国家，尤其是在发达国家，有一些以保护消费者利益和社会利益为目的的组织。这种组织多参加检验在它们国家出售的产品，并且在其定期出版物里报告检验结果。它们还能系统报道市场行情的各个方面，并进行消费者调查。此外，消费者组织还向信息资料索取者提供资料。

11. 相关企业

参与市场经营的各类企业是市场信息的重要来源之一。市场信息人员只要写信给这些企业的外联部门索取商品目录、产品资料、价目表、经销商、代理商、批发商和经纪人一览表、年度报告等，就可以得到有关竞争者的大量资料，了解竞争的全貌和竞争环境。

从上述机构获得的资料一般不必花费很大的人力、物力和财力，因为公共机构提供信息资料收费较低，也比较方便。

三、国际营销的网络信息系统

由于21世纪是信息世纪，信息的流通成为国家经济发展的基础。信息流通的基础设施——信息高速公路成为国家经济发展的战略基础设施。信息高速公路是以国家信息基础设施为基础，能给用户提供大量信息，由通信网络、计算机、数据库以及日用电讯产品组成的完备网络信息系统。信息高速公路是开放的，可以通过声音、图像、数据等相互传递信息，是交互式系统。美国首先提出建设信息高速公路后，加拿大、欧盟、日本、新加坡、韩国以及中国都成立了对应的专门机构，制定相应计划，调整政策，加快建设信息高速公路。

国际市场营销信息系统是一种由人员、设备和一定程序构成的处理国际营销信息的综合系统。该系统将企业内部和国际市场的原始信息资料及时地、不断地进行搜集、整理、存贮、加工、分类、分析、评价，给企业提供进行国际市场营销决策的依据，企业据此制定和调整国际市场营销计划和策略，加强对国际市场营销的监督、控制以及信息反馈工作。国际市场营销信息系统主要由以下四个子系统构成：

1. 企业内部报告与管理系统

这个系统是最基本的信息系统，它反映企业内部的经济状况，主要信息内容包括国际市场客户订货、发货、销售量、市场占有率、库存水平、成本、现金流量、固定资产、流动资产、应收贷款、应付贷款、利润水平和税收等，为企业进行营销决策提供参考。通过比较企业内部环境信息所体现的实绩与企业市场营销计划目标，企业可以了解国际市场营销机会、现存的问题以及应该实施的对策。

2. 国际市场营销情报系统

这是关于企业开展国际市场营销状况的信息系统，供企业市场营销决策者了解企业外部的市场状况。该系统是整个信息系统的核心，其信息主要包括国际市场营销环境、国际市场产品、价格、分销、促销和竞争信息等。这个系统通过出版物、公共机构、商会、市场调研咨询公司、销售人员等得到所需资料。目前，利用因特网可以建立全球数据网络，获取全球的金融市场、产品市场、各国政策等原始信息，以及从各种研究和媒体站点获取研究报告、市场评价等更有价值的知识信息。信息传播和生产不再是信息系统的瓶颈，因此国际市场营销情报系统的关键是建立有效的信息化的计算机系统，有效地提供准确的国际市场信息，从而获得先发竞争优势。

3. 国际市场营销调研系统

该系统对某些特殊问题进行研究。如通过特定渠道和方式开展消费者动机和购买行为调查、产品偏好测验、销售预测、市场占有率分析、市场发展趋势分析、广告效果研究、市场潜力测量、竞争产品分析、新产品试销研究等。该系统主要搜集反映国际市场营销客观结果的信息，有时也搜集上述结果的原因信息。传统的国际市场调研成本比较高，现在利用因特网可以较低成本在全球进行网上调查，这种调查由于及时、准确和广泛，因而信息具有很高的可靠性。但目前因特网的使用和发展不平衡，网上调查只是在信息发达国家被广泛采用。

4. 国际市场营销分析系统

这个系统由一组用来分析市场营销资料和市场营销问题的经济方法和技术手段所组成。它主要根据研究内容建立各种数据库和市场营销分析模型，如回归分析法、相关分析法、因素分析法、最佳产品功能模型、国际市场广告模型和价格模型、消费者行为模型、营销决策模型等，通过这些方法和模型来说明、分析、预测及解决市场营销问题。

上述四个子系统相互依赖，企业报告管理系统是整个系统的基础，它记录企业交易的原始数据和资料，是与其他系统分析对比的基础。市场营销情报系统可以独立于其他系统运转，该系统是营销调查系统和营销分析系统的基础，营销调查系统和营销分析系统作为高层次系统，是营销管理决策层根据外部环境变化考虑企业采取的营销策略及管理手段所必需的工具，它依赖于企业报告管理系统和营销情报系统。国际市场营销信息系统的建立，本身要坚持系统化原则，即该系统的建立必须要同企业国际市场营销结构和营销管理体系相互联系，相互协调，相互配套。坚持开放原则，信息的最大效益在于共享，只有开放式系统才能与外界信息系统保持同步，才能凭借因特网获取日益丰富的市场信息，坚持标准化原则。同时系统应具有较强的适应性和可靠性，以便能更好地适应企业内部条件和国际市场环境。

第二节 国际市场信息调研的范围

国际市场调研所面临的是一个有二百多个不同国家或地区的市场范围，因此，调研的覆盖面巨大且极为复杂，但从实践上讲，国际市场调研的范围可以界定在市场环境、市场动态、营销实务、竞争环境四大方面。当然,一个企业在进行国际市场营销调研时是否对上述内容都要做调研,应视具体情况而定,但必须突出目标重点,在考虑经济性的前提下兼顾全面性,以调研的目的为主要侧重点进行调研。在确定国际市场调研范围时,要十分注意两类问题:一是必须设计一个总体国际营销调研系统,构造完整的国际调研指标体系,并把调研目标与国际市场的实际营销运行状态结合起来。二是必须把调研课题的范围规定得足够宽,尽可能包括全部相关变化因素。

一、国际市场信息调研的内容

国际市场营销信息调研是为营销决策服务的。这就是说,营销信息调研的目标和范围,要由营销决策对信息的需要来确定。国际营销信息调研的内容包括:进入国际市场信息调研、市场选择信息调研、进入方式信息调研、营销组合信息调研、资源配置信息调研五项。

(一)进入国际市场信息调研

作为一个企业,在进行是从事国际营销还是继续实施国内营销决策时,都需要企业将国内外的机会和潜在的困难进行比较。需要搜集的资料一般包含有:国际市场和国内市场的产品价格;产品的世界市场总需求量;企业潜在的世界市场份额(Market Share);影响企业市场份额的竞争因素,即主要竞争对手来自哪些国家,它们的市场份额是多少;企业产品进入世界市场是否会影响企业产品单位成本?成本降低的幅度有多大?以及对企业的人、财、物等资源条件产生的影响。

(二)市场选择信息调研

企业在进入国际市场时,不可能一次进入多个国家的市场,而是有选择地选取一个或某些国家作为目标市场。在这种情况下,一般需要将各国市场根据吸引力的大小来决定先后进入国际市场的顺序。吸引力愈大,企业愈优先进入。一般在评价吸引力大小方面,需要收集的资料包括有以下几个方面:

1. 市场潜量(Market Potential)

市场潜量是指理想状态下的市场总需求量。在一般条件下,计算某国的市场潜量是比较困难的,所以往往在计算市场销售量的基础上对市场潜量进行估计。某国市场销售量=当地产量+进口量-出口量。

但是某国市场销售量并不能真正代表其市场潜量。例如当地政府对消费品的政策可能限制了进口,而该国在消费品需求方面实际上是处于短缺状态。如果外国企业在当地建厂生产消费品,避开了进口限制,此时实际销售量有可能比原有销售量高出若干倍。

2. 市场竞争情况

在研究某国竞争优势时，需要调查许多相关资料，主要包括：该国主要竞争者是哪些公司？它们分别来自哪些国家？这些竞争对手在该国市场各占多大份额？主要竞争对手的营销策略如何？各自的竞争优势又是如何等。

3. 市场国的政治状况

它主要了解：该国的政治制度如何？政局的稳定性如何？政策和法规是否有连续性？政府对外来产品和外来投资者的态度如何等。企业要根据调研资料，将各国市场进行比较，选择那些有吸引力、未来有发展前途的市场作为目标市场（Target Market）。

（三）进入方式信息调研

一旦企业选择了目标市场，下一步就要考虑如何选择进入市场方式的问题。选择出口还是许可证贸易？在国外组装，还是继续在国外生产？一般在选择进入国际市场的方式时，需要调研的信息主要包括：（1）市场潜量；（2）贸易壁垒（如关税、配额等贸易限制）；（3）运输费用；（4）当地竞争情况；（5）政府给予外来企业的优惠条件和施加的限制；（6）政治状况；（7）企业的人才、技术、管理经验、资金等资源条件。

以上调研资料对企业选择进入目标市场的方式是极为重要的。如果目标市场的规模很大，但贸易壁垒高、运输费用昂贵，那么企业愈是采用直接方式进入市场，获利也越多；如果目标市场的政局不稳，企业应采用比较间接的方式，风险可能会小一些。

（四）营销组合信息调研

营销因素组合是企业自身可以控制的销售因素组合，它包括有产品、价格、分销和促销四个因素，如何组成一个最优组合，如何配用这四个因素，对出口企业的产品是否能成功地进入目标市场至关重要。企业必须尊重客观现实，不能凭主观猜测行事，这就要求企业首先了解目标市场国家中有关顾客的情况，然后再就产品、价格、分销和促销这四个营销因素分别进行信息调查研究。

1. 了解产品的出口需求

对出口企业来说，产品一般不可能适合整个进口国所有人的需求，企业只能去满足目标市场国中某一部分顾客的需求。对目标市场国这部分消费者，则要对他们的收入、年龄、受教育程度、职业、道德准则、消费习惯等情况进行充分地了解，这也是企业成功打入目标市场国必须了解的基本内容。假如这个目标市场中的消费者是工业用户，就要重点了解该国的人口数目、地理分布、规模大小、资源状况以及发展前景等有关情况。

2. 了解有关产品的信息

海外市场营销成功的基础是产品能否适销于目标市场国家的消费者。如何促使产品适销对路，那就必须对有关产品的信息有足够了解。在这方面一般需要掌握的主要信息包括：目标市场对产品的颜色、大小、设计风格、所用材料、操作特点、技术性能、用途、使用方式、使用条件等有哪些具体要求？对服务种类、服务方式、服务收费标准和方式等有哪些具体要求？其他公司在这方面有哪些成功的经验？有哪些失败的教训等。

3. 了解有关分销渠道的信息

所谓分销渠道，这里主要是指目标市场国内部的分销渠道。企业在这方面需要掌握的信息包括：该产品在目标市场国的常规分销渠道有哪些？其他可供选择的非常规渠道有哪些？利用常规渠道有哪些利弊？利用非常规渠道有哪些利弊？各级中间机构在技术、服务、促销、资金等方面的功能如何？各级中间机构的存货水平如何？该国市场对交货期有哪些具体要求？在批零差价、折扣和信贷方面有哪些习惯做法？经营该类产品的主要中间商都有哪几家？经营现状（如规模、营业额增长速度、经营范围、推销队伍、顾客类别、地区分布、服务设施、市场地区等）如何？目标市场国在运输、储存等方面的条件如何等。

4. 了解有关价格方面的信息

产品进入国外市场最敏感的因素之一就是价格因素，需要企业掌握的有关价格的信息也很多，主要包括：目标市场国中，该产品是由企业定价还是由政府定价？如果是由企业定价，是企业家有完全的定价权还是受到政府的某种限制？该产品在目标市场国内的需求弹性如何？直接竞争性产品和间接竞争性产品的供求状况和价格水平如何？目标市场国的运输费用如何？渠道成员加成率如何？信贷条件和销售条件、支付方式有哪些习惯性做法？顾客对价格变动的承受力和敏感程度如何等。

5. 了解有关促销方面的信息

促销的方式主要包括广告、人员推销、营业推广和公共关系。为了正确的制定在目标市场国的促销决策，也需要掌握大量有关促销的信息。如广告决策所需要的相关信息：顾客购买某种产品所追求的根本利益是什么？确定怎样的广告主题才能在最大程度上诱导顾客采取购买行动？目标市场习惯于哪一种广告信息表达方式？该国对色彩、画面等有哪些偏好和禁忌？广告代理业的发达程度如何？主要广告公司的业务范围、能力、市场覆盖面、收费标准等方面的条件如何等。

（五）资源配置信息调研

一般来讲，企业的资源是有限的，所以企业希望把有限资源投放到最能产生效益的市场上和产品上。企业制定资源配置决策需要了解的信息包括：企业在各国市场上的销售潜量；企业在各国市场上的经营状况；企业各种产品在国际市场上的生命周期状况；企业在各国市场上各种经营方式的经营现状及前景。应该指出，国际企业的资源配置决策是一个非常重要且非常复杂的决策，需要的信息量极大。企业只有充分地掌握了这些信息之后，才能不断地调整企业资源在各国市场、各种产品、各种经营方式之间的分配，使其产生最佳的经济效益。

二、国际市场信息调研的程序

虽然说国际市场信息调研比国内市场信息调研更复杂，但二者的程序是一致的，一般包括确定营销中所存在的问题、制定营销调研计划、执行营销调研计划、分析和解释调研结果并撰写调研报告等几个主要步骤。

（一）确定营销中所存在的问题

一个完整的调研方案是从调研目的的确定开始的，在确定调研目的时，要有针对性地选择具有全面意义的问题进行调研，要明确、具体、中心突出、主次分明。确定调研目的是把企业在实际运作之前需要了解和决定的营销问题转换为有待调查的各种因素，划出范围，明确目的，并写成书面文字，它是营销调研的起点，且要保证调研工作有的放矢，确有成效。例如，一个时期内企业在某国的销售额直线下降，原因可能有许多，如产品质量下降、服务水平降低、国外代理商责任心不强、出现了强有力的竞争对手、广告媒介选择失当等，这些因素都可能引起企业在该国的销售额下降。如果在该例中导致企业销售下降的起初原因是出现了强有力的竞争对手，而调研人员却误以为是代理商的责任心下降，就会使后面的各步骤的调研工作误入歧途，并可能导致错误的营销决策（如果换代理商），给企业带来更严重的损失。

由于国际市场调研所面临的国与国之间、地区与地区之间、国家与地区之间政治、经济、文化的差异，市场调研的环境远比国内市场调研环境要复杂，因此，一个明确的不易被误解的调研目的就显得格外重要。

（二）制定营销调研计划

拟定调研项目就是把已确定的调研目的和调研范围具体化。这是国际市场营销调研过程中较具体的工作，需要调研人员充分把握调研目的和尺度，明确调研范围的主次，而且在拟定调研目的时应特别注意一些问题：如，提问的问题应该是被调查者可能回答的问题；调查项目的提法应设法避免、减少被调查者的抵触情绪或思想顾虑；调查项目的含义必须明确具体，不能模棱两可，以避免因答案不一致而造成混乱；同时，调查项目中的问题不要带有倾向性等。

在确定了国际营销决策所需要的信息之后，还要进一步确定信息的来源，即取得信息的途径。一般来说，营销调研人员取得信息的来源主要有两个：一是二手资料（Secondary Data）；一是原始资料（Primary Data）。所谓二手资料，是指经别人搜集、整理过的资料，通常是已经发表过的相关资料。原始资料则是指调研人员通过发放问卷、面谈等方式搜集到的一手资料。

（三）执行营销调研计划

执行调研计划主要包括搜集、处理和分析数据资料等工作，搜集资料的过程，可由企业内部的调研人员完成，也可委托企业外部的专业调研公司完成。在委托专业调研公司时，既可委托国内的公司，又可委托国外的公司。

在搜集资料的工作完成以后，下一步就是对搜集到的资料进行加工处理。主要包括分类、核对、换算、调整、编校等步骤。在对资料进行加工处理后，调研人员还要用有关数据统计技术对经过处理的信息进行分析，进一步对营销决策提供依据。

（四）分析并解释报告调研的结果

营销调研的最后一步是对调研结果做出解释和说明，得出结论，向管理部门提交调研报告。调研报告不能只是一系列的统计数据和高深的统计公式，而应当是简明扼要的结果及说明，并且这些结果和说明应与营销决策有着直接的关系。

调研报告通常由三部分组成：前言、报告的主体、附录。前言部分必须指出调研目的，定义有关概念，简要的叙述调研过程中所采用的方法，必要时也可将结论放在前言中提出。基本部分是说明调研所用的假设，论证所用的方法，叙述调查的内容，这里包括分析调查的资料以及可能的结论。另外还应该说明调查过程中的缺点及其资料来源和范围。附录由两部分组成：一是全部调查所用的工具、数据、参考资料等，二是计算处理结果。

第三节 国际市场信息调研的方法

国际营销业务及其环境的错综复杂性使得国际市场营销人员必须掌握异常多的信息，才能制定和成功地实施国际市场营销战略。国际市场信息调研就是系统地收集、记录和分析资料，以便提供对市场经营决策有用的信息，一般说来，国际市场调研的工具和方法与国内市场相同，但它们应用的环境却大相径庭，国际市场营销人员必须有能力将国内市场调研的方法，创造性地娴熟地应用于有时是全新的环境。

一、国际市场信息调研的基本要求

为了要成功地开展国际市场营销,就必须要有国际市场信息做保证,这些国际市场信息对企业来讲就具有特别重要的意义,所以,一般要求其要具有准确性、及时性、系统性、适应性、重点性、动态性及明晰性六点基本要求。

(一)准确性

准确性是国际市场信息搜集、整理、分析的第一要求。只有当信息准确,才能保证信息的有效利用。国际市场信息一定要尊重客观事实,并且准确地反映国际市场活动的变化特征,不能经过人为修饰而造成市场信息失真、扭曲和变异。所以最原始的国际市场信息资料一定要准确。

(二)及时性

对于搜集、加工、传递国际市场信息一定要及时,以保证信息的时效性,现代国际市场瞬息万变,由于市场信息不断地、大量地出现,如果搜集、加工、传递国际市场信息不及时,会直接影响市场营销决策,甚至做出错误的决策。对于时效性较强的信息,更要注意这一点。

(三)系统性

为了保持信息的全面性,从国际市场总体状况出发、或至少从一个企业的市场信息需要出发,将影响市场活动的有关信息,按照系统的要求进行搜集和整理,全面、系统、有序地反映国际市场活动的变化。也就是搜集到的相关信息既要便于使用,又要便于储存。

(四)适用性

要收集符合企业开展市场营销工作的需要的国际市场信息,尽可能地提高国际市场信息的适用性。由于各个企业的内外部环境不同,开展市场营销工作的条件不同,对市场信息的适用性要求也不相同。同时,市场信息还存在着技术上的先进性、经济上的合理性、内容上的详尽性与企业实际需要之间的矛盾。对于其他企业适用的市场信息对本企业不一定适用。

(五)经济性

对于开发和利用国际市场信息,必须要坚持经济效益的原则。经济的要求是指国际市场信息的价值与信息开发费用之间的关系,费用要省,而信息的价值又要高,也就是说用较少的费用获取更有价值的信息,或者获得更有价值的信息用尽可能减少的费用支出。

(六)重点性

重点性主要是区分国际市场营销信息的主次,抓住重点和急迫的营销问题,尽早地和有步骤地进行信息处理。一般比较有效的方法是先通过挑选,选择出有关的信息,然后再通过精选,选择出重要的信息。

（七）动态性

要了解国际市场反映的态势和发展变化，就必须通过它对国际市场信息的发展动态进行了解。不能光用静态的观点来看待国际市场，并且要善于利用过去的信息分析现实发展，从现实的信息中预测未来的发展趋势。

（八）明晰性

经过加工整理后的国际市场信息要简明、清晰、精炼、扼要，尽量降低信息的松散度、模糊度和多余度。现代国际市场信息管理更强调信息的高度浓缩，使企业能在短暂的时间内获得成本最低、信息量最大、真实、可靠、适用的国际市场信息。这对市场信息量极为庞大的行业和企业尤为重要。

二、国际市场信息调研的类型

根据研究的问题、目的、性质和形式的不同，市场营销调研一般分为探测性调研、描述性调研、因果性调研、预测性调研四种类型。

（一）探测性调研

探测性调研用于探询企业所要研究的问题的一般性质。研究者在研究之初对所欲研究的问题或范围还不很清楚，不能确定到底要研究些什么问题。这时就需要应用探测性研究去发现问题，形成假设。至于问题的解决，则有待于进一步的研究。

（二）描述性调研

描述性调研是通过详细的调查和分析，对市场营销活动的某个方面进行客观的描述，大多数的市场营销调研都属于描述性调研。例如，市场潜力和市场占有率，产品的消费群结构，竞争企业状况的描述。在描述性调研中，可以发现其中的关联因素，但是，此时我们并不能说明两个变量哪个是因？哪个是果？与探测性调研相比，描述性调研的目的更加明确，研究的问题更加具体。

（三）因果关系调研

因果关系调研的目的是找出关联现象或变量之间的因果关系，描述性调研可以说明某些现象或变量之间相互关联，但要说明某个变量是否引起或决定着其他变量的变化，就用到因果关系调研，因果关系调研的目的就是寻找足够的证据来验证这一假设。

（四）预测性调研

市场营销所面临的最大的问题就是市场需求的预测问题，这是企业制定市场营销方案和市场营销决策的基础和前提。预测性调研就是企业为了推断和测量市场的未来变化而进行的研究，它对企业的生存与发展具有重要的意义。

三、常用的国际市场信息调研方法

国际市场信息调研中,常用的信息获取方法主要有两种:一种是案头调研法;一种是产地调研法。

(一)案头调研法

案头调研法,又称二手资料调研或文献调研(次级资料),是以在室内查阅的方式搜集与研究项目有关的资料过程(例如在情报中心、图书馆资料室等查阅资料)。收集二手资料的渠道和信息来源很多,譬如,本企业自己的档案资料与各种记录、销售额的详细资料,本企业与国外企业的来往与国外企业的来往函电等电报电话记录等;国内外竞争对手的报价单、商品目录、公司年报、刊物等;本国政府机构和研究机构公开出版的有关资料;外国政府和研究机构公开出版发行的有关资料;国际组织出版的国际市场资料;外国使团提供的有关本国的市场资料;各国商会和国际商会提供的资料;行业协会的统计资料与年检等;银行提供的国际市场资料;各国的市场研究公司和咨询公司提供的资料等。

国际营销人员在利用案头调研所获得的第二手资料时,要注意关于这些资料有三大缺点:其一是它们缺乏关于许多市场的详细资料(推测分析的比较多,覆盖面不宽);其二是有些数据不十分可靠,特别是有些按税收有关项目(例如增殖税)推算的数据可靠性更值得怀疑;其三是资料的可比性和及时性相对较差。

因此,对获得的第二手资料要进行认真核对和分析,从实用角度出发,国际营销人员在使用这些资料时,要会提出这样问题,如:谁收集的资料?资料提供者是否有任何理由故意歪曲事实?资料是以何种方式收集的,其可靠性如何?按已知资料与市场实际调查是否差距很大,这样可以比较客观地、准确地使用这些资料。

(二)实地调研法

实地调研法是国际市场调研人员采用实际调查的方式亲自到市场直接收集国际市场有关信息的方法。用这种方法收集到的资料信息,就是第一手资料(即原始资料),当第二手资料来源不足时,市场调研人员必须自己着手收集第一手资料。

国际市场调研人员在国外搜集第一手资料与在国内搜集第一手资料相比,所面临的难题是共同的,所不同的是困难的程度不同。影响调研工作成败的最主要的因素是调查对象是否愿意或能够提供所需信息,或者调查者是否有能力使本不愿合作的调查对象提供正确可靠的信息,文化上的差异是许多调查对象不愿意或不能够向调研者提供信息的主要原因。语言文字的涵义、消费者对某一种产品的态度、采访员的态度及采访时的策略，都会对调查结果产生影响。因此，为了取得真正有意义的信息，要求国际市场调研人员必须具备以下两方面的能力：(1)必须熟悉和理解所调研市场的文化背景，对该市场的社会风俗、思想观念、语言文字、人情世故、商业惯例必须有清楚的了解；(2)必须具有适应各种情况的创造性能力，调研人员要见机行事，善于采用不同的方法或手段，还必须有耐心，有幽默感，同时要能够接受那些与自己的设想或大多数人意见不相符合的新发现。

实地调研常用的方法有三种：

第一，询问调查法。这种方法是指调查者直接向被调查者询问有关问题，并记录其所调查的内容的方法。运用该法可深入地了解被调查者的态度、动机、意见等，调查内容比较广泛。常用的询问调查方式有四种：(1)个别访问法。到柜台、消费者、亲朋好友中进行了解；(2)信件调查法。对一些老客户、经销商、消费者可通过信函征求意见，但如果不伴随一些相应的手段，回收率比较低；(3)电话访问法。消费者购买商品时，被留下电话，一定时期后打电话征求意见；(4)用户小组调查法。不同群体，如对学校、医院、演出团体分别针对不同商品进行不同的调研。这四种调查方法均要求事先设计调查问题的提问方式、提问次序等。

第二，观察调查法。观察调查法是指以直接观察的方法作为搜集资料的手段（该法大多用于单一项目调查，如广告效果测定、消费购买习惯调查等）。观察法的调查方式有三种：(1)现场观察法（用电视监测器、摄像机如超级市场货架上端的摄像机观察消费者购买兴趣、客流量，然后进行分析）；(2)痕迹观察法（主要观察调查对象留下的痕迹如机器设备安装调试后的效果）；(3)行为记录法（观察购买产品的型号、数量、牌号、广告、柜台布置对消费者的影响）。观察法可以客观地记录事实的情况，具有较高的准确性。但无法解释事件发生的原因和用户的动机，因此，还要其他的辅助方法来配合。

第三，实验调查法。常用的实验调查法有两种：(1)实验室实验调查法；(2)实地实验调查法。实验调查法主要运用于某种产品在设计、质量、包装、价格、广告、分销渠道等方面有所改变后，在一个小规模的市场范围内进行实验，以便了解消费者或用户会有什么反应，以此作为制定或调整国际市场营销策略的依据。

在以上国际市场信息的搜集和处理的过程中，有时候会出现以下几种情况应该特别强调一下：

第一，开展国际市场调研前准备工作不充分。根据企业国际市场调研准备工作的实践经验，在调研开始前，一般需要明确六个问题：(1)进行市场调研的目的是什么，需要收集什么信息；（2）需要在什么地方，通过什么途径获得所需信息；（3）为什么要收集这些信息；（4）什么时间需要完成这些信息的收集和分析；（5）收集信息的数量、质量、方法、手段和途径的经济性是否合理；（6）如果得不到需要的信息，将会对有关事业的开展带来什么影响。

第二，将信息来源复杂化。尽管国际市场调研与国内同类工作相比要复杂得多、困难得多，但是不能因此就将国际市场营销信息来源看得高不可攀。实际上，有些信息可能通过自己的档案资料或公共资料库等途径便可获得，关键是要有一个验证这些资料准确性的渠道或方法。

第三，将国内市场调研中认为无用的信息同样看作对国际营销也是无用的信息。实际上，由于国内市场营销与国际市场营销条件，特别是文化背景的不同，有关信息的重要程度在国内和国际两种营销背景下可能是很不相同的。在国内市场营销中不那么重要的信息，可能在国际市场营销中是举足轻重的信息。

总之，国际营销企业在进行海外市场初期调研时，一般要大量利用各种调研机构的信息来源，一旦对市场有了一定的了解，市场潜力的开发和市场的扩大，多半依赖本企业的调研机构和调研人员。而且，一些大型跨国经营企业也都有自己的调研机构和调研队伍，随时针对海外市场开发过程中的问题，进行信息资料的搜集和整理，以备应对瞬息万变的国际市场行情。

本章小结

国际市场信息的来源分为两大类：一类是企业信息人员亲自搜集、整理、加工的各种原始信息，即主要靠实地考察得来的直接信息；另一类是他人搜集并通过整理加工的各种间接信息资料，即第二手信息资料。国际市场营销信息系统是一种由人员、设备和一定程序构成的处理国际营销信息的综合系统。该系统将企业内部和国际市场的原始信息资料及时地、不断地进行搜集、整理、存贮、加工、分类、分析、评价，给企业提供进行国际市场营销决策的依据，企业据此制定和调整国际市场营销计划和策略，加强对国际市场营销的监督、控制以及信息反馈工作。

国际市场信息调研的内容包括进入国际市场信息调研、市场选择信息调研、进入方式信息调研、营销组合信息调研、资源配置信息调研五项。国际市场信息调研一般包括确定营销中所存在的问题、制定营销调研计划、执行营销调研计划、分析和解释调研结果并撰写调研报告等几个主要步骤。国际市场信息调研要求具有准确性、及时性、系统性、适应性、重点性、动态性及明晰性六点基本要求。主要的调研方法包括案头调研法和实地调研法，主要为询问法、观察法和实验法。

重要概念

国际市场信息　信息系统　国际市场信息调研　案头调研　实地调研

思考习题

1. 简述国际市场信息的来源。
2. 国际市场信息调研的主要内容有哪些？有哪些类型？
3. 简述国际市场信息调研的基本要求。
4. 简述国际市场信息调研的常用方法。

案例分析

日本对大庆油田信息的收集和判断

他们分以下几个步骤进行，很值得学习和借鉴：

1. 规划与定向

这是了解情报需求、建立情报目标的步骤。包括三个基本问题：我们需要什么？为什么要知道这些？一旦知道，要做出什么决策、采取什么行动？

20世纪60年代，中国大庆油田的位置、规模和加工能力是严格对外保密的，日本企业为了确定能否与中国做成石油设备的交易，迫切知道中国大庆油田的位置、规模和加工能力。并明确了专门小组负责此项工作。

2. 信息收集

这个步骤耗费时间和资源最多。这一阶段要解决的问题是：要搜集哪些信息？信息源在何处？用什么方法获取？

1964年，日本经济情报部门从《人民日报》上看到题为："大庆精神，大庆人"的报道,从而判断出中国大庆油田确有其事。并以此为线索,开始全面从中国公开报刊上收集有关大庆的报道,覆盖的范围包括各个报刊杂志,除了重点关注的能源、勘测、冶炼机械等领域外,甚至包括了《中国画报》之类与石油能源毫不相关的资料。

在信息搜集中应该注意两点,一方面必须要保证信息的连续性;另一方面必须保证信息的系统性。很多信息,单独割裂看互相之间并没有很强的联系,但是将他们收集集中起来观察,往往可以发现重要的线索。

3. 信息加工

从公开渠道收集到的信息往往精度不高,相互交错真伪难辨,因此需要一个初步鉴别、验证、整理、序化的步骤,要把从各方面搜集的信息置于竞争战略的考虑中,没有分析的信息是毫无价值的。

大庆油田的位置。1966年第一期的《中国画报》上,日本经济情报部门看到了铁人王进喜站在钻井机旁的那张著名照片,他们根据王进喜的衣着确定,只有在北纬46度和48度的区域内,冬季才有可能穿这样的衣服。因而,大庆油田有可能在冬季为零下三十度的中国齐齐哈尔和哈尔滨之间的东北北部地区。之后,来中国的日本经济情报人员发现,从东北开过来的油罐车上有很厚的一层土,从土的颜色和测量火车每百公里的降尘量中验证了"大庆油田在北满"的结论。

1966年10月,日本情报机构又对《人民中国》杂志上发表的铁人王进喜的事迹进行了详细的分析,其中有一句"最早钻井是在北安附近开始的",并从"人拉肩扛"钻井设备的说明中判断:井场离火车站不会太远。

同时,通过对铁人王进喜的报道中提到的一个地名"马家窑子"进行判断,因为窑子是东北地区特有的对地名的称呼,他们从伪满旧地图上查到:马家窑子是位于黑龙江海伦县东南的一个村子,在北安铁路上一个小车站东边十公里处。经过对大量信息的定量和定性分析,日本情报机构终于得出了大庆油田的准确位置。

大庆油田的规模。为了弄清大庆油田的规模,日本情报机构,对王进喜的事迹做了进一步的分析,报道说:王进喜是玉门油矿的工人,是1959年在北京参加国庆以后志愿去大庆的。日本情报机构由此断定,大庆油田在1959年以前就开钻了。对大庆油田的规模,日本情报机构认为:"马家窑子是大庆油田的北端,即北起海伦的庆安,西南穿过哈尔滨与齐齐哈尔之间的安达附近,包括公主岭西南的大喷,南北四百公里的范围内。"估计从东北北部到松辽油田统称"大庆"。日本情报机构的分析与实际情况基本吻合。

大庆油田的加工能力。为了弄清大庆油田的加工能力,日本情报机构从

1966年《中国画报》第一期的照片上看到大庆油田炼油厂的反应塔,从反应塔的扶手栏杆(一般为一米多)与塔的相对比例推断,该反应塔的直径大约为5米,从而推断出大庆炼油厂的年加工原油能力为100万吨。而在当年大庆"已有820口油井出油",年产原油360万吨,估计到1971年可增加到1200万吨。

通过对大庆油田的位置、规模和加工能力的情报分析以后,日本决策机构推断:中国在近几年的时间里,必然会感到炼油设备不足,日本的轻油裂解设备卖给中国是完全有可能的,中国所要买的设备规模和数量要满足每天炼油一万吨的能力,并以此为依据设计产品。果不其然,没有过多久,中国石油工业部就开始在全世界范围内购买日产一万吨的炼油设备,日本的炼油设备以其有现货、价格低、符合中国实际生产能力而倍受欢迎,一举中标。

案例思考题

1. 总结日本收集信息的成功之处。对你有何启示?
2. 根据案例试述应如何看待真实信息的隐蔽性?
3. 根据案例试述如何把握弱关联的信息?

第四章 进入国际市场营销战略的选择与确定

学习目标

营销战略是企业为了实现营销目标而做出的总体的、长远的行动规划。在营销战略中,首先是企业怎样才能进入国际市场,为使企业能够进占国际市场,需要对进占国际市场战略目标的构成、企业进占国际市场战略模式的选择、影响选择进占国际市场战略模式的因素以及确定正确的进占目标等进行深入地研究与探讨。通过本章的学习,要求学生掌握企业全球战略的概念与特征,了解实施全球战略的必要性和条件,熟悉全球战略的内容。学生应重点掌握企业进入国际市场的战略,包括其战略要素和进入国际市场的出口进入模式、合同进入模式、投资进入模式,应理解影响企业进入国际市场战略模式选择的内、外部影响因素,以及决定正确进入模式的三种原则。学生应注重理解企业进入国际市场战略目标的确定,包括海外目标市场的初选、海外市场机会的调查以及目标市场选择决策。

全球营销指企业通过在全球范围内的规划、布局,使其在世界各地的营销活动一体化,以便获取全球性竞争优势。作为具有世界眼光的大企业,在制定自己的营销战略上,往往不会受地域限制,而是将自己的营销战略着眼于全球。

第一节 国际市场营销战略概述

企业谋求进入国际市场,首先面临的是国际市场激烈的竞争,要想在全球竞争中求得生存和发展,它们必须制定一套能提高企业在全球市场活动中竞争能力的整体营销战略和各种竞争策略。

一、战略的一般概念

战略（Strategy）一词，源于希腊文。原意是"将军的艺术"指的是将帅的智谋，筹划以及军事力量的运用。在《辞海》中，"战略"泛指重大的、带有全局性的和决定全局的计谋。

从古代战争开始，由于对抗双方根本利益的冲突以及战争的你死我活性质，人们不能不重视战争，研究战争。因此，军事上就出现了以"研究战争"全局的规律性的东西为内容的战略学。如：我国古代最早研究军事战略的名著《孙子兵法》、国外著名军事家的《战争记》、《战略法》以及毛泽东的《中国革命战争的战略问题》等。

由于人类的利益对抗活动，远不只限于军事上的战争，随着社会经济的发展和科技的进步，特别是进入近现代工业以来，各个不同利益组织之间的商战，实际上就是和平时期的经济战争。这种经济战争，人们常把它称为商战，它是指各个具有独立经济利益和法人地位的企业，相互之间展开的以争夺顾客，超越竞争对手为主要内容的市场竞争。或者干脆说是争夺市场的竞争，这种竞争既包括对国内市场也包括对国际市场份额的竞争。每个企业为了自身的生存和发展、为了保卫自身的经济利益、也为了增强自身的实力，都会设法争取主动、争夺顾客、击败对手、抢占市场。于是，把军事领域的战略概念、理论和方法，移植于企业对国际市场竞争的经营与管理，就形成了企业经营的战略、理论和策略方法。

20 世纪 70 年代后期起，西方的企业界人士就开始对把军事战略引入市场竞争产生了浓郁的兴趣。尤其是日本的一些企业界人士，对中国的《孙子兵法》百读不厌，并从中体会和吸取了深刻的经营思想。甚至我国古代名著《三国演义》中的谋略思想和用人之道，也为日本企业界有识之士奉为经典。我国工商企业界人士就曾有人著文指出："商战犹如兵战也。不通敌情者，不足以制胜；不通商情者，焉能牟利矣？"也主张以军事谋略来指导企业的商业营销活动，这样，把军事战略的含义应用到企业开拓国际市场的商品竞争中，就形成了企业的国际市场营销战略。

企业的国际市场营销战略，是企业根据外部世界当前和未来的市场机会和限制条件，考虑如何更有效地利用企业内部现有的以及潜在的优势，去满足目标市场的需求，为完成企业既定的战略目标而做出的总体、长远的行为方案。

国际市场营销战略是一项综合性的计划。它通过选择模式、确定目标、制定与实施相应的计划与策略等来指导企业在一定时间内的国际营销活动。这里我们需要特别强调，关于战略的概念有三层涵义必须了解：

（1）企业战略就其属性来讲，是一种属于计划范畴之内的概念，也是一种计划，因此企业战略也同一般概念的计划，表现为"目标—手段"体系，即一定的战略目标（包括目的、任务、目标）和为实现既定目标事先确定的一系列战略手段（包括政策、策略和措施）的组合。

（2）企业战略是一种带有全局性、长远性和根本性的，并经过系统设计的计划。其覆盖范围是一种全局性的和长远性的时空结构，其内容具有根本性质，其目的是着眼于保证企业的持续生存和不断发展，其制定方法是系统设计。因此，企业战略是一种凌驾于企业一切计划之上的计划，是一种处于支配地位的企业计划，是一种要求方向正确，重点突出，大的方面不应该有失误的计划。

（3）企业战略又是一种以适应环境（市场经济高度发展）和超越对手为主要特征的抗争性的计划。因此，企业战略不仅应考虑企业自身的生存和发展，更要主动积极迎接环境变化的挑战和竞争对手的对抗，要以企业家的胆实、气魄、理想和毅力，趋利避害，不断调态，充实、完善既定的企业战略。

二、企业跨国经营的全球战略

企业跨国经营全球战略的制定，是企业最高层决策部门和负责人的最主要任务。那么，什么是全球战略呢？这里的全球战略首先是从企业角度出发考虑的狭义战略。根据美国战略管理学家霍弗（C.Hofer）和申德尔（D.Sehendel）为战略下的定义，"战略是企业目前的和计划的资源配置与环境作用的基本模式，该模式表明企业将如何实现自己的目标"。虽然目前对全球战略实际上没有一个统一的、标准化的定义，但并不妨碍我们去表述全球战略的内涵。

（一）全球战略的概念和特征

1. 全球战略的概念

所谓全球战略，是指企业在跨国经营活动中，放眼全球，面对世界各国或地区的环境因素和市场竞争态势，对企业所拥有的有限资源在全球范围内进行最优配置，以获得最佳的整体利益和实现战略目标的战略。

一般来说，全球战略应包括以下构成要素：

（1）经营范围。经营范围是指企业从事生产经营活动的领域。就是要根据自己的产品和服务以及实力，确定到哪些市场去满足社会需求，更符合企业和社会的利益。

（2）资源配置。企业的资源主要包括劳动力、资金、设备和物资，以及用信息形态表达的技术、知识、技能等。怎样将这些有限资源配置起来，会有很多不同的方式或模式，各种不同配置方式或模式也有不同的效果。

（3）竞争优势。在当代世界市场上，任何一个经营范围都充满了激烈竞争的态势，不存在完全的、绝对的垄断，只存在垄断与竞争并存的局面。所以企业如何在自己的经营范围内,通过资源的最佳配置,进行扬长避短,形成和发挥自己的竞争优势就显得非常重要。如果仅仅知道自己,不了解和研究竞争对手的情况,是很难在激烈竞争的市场环境中求得生存和发展的。知己知彼,方能百战不殆,这是商战中的名言警句。

(4)管理作用。企业跨国经营活动涉及产品的研制开发、生产、销售、服务、服务及投资等众多活动;企业的组织机构也扩大到不同国家和地区;在不同行业、不同时间、不同国家也会遇到不同问题。如何及时发现、处理和解决问题,保证企业在全球市场上的步调一致,实施必要的控制,这就要依赖于企业管理战略的作用。通过制定管理战略,使其企业具备较高的管理水平和管理技能,才能做到企业在全球竞争中的整体协调发展,进而提高企业的整体效益和效率。

2. 全球战略的特征

企业跨国经营的全球战略与一般战略相比,具有以下明显特征:

(1)全球战略是企业最高层次的战略。它是由企业总部高层决策部门制定并由高层管理人员推行的。它不是企业职能部门或企业具体经营单位的具体战略,具体战略应该是全球战略指导下的具体化战略。

(2)全球战略是企业全局性的战略。它是从企业全局出发,分析企业所面临的世界市场环境,剖析企业本身的资源、实力和条件,判断自己的总体优势和不足,从而对进军世界市场做出全方位发展的谋划。

(3)全球战略是企业整体性的战略。它不单是要考虑企业总部的利益。而且还要考虑遍布世界各个不同国家的子公司的利益,使公司整个群体的利益都达到最优。

(4)全球战略是企业长期性的战略。它涉及的时间较长,在较长时间内对企业的管理和发展起指导作用。有这样一个长期的纲领指导,企业在变化不定的世界市场上就不会迷失方向。

(5)全球战略具有更大的风险性。由于国际市场的调查和预测更加困难,决策的变量更多,变动幅度更大,不易控制的因素更多,所以全球战略的决策面临更大的风险。

(二)实行全球战略的必要性和条件

随着全球经济一体化进程的不断加快,以及跨国公司在全球经济中主导地位的不断加强,世界各国企业已经不可避免地融入到全球竞争与合作中。任何一个想在迅速发展的国际市场上寻找商机的企业,在开拓海外市场的过程中,都可能面临着一定的风险,因此,企业必须通过制定一套能够提升企业国际市场竞争力的整体战略。

1. 实行全球战略的必要性

（1）全球战略的必要性得从竞争谈起，在 20 世纪 70 年代，欧美企业由于忽视了日本企业在许多行业的较高增长率，当日本企业以显著的规模占领它们的传统市场时，它们面对竞争几乎茫然不知所措。未能在质量和价格上建立全球保护措施的汽车公司，在遭受日本人的打击后，很快就处于劣势。在摩托车制造业，日本竞争者的市场影响更加剧烈，致使许多原来闻名遐迩的企业走上绝境，剧烈竞争的现实事例说明，竞争既然来自于全球的任何地方，那么，企业战略的制定也应该是全球化的。

（2）竞争的全球化，使得企业的高层决策者和管理者们的思想也相应发生了变化，他们并非考虑一时一地的得失，而是更注意企业的整体利益、长远利益和最大利益。为了减少不可控因素的消极影响，他们的视野也扩大到全球。一旦指导思想着眼于全球化，制定全球战略来谋划企业的发展就成为了一种必然的选择。

（3）企业现在的国际市场营销活动，面临的是这样一种局面：生产的国际化分工和协作已经出现，越来越多的最终产品已分不清是哪个国家生产的，你中有我，我中有你。譬如，中国的轿车有日本、德国的零部件。法国、日本的汽车也有中国的零部件。交通的发达，使产品、原材料可在较短时间送达全球任何地方。信息的高度发达，为企业在全球进行生产、经营、管理、控制提供了基本条件和手段。技术的国际化交易使生产经营的全球化进程进一步加快。世界金融市场的发展，使企业在世界范围筹资成为可能。可以说，当代世界的发展，是企业全球战略的必然趋势，因此，企业应该顺应世界潮流而动。

（4）就企业的内部管理而言，跨国经营也需要企业制定全球战略。原因之一是，全球战略确定跨国经营基本活动的方针和奋斗目标，有助于企业内部层次之间、区域之间的协调，有助于调动各级管理人员和员工的主动性、创造成性。原因之二是，全球战略依据重大决策和日常管理相分离的原则，确定集中和分散的程度，在全球范围将各种经营活动有条不紊地组织起来，有效地使用资金、技术、人力和物力，发挥经营活动整体功能，达到全球一体化的效果。因此，全球战略的意义在于使企业跨国经营具有统一性、有效性和灵活性。全球战略是跨国经营企业的灵魂。

2. 实行全球战略的条件

并非所有企业都要求有全球战略。对于中小企业和处于跨国经营初步阶段的企业只需一般战略就可以了。具备以下条件的企业才应该实施全球战略：

（1）企业在国外的经营业绩已达相当高的水平。对一些代表性企业的调查表明，其营业额 40%来自国外时，这些企业就都奉行全球战略。如雀巢公司的营业额 90%来自瑞士以外，菲利浦公司国外资产比重占全部资产的 85%，通用汽车公司的利润 70%来自美国以外，上述三家著名企业全奉行全球战略。

（2）拥有技术垄断优势。技术包括硬件技术，也包括软件技术，如专利技术和技术诀窍，更包括技术开发能力。当企业拥有这种技术垄断优势，它就成为世界技术的主要供给者。它可以凭借这种技术优势，在世界市场内进行规模生产经营，发挥竞争优势，获取更多利润。这样实际上就转向了全球战略。

（3）拥有管理优势。管理优势包括管理思想、管理人才、管理手段和方法的优势。在管理思想上是否转向全球中心管理？是否有足够的一流高层管理人才？管理手段和方法是否现代化？这些对企业信息的收集、处理和反馈有着重要影响，它将确保企业全球战略协调和控制的实现。如果具有这种管理优势，采用全球战略是符合条件的。

三、全球战略的演变

全球战略按照历史演变的序列经历了多国国内、简单一体化和复合一体化三个由低到高的发展阶段。

第一阶段，是多国国内战略。所谓多国国内战略就是针对不同的市场在当地组织生产和销售。这一战略的主要特征是，独立的子公司或多国国内子公司针对单一东道国或东道地区进行生产，企业总部给子公司以高度的自主权，子公司对自己的价值链上的行为负责，在许多情况下，子公司都作为独立的实体采取行动。许多企业最初的跨国经营都是从在不同国家设立相对独立的分支机构开始。

第二阶段，是简单一体化战略。随着贸易壁垒的减少，通讯技术的进步和国际竞争的加剧，企业日益倾向于利用外部资源为自己的价值增值服务。跨国经营企业因此也加强了与自己国外分支机构的联系，加强了与分包商和被许可人等独立企业的联系，由此产生了简单一体化的跨国经营战略。在简单一体化经营战略下，作为外部资源利用承担者的子公司和分包商无法独立存在，在一些关键活动中，它们必须依赖企业总部，而企业总部也在其总体价值链的某些方面依赖子公司。

第三个阶段，是复合一体化战略。在这个阶段，许多跨国经营企业已经超越了简单一体化战略范围，它们将子公司从事的活动作为其整体价值链的组成部分来看待，采取了新的更为高级的复合一体化战略。通信信息技术方面的重大突破和各国市场需求结构的趋同是促进复合一体化战略形成和发展的关键因素。通信和信息方面的技术突破使跨国经营企业得以在更广阔的区域内及时地协调更多的子公司行业。同时，这些技术突破又进一步改进了跨国经营企业协调和组织各类经济行为的方法,导致了跨国经营企业内部关系的重组,越来越多的产品以相同或类似的面孔和方式销往不同的国家,竞争迫使企业寻求其整体价值链的成本节约和利润最大化,所有这些都要求跨国经营企业根据自己的整体利益重新安排自己的生产经营布局。因此在复合一体化经营战略下,不同国际区位独立行为的价值将根据其对企业整体目标的贡献来判断,而不是依据其在东道国获得的利润来衡量,这就是通常所说的全球战略。在全球战略下,跨国经营企业可以根据自己的整体发展目标,将企业的任何职能安排在全世界任何地方,并用统一的方法为整个企业服务。

四、全球战略的内容

企业跨国经营的全球战略的内容十分丰富。全球战略的内容包括战略目标、战略对策和具体的市场经营战略。其中市场经营战略又是为目标服务的,是战略对策的具体化。在全球战略中占有重要地位,发挥着重要作用。

(一)战略目标

战略目标是全球战略的核心。它是企业面对世界市场环境和企业自身条件而寻求发展的一个结合点。战略目标决定了企业的行动方向,也在很大程度上影响和决定着战略决策和具体的市场经营战略。战略目标是全球战略的灵魂。可以说,没有战略目标,战略的其他内容就没有根基,也就毫无实际意义。

全球战略目标一般包含以下方面:(1)发展目标。即企业在向全球市场进军中期望达到的水平。例如企业的规模、全球市场覆盖面和市场占有率。(2)收益目标。即在全球经营中企业期望和必须要达到的销售额、利润额及经济效益指标等。(3)重点目标。即企业在全球经营中应重点解决的问题,资源重点投向的领域及项目等。(4)贡献目标。即企业在向全球进军中,在技术进步、产品开发和生产增长的某些方面,为人类提供服务和增进社会公益事业等方面所做出的贡献。

战略目标一旦确定,还应进行层层分解,形成一种目标的连锁结构。下位目标要对上位目标起保证作用,同位目标之间要注意衔接和平衡,以保证战略总体目标的实现。

(二)战略对策

战略对策是指为实现战略目标而采取的基本政策、策略和手段。一般说来,实现战略目标的政策、策略、手段是多种多样的,这就有一个优选抉择的问题。实现全球战略目标的战略对策,一般有以下几种可供选择:

1. 刚性对策与柔性对策

这里刚性对策是从企业的生产条件出发,尽可能集中、大量生产,以获取规模经济效益。而柔性对策是从世界市场的不同需要出发，尽可能进行多品种、小批量的生产，以保证更符合世界市场的需求。两种对策的正确选择，要考虑符合战略目标的要求。

2. 标准化与差异化对策

标准化对策就是强调全球市场的同质性，用标准化的产品、服务和促销方式，进军各国不同市场。而差异化对策是强调各国市场及地区的差异性，要用各种不同产品、不同形式的服务和促销方式，以便顺利进军各国不同市场。两种对策各有优缺点，也应根据战略目标要求来正确选择。

3. 一元化与多元化对策

这里所谓一元化对策就是指企业主要从事一个行业，或者一个领域，甚至一个主导产品，以此向全球扩张。而多元化对策正好相反，就是同时在多个行业、领域，用多种不同类型的产品和服务向全球进军。如，可口可乐公司实行一元化对策，而百事可乐公司实际是多元化对策，他们在实现各自的全球战略目标上，同样取得了可喜的成功。

4. 独立化与联合化对策

独立化对策是指企业在世界各地的子公司都是独立经济组织，它们相互之间与企业总部之间不存在资源共享。而实施联合化对策的企业的母、子公司和子公司之间均可共享有形资产和无形资产，包括设备、资金、技术、知识、商标、研究开发成果等。独立化对策可使各子公司经营业绩反映各自经营能力及努力，联合化对策可使资源得到更充分有效的利用，如何应用，应根据战略目标的要求进行正确选择。

（三）市场经营战略

在确定了战略目标的战略对策后，就应采用具体的市场经营战略。企业跨国经营所面临的全球市场，无非是三类情况。第一类是企业已占竞争优势地位的市场，主要是母国市场；第二类是竞争对手已占优势地位的市场，主要是竞争者东道国市场；第三类是广大的中间地带市场，在这里完全凭借竞争实力确定各自的优势，往往各有所长，势均力敌。在此情况下，企业可供选择的具体的市场进入营销战略模式是多种多样的。

第二节　企业进入国际市场战略模式的选择

一般说来，企业的进入战略作为单立的一项计划，实际上又是由若干个单一产品和市场计划组合而成的。经营者必须制定每种产品进入每个国外市场的计划，因为要想提出一个相同的独特的进入战略，能囊括所有的产品进入不同的国家，是完全不可能的。一旦完成了经过挑选的单一产品和市场计划，经营者就应该将其构成一个协调的进入国际市场的战略。

一、进入战略要素的构成

进入国际市场的战略要素一般包括：（1）选择目标产品和市场；（2）确定对象和目标；（3）选择进占国际市场的模式（出口、签订合同或投资）；（4）制定开拓国际市场的计划（价格、销售等）；（5）建立对国际市场进行监督与调控的体系。图4-1所示为进入国际市场战略要素构成图。

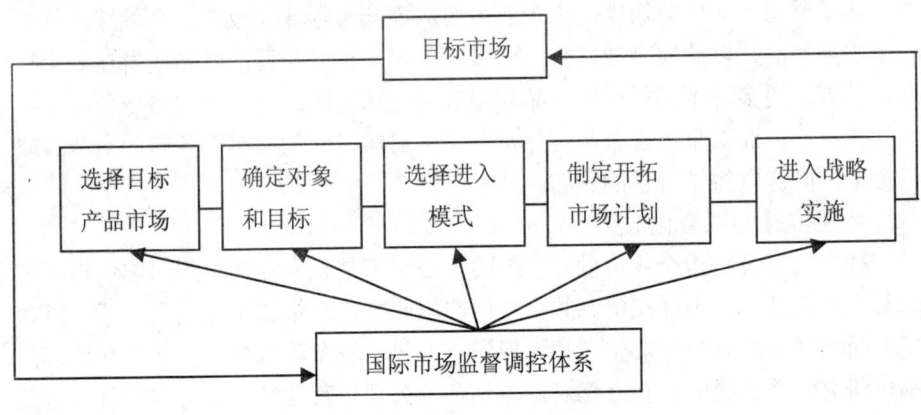

图4-1 进入国际市场战略要素构成图

图4-1所示的各要素仅仅是战略研究活动和决策的逻辑顺序。在实际研究进入战略决策中，往往要经过多次反复的调整和修订。例如，对可供选择的进入模式的评估可能会促使企业改变市场对象和目标，甚至从头寻找新的对象。而且市场计划的形成过程也许会对早已倾向的进入模式提出质疑，随着计划的运行，不断变化的市场情况将会导致其局部或全部修订这4个要素（如图4-1中从调控体系中引线所示）。

有些人可能认为，进入国际市场战略计划可能只是大企业所为，而一些中小企业则没有能力也没有必要制定什么战略计划。因为他们把某些计划看成是精密的技术研究，只能由掌握大量数据的庞大的专家组才能提供，显然这是一种错误的理解。事实上，最重要的是具有进入战略的观念，一旦经营者接受了这种观念，就会找到制定进入国际市场战略计划的方法。如果企业承担不了进入战略计划的制定工作，那也将意味着它没有能力对国际市场上瞬息万变的商情做出相应的反应。

企业进入国际市场战略要素的构成，以及各要素之间的相互作用，将为其企业在国际竞争中成功地制定和调整生存与发展战略创造条件。如果企业没有一个包括以上各进入要素的战略计划与目标，只拥有一个向国外市场销售的目标，那么这种单纯的销售目标对于一个首次进入国际市场、缺乏任何经验并怀疑自己在海外竞争能力的企业，也许暂时是奏效的，但是，如果自始至终坚持单纯销售目标，那必将导致企业在国际竞争中失败。因为在一个拥有国际竞争者的世界市场上，每个企业都在计划与行动，不论大的和小的，国内的和国际性的，都不得不为生存与发展在奋斗。换句话说，如果它们不制定一个能提高企业在全球经济中竞争能力的进入国际市场战略，将很难在国际市场竞争中求得生存。

二、进入战略模式的分类

任何想在某个特定市场进行竞争的企业，都不得不面临一个如何成功地打入这一市场的问题。尤其是打入国外市场，需要比开拓新的国内市场进行更多的研究工作。所谓进入国际市场的战略模式就是使企业有可能将其产品、技术、工艺管理及其他资源进入国际市场的一种规范化的部署。如果一个企业已经置身于容纳其市场的某个国家之中，显然不存在着把进入模式从市场进入中单独分离出来的问题。反之，一个国际型企业，尚未进入并准备进入某国及其市场，它必须找到进入该国家及其所含市场的方式。因此，国际型企业在决定进入模式的同时，还必须制定进入每个国外目标市场的计划。

企业进入国际市场的方式，从目前现状分析，仅有两种方法：一是在目标市场国家以外的地区生产产品向目标市场国家出口；二是向目标市场国家输送技术、资金、设备、管理等，利用当地的自然资源及其廉价劳动力，直接或以联合的方式进行生产和销售活动。这两种方式，如果从管理或运营的角度来看，又可以分为三种对国际型企业具有不同成本和利益的进入模式。即出口进入模式、合同进入模式、投资进入模式。

（一）出口进入模式

出口进入模式的典型特征是企业最终产品或中间产品是在目标市场国家以外进行生产，然后运往目标市场国家。商品出口战略模式是企业进行跨国经营首先考虑采用的。这一战略的成功推行往往能在目标市场国家使企业能够站稳脚跟，增强信心，为进一步的跨国经营打下良好基础。商品出口战略的类型，按照产品、市场的不同组合形式，可以将其分为四种：

1. 无差别市场型的商品出口战略

无差别市场型的商品出口战略是指在产品实体、特性、用途等方面不做任何适应性改变的情况下，以同一产品直接扩散到所有市场，同时满足不同国外市场需求。这种方式可以说是最基本的商品出口方式，其优点在于，大大节省了产品的生产成本、研究和开发成本，以及广告和宣传制作成本。

2. 差别市场型的商品出口战略

差别市场型的商品出口战略是指根据不同的市场需求，在产品的实体效用上做出适当改变的商品出口战略。采取这种战略，需要另行建立适应目标市场国家需求的市场体系。也就是说，由于需求的不同，出现了不同的顾客，销售重点、广告促销手段、销售渠道都发生了变化，企业必须建立起新的能适应当地需求的市场销售体系。另外，由于产品实体和效用上的变化，企业必须为此付出一定的生产成本和研究开发费用。因此，采用差别市场型的出口战略模式，成本与风险都相对比较大。

3. 产品开发型的商品出口战略

产品开发型商品出口战略是指通过开发新产品或对现有产品做大幅度改进的商品出口战略模式。当在国际目标市场上，如果现有产品已能适应市场需求，那企业必须要通过研制开发新的产品或对原有产品进行大幅度改进，才能继续满足市场需求，增加商品的出口。像电脑等高技术产品出口采用该种战略容易取得成功，但该战略市场风险大，成本也比较高。

4. 综合型产品出口战略

综合型产品出口战略是按照"新产品—新需求—商品出口"的格局展开的一种商品出口战略。这一战略具有消费引导的特点，不仅要求企业在市场体系方面适应当地的市场竞争需求，同时也要求具有国际水平的新产品作为开拓国际市场的保证。

上述四种战略各有利弊，并无优劣之分，只是需要根据产品、成本、市场等各方面因素进行选择而定。

另外，如果不用本国的出口商，而是通过目标市场国家的中间商进行直接型出口，出口进入模式又可分为两种：即通过代理商或经销商的直接出口，它是依靠目标市场国家的中间商进行的；另外是通过建立分支机构或子公司的出口，这种出口则是依靠企业在目标市场国家投资建立自己的运行机构进行的。

（二）合同进入模式

合同进入模式是一个国际型企业和目标国家的法人之间在转让技术、工艺等方面订立的长期的、从始至终的、非投资性的合作合同。它的特点是：主要输出的是技术和工艺，而不对目标市场国家投资。合同进入模式主要包括许可证贸易、特许经营、技术协议、服务合同、管理合同、建筑或合同、生产合同或合作生产协议等。其中许可证贸易是指企业在规定的期间将自己的工业产权（含专利技术、注册商标等）转让给国外企业法人，以换取特权和其他补偿。特许经营与许可证贸易有相似之处，如转让企业商号、注册商标和技术等。但在动因、提供的服务和有效期限方面又是不一样的。特许经营的特许者要在组织、市场及管理方面帮助特许证持有人，使专营持续进行下去。其他合同进入模式，如技术协议、服务合同、管理合同、建筑工程等，是指通过直接对外国企业转让劳务以换取货币形式的补偿或由此项服务所形成的制品（如通过加工合同或合作生产协议）加以补偿。值得强调的是：这种合同进入模式在使用时，经常和出口进入模式以及投资进入模式结合起来运用。

（三）投资进入模式

投资进入模式是随着世界经济的发展和贸易保护主义的盛行而逐渐形成和发展起来的。它是由国际生产投资者以独资或合资的形式，通过新建或收买当地企业在目标国直接进行生产和经营活动。这种投资进入模式涉及国际型企业拥有的制造工厂和其他生产单位在目标国家的所有权。在生产范围内，这些子公司可能分布在所有模式中，从完全依赖由母公司进口半成品的简单的出口加工厂（也许可看作出口模式的延伸），到那些承担全部产品制造任务的生产厂。在所有权和管理控制权范围内，国外的生产分公司可分为两种：一种是母公司拥有完全的所有权和控制权的独资企业；另一种是母公司和一个或更多的合作者（通常是当地企业）共同拥有所有权和控股权的合资企业。

三、进入战略模式选择的影响因素

进入国际市场战略模式的选择是各种各样，又往往是相互冲突的力量作用的结果。各种力量的变化，对这些力量强度估计的困难，以及对未来的计划期中这些力量发展方向预测的要求，综合起来使得进入模式的决策成为一个复杂的、对所有可供选择方案进行大量的替换比较的过程。为了解决这个问题，经营者需要对影响进入模式的外部和内部的因素进行分析。

（一）外部影响因素

影响企业进入国际市场战略模式选择的外部因素包括：目标市场国家的市场因素、目标市场国家的生产因素和目标市场国家的环境因素。这些因素虽然不会对企业进入模式的选择起决定性的作用，但在企业进入模式选择决策中都应作为参考。

1. 目标市场国家的市场因素

目标市场国家的市场规模和竞争结构对进入模式有重要影响。市场规模小的国家可选择低保本点销售额的模式，如：非直接出口——通过代理商、经销商出口、许可证和其他合同进入模式。市场销售潜力很大的国家，则应选择高保本点销售额的模式，如通过设立分支机构或子公司出口，或直接在国外投资生产。另一方面,目标市场国的竞争环境也对进入模式有不同的影响。如果目标市场国家属于分散型市场,即有诸多处于同等地位的竞争者,那一般选择出口进入模式。如果目标市场国家属卖主垄断,即由少数占主要地位的垄断者控制或垄断市场,则常常要求采取对生产进行固定资产投资的进入模式,以增强企业对垄断型大公司的竞争能力。如果认为向目标国家出口和投资的竞争太激烈,企业也可转而采用许可证贸易和其他合同进入模式。

2. 目标市场国家的生产因素

目标市场国家的产品质量、数量、原料成本、劳动力、能源和其他生产组织,还有经济基础设施,如交通、通讯、港口设施的质量和成本等,对进入模式选择都有显著的影响。生产成本低的目标市场国家提倡那些在当地生产的模式而抵制进口。而生产成本高的目标市场国家则会抑制在当地生产的企业发展,对进口模式选择有利。

3. 目标市场国家的环境因素

目标国家的环境因素一般包括:政治、经济、社会文化、地理位置等,这些因素对选择进入模式有决定性的影响。其中最明显的是政府有关外国企业的政策和法规。政府采用免税、提供优惠待遇等吸引外资的政策,可以刺激和鼓励采用投资进入模式;限制进口的政策使得人们放弃出口进入模式;限制外国投资的政策往往会使人们投资信心不足而选择其他初级的进入模式,以及放弃独资转向合资,放弃新建转向兼并等。所以,目标市场国家每一政策的调整与变化,都会对进入战略模式的选择带来直接或间接的影响。

经济因素对进入模式选择的影响主要反映在经济特征、经济规模、经济动态以及目标市场国家的外部经济关系等方面。经济特征最典型的表现是指目标市场国家是市场经济还是计划经济,市场经济国家进入模式的选择是比较灵活的,而计划经济国家投资进入模式往往受到很多的限制。所以,企业与计划经济国家做生意主要依靠非投资的出口、许可证贸易和其他合同模式。经济规模,通常是用国民生产总值、经济运行的绝对水平,即人均国民生产总值和至关重要的国民经济的各个部门在国民生产总值中占的比例来衡量。一般地说,这些特征与企业产品在目标市场国家的市场规模有密切的关系。关于目标市场国家的经济动态是指投入资本的利率,国民生产总值和个人收入的增长率,就业状况的变化等。即使是目前的市场规模低于保本点,动态经济的考虑也会判断出具有高保本点的进入模式。

值得强调指出的是,在分析研究目标市场国家经济影响因素的同时,不能忽视对目标国家其外部经济关系的考察,即对外贸易政策、进出口贸易总值、国际支付能力、债务负担及清偿能力、汇率态势等。外部经济关系中最重要的是政府的贸易政策和目前国际支付能力状况以及未来的发展变化。国际支付能力持续下降会导致进口限制、支付能力限制以及外汇比价下跌。这些变化对进入模式都会产生不同的影响。如进口限制抑制了出口进入模式，汇率控制限制了收益和资本的返回，从而也限制了投资进入模式。

社会文化因素对进入模式选择的影响主要是指本国和目标市场国家在社会文化方面的差距。当目标市场国家与经营者在语言、生活方式、价值观念、社会体制等方面区别十分明显时，进入者就会因为心中没底而对在目标市场国家进行生产经营感到胆怯。而且，社会文化的差距还会导致获得信息及购买软件的成本加大，这就限制了在目标市场国家的非投资收入，从而采取投资的进入模式。同时，文化差距还影响选择目标市场国家的先后顺序，国际经营者们总是要先选择文化与自己相近的国家并热衷于选择高投资收益进入模式。

地理位置对投资模式的选择也有影响。当距离目标市场国家较远时，出口进入模式会因为运输成本高、出口产品竞争力下降而受到阻碍。在降低运费、大幅度减少运输成本的情况下，国际营销企业有可能在目标市场国家建立综合运行体系，逐步实行向投资进入模式的转变。

外部影响因素除了上述来自于目标市场国家的以外，还应考虑到来自于本国市场的影响因素。本国的市场、生产、环境因素同样影响国际营销企业对目标市场国家进入模式的选择。一个在国内有着广阔市场的企业，可能会趋向于国内市场导向型，它选择进入国际市场的模式，会更倾向于投资进入模式而不是出口。相反，国内市场小的企业则热衷于通过出口以达到最佳的经济规模。同样道理，垄断的大型企业热衷于对外投资型模式，分散的小型企业更倾向于采用出口和许可证模式进入国际市场。另外，本国的生产成本高于目标市场国家，则可能采用在当地进行生产的进入模式，如许可证贸易、合同生产和投资进入模式。本国政府采取税收及其鼓励出口的政策，或者限制海外投资时，企业倾向于采取出口、许可证贸易及其他合同模式进入国际市场。

（二）内部影响因素

企业在选择进入国际市场模式时，除考虑以上外部影响因素外，更重要的是内部影响因素，国际营销企业进入国际市场，内部条件将起决定性作用。这些内部条件主要包括企业产品因素和企业资源投入因素。

1. 产品因素

进入国际市场的不同类型的产品，对进入模式的选择会带来不同的影响。在此，我们主要分析四种类型的产品：

（1）拥有成本优势的产品。在国际市场竞争中能承受高运输成本、高关税而保持在国外市场的竞争能力，选择出口模式为最佳方案。而处于成本劣势的产品，必须在目标市场国家价格的基础上竞争，因而倾向于在当地生产的模式（合同生产或资本投入）。

（2）服务密集型产品和要求一系列售前和售后服务的产品（这是许多工业产品的特征）。对于与产品市场有一定距离的企业来讲，是一个难题。一般说来，产品服务要求最接近顾客。因此，服务密集型制成品，倾向于采用设分支机构或子公司出口及在当地生产的进入模式。但是，如果一个企业的产品本身就是服务，如：广告、咨询、旅游观光、计算机服务、银行、快餐服务、建筑工程等。这种服务不可能在一个国家先生产出来再出口到外国去，那么，这种企业就必须先找到在国外目标市场国家进行这种服务的途径，然后，通过培训当地企业进行服务（如麦当劳、肯德基等），或者建立分支机构和子公司（如广告公司或银行的分支行），或者与国外顾客直接签订销售服务合同（如技术协议和建筑工程合同）。

（3）生产技术密集型产品。这种产品可以使企业优先采用技术许可证模式进入目标市场国家（指当事双方按约定的条件，通过买卖方式，把某种内容的技术从卖方转让给买方，使买方获得该项技术的权利。这种技术贸易多数情况下是指知识形态的生产技术的买卖，如专利技术、注册商标等）。由于工业类产品的技术密集度高于消费类产品，生产工业产品的企业较之生产消费品的企业，更倾向于采用许可证进入模式。而生产消费品的企业则可以采用商标许可证的进入模式（当然这只能是在其产品已经获得了一定的国际声誉以后）。

（4）对于那些在国外市场上推销时需要考虑适应性的产品，一般选择能使企业与国外目标市场最为接近的进入模式（通过设立分支机构或其他子公司出口，甚至在当地生产）。

2. 资源投入因素

一个企业在管理、资金、技术、工艺和营销等方面的资源越充裕，进入模式上的选择余地就越大。反之，资源有限的企业，只能勉强采用投入较小的进入模式。因此，在这里企业的规模对进入模式的选择往往是一个决定性的因素。

虽然资源是一种很重要的因素，但还不足以能说明与企业进入模式的选择有关系。因为资源必须和把它们投入国外市场的发展愿望联系在一起。高投入能力意味着经营者在选择进入目标国家模式时，与低投入的经营者相比，有更为广泛的考虑余地。因此，高投入能力的企业，不管其规模如何，一般都采用投资进入模式。

另外，一个企业在国际贸易中的实力等级是通过企业在国外市场合作战略中的角色，在国际组织中的地位以及经营者的形象来体现的。对多数企业来讲，在国际市场投入的决心是随着长期国际活动的实践经验而增长的。国际市场上的成功鼓励高投入，反之，初试失败则否定或限制了它的投入。

总之，进入国际市场战略模式的选择，取决于其外部与内部环境因素的影响以及各种矛盾力量相互作用的结果。

四、决定正确的进入模式

进入模式的选择可以按其复杂程度分为三种不同的决策原则：朴素型原则，即对所有的国外市场采用同样的进入模式；实用型原则，即对各个目标市场采用可行的进入模式；战略型原则，即对每个目标市场采用正确的进入模式。

（一）朴素型原则

当国际市场经营者仅考虑以一种途径进入国外市场时，多是遵循这种原则。如只出口或只进行许可证贸易等。在通常情况下，这种原则是隐含在经营者的行为之中而不会成为一种明确的政策表述的。经营者往往忽略了地区市场和进入条件的多样性，而采用一种缺乏灵活性的经营原则，这种做法或迟或早地将会陷入两种困境：一是他们因为无法以其仅有的模式进行渗透而放弃一个有希望的国外市场；二是他们将以不适当的模式进入市场。一旦经营者感到这种对目标市场国家的唯一的进入模式无利可图时，他们就会停止进入这个市场的任何努力。其结果导致他们不是根据其销售潜力而是根据对企业进入模式的适用性来选择国外市场。显然，这种僵化的朴素型原则不利于企业全力以赴地开拓其国际市场。

（二）实用型原则

大多数企业都是以此原则进入国际市场的。我们在研究中已发现，企业首次开始国际贸易总是采用低风险的进入模式，也就是以某种形式的出口，试探性地取得经验，并在不断实践中通过评估在国际市场上的出口前景来展开对进入模式的研究。当然，在出口进入不如意或不可能盈利时，他们会继续寻求新的可行的进入模式的。

这种实用型的进入模式最大的优点是可以将企业或经营者进入目标市场的错误模式的风险降到最低点，因为经营者可随时淘汰不可行的进入模式。同时，这种原则还可以节约搜集可供选择进入模式资料的成本以及评估这些模式的时间。因为，一旦发现了可行的模式，他们就不会花费时间和精力去研究其他模式了。

但是，实用型原则也有一个致命的弱点，这就是在面对国外目标国家的机遇时，它不能引导经营者确定最适合于企业能力的进入模式。因为可行的进入模式不一定是最佳的进入模式。

（三）战略型原则

这是一种具有战略决策原则的进入模式。它要求对可供选择的模式做系统的比较，显然，这对那些遵循实用型原则的经营者来说是困难的，但它却可以引导经营者做出较好的进入决策。

我们前边介绍了许多影响进入模式决策的外部和内部因素。如环境、市场、目标市场国家的生产因素，以及国内因素，企业的生产和资源投入因素等。正如我们前边介绍的，由于受到各种因素的影响，企业对于目标市场国家进入模式的选择是多种多样的。出口、合同和投资模式的各种变化，以及由这些模式混合构成的各种组合，使得经营者们对可供选择的进入模式的分析与比较是有一定难度的。如，企业经营者按照企业在目标市场的综合目标对每种模式的优缺点进行评估。而这些目标又很少能完全一致起来。在某种进入模式中有些指标高了（如销售额的增长率），可能另一些指标就低了（如盈利能力）。无论如何，经营者必须在这些不同的指标中进行权衡。

这里需要特别指出的困难是，对各种进入模式的比较分析是有一定难度的。因为它需要在项目整个未来时期内的效益和成本之间进行。但是经营者进行比较的是可供选择的进入模式的预期效益和成本。这种效益和成本在某种程度上是不确定的。并且，不同的进入模式受到不同市场和政治风险的限制，而会给预期的效益和成本带来影响。

我们在这里给大家介绍的战略决策方法是：（1）企业资源的可利用性；（2）风险；（3）在非利润目标等条件限制的前提下，选择那些在整个战略计划期内利润收益最大的进入模式。也就是说，经营者要从审查所有可行的进入模式开始，对利润收益、风险和非利润目标三方面进行分析，然后将这些分析结果进行综合考虑得出全面的对比分析评定，继尔排出可采用进入模式的先后顺序。至于详细的评估项目，我们在这里给大家介绍美国经济学家富兰克林、阿·茹特编制的进入模式对照分析矩阵图如图4-2所示。

国际市场营销企业经营者应该按照矩阵图顶部所列的标准评估项目认真评估每种进入模式。然后按照每一竖列的各项标准对可供选择的进入模式进行比较。为了决定正确的进入模式，经营者应该同时决定有关的重要指标，并在标准间进行均衡。

经营者们可能认为战略决策原则太麻烦或者执行起来太费时间。但是，不可否认的事实是，这种方法对于运用现代科学管理决策手段的企业家来讲，无疑是会寻求到对国外市场最佳的进入模式。即使粗略地使用进入战略矩形图也能有助于做出较好的进入决策。

模式\标准	投资	销售额	成本	利润收益	市场份额	可撤销性	控制	风险	其他
非直接出口									
代理商/经销商出口									
附属机构/子公司出口									
许可证贸易									
特许权贸易									
其他合同安排									
投资：新建									
投资：兼并									
合资企业									
混合型									

图 4-2 进入模式对照分析矩阵图

第三节 企业进入国际市场战略目标的确定

企业进入国际市场战略决策正确与否，将直接影响外销成绩的好坏。就像打仗一样，一个战役选错了攻击方向，做战再勇敢也难免失败。外销企业进入国际市场面对的是竞争激烈，购买者需求多样化的国际市场。全面出击既无必要，又无可能，对中小企业更是如此。必须从广阔的国际市场上选择有利可图的海外目标市场。为此，外销企业必须对海外市场有深刻的了解，并且对自己企业的能力有正确的评价，这样他便可以初步选出几个可能的海外目标市场，然后对每个可能的海外目标市场进行深入的调查研究，掌握全面系统的资料，最后做出正确的选择，确定出首攻目标市场，制定出整体战略规划。

一、海外目标市场的初选

海外目标市场初选的目的在于缩小选择范围，减少进行调查研究时人力和财力的消耗，以便迅速地找到适当的目标市场。

初选时可采用排除法，一步步缩小选择的范围。先从最明显的因素开始，考虑一个因素，排除一批，然后再考虑下一个因素，再除掉一批。如此反复，直至剩下几个对象作为初选的目标市场。

但是，初步筛选要力图避免两个错误：一是容易忽视了为企业主要产品提供良好发展前景的国家，以防漏掉巨大的市场机会。二是在前景不好的国家花费太多的调研时间。因此，我们强调初选工作必须要应用于所有国家。同时，初选的速度必须要快而且经济，尽可能运用大量可从公开发行资料中获得的数据。

一般首次进入国际市场企业的初步筛选工作，经营者大多是寻找出口目标市场。在多数情况下，企业仅仅是在向那些国家出口之后，才会选择投资进入模式。而投资的筛选，需要对许多非市场因素进行评估。这样做的结果，往往容易否决了可用于非出口模式进入前景很好的市场。所以，初步筛选应该在不考虑进入模式的前提下确认预期的目标国家。对所有国家进行初选应考虑的因素有：

（一）消费者或用户形象

在初步筛选之前，经营者应该首先建立起主要候选产品的消费者或用户形象——作为单个的或集团性的现存的或潜在的消费者所具备的特征。它可以具体回答：谁买这种产品？谁使用这种产品？怎样使用这种产品？在哪可以买到这种产品？怎样买到这种产品？为什么买这种产品？什么时候买这种产品？回答问题意味着经营者开始选择候选产品。在勾画消费者或用户形象时，刚刚步入国际市场的企业经营者主要是依靠自己在国内市场的经验。对于消费产品，这个形象应能说明一个或更多市场部分中典型消费者的特征。如收入水平、社会地位、生活方式、年龄、性别等。对工业类产品，应能描述它的规模、投入产出关系、生产组织机构和使用或可能使用的候选产品的典型工业用户或政府机构的其他特征。

这种消费者或用户形象的确定，能指导经营者必须学会使用各国的统计资料。对于一个外销企业，进行初选外销市场，离不开检索有关产品的各国进口贸易统计资料。世界各国和重要的国际经济组织都定期公布国际贸易统计资料，从事海外销售的企业必须学会利用这些有用的资料。

对于选择出口市场，各个国家进口贸易方面的材料特点很重要。例如，一家出口鞋子的企业，通过查阅各种贸易统计资料，可以发现哪几个国家每年进口鞋类商品较多。还可以从最近数年的历史统计中发现这些国家进口量增减的变动趋势，从而掌握主要鞋类出口市场的动态，哪些国家的市场在扩大，哪些国家市场在下降，哪些国家市场相对稳定，而哪些国家市场波动较大。对于以上几种情况，还应进一步分析其具体原因，如进口量下降，应分析究竟是因为政府进行限制，还是由于该国国内生产迅速发展，或是由于经济危机，人民购买力下降等。在分析的基础上做出判断，进口量下降是暂时的现象，还是长期因素作用的结果。这家出口鞋类的企业对于那些每年大量进口鞋子的国家市场应该优先考虑。其他市场也不应忽视。特别是那些目前进口量虽然不大，但在迅速扩大的市场更应该给予高度重视。即使那些销量不大或销量下降的国家市场，如能找到销量小或销量下降的原因，并能找到克服的办法，那么这家企业在这些市场上往往可能取得极大成功。另外，通过查阅贸易统计资料，外销企业还可以发现各个国家进口纺织品商品的主要来源，从而可以了解在初选的目标市场上竞争对手主要是哪些国家的企业。

有时，一些国家进口贸易统计中未单独列出某种产品的进口资料，这时可以用该种商品所属的类别商品的资料作为参考。例如，一家生产螺栓的企业查不到某一国家进口该种产品的资料，则可以利用统计中所列的标准件进口的资料，因螺栓属于标准件，而且一般说标准件总销量与螺栓销量之间的关系较为确定，所以可以用标准件进口的资料作为初步选择的依据。如果统计资料中连该产品所属的类别商品的资料也未列入，或者该产品的销量与所属类别产品的销量之间并无确定的关系，则必须求之于其他信息来源（如外贸部门的业务人员往往可以提供有用的情报，各种咨询机构也可提供必要的服务。中国香港就有专门的机构提供这方面的服务。譬如，你是一家轴承厂的销售经理，想了解自己工厂生产的几种型号轴承的外销市场情况，那么你就可以去求助有关咨询公司，他们的计算机中存有详细的资料，首先会告诉你哪些国家进口你想销售的那些型号的轴承，各自进口量多大。你如果对其中某个国家的详细情况感兴趣，你将会拿到一张自动打字机打成的表格，表格上列出了这个国家所有进口同类型号轴承厂家的情况，包括厂家地址和进口业务负责人姓名等有用的资料。

（二）市场规模的直接评估

初步筛选要求对候选产品在许多国家的市场潜力进行"快速确定"。对市场潜力的评估只要求足以确认目标市场的前景即可。其评估的公式可用：

$$Si = f(x_1, x_2, L, x_n)$$

其中 Si 是主要产品 i 在给定国家的计划期内的潜在销售额，x_1 至 x_n 是经济社会因素，它们集合起来决定 Si，Si 的评估可以直接通过研究某项实际销售资料分析（时间连续的分析）或通过某明显的销售量和产品进口来进行，也可以用研究一个或更多的 x 因素间接进行。

对于大多数主要产品，很难从公开发行的资料中获得跨国销售额的统计数据。而且，经营者在进行实际筛选时，也不容易获得所需要的统计资料来计算出候选产品在许多国家的明显消费量，而通常的办法是用当地的生产量加上进口减去出口。即便是在少数可供使用的实例中，实际的销售额和计算出来的消费量也都不足以准确地反映市场的潜力。因为产品在不同的国家常常处于生命周期的不同阶段，在有些国家有的产品可能根本不会出现。因此，在运用销售额和消费量的同时，经营者还必须对未来这些数据的变化进行预测，分析某项销售额和消费量的发展趋势，并寻查它们同各项社会和经济指标之间的相互制约关系。

另一个可以用做直接评估市场规模的指标是进出口数据资料。一般说来，各国进口主要产品的统计资料相对来讲是比较容易获得的。如果经营者要建立出口或进口基地，那它必须确认关键的进口市场和主要的竞争对手，但是，这些资料的运用，往往又会受到限制，因为有些国际贸易统计资料，如比较权威的联合国出版的"商品贸易统计"，由于产品范围过于粗略，所以许多候选产品都没有统计上。当然，为了获得有关的统计资料，国际经营者会从各有关国家政府统计部门提供的资料进行分析，如，从美国政府统计部门提供的资料可以了解美国出口3500多种产品的国家的特征。从而可以从中分析出在美国的出口产品中居首要地位的地区市场。但是，这种分析一定要考虑到这些地区市场从美国以外的其他出口者获得这一产品的其他因素。

总之，运用国际贸易统计资料可以说是评估市场潜力的最好的但不全面的方法。因为它往往要受历史偏见、贸易壁垒的影响，以及过于粗略的产品分类的局限。有时少量的进口并不意味着市场潜力小，国家一定时期的经济发展政策，进口替代的实施都可能是造成这一情况的主要原因。因此，在初步筛选阶段，贸易统计分析与经济社会指标相结合运用将是更为有用的。

（三）市场规模的间接评估

由于用于直接评估市场规模的跨地区的产品销售资料总的来讲比较少，所以，国际经营者应该主要依靠大量的社会与经济统计数据作为反映市场潜力的指标。

在进行初步筛选时，所有国家的这些指标一般都可以在联合国国际货币基金组织、世界银行以及其他国际机构的出版物上找到。但有些经济和社会统计指标，只能从少数联合国统计资料中找到。由于反映市场规模的最常用指标是国民生产总值（GNP）、人均国民生产总值、国内生产总值（GDP）的平均增长率以及进口数额。其他可供参考的统计资料，可以包括以下各项：

1. 国内经济统计数据

国内经济统计数据主要包括：（1）国民收入、国内生产总值、净物质产品产值；（2）国内生产总值的消费、净物质产品产值的使用；（3）国民收入和可支配的国民收入；（4）各种经济领域的国内生产总值和净物质产品产值；（5）不变价格的国内生产总值和净物质产品产值。

2. 人口与劳动力资料

人口与劳动力资料包括：（1）人口及性别、增长率、分布、密度；（2）就业人数、产业工人的工作时间；（3）失业人数；（4）科技力量及科研开发经费。

3. 产业部门统计资料

产业部门统计资料包括：（1）农业、林业、渔业、采矿业；（2）工业生产指数；（3）制造业（食品、纺织、造纸、橡胶制品、化工、建筑材料、冶金、运输设备等）；（4）建筑业；（5）能源二业。

4. 对外贸易统计资料

对外贸易统计资料包括：（1）最终使用品进口数额；（2）工业原料的出口额；（3）进出口的来源及目的地；（4）商品的进出口额。

5. 其他统计数据

其他统计数据包括：（1）交通运输（铁路、公路、民航交通、国际海运船舶吨数、国际旅游人数）；（2）工资与物价水平（产业工人的收入、总销售物价指数、消费品及物价指数）；（3）有关消耗（总的和人均消耗钢、化肥、新闻纸及其他商品的数值）；（4）财政收入（支付平衡状况、汇率、货币供应、国际储备）。

6. 社会统计资料

社会统计资料包括：（1）卫生（医院的数量及个人保健状况）；（2）教育（在册的教师和学校数量，居民受教育程度、公共教育经费支出等）；（3）文化（按不同类别及语言出版图书的数量、广播电视的收看数量、总值及人均值）。

以上各种数据参考资料的选择与应用，应与国际经营者所选择候选产品的消费者或用户形象相吻合。例如，产品是家用设备，选取耐用消费品的个人消费量就比选择国内生产总值更有参考价值。如果是机器设备、有关工业品的产值以制造业在国内生产总值中的比重更有说服力。一般说来，作为初步筛选，几个指标综合比单个指标好。如，各国在国际贸易中的市场规模可以采用总人口、城市人口、个人消费量、能源及钢材的消耗量、水泥生产量以及电话、汽车和电视机的拥有量等统计数据计算出来的指数进行综合评估，更能说明问题。

海外目标市场初选的结果可能有三种：第一种情况，按企业目前的情形而言，没有合适的海外市场，这时还应进一步查清原因，找出问题的关键，然后对症下药，待条件改善了再考虑如何进口出口。第二种情况，仅有一个国家是潜在的出口市场，此时需进一步进行详细分析，以便下决定。第三种情况，有多个国家的市场具有出口可能性，这就更需要进一步调查研究，进行比较，以便做出更适合的判断。

以上三种情况，前两种情况比较简单，研究重点应放在第三种情况。因为是初步的选择,所以范围应尽可能广泛一些,只有当某个国家或地区的市场确实有充分的理由不具备对其出口的可能性时才应放弃,以避免错过大好的市场机会,而被其他有眼光的竞争者夺去。对初选的目标市场,还应该进行更深入的调查研究,以明确每个可能的目标市场的容量和自己企业在这个市场上的销售前景,以便做出正确的决策。

二、海外市场机会调查

海外市场机会调查是广义的市场调查的一部分。一般说,市场调查是指对商品以生产者到达消费者的过程中所发生的有关市场问题的资料做系统的收集、记录和分析,以了解商品的现实市场和潜在市场,并得出相应的结论。市场调研现在已成为一门独立的应用学科,20世纪60年代以来,在理论和方法上都有了很大的发展,特别是电子计算机的广泛应用,产生了一大批从事市场调研的专业机构,其调查的效率和精确度都很高。

经过初步筛选之后,下一步是要在较少的预期目标国家中,更精确地评估出每个可能的目标市场的销售前景。为此,应了解该目标市场的容量和潜在的容量,并了解该市场上竞争对手的情况以及有无替代品以及替代品的供应情况等问题。从而使国际营销企业能够在掌握大量可靠资料的情况下,做出正确的决策,确定适合的海外目标市场。

(一)市场容量与潜在容量调查

市场容量与潜在容量调查的目的,在于了解如何在国际市场上发现市场机会,研究市场需求与潜在的需求,分析商品交易趋势以及如何选择商品流通渠道,如何改进包装及商标设计,如何确定合适的价格等。对于特定的国际营销企业来说,在进行了各个国别市场初选以后,对可能的目标市场进行更深一步的研究,重点在于分析可能的目标市场上消费者的情况,目前该市场对有关产品的需求和今后潜在的需求有多大,该市场上的竞争情况如何等。

对国际营销企业来讲,海外市场的消费者是企业活动的主宰,对购买者的研究是海外市场机会调查的重要内容,也是评估市场前景的出发点之一。这方面研究包括的内容相当广泛,例如,购买者的数量和地区分布,购买者对产品的购买数量和频次,购买者的购买动机和购买习惯,购买者对市场上各种同类产品的偏好,购买者的收入情况,还有没有可能的购买者等。

海外市场机会调查的重点在于分析其现实的市场容量和潜在的市场容量,以判断其值不值或值得以多大力量去开拓这个特定的市场。市场容量是指该项产品在该国市场一年的销售量。因为即使是一项产品也有不同的规格与品种,所以市场容量往往是用价值量来表示的。例如,一年当中某种商品的销售额为多少。潜在的市场容量包括两层含意,一是由于人们对该产品的认识还不够广泛,很多有购买意愿的人还没有买,或者由于广告宣传不力,或者因为销售渠道配置不合理,使一些想买的人没有买到。二是随着产品质量的提高,或者随着人口的增加,或者随着人们收入水平的提高,或者随着人们消费习惯的改变,该产品的销售额将会达到一定的规模。

有一个例子可以说明现实市场容量与潜在市场容量的区别,一家日本制帽公司和英国一家同类公司同时向太平洋中一新独立的热带岛国各派去一名业务调查员,以寻求向该岛国扩展业务的机会。英国公司的业务员在岛上看一下,十分失望,第二天就给公司发回一封电报,内容很简单:"该岛天气炎热,没有见到一个本地人带帽子,乘下次航班回伦敦。"而那位日本同行却没有匆忙离去,而是对该岛的社会经济情况进行了深入的调查,然后向公司做了一份详细的调查报告,其中要点有该岛国独立后,政府致力于发展旅游事业,目前已修好了国际机场,来自世界各地的游客逐渐增多,该国政府正在扩建旅馆和海滨浴场,今后几年旅游业会有很大发展,游客们对遮阳帽的需求为数不小,由于旅游业的推动,该岛经济会在若干年内有较快发展,居民收入会提高。这位日本业务调查员通过调查还了解到,以前居民不戴帽子,一是因为不习惯,二是因为经济落后,与外界联系又少,不能生产适合当地气候的帽子。三是因为人们生活水平较低,需要遮阳时,采片棕榈叶顶在头上即可。因此,经过调查分析后,他认为该岛国可以成为出口遮阳帽的重要市场,应组织设计人员设计适合当地气候条件的遮阳帽,给日本的这家制帽公司找到了一个新的出口市场。

市场容量的调查中,现实的资料可以从有关国家的商业统计资料中查找,如果查不到,则可根据该项产品产量、进出口量和库存量进行计算,公式如下:

$$S = P + (M - X) - (I_{年末} - I_{年初})$$

式中:

S——该国该项产品的年销售量;

P——产量;

M——进口量;

X——出口量;

$I_{年末}$——年末的库存量;

$I_{年初}$——年初的库存量。

如果库存的数字找不到,可以略去不计,公式简化为:$S = P + (M - X)$,根据市场过去的销售量和现在的销售量,可以推算今后的变动趋势。

估算潜在的市场容量,需要考虑的因素很多,如人口的增加、居民收入的提高和人们消费习惯的变化等。估算的方法也有多种,常用的方法有:

(1) 判断法。主要依靠熟悉供求情况的专家的经验和综合分析能力,对该商品在市场上的销售趋向做出判断。

(2) 历史引伸法。主要是将过去的历史资料,按时间顺序加以排列,构成一个数字序列,根据数字的变动趋向,预测未来的发展。

(3) 相关分析法。主要根据影响销售量变动的各种因素与销售量之间的关系,找出各影响因素的作用方向和大小,从而对未来做出估计。

(4) 投入产出法。主要运用各工业部门之间的销售购买关系和最终产品的变动趋势,用投入产出表来进行经济预测。在具体运用时,由于以上各类方法各有优缺点,所以,可以同时采用数种方法,互相校正,出入较大时,往往用判断法予以校正,这就需要有相当的经验与判断艺术。

(二) 市场竞争情况调查

经过调查,了解到某海外市场的容量很大,并估算出潜在容量可观,是不是就可以下结论,把它选作重点开拓的目标市场呢?还不一定,因为尽管市场大,还需要看自己能够占其中多大比重,也就是市场占有率有多大。

一个企业的占有率是指企业的销售额占该市场销售总额的比重。假如,某年美国汽车市场的年销售量为 1000 万辆,从日本进口的汽车销售了 200 万辆,那日本汽车在美国市场上的占有率就是 20%;如果丰田汽车在美国市场上的销售量是 75 万辆,那它的市场占有率就是 7.5%。

市场占有率反映了竞争的情况,一个外销企业在海外市场上的竞争对手很多,一般讲有三类:第一类是当地的厂商;第二类是其他国家的出口厂商;第三类是与自己同国籍的企业。这些竞争对手在市场上你争我夺,其结果主要表现为市场占有率大小不等。

决定一个企业在市场上占有率大小的因素很多,有主有次,并且各个因素的重要程度、主次顺序不是一成不变的,随着不同国家、不同产品、不同企业自身情况不同而有很大差别。拿市场来说,在一些市场上,产品式样是关键因素;在另外的市场上价格十分重要;而在另一些市场上广告的作用格外突出。外销企业在分析在某一海外市场的销售前景时,必须对这些因素进行充分的研究,找出最重要的问题加以解决。其具体做法是:

(1) 应分析打算出口的对象国有关进口的法令规章。例如,关税高低、消费税水平以及其他可能影响行销成本和销售价格的各种规定,如专利权、商标登记办法、反倾销法、反垄断法、价格限制等。

(2) 要拿自己企业的产品与该国市场上现在销售的各个厂商生产的所有同

类产品进行一系列全面的比较。比较时要注意价格、质量、式样、包装等各方面的差别。比较不仅限于产品本身，而且还要比较产品的售前和售后服务，这对于机械设备和耐用消费品的销售影响极大。

（3）分析该市场的竞争结构。要了解各主要竞争对手的占有率以及几家主要竞争者之间有没有勾结等。一般说来，进入一个海外市场的难易程度，主要取决于竞争情况。在有些市场上，几股大的竞争力量相互勾结，划分势力范围，共同抵制外来者，使其无法进入；有的市场上，少数几家大企业占支配地位，其他一些规模较小企业追随大企业之后；而在另一些市场上没有大的垄断寡头，进入这样的市场就容易些。

分析市场结构时，应着重分析在该市场上占有率最高的那个对手的情况，这不仅是因为他是最主要的竞争对象，而且因为通过分析其在该市场成功的原因，可以了解他的经营策略和竞争手段，以利于与之较量，并且能够对该市场有更深刻的认识。

（4）应分析该市场的销售渠道。在该市场上最有效的销售渠道是哪些？这些渠道是否已被强有力的竞争对手所垄断？如果发现所有理想的销售渠道都已与竞争对手订有专销合同之类的契约的话，就只好退而求其次。当然也可以下决心，投入大量的人力物力，设置一套新的销售机构，与之竞争。当然，这必须是在企业具有一定规模与实力情况之下，否则代价很大。

在详细分析了上述影响市场竞争的主要因素以后，外销企业就可以对所在的特定海外市场上的占有率做出有根据的判断。

三、目标市场选择决策

国际营销企业在对若干个初选的目标市场进行深入调查，了解各个市场竞争的市场容量和潜在的容量，以及各个市场的竞争情况，结合企业自身能力，初步核算开辟这个市场的成本和收益以后，就可以根据已掌握的大量资料做出目标市场定位的选择决策。

决策的正确性与否，有赖于资料的准确程度和企业决策人的能力。一般情况下，上面几个环节完成，目标市场选择也就大体明确了。将几个特定市场的情况相比较，每个市场在哪些方面有利，在哪些方面不利，就十分清楚了。企业决策者，根据本企业的实际能力，可以决定开拓海外市场的大体规划，这些规划包括如何开发国际市场？即以什么形式开发国际市场？是一批开发还是分批开发？首攻目标如何确定？即如何确定目标市场的顺序排列？这些问题都是企业进行决策应考虑的问题。

在国际市场上，大多数企业通常是先进入最有吸引力的目标市场，再酌情有计划、有组织地扩大目标市场范围。一般要供选择的"目标市场范围战略"有以下五种：

（1）产品或市场集中化。即企业决定只生产某一种商品，供应某一国别目标市场内的某一类消费者群体。这是较小规模企业常用的战略。

（2）产品专业化。即企业决定只生产某一种类型的产品，并向各种不同的消费者供应同种类型的产品。

（3）市场专业化。即企业生产各种不同类型的产品，向某类消费者供应各种不同类型的产品，满足其各种不同的需要。

（4）选择性专业化。即企业决定同时进入若干不同的目标市场，为不同国家和地区的不同消费者群体提供不同的产品。

（5）整体目标市场范围战略。即企业决定为目标市场的所有消费者生产各种产品。这是大型企业为垄断市场而采取的战略。

国际营销企业进入海外市场，最简单的方式是出口，即企业把自己生产的产品，原样或稍加改变即用于出口，企业内部生产设备和生产组织系统不变或稍加调整。只是销售组织稍加强，必要时可单设外销组织机构。

除此之外，企业也可以用其他方式进占海外市场。如可以在海外直接投资或搞合资经营。海外直接投资我们知道是指企业跨国到海外投资，在当地设厂进行生产，产品就地销售，或者再出口到其他国家、市场。合资经营是指国际营销企业直接到国外去，与当地的投资者合资建立企业，共同经营、共负盈亏，或者是购买当地企业的股票，取得必要的股权，参加共同经营。

另外，还有几种与合资投资近似的方式，如合作生产、合作经营等。应该指出的是，在以上几种进入国际市场方式中，发展商品出口始终是开拓海外市场的基本方式，在对外投资达到相当规模以后，仍是如此。而且有些种类的对外投资恰恰是为了更好地推进商品出口。

本章小结

国际市场营销战略，是企业根据外部世界当前和未来的市场机会和限制条件，考虑如何更有效地利用企业内部现有的以及潜在的优势，去满足目标市场的需求，为完成企业既定的战略目标而做出的总体、长远的行为方案。它通过选择模式、确定目标、制定与实施相应的计划与策略等来指导企业在一定时间内的国际营销活动。而全球营销战略，是指企业在跨国经营活动中，放眼全球，面对世界各国或地区的环境因素和市场竞争态势，对企业所拥有的有限资源在全球范围内进行最优配置,以获得最佳的整体利益和实现目标的战略。具备以下条件的企业才应该实施全球战略:企业在国外的经营业绩已达相当高的水平;拥有技术垄断优势;拥有管理优势。

进入国际市场的战略要素一般包括:选择目标产品和市场;确定对象和目标;选择进占国际市场的模式(出口、签订合同或投资);制定开拓国际市场的计划(价格、销售等);建立对国际市场进行监督与调控的体系。其中,企业进入国际市场的模式主要有出口进入模式、合同进入模式和投资进入模式,具体采用哪种模式进入与目标市场国家的市场因素、生产因素和环境因素等外部因素相关,同时也与企业产品因素和资源投入因素等内部因素相关。进入模式的选择可以按其复杂程度分为三种不同的决策原则:朴素型原则,即对所有的国外市场采用同样的进入模式;实用型原则,即对各个目标市场采用可行的进入模式;战略型原则,即对每个目标市场采用正确的进入模式。

外销企业必须对海外市场有深刻的了解,并且对自己企业的能力有正确的评价,这样他便可以初步选出几个可能的海外目标市场,然后对每个可能的海外目标市场进行深入的调查研究,掌握全面系统的资料,最后做出正确的选择,确定出首攻目标市场,制定出整体战略规划。其中,初步筛选应该在不考虑进入模式的前提下确认预期的目标国家,而对所有国家进行初选应考虑的因素有:消费者或用户形象;市场规模的直接评估;市场规模的间接评估。经过初步筛选之后,下一步是要在较少的预期目标国家中,更精确地评估出每个可能的目标市场的销售前景。为此,应了解该目标市场的容量和潜在的容量,并了解该市场上竞争对手的情况以及有无替代品以及替代品的供应情况等问题。最后,企业就可以根据已掌握的大量资料做出目标市场定位的选择决策。

重要概念

战略　全球营销战略　国际营销战略要素　进入模式战略　目标市场选择战略

思考习题

1. 简述国际营销战略的内涵。
2. 简述全球营销战略的必要性和条件。
3. 进入国际市场主要有哪些模式?如何在这些模式中进行选择?

4. 大多数企业是以哪种原则进入国际市场的？为什么？
5. 简述企业选择国际市场战略目标的步骤。

案例分析

海尔的国际营销战略

一、海尔的总体战略

海尔开拓国际市场采取的是三个三分之一的战略：三分之一的产品内销；三分之一的产品国内生产，海外销售；三分之一的产品海外生产，海外销售。海尔进入国际市场没有采取在海外设立派出机构的做法，而是积极建立国际市场网络，利用当地经销商现有的网络。现在，海尔已在102个国家建立了经销网，拥有3万多个营销点。海尔在法国的一个经销商仅服务电话就有4000多部，如果这些工作都由海尔自己来做，成本是非常高的。

海尔在美国实际上是三位一体：营销中心设在纽约，设计中心设在洛杉矶，制造中心设在南卡罗莱那州。这等于是海尔按照美国消费者的要求在洛杉矶进行设计，然后通过纽约直接向全美的销售网络和服务网络进行铺垫和控制，南卡州则随时制造出来产品随时运到全美各地，变成了一个美国本土化的海尔。

二、海尔的进入战略

海尔自称其国际化战略采用的是"先难后易"战略，即先进入国外最讲究、最挑剔的市场，占领制高点，然后居高临下进入其他国家市场。但是从海尔进入美国市场的发展线路看，海尔采取的战略实际上是"先易后难"战略。

海尔1995年开始向美国出口冰箱。起初是以OEM的方式，然后才开始打自己的品牌。而在美国设立"海尔美国贸易有限责任公司"和投资建立"海尔美国生产中心"则是在近5年之后，这时美国已积累了较多的有关美国市场的知识。

海尔在地理位置的发展也是传统的先近后远。1995年7月，海尔在中国香港成立贸易公司；1996年6月，海尔在印尼成立莎保罗有限公司；1997年6月，海尔在菲律宾成立海尔——LKG电器有限公司；同年8月，在马来西亚组建海尔工业（亚细安）有限公司。按海尔总裁张瑞敏的说明，以上的投资都是海尔为进入美国市场练兵。尤其是在菲律宾，它也是说英语的国家，受美国文化影响较深，在菲律宾积累的经验许多可用于美国。

除了进入方式以外，海尔的产品战略和投资方式也是先易后难。从产品种类来看，海尔的策略是首先以一两种产品打入美国市场，站住脚之后再多元化发展。目前在小型冰箱上，海尔基本站住了脚，接下来是扩大战果：销售和生产海尔的其他电器和电子产品。海尔在曼哈顿的总部大楼第四层的近400平方英尺的展厅，已开始展示和推销海尔洗衣机、冷柜、大容量电冰箱、纯平电视和其他海尔产品。海尔在坎姆登的冰箱工厂周围还留有足够的地皮供未来进一步建工厂生产海尔空调、海尔洗衣机、海尔电视机使用。

三、海尔的当地化战略

海尔在美国市场上的竞争目前采用的基本上是当地化战略。它在洛杉矶建立了"海尔设计中心"、在纽约建立了"海尔美国贸易公司"、在南卡罗莱纳建立"海尔生产中心"，在美国形成了设计、生产、销售三位一体的经营格局。这样做的主要目的是为了更好地了解美国市场，更快地针对市场变化做出反应。海尔在美国销售的许多产品都不是海尔原有的产品，而是专门针对美国市场设计和生产的。比如出口到美国的"大统帅"BCD—275海尔冰箱，就是根据海尔海外信息站反馈的信息，针对美国人对冰箱外观、制冷能力、使用习惯等区域化特征而专门设计、开发与制造的。

海尔走出去的目的，同那些跨国公司"走进来"的目的一样，都是为了创世界名牌。不同的是，跨国公司到中国的目的是从全球战略布局的角度，完善其全球品牌体系。海尔到美国设厂是为了开创自己的品牌体系。如果不在海外树立自己的品牌，海尔最终只能停留在替国外品牌做OEM的阶段，替国外品牌打工，只能维持生存。树立国际化品牌到底要什么？要的就是在国际上的影响力。

案例思考题

1. 试总结海尔国际营销战略的主要内容。
2. 试讨论海尔国际营销战略对中国企业确立国际营销战略的借鉴。

第五章 进入国际市场战略的实施

学习目标

任何一个想在某个特定市场参与竞争的企业,都不得不面临一个如何成功打入这一市场的问题。尤其是打入国外市场,需要比开拓新的国内市场进行更多的进占前的准备工作,更需要具有整体战略的部署以及针对主要竞争对手的战略战术安排,同时还要处理好进入国际市场的战略思想、组织结构和决策之间的关系。本章将重点对这些内容进行阐述。通过本章的学习,要求学生掌握企业进入国际市场战略实施的准备工作和市场计划,理解进入国际市场的主要战略战术,了解进入战略的组织设计与管理的内容和程序。

进入国际市场战略的确定与选择,直接影响到企业进入国际市场以后的经营活动以及资源投入,关系到企业长远的、全局性的发展,是企业发展的方向性决策。选择得当,会有助于企业顺利绕过进入国际市场的障碍,更有效的进行国际市场的拓展和渗透;而一旦选择不当,就会造成未来一系列的损失和国际化战略的整体挫败。过去数十年,世界上成功进入国际市场的企业,在每一个被选为目标市场的富有竞争力的进入战略方面,已经显示出非常高的战略和战术实施的技巧。

第一节 进入国际市场前的准备工作

这一节,我们以成功地进入国际市场的日本企业为例,重点介绍三个方面的问题:一是企业进入国际市场战略实施前的准备工作,二是如何识别和把握市场机会,三是如何制定战略性的市场计划。

一、进入市场前的准备工作

在海外市场的开发过程中,成功的国际营销企业并不是简单地向新的海外目标市场出口其现成的产品。相反，它们要花费大量时间和精力去了解它们准备进入的特定目标市场的机会，并通过大量的信息资料来认真分析和研究该目标市场上的需求，以及该市场消费者需求的特点和市场竞争状况。

日本企业进入国际市场前所进行的两项重要的准备工作是市场可行性研究和营销调研。它们向所要进入的目标市场派出调查小组，这个小组在做出情况介绍以前，将用数月时间进行可行性研究。在许多国家都有它们的销售机构及人员。如日本的商社和日本贸易振兴会是向日本各公司提供很多有价值的意见和市场信息的两个主要机构。有些日本公司还派研究生去搜集海外各国的有关资料。这些不同来源的资料都被送至其母公司。在那里，这些信息被用以作为在进入市场前，进行识别和分析市场机会的数据库。

例如，索尼和松下公司入侵美国市场就为我们提供了一个范例。在进入美国以前，索尼公司派出了一个由设计师和工程师组成的专家小组去美国，对如何设计其美国消费者偏好的产品进行调研。松下自20世纪50年代初就在美国安置了专职人员，以便在进入该国市场之前搜集其市场信息。这两家公司以后又雇用了美国的工业专家、顾问和经理人员，帮助它们解决如何进入这一市场的问题。具有讽刺意味的是，日本公司在美国市场上所采取的营销战略并不是由它们自己制定的，而是由为它们工作的美国经理人员制定的。

另外，丰田汽车公司打入美国汽车市场也表现出了日本公司所采取的审慎的做法。丰田公司进入美国市场前就懂得，它所要进入的是美国小型汽车市场，而不是大型汽车市场。而当时美国的小型汽车是由大众汽车公司控制的，丰田公司知道，它的成功必须有赖于向大众汽车公司发起挑战，并进而取代之。尽管日本制造商并不是向最成功的竞争对手进攻，但他们却一直在研究最成功的对手或一般竞争对手，探究他们成功的原因。

在大众汽车公司一例中，丰田公司委托一家美国市场调研机构对大众牌汽车的用户进行调查，了解这些人对大众牌汽车的优缺点的评价，大众牌汽车的用户要求汽车在寒冷的冬季更容易发动、后座要宽舒、内装饰要更吸引人。于是丰田公司的设计人员就坐到了制图板前，设计出一辆汇集大众牌汽车的全部优点而摒除了它的所有不足的丰田牌汽车。为了创名牌，丰田公司以比大众公司更低的价格出售其汽车，并花了更多的钱来进行广告宣传，同时给予其经销商以更丰厚的佣金回扣。不出所料，丰田公司一举中的，并在排挤了大众公司的情况下逐步占领了市场。丰田公司找到了合适的市场（小型汽车市场），确定了关键的然而又是自鸣得意的竞争对手（大众汽车公司），制定了一个卓有成效的报价，并采取了相应的促销手段，从而占领了市场。

相比之下，美国公司却忽略了"行情评估"这门学问。通用食品公司和莱伏龙化妆品公司在试图进入日本市场时，只是一味地向日本出口那些只配美国人口味而未加改变的产品。它们只派出了由一些顾问组成的参观团，并没有进行全面的市场调研。这些人带回的有关日本的市场情况、竞争程度，以及日本消费者需求等的信息即简单又不详细，结果通用食品公司和莱伏龙化妆品公司都没能打进日本市场。

二、识别和把握市场机会

要想了解一些国际型企业为什么会如此成功地进入国际市场，最主要的是要了解其采用的各种销售方法。日本企业成功地打入国际市场，并不是世界各国千方百计想去购买日本的产品。恰恰相反，20世纪五六十年代，日本刚开始搞出口时，贴有日本标签的产品就意味着劣质货。然而，值得其他国家重视的是，日本厂商能够摆脱其战后制造劣质货的坏名声，一举成为国际市场上重要的销售商。如今，它的产品远销世界每一个角落，广受人们的重视。

过去，世界上许多大型的国际公司都是靠抓紧时机，在迅速发展的市场上供应适销对路的产品起步的。他们的营销决策最典型的特征是在没有战略思想和战略规划的条件下做出的。他们的管理决策的英明，也许是幸运。然而，单靠直觉或者幸运，在当今剧烈竞争的环境中已经远远不够，许多大型国际企业日益衰落就是一个最好的证明。

成功的国际型企业打入国际市场，最重要的经验在于它们实施的是正规的长期战略规划和营销战略。他们的营销早在产品尚没生产出来前就开始了，并在销售完成后还在继续进行着。一般分四个步骤：第一步是寻找吸引人的时机，选择市场突破口，目的是为了取得初期稳固的立脚点。第二步是生产合适的产品满足消费者的需要。第三步是转入旨在增加消费者数量和扩大市场份额的市场渗透计划。待最后取得了牢固的市场领导地位之后，他们就进入下一步。第四步是采用各种战略，维护其市场地位，这一有顺序的战略形成过程包括四个组成部成。这里我们给大家介绍一下日本厂商战略性营销过程，如图5-1所示。

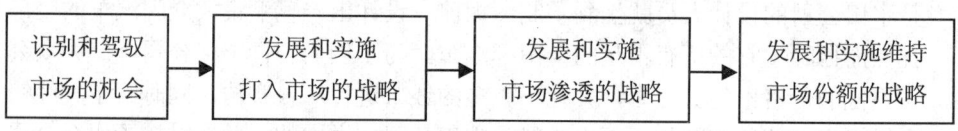

图5-1　日本厂商战略性营销过程示意图

以上这四个组成部分的详细内容，将会在以后介绍，这里我们重点介绍第一步，关于识别与把握市场机会问题。

关于机会的识别与管理，包括两方面的内容：

（1）产业机会的识别与管理。它指选择那些最适合本国资源基础的产业，而且这些产业还必须是能够在世界市场上赢得竞争优势的。这一宏观角度对机会的识别，主要是通过政府当局的行政指导进行的。

（2）市场机会的识别与管理。这是一种微观的机会管理。它是指在国际营销中企业所特别选定的产业部门内，对要打入的特定市场和生产的特定产品做出选择。

这些机会的选择是相互有关联的，选择的时候应该先后有序地进行。但是，识别与管理市场机会的任务并不完全取决于政府，而是在相当程度上依靠企业自身的创造。下面，我们仍以日本企业为例，研究和探讨一下如何识别和管理市场机会的问题，日本企业常用的战略方法有五种。

战略之一：寻找现成的机会

它是指在被选作企业进入目标的市场中，先去寻找那些被其他公司忽视和没有很好顾及的市场领域。并争取以一个稳固的面目出现在这些尚未被顾及的市场领域。这种做法一直是日本企业最初进入海外市场，并在世界范围内进行渗透和参与竞争时采用的重要战略。

例如，日本把打入世界市场的突破口选在美国那些竞争势力历来十分薄弱，或不屑一顾的，或竞争势力根本就不存在的市场，并取得成功，就是一个很好的例子。美国厂商对小汽车和摩托车、廉价轻便的收音机和电视机、或者在功能和价格方面更适合小型企业的复印机没多大兴趣时，日本企业就利用了这个机会。它们选择了被其忽视的市场细分——小型复印机——作为它的目标。当一些强大的竞争对手把注意力都集中在价格更高的大机器上时，日本企业向美国市场推出了一种小而新，用平纹型号的小型复印机，来吸引那些从未想买一台大型复印机的小型企业以及那些对效率低的老式涂层纸复印机不满意的用户。

美国公司当时对日本公司最初进入这些尚未顾及的市场的反应是公开嘲笑，本田公司的第一批小型摩托车被其描绘成"玩具"，索尼公司的第一批小型电视机也被说成是"玩物"。而且认为市场不会大，过不多久就销不出去了，结果，恰恰相反。

对这样一个"现成"的机会，美国人没有做出反应没有生产相似的产品并直接对抗外国的渗透。相反，日本在遭到来自美国的直接竞争之前，用了几年的时间来开发它所选择的市场细分，找到了"机会"并充分加以利用。成功是得之不易的，"耐心、勤劳和坚持是日本厂商的商业标志"，就像我们以后还将要介绍的，日本厂商在寻找渗透市场的机会时并没有偷闲：他们改进产品、扩大产品范围，研究海外市场，他们对即将面临的市场竞争，始终保持清醒的头脑，寻找着一个又一个现成的机会。

　　战略之二：创造机会

　　创造机会是相对现成机会而言的。即通过研究和技术开发而形成的机会。也就是说，国际企业的产品不再是市场上的仿制品，企业更多地扮演了市场领导者和革新者的角色。

　　人为创造的机会免不了要引起一些竞争性的对抗（而现成机会中的关键因素是回避对抗）。因为这些创造的机会通常必须将现成的或潜在的市场地位从其他企业手中夺走。这样，从广义上讲，人为创造的机会就会卷入现有产品市场的竞争之中，或者建立一个预计竞争很快就会出现的新的产品市场。

　　创造机会的实质就是在严酷竞争的条件下，寻找和建立新产品市场的合适位置。新的市场需求要企业去创造和提供。要做到这点，产品就要大大地加以改进和完善，或者两者兼顾，有时甚至可以推出市场上初次出现的新产品。

　　人为创造机会的一个典型例子就是手表工业。日本的手表在世界市场上取得了领导地位，是因为它的先进的石英技术在手表市场创造了新的机会。日本手表制造商的大突破是在 20 世纪 70 年代初，当时日本的石英摆动钟表是以小型电池为动力的，它提高了制表技术的精确性，并以使用寿命更长，更精确的电子手表取代了传统的机械手表，由于这一新技术出现，以及瑞士手表制造商对这一新技术的反应迟缓，日本厂商才创造了自己的机会，并且一下子步入了世界手表市场顶端。

　　再如，处于日本先导地位之一的西铁城钟表制造厂，先是靠提供高精度的石英水晶手表取得了其在市场的位置；然后向世界推出第一批太阳能电池模拟表；以后它又生产出世界上最精确的高频石英表"西铁城石英 Mega"，它的误差率为每年三秒，是一种带有数字和模拟时间显示的超薄型多功能石英表。这种产品的创新，帮助西铁城在美国市场上确立了巨大的市场份额。

　　20 世纪 70 年代和 80 年代，我们可以看出日本的这种转变：从利用现成的机会转到开辟创造新的市场机会。是他们第一个大规模地推出了固态电视机、石英表和平纹纸复印机。计算机、半导体和制药工业是他们在 80 年代开始创造机会的工业。在短短几年的时间里，他们已经居于半导体工业的主导地位。尔后，一个类似的命运也出现在计算机工业市场。

　　战略之三：通过营销创造机会

　　通过营销创造机会，或者称为创造营销。即是指在产品的性能、质量以及销售形式基本上差不多的情况下，产品在人们心目中的形象便是唯一能够标新立异的根源。也就是，利用产品和市场的开拓创造机会。

　　日本的索尼公司为树立其产品的形象，在公共关系和产品促销上比其他竞争对手投入更多的精力和资金,因为他们认为:技术上的突破并不是在竞争性的产品开发中能够取得成功的唯一关键因素,真正需要的是产品和市场的开拓。索尼公司"步行者"(我们称随身听)音响设备的成功就是一个极好的例子。"步行者"音响系统并非一项技术上的突破,而是一件上乘的创造性产品。索尼公司了解到,很多人无论走到哪,都想有优美的立体声音乐相伴随,而不仅仅在家里。但把一台收音机或录音机,带在身边未免过于累赘,于是,它们恰到好处地推出了"步行者"音响设备,第一批"步行者"就在美国售出400多万套。

索尼公司的营销创造力还可以从家用电视机市场看到,在美国电视机制造商正专心于生产大荧屏电视机时,索尼公司为了使那些喜欢看电视的人无论走到哪都能收看到,决定生产一种五英寸的电视机,于是便携式电视机出现了,并且在市场上取得了巨大的成功。

如果我们把索尼公司的产品与松下这样的其他日本公司相比,我们也许会感到奇怪,为什么索尼公司的产品在美国市场的价格可以抬得比其他公司高,并且始终保持着这种势头。即使这些产品的价格在日本也是一样,质量相差无几,价格略高于其他竞争对手的5%~10%左右。秘密就在于索尼公司的创造性营销——不断改进和创新产品形象。

战略之四:适应和改变消费者的偏好

这项战略的核心实际上是"从利润的角度来预测和满足消费者的需求"。创造和管理机会的关键因素在于了解消费者需要什么(或能需要什么)和愿意为什么样的东西花钱,然后,企业千方百计地提高适应消费者偏好的能力。

在彩色电视机问题上,这一点就表现得很清楚。1975年前后,美国市场的需求开始转向高质量的便携式和台式电视机,而美国的公司仍集中精力生产座架式电视机并没有注意产品的质量,而把希望寄托于大量的广告宣传,因为他们认为只有响亮的商标牌子才能抓住美国消费者的心。

恰恰相反,索尼和松下公司把这一需求转变看作成一种机会,它们飞速地发展便携式彩电以适应这一需求的出现,并且注意产品的质量。结果美国公司的彩电市场很快就被日本夺走了。

我们前边介绍的,在现成的机会和创造的机会里,都显示出了日本厂商改变消费者偏好的能力。如本田公司花巨大的精力使更多的美国人考虑购买和驾驶摩托车,它让消费者觉得骑摩托是一种乐趣。丰田公司也花费巨大的精力吹嘘,节省燃料,高质量的小型汽车对美国人很适用。

日本厂商在开拓市场的过程中,从来不让自己被暴露出来的偏好所诱惑。这里所说的"暴露出来的偏好"就是消费者的偏好,在他们所花的钱上暴露出来。日本厂商总要表现出来对那种超越流行的偏爱。因为他们认识到，机会存在于人们尚未具有的偏好中——现成的或创造的机会之中，日本厂商是市场细分高明的开拓者，也就是说，对可能买不同产品，或者买同样的或者是类似的产品的大批消费者，能加以识别。

战略之五：为创造机会向竞争对手学习

日本厂商并没有把识别机会只局限于更好地了解消费者，他们始终在集中精力了解自己的竞争对手：了解它们怎样指挥企业？出售什么产品？运用何项战略？怎样制造产品等，它们还研究竞争对手的弱点和局限性，以识别可能突破的目标。

例如，在家用器具业中，一家日本公司得知其对手成功地生产了一种自动洗碟机后，就将对手的洗碟机搬进了自己的实验室。他们从这一样品的性能，零件的数量和种类，以及价值结构等方面来进行评价。为了了解设计方面的改进和研究对手的技术能力，他们把机器一一拆开，重新组装。同时，他们还仔细研究竞争对手的工厂，生产设备和销售系统。很快，日本公司就设计并生产出一种超过其竞争对手的洗碟机，而且也开发出一个更为有效的销售系统。

以上介绍的是日本企业识别和管理机会的五种战略方法。日本企业在开拓海外市场的过程中，就是这样随时随地地利用各种机会，开发自己的新产品，建立自己的分配与销售系统，随时与自己的竞争对手展开竞争。

三、制定战略性市场计划

在确定和研究了有机可乘的市场领域之后，企业开始着手制定一项战略性市场进入计划，这项计划一般综合了一切营销要素：产品、价格、分销和促销。现代销售学中将这些因素概念化为销售因素组合，它是指企业可以控制的各种市场手段的综合运用。因为这些因素英文字头都是 P，如产品（Product）、价格（Price）、分销地点（Place）、促销（Promotion）所以常把销售因素组合称为 4P'S 组合。

4P'S 组合是企业可以控制的销售因素（其他经济、社会、政治、人口、文化等方面的市场环境因素，企业一般是无法控制的）。国际营销企业在分析了海外市场情况和选定了自己的目标市场以后，就要根据企业自身的情况，制定出适当的销售战略和计划。

战略性市场进入计划的实施包含四个内容：一是针对消费者的需求与潜在需求，选择自己的产品结构和服务方向，向市场推出适销的产品（产品战略）；二是企业可以根据产品的特点和市场竞争状况，决定产品的销售价格（价格战略）；三是企业可以自己决定分销地点，选择自己认为最合理的销售渠道（销售战略）；四是企业可以根据开拓市场和扩大销售的需要，选择各种广告宣传、人员推销等促销手段（促销战略）。在具体实施过程中，以上四个销售因素都是可变的，企业可以控制，但这四个因素之间要求互相配合协调一致，下面我们仍以日本企业为例，研究一下它们的战略性市场进入计划以及近年来日本厂商进入新市场的一些常用战略。

（一）产品战略

国际型营销企业进入海外市场时的主要目标，是为了在每个市场上都获得大量的市场份额。但是，进入国际市场就必然要面临着许多强大的竞争对手。日本企业在开始进入海外市场时，无论在产品的技术上还是在产品的全球销售网方面，都无法与其欧美的主要竞争对手相抗争。为了打开海外市场，它们将重点放在设计、生产和出口三大类产品上。一类是成本更低的产品；一类是具有创新特色的产品；另一类是高质量的产品。这些重点在近些年日本厂商的进入市场战略中同样可以见到。

1. 成本更低的产品

正当欧美竞争者致力于生产价格昂贵、利润丰厚的高级产品时，日本厂商宁愿生产那些小型、简单、更为标准化、价格低廉、利润甚微的产品，他们的战略目标是扩大生产，并在产品生命周期的前期降低产品成本。

例如在摩托车行业丰田与雅马哈就是以其更小型，更易驾驶的摩托车打入外国市场的；在复印机行业中理光、佳能、夏普生产的复印机比美国施乐生产的要小得多；在家用电器行业中，索尼、松下以其更小型、更为标准化的收音机和电视机打入了外国市场，这个产品战略在其他行业，如在汽车行业、家用电器行业，同样可以见到，近年来，在电子计算机和电子医疗设备等知识密集型工业产品市场也显而易见。

2. 具有创新特色的产品

虽然大多数公司在进入外国市场时都采用了低成本产品战略。但也有些例外，有些公司便是以提供比其他竞争对手更富有特色的功能更齐全的产品打入外国市场的。这种产品战略常用于生命周期较短的技术型产品之中，因为这一领域，新产品的开发往往是取得成功的关键。

例如，在便携式计算器市场，卡西欧、夏普和其他公司推出了大量具有不同特色的新产品（带钟表的计算器、带音乐的计算器），卡西欧的战略是通过改变和增加其竞争对手所没有的新的特色推出新品种，它在推出两毫米厚的卡片计算器后不久，就降价推出另一个新产品——带音乐的计算器。卡西欧的目的是加速和缩短其产品的生命周期，以阻止其竞争对手生产类似的产品。精工在钟表市场上也实行的是类似的战略，推出许多由于石英技术的发展而开发出来的新产品。

3. 具有高质量和良好服务的产品

在进入外国市场，尤其是进入美国市场的过程中，日本公司对产品的其他两个属性，即产品质量和产品服务，花了很大的精力。小型化并不能保证产品销售的持续性。如果产品经营出故障，而用户又得不到维修服务，那么竞争对手就会趁机填补这个空缺。日本的市场进入战略就是以强调全面保证产品质量为标志的。

（二）价格战略

价格战略是帮助企业达到营销目标的最为重要的营销要素之一。尤其是打入海外市场，企业经营者必须制定一项能使他们在计划打入的目标市场国家中达到若干个目的的价格政策，这方面，许多国际营销企业做得不是很理想。价格是独立于其他销售因素而制定出来的，而不是一个达到最终营销目标的内在因素。如，美国公司在进入外国市场时，经常采用的价格战略往往过于注重成本，而且目标仅是获得眼前利益而不是长期市场份额。

相比之下，如果我们对日本的营销战略做一观察，便可看到，在日本厂商的市场进入战略中，没有什么东西比他们的定价行为更能引起争议的了。在他们所进入的每一个目标市场国家中，他们都制定了一个所谓的分离市场的价格战略，这一战略以尽可能低的进入价格来逐步建立起他们的市场份额，确立其在市场上的长期优势。为了吸引潜在的顾客，它们几乎总是将其产品的价格定得比其竞争对手都低。在最初的若干年中，他们心甘情愿地承受亏损（当然是在某些情况下），因为他们把亏损看作是对其长期市场发展的一种投资。

这种目的在于扩大市场份额的进攻性价格战略，几乎在日本进入的所有市场上都能见到。日本厂商打入美国市场的一切小型号标准产品，要比美国公司价格低得多，本田公司第一次投入市场的摩托车售价是 250 美元，而当时美国较大型的摩托车售价为 1000～1500 美元。日本公司推出的三管半导体收音机售价为 14 美元，而美国的六管半导体收音机每架 60 美元。日本最终又将售价降至 3.75 美元。这样的价格至少是使许多美国公司退出市场的部分原因。

日本厂商在定价上所采取的进攻性态势是和长远的经营和销售战略相吻合的。短期内，日本厂商致力于大批量产品生产，从而使他们得以降低成本，争得市场份额，低价营销，赚取大量利润。在这个短期目标基础之上，又派生出一个更为长远的目标，即在若干年后获得大量市场份额和地位，以期在日后带来更为可观的高额利润。这是日本厂商进入国际市场惯用的手法：短期内以低价、低利润求生存，为了获得长期的市场份额和更高利润。

（三）销售战略

日本厂商的销售方法具有折衷性和战略性的特点。他们采用的方法都是为了抓住市场突破口的最佳时机。他们不依赖传统的销售方法而是采用一系列战略性的销售方法。

1. 有选择地确定初期市场

即将主要力量集中于特定的市场领域和突破口上。面对为阻止他们进入外国市场而设置的各种壁垒，日本厂商选择了将力量集中于特定的市场领域和突破口上的做法。以美国为例，他们并没有试图在刚进入该国市场时就占领它，相反，他们将目标集中在一个特定的地区市场，集中在特定的批发商和经销商，集中在个人消费者身上。随后，他们以此为阵地，向纵深展开其市场渗透攻势。

这种被迫而采取的把力量集中在特定地区的做法，在日本市场进入战略中极为普遍。就丰田公司和本田公司来说，它们就是最先把力量集中在加利福尼亚，在那里，它们了解了市场的情况，了解了美国人的口味和偏好，并掌握了与美国批发商和经销商打交道的诀窍，进而向美国其他市场进攻。

2. 有选择地进行销售

有选择地进行销售，即刚刚进入国际市场的企业尚无销售渠道，那么利用有着销售渠道和网络的当地中间商，不失为最佳选择。日本厂商还把注意力集中于特定的销售渠道及经销商身上。他们寻找那些能为他们带来大面积市场覆盖率的批发商。不少生产电视机、收音机和音响设备的公司开始时都是通过大型零售联号销售其产品的，东芝在早期就有80%以上电视机是通过美国西尔斯公司销售的。

再如，日本"精工"与十五家独家联营的地区性批发商签订了经销合同，制定了一个强有力的遍及美国全国的经销计划，这些批发商绝大多数具有长期的经营经验，并在珠宝界中占有一定地位，使"精工"得以在出售手表时可接近重要的销售渠道。"精工"正是通过这种销售战略，才得以在石英手表领域获得稳固的立足点，并以此扩展市场阵地。

同时，日本厂商还愿意给选定的目标客户以特别的关照，他们利用在这些客户中产生的声誉作为取得成功的筹码，再去吸引其他客户，连许多美国商人都认为，日本厂商向特定的美国客户提供低价产品，也是它对美国市场渗透的一种手段。

3. 单一层次销售制

单一层次销售制就是指采用通过独立的经销商而不是采取通过直属销售机构的方法来销售商品。在美国的一些市场，日本厂商没有一味仿效其美国竞争对手的销售渠道模式,而是代之以发展更适合于他们所偏好的长期营销计划的销售体系。例如,日本厂商刚开始进入美国电视机市场时,他们采用的是单一层次销售制,也就是他们采用了通过独立的经销商而不是采取通过直属销售机构的方法来出售其产品。通过独立批发商和经销商作为将产品售给最终客户的一个主要手段方法,这是日本厂商进入国际市场战略的一个共同的要素,他们利用独立的批发商和经销商的目的是解决其发展自己的销售机构的问题。只有在他们对市场有了透彻的了解,并对市场渗透达到一定程度的情况下,才做出一定的战略调整。

4. 利用竞争对手的力量

利用竞争对手的力量就是指通过目标市场国际商业企业的名义为其销售产品。不少日本厂商通过在美国的商标名下由美国企业为其销售产品而成功地进入美国市场。这种战略对克服在进入市场时所遇到的销售问题或贸易壁垒是极其有效的。

如索尼公司在没有建成自己的销售网络之前,就是通过美国公司来出口其晶体管收音机的,理光公司出口复印机,雅马哈公司出口钢琴等许多日本公司早期进入美国市场,都是走的这条路。现在许多日本厂商开发高科技产品,仍然在使用这种战略。

5. 建立地方销售组织

即建立自己的海外销售机构,通过直接控制地方营销活动而加强海外市场的营销力量。企业初进国际市场时,不得不依赖外国批发商或中间商销售它们的产品。但是,长期发展下去,企业如果不参加外国市场的管理工作,就无法控制和管理自己的销售活动,如果一家公司在外国市场上没有自己的销售组织和销售网,它为达到最终销售目标而制定的打开长期销路的政策和战略就不可能得到充分利用。

日本厂商在初进市场之后不久,便开始建立自己的海外销售分支机构。通过这种办法,他们就能获得自己的管理经验,并通过直接控制地方营销活动而得以更好地加强他们在外国市场上的营销力量。

6. 经营商得利在先公司在后

经营商得利在先公司在后,是指通过给予中间商高额佣金和利润,来刺激产品的推销。不管谁批发和出售日本产品,也不管对批发和销售的直接控制程序如何,日本厂商给予中间商的佣金和利润要明显高于其他竞争对手,以此来刺激产品的推销。实际上,在出口产品的牌子还不为人知的市场里,当企业想为产品的质量和售后服务争一个好名声时,这种方法便是海外营销企业与其他厂商进行竞争的主要武器。

（四）促销战略

促销策略是日本厂商在进入市场的早期阶段，为促进其产品的销售而采取的方法，他们为了树立最初的市场形象，为了将产品推销给为数甚少的第一批顾客，日本厂商通常与他们的批发商携手共事，向这些批发商提供帮助，并就如何销售产品提出建议。通常采用的做法是：

1. 大做广告

大做广告，是指通过加大广告宣传的费用来支持产品以及渠道的推销战略。日本厂商有时不惜耗费巨资开展促销活动，尤其对广告宣传更是不遗余力，以此来支持他们的产品以及销售渠道的推销战略，特别是那些一开始就打算以自己公司的名字或自己的商标来出售产品的公司，确实是这样做的。在许多的市场进入中，他们就是以大做区域性广告来支持其产品的。

2. 创名牌

创名牌是企业常用的促销战略，即以宣传品牌，扩大企业影响的方式进一步完善自己的形象和信誉。许多厂商从一进入国际市场就开始宣传自己公司的牌子和商标，索尼、丰田、日产、松下、三菱、卡西欧都推出了自己的牌子，而且尽其全力进一步完善自己的形象和信誉。尽管这种方法本身存在着巨大的营销风险，而且未必全都成功，但是顾客特权和公司特色都由此开始形成。以顾客的评价来鉴定这些牌子，对许多企业来说是一股重要的推动力量。

第二节 进入国际市场战略战术分析

企业进入国际市场，面临的是各种各样的竞争对手，不同的竞争对手，处于市场的不同层面。初涉市场者，先取立足之地，随着实力的增强，才能逐渐发展成为市场的领先者。因此，进入国际市场的战略战术，要从企业的实力出发，依据不同层次的竞争者来选择确定。

一、市场渗透战略——如何扩大地盘

对于企业来说，即使已经顺利地进入了合适的市场，它们仍然面临着挑战，这种挑战来源于捷足先登的竞争对手的反击和变幻莫测的市场环境。企业产品打入目标市场的同时就意味着它们必须自己来开拓这些市场。要想真正渗透和控制市场，企业必须将产品从局部市场扩大到更大更有利的市场领域。在此，我们仍以日本厂商为例，分析其如何成功进入市场并不断扩大市场领域的。

日本厂商的产品——市场渗透攻势有两个重点：即产品开发战略和市场发展战

略。这两方面都体现了日本厂商进行市场渗透的独特方面。这两者的有机结合，使日本厂商成为一个难以对付的国际市场竞争者。

（一）产品开发战略

这里我们所分析的产品开发战略，是市场渗透战略的一种，不同于上面所介绍的市场进入战略中的产品进入战略。

日本厂商在管理生产线时遵循的战略有三点：一是扩大产品范围；二是增加产品品种；三是改进产品质量。尽管日本厂商经常同时采用这三种战略，但却又根据每一种战略在开拓市场份额和确立市场竞争地位中所起的作用而有所侧重。

1. 扩大产品范围

企业一旦在海外市场上得到一个立足之地以后，就会不遗余力地扩大其产品的范围，以期在整个市场上占有更大的地盘。因为企业都会意识到，广阔的产品范围对于在长期竞争中取胜是至关重要的。如果它们把自己限制在最初进入的市场阵地上，所得到的至多只能是对大多数市场的有限渗透。

扩大产品范围所采用的方法，一般有两种：（1）单向扩展。几乎所有早期进入海外市场的国际经营者其产品范围的扩大性质都呈单向性，即从低级经中级到高级（日本企业于20世纪70年代中期进入复印机市场就提供了这种单向扩展开发产品的例子。它们刚刚在小型复印机市场上站住脚，马上就将一系列新式的中速复印机投入市场，现在日本厂商已转向大型复印机市场，并与主要的美国厂商进行面对面的竞争）。（2）双向扩展。即同时向高级和低级产品市场发展，如日本的"精工"手表，就是同时向高级和低级市场发展。即推出了一系列以"脉冲星"为商标的廉价手表，同时也打入高级豪华型手表市场，现在一向为瑞士手表制造商所控制的最昂贵的手表市场也开始受到日本厂商的冲击，因为它们已经制造出一种如同剃须刀片般薄的手表，价格约5000美元左右。

2. 增加产品品种

前面所说的扩大产品范围是宽度上的改变，而增加产品品种则是在这一条线的每一点上发展产品式样或型号的多样化。

日本厂商在很多领域中都用增加产品品种作为一项主要渗透战略。因为增加产品品种可以说具有多重目的。一是这使它们在不同的市场上都具有吸引力，因为不同的产品可以投合不同口味，不同偏好，不同收入水平顾客的需要。二是产品品种越多，它们联系销售渠道和零售商店的能力就越强。

3. 改进产品质量

日本企业对海外市场的渗透最为明显的一点，就是对其所提供的产品不断进行改良的能力。这种改良包括提高生产能力、扩大产品功能、减少产品故障、延长产品使用期并改善产品的售后服务。在我们考察的所有日本厂商获得成功的行业里，都可以看到他们对产品的性能、功能、类型和质量等方面进行一连串改良的能力。显然，日本厂商早就懂得，一种好的产品固然重要，但这仅仅是个开端，产品必须要不断地发展和改进。

(二) 市场发展战略

产品的发展从来就不是完全孤立的，产品的开发和改进都是为心目中的某些特定的市场而进行的。我们现在不必去解释和细究市场这个概念的形成和沿革，因为日本产品的改进，扩展和多样化并不一定都是沿着这一条老路前进。但日本企业的确运用了一些特殊的市场发展战略。它们条理清楚地进行各种市场细分，分轻重缓急地安排其市场进入和渗透，更为明显的是它们的市场灵活性，它们采用多种多样的销售手段以适应市场和竞争条件。

1. 市场细分和部署

市场细分和部署为日本的市场发展提供了重要的原动力和指导，对许多日本企业来说，产品是为不断发展的市场而生产和改进的，这一点在 20 世纪 70 年代尤为确切，80 年代以后更是如此。如果分析一下日本厂商对美国市场的渗透历史，它可以说明一个问题：当市场被细分成若干个门类，而且进入和渗透这些市场的方式已做出了精心安排以后，企业的市场发展战略必然就会取得成功。当然，我们不应该把日本厂商的成功过分地归结于他们的销售才能和技巧。他们的成功在很大程度上得益于美国竞争者的骄傲自满和失算，以及许多政治、经济因素，但是同样明显的是，销售对他们的成功是一个重要的因素。

2. 产品改良与市场细分相结合

产品改良、扩大产品范围和品种多样化一般都是根据市场发展的需要做出的，一旦日本厂商改进了他们的产品质量，扩大了产品的范围，以及增加了产品的花色，他们就对市场进行细致划分（至于是有意还是无意则无关紧要，因为结果相同），而且他们对什么时候以及怎样进入这些市场非常重视，这就是具体部署进入和渗透市场。

3. 产品改良与创造新的市场

产品改良有时会演变成产品开发，最终创造或形成新的产品市场。当日本厂商从单纯的产品改良走向产品开发时，他们不免要遇到更多来自市场发展的挑战与难题。因此，它们必须开发新的市场：了解消费者需要，搜集顾客反应，预测市场规模，并在此基础上采取措施刺激开拓销售渠道。他们不能在现有的产品和市场上停滞不前，必须随时寻找适应消费者和市场需要的新的产品开发渠道。这样，市场发展了，企业在海外市场的地位也就巩固了。

（三）市场灵活性

日本厂商在市场细分和具体部署方面是很灵敏的，这同他们对市场弹性的准确评估是分不开的。他们并不寻求进入和渗透市场的某种最佳途径，一旦发现了一条成功的途径，他们也不会盲目地抱住不放。相反，他们可以得心应手地有侧重地应用各种竞争武器——价格、促销、产品质量、品种、维修服务等来渗透和赢得市场。

当然，许多美国企业也同样注意市场灵活性。但是，对日本企业而言，灵活的倾向几乎是一种文化传统，佛教思想所强调的是万物皆非恒，生命也无常。日本武士要学习各种武术——柔道、空手道、合心道等，他们总是选择一种最适当的方式来发起攻击或者进行自卫。另外，经中国人发明，由日本人加以完善的围棋，对长远的战略考虑、间接攻击和围剿的原则，都为其适应那种随机应变的需要，提供了心理上的训练。日本的文化传统为日本企业灵活的销售战略提供了深刻的依据。下面我们可对日本企业的灵活性做一简单的分析。

1. 营销手段的灵活性

根据市场发展，对市场的渗透程度和总体战略，有所侧重地运用各种竞争武器，是日本厂商典型的做法。如，产品范围的扩大，花色品种的增加以及产品质量的改进，都是随着市场的发展和渗透的成功所采用的灵活的产品销售战略。

但是，日本厂商的市场灵活性决不仅仅在于产品开发和新的适用性方面。他们对各种竞争手段区别对待。其重点随市场渗透程度的变化而变化。在渗透市场的初期，厂商注重以低价来吸引最终顾客，并给其销售商以较高利润（早期进入美国市场的日本商品几乎都是如此）。当这些市场逐渐成熟，厂商获得经验时，他们在竞争手段中的重点也随之改变，商标识别就变得越来越重要了。那些原来使用当地商标经销商品的企业，开始以他们自己的商标名称来进行宣传和销售（当然有些企业仍然还使用当地商标）。放弃使用当地的商标的意义是要求有一个更为广阔的销售面。日本厂商进入市场的典型方法是利用那些能在一开始就给他们带来最大覆盖面的销售渠道（如大批商和零售商号）。然后，它们就向下一层次零售商渠道发展，直至到达独立的零售小店。

2. 单个销售变量中的灵活性

日本人的市场灵活性也在处理单个销售变量时表现出来，他们对定价的态度就是一例。日本厂商一旦其产品得到认可，他们就随即提价。有好多年，索尼总是把它们的电视机售价定得比美国商品价格要低，但当它的产品取得市场地位以后，其价格就向美国产品的定价大大靠拢了，后来随着产品需求的增加，索尼电视机的定价已在市场上高居首位。这种处理单个销售变量的灵活性说明，最初的低价是以促销为目的的，旨在吸引注意力和促使顾客早日购买，但随之而来的，必定是以获利为目的的定价。

（四）市场渗透战略中成功的经验

日本厂商将他们的产品加以改进、扩展、多样化，并进行了市场细分和部署，重视营销灵活性，这一切都说明，他们的市场渗透有着长期的而不是短期的目标。他们在产品与市场开发中不断改进产品，然后将产品推向市场，并观察市场的反应。这种观察或学习为下一轮的产品开发、改进、销售奠定了基础。这是一种渐进的过程，渐进地改进产品和市场，其效果是不断积累的，它们能够渐渐地把敌手拖垮。日本企业产品与市场发展战略的渐进思想给我们的启示有三点：

（1）任何企业的战略都必须不断适应其面临的外界条件和企业自身的资源及能力。如，开始阶段，日本厂商是利用美国的组织来为他们的产品进行销售、做广告、宣传以及提供服务，甚至他们经常不用自己的牌号进行销售，目的是为了打入美国市场。可以说，日本企业的这种做法是扩大贸易额、打通销售渠道和了解美国市场的最便宜、最容易的方法。

（2）必须同时考虑产品和市场。市场细分、部署和发展意味着会带来产品品种的增加、变化和不断改进。这样，就要求企业从"产品—市场发展"方面而不是用较为简单而又容易使人产生误解的"产品生命周期"方面来考虑问题。对产品生命周期的描述并不能揭示市场和顾客这一端的情况。

（3）把注意力集中于"产品—市场发展"能使经理们摆脱销售中的近视，如果企业家们多考虑一些市场（而不是产品）的发展及其对战略的影响的话，那么，他们对海外市场的渗透就会做出精心的策划，也就如日本企业所做的那样：按门类细分市场，部署产品的推出，并在市场发展时使产品适应各个市场。

二、市场对抗战略——挑战者战略

美国著名市场营销专家菲利普·利特勒在其名著《新的竞争》一书中借用军事术语，对企业可能用来进入并对某个特定市场进行渗透的战略逐个加以剖析，他们重点介绍了五种攻击型战略：侧翼进攻战略、正面进攻战略、包围战略、迂回战略和游击战略。在此我们做以简要介绍。

（一）对抗战略的种类

1. 侧翼进攻战略

侧翼进攻战略就是指在竞争对手、竞争势力较弱，尤其是势力空虚的产品——市场领域内进行竞争。集中自己的力量攻击竞争对手的薄弱环节，目的是建立自己的市场地位，以便在未来的竞争中发起重大进攻。这种方法在企业进占国际市场初期采用比较适宜。

日本企业在向美国市场渗透的初期就是采用这种侧翼进攻战略。它们首先在美国企业力量最薄弱或在许多情况下甚至是势所未及的产品市场上找到立足点,然后按其战略意图向纵深发展,建立产品基地和市场阵地,为以后同它们的竞争对手进行正面交锋做好准备。

侧翼进攻战略有两种重要的形式:地区性侧翼进攻战略和市场细分型侧翼进攻战略。所谓地区性侧翼进攻战略,是选择国外那些没有竞争对手或者竞争对手势力相对较弱的地区作为进攻的目标。进攻的战略是围绕着产品的销售建立起来的。销售与竞争对手完全相同与极为相似的产品,满足完全相同的市场需求,而市场细分型侧翼进攻战略是围绕着在一定区域内竞争对手未能顾及的特定的市场领域和市场需求而展开的,因为它是建筑在特定的市场需求之上的,经营着同其竞争对手截然不同的产品,因此,它比地区性侧翼进攻战略更具潜力。

侧翼进攻战略也称寻时择机战略,即指在某些市场细分发生变化时,便乘隙而入去填补这些空白,并加以发展使它们成为强有力的市场领域,它既避免了两个公司之间或更多公司之间为争夺同一市场而大动干戈,又更加全面地顾及了市场的各种需求。

侧翼进攻战略在选择实施过程中,有四个市场和竞争条件对其取得成功至关重要。其一,进攻者要能识别和找到确实存在的差异显著的细分市场。这些细分市场有别于以往占优势的产品市场和未被主要生产厂商顾及或很好顾及的市场(前边提到的所有市场进入战略都反映了日本企业不同美国竞争对手直接交战而进入美国市场的做法)。其二,侧翼进攻战略在进入一个不断扩大的且处于增长期的市场时,可获取相当可观的利润。因为,市场正在发展中,各竞争对手都在开发中,这种战略一般并不妨碍竞争对手的发展。如日本企业对美国市场渗透开始取得成功时,美国同类企业在其自己的工业领域中的销售和利润仍在增长,如汽车、电视机、复印机、摩托车、音响设备等都是如此。其三,如果地位牢固的竞争对手没有把闯入它们各自领域的进攻者放在眼里,而且将其新来者视为无力在竞争中持久作战的同行,那么采用侧翼进攻战略更能奏效(许多美国企业就没有把闯入它们各自领域的日本同行放在眼里,它们认为无论从生产潜力方面还是盈利方面,日本厂商想进的产品市场,同地位牢固的企业所占据的市场相比,都显得很微不足道。这样,显然让日本厂钻了空子)。其四,选择侧翼进攻战略不仅是以上市场和竞争条件在起作用,还不应忽视另一条件,即企业自身的资源基础和生产能力也在起着一定的作用。当企业没有足够的资源用于展开全面交锋,或不能在市场上发动一场规模较大的猛烈攻击时,选择侧翼进攻战略便为上策。

总之,侧翼进攻战略体现了现代市场营销学的最佳传统。现代营销哲学认为,营销学的目的在于"发现需求并满足这些需求",事实已经证明:侧翼进攻取得成功的可能性一般比正面进攻取得成功的可能性要大。

2. 正面进攻战略

正面进攻战略顾名思义即竞争的双方面对面展开针锋相对的较量。当侧翼进攻战略取得成功以后,必然会导致一场更为直接的竞争,或者说是一场更为残酷的争夺。因为占据统治地位的企业将会采取对抗性的措施来对付新的竞争者。因此,对大多数企业来说,完成侧翼进攻战略向正面进入战略的转变并非一日之功,而要精确地指出由侧翼进攻转入正面攻击战的时间界限也是比较困难的,因为它是一段时间内逐渐交替演化的过程(如日本丰田汽车公司在同美国哈雷·戴维森公司在大型摩托车市场进行直接竞争前,已在美国市场上积蓄力量达十年之久,日本电视机制造商在开始同资深美国对手进行竞争前也花了十多年做准备)。因此,正面进攻战略的实施都需要有一个较长的准备阶段。正面进攻战略可分为四种类型:

(1)常规正面进入。正面进攻的一切变化形式都是由长期正面进攻战略变化而来的。在常规正面进攻战略中,进攻者与竞争对手以相同的产品、相当的价格、相似的促销方式展开针锋相对的竞争。追逐的是同一批顾客,争夺的是同一市场。一般争夺初期双方势均力敌,来势凶猛,经过一番较量,除非一方企业确有强大的竞争优势。否则,很容易两败俱伤。要想战胜对手,甚至和对手相峙也是不可能的。因此,一些经过修正的正面进攻战略要比常规正面进攻战略要更可取一些。

(2)有限的正面进攻。这是一项经过修正的正面进入战略。指把攻击的重点放在特定的目标市场上,把力量放在顾客的身上,运用各种手段从竞争者那里争取更多的消费者。如:举办产品展销会,提供优惠的批发价格,并保证提供各种售后服务。

(3)基于价格的正面进攻。这是一种更为普遍的正面进攻,在这种市场攻击中,进攻者与其对手实力相当,只是在价格上对其竞争者实施攻击。如果竞争对手无法通过降低价格进行反击或无法使市场相信其产品货真价实时,那么这种以价格为基础的正面进攻战略就起作用了。如果进攻者从长远利益着眼,希望能找到一种缓冲对手强烈反击的战略,那么,下面一种以研究和开发为基础的正面攻击战略可作为较佳选择。

(4)以研究和开发为基础的正面进攻。以产品开发和研究为驱动力的正面攻击战略实际是以价值为基础,并非是基于价格的正面进攻。由于技术的突破、产品的创新,赋予了产品比之竞争对手更多的特色和价值,这种有形和无形的价值交织在一起,会形成更大的竞争威力和灵活性。因此,以研究与开发为先导,以价值为基础的正面进攻战略在20世纪70年代后成为了日本企业大举进攻国际市场的主要形式。

在国际市场竞争中,实施正面竞争战略的风险是较大的。因为正面进攻战略一旦未能奏效往往会招致重大的经济损失,并会使企业失去信心。因此,使用正面进攻时必须谨慎地评估以下条件。

(1)企业必须具有足够的资源,以确保这项战略的实施,更确切地说,它本身所具有的各项资源要优于它所要进攻的竞争对手。如果进攻者拥有数倍于对手的资源,那获胜的可能性往往会增大。

(2)发起正面攻击,常常是以进攻者的设想为依据的。这个设想是:它能够创造并保持对其他企业的竞争优势。该战略能否奏效,取决于进攻者最终能否在市场进攻中显示出自己的特点,能否为目标市场开发出比竞争对手更"佳"的产品。

(3)正面进攻取决于进攻者能否使产品一上市就对顾客产生吸引力,除非产品或商标信誉已经获得了成功,否则,正面进攻获胜的可能性也是十分困难的。

总之,正面进攻战略所具有的最大风险是它会引起竞争对手的猛烈反击。如果进攻者缺乏打持久战的资源和优势,那它就有遭受重大损失的危险,也会给所有的参加竞争者带来损失。

3. 包围战略

包围战略是指为了避免正面攻击所招致竞争者的猛烈反击,攻击者绕过对手的交锋面,通过生产更多型号、款式、规格、尺寸、价格低廉或质量可靠的产品,迫使竞争对手处于被动防御局面。这种包围战略所达到的目的非常简明了,迫使竞争对手同时保护自己的正面、背面和侧面,其意图是分散其兵力,迫使其将手中使用的资源不得不分散。这项战略最终将导致战线或市场更加不稳定,使进攻者容易在多处乘虚而入,而且还有可能在市场上开发出新的领域。

包围战略比较适用于资源比竞争者更具优势,并愿意在较长时期内将资源用于这一领域的企业。它具体包括两种类型:即产品包围战略和市场包围战略。产品包围战略,是指向市场推出各种各样、丰富多彩的产品,使其不论在价格、质量、风格、款式等方面,都占相当的优势,以期超越对手(日本的汽车、摩托车、电视机、半导体、手表等进入美国市场都是采用这种战略)。市场包围战略是指企业的产品向所有有关联的市场领域进行扩展,尽力扩大其产品的销售范围，以满足各种不同的需要（如"精工"就已经掌握了手表的每一种可能的销售渠道，而且通过扩大其产品品种来谋求占领尽可能多的市场）。日本厂商采取这种包围战略，在过去数十年中迫使美国竞争者疲于自卫，它们觉得难以发起成功的战略性反击。其结果是：许多美国公司一旦发现陷于日本厂商的包围便被迫自行退出市场。

使用包围战略并使之获得成功也是需要受一定的条件限制的。一是当进攻者资源充裕且准备打持久战以控制市场时，采用包围战略是上策，但是，仅靠充裕的资源也是不够的。二是开拓销售渠道也是一项重要资源。三是产品的研究与开发。如果进攻者不断地扩大其产品范围、增加其产品品种、改进其产品性能，那么包围战略就更容易奏效。四是地位稳固的竞争对手是否也愿意为保卫它们的市场做长期准备。如果竞争对手无意进行抗争，那么，包围战略更易获得成功。

需要指出的是：对一个市场实行包围战略，需要有足够的资源和组织保证，而且还可能需要相当长的时间。如果进攻者只把注意力集中在打败竞争对手，而忽视了整个市场情势的变化的话，也可能导致最终结局得不偿失。

4. 迂回进攻战略

迂回进攻战略是指避免与竞争对手在某一特定市场就某一特定产品进行正面交锋，而是着眼于长远利益，寻找尚未出现的市场领域。

迂回战略的形式主要有三种：第一种是超越式的新产品开发。即满足那些尚没被其他竞争者顾及的消费者的要求，企业不仅要为现有的产品进行竞争，而且要竭力以自己的新产品超越对手，为新产品进行竞争。传统的企业在海外市场开拓战略中很少使用这种超越式的方法，而只是自我满足于模仿和改进现有的产品，但是，现代企业开拓海外市场，如果缺乏改进产品以及开发新产品的能力，就很难在国际竞争中站稳脚跟了。第二种是向不相关的产品领域拓展，即从单一行业转向其他领域。在国际竞争中已经有越来越多的企业从单一行业中转向多领域多行业发展（如混合多样化经营的跨国公司）。第三种是将现有产品不断推向新的地区性市场，不仅向海外市场，同时也向本国市场发起进攻，即使它们在这些市场上站住了脚跟，也不会放弃努力，而会继续去占领新的市场（如日本在海外市场开拓中，初期是将绝大多数产品投向美国，除了占领了本国和美国两个世界上最大的市场外，同时还把触角向欧洲、拉美、东南亚等国家拓展）。

从以上三种形式的内容分析中，我们可以得出这样一个结论：当国际营销企业的资源和现有的产品相对竞争者不具优势时，可选择迂回战略，当自身资源或竞争实力扩充到一定程度时，再转而进占市场统治地位。在这其中企业的市场实力是最重要的因素。这种实力指研究开发现有产品——市场范围之外的能力，转向经营开发不相关产品的技术能力和开拓新市场的营销能力。

迂回战略的风险主要有两点：其一，迂回战略进行中，可能会出现超出企业本身所具备的技能与知识基础的现象，一旦企业所具有的技能与知识出现匮乏，迂回战略就会处于危险之中。其二，一种迂回战略，尤其是以经营多种不相关产品或以开辟新的地区性市场为基础的战略，可能会将一些现有的产品市场丧失给竞争对手。回避正面冲突或尽可能回避正面冲突也许会使竞争对手在市场上更得势。其危险就在于，它可能会利用这个机会向进攻者反击，所以，使用迂回进攻战略时，如果企业畏畏缩缩的话，它就极易遭到失败。

5. 游击战略

我们前面讲的侧翼进攻战略、正面进攻战略、包围战略和迂回战略都强调广泛地、全面地、持续地攻击竞争对手。它们以大规模的持久的冲突为表现形式，其目的是在于彻底地击败对手。但也存在着另一种战略，虽不强求规模，也无大的目标，但从军事战争和商业竞争的意义来讲，却是一项十分成功的战略，这就是游击战略。

所谓游击战略是一种规模和目标都比前四种战略小，但却容易获得成功的一种战略。它是对竞争对手的各个阵地和地区经常进行间歇性的小规模进攻、袭击与骚乱，其目的在于消磨对手意志、瓦解对手、迫使对手让步。游击战略力图使其对手处在一种不平衡的状态之中，整天提心吊胆，不知下次进攻来自何方（日本厂商开拓海外市场的竞争性行动绝大多数都属于游击战略，它们初次进入市场如此，对其他市场渗透时也如此，甚至在实施包围和迂回战略时都表现得比较明显）。

游击战略的形式主要有两种：以市场为主要目标的进攻和不以市场为主要目标的进攻。以市场为主要目标的进攻是最主要的形式，一般指在许多市场进攻竞争对手，并迅速撤退。在某些特定的地区市场上实行削价销售的政策，它们常常对特定的销售渠道造成很大的压力，有时也对一些选定的零售商施加压力。如，一家零售点会收到一家日本供货商的通知，称除非努力提高和增加其产品的销量，否则，就会取消该销售点的特约销售权，另请高明。以此方法，促使该销售商想法设法推销商品。不以市场为主要目标的进攻也是一种常用的战略形式，这种形式一般指从竞争对方挖掘关键性人才，销售渠道以及搞商业情报等。企业所从事的市场和竞争情报活动就很具有游击战的特点，如，日本公司想方设法获取 IBM 公司高度保密的技术数据；日本情报搜集人员长期不懈地拍摄下在展览会上见到的一切。对参观游览其他企业的设施所产生的浓厚兴趣等。日本厂商采取的都是"打了就跑"的策略。

这种游击战略的使用，对于那些企业自身的市场阵地和资源都劣于它所要进攻的竞争对手的企业是较为合适的。这种战略最大的危险是它可能会导致竞争对手猛烈的反击或报复性的反击，面对这种反击，企业也许根本无法应付。所以，在不具备足够的资源来应付随时可能产生的后果的情况下就贸然发动进攻，是很难成功的。

（二）战略的灵活性及其选择

综上所述，可以得到这样一个印象：日本厂商为突破、渗透、占领海外市场，制定的是一项长期的"总体战略"，其每一时期的具体战略，都来自这一总体计划。除此之外，他们还有一套战略和战术的行动计划，这种行动计划包括：推出适销对路的产品，对产品进行各种必要的改进，增加产品的品种与型号，进行市场细分和部署，定价、广告宣传和对过时产品的促销。这是一套具体行动计划，也就是说，企业应该长期行为，而不是短期行业。

战略和市场学专家告诉我们：在选择一项战略时必须充分考虑这些因素。事实上企业管理人员不仅应力图这样做，而且也有必要在实施战略的过程中不断提出这些问题和认真加以考虑。随着情况的变化，企业本身需不失灵活地对战略、战术加以调整。

这种战略的灵活性有其自身的特点，它是一种渐进的竞争活动，这种竞争活动通常是建立在不断摸索的基础之上的，不断摸索的战略其基本目的在于使企业更加全面地了解企业所处的竞争环境。这其中包括：企业要了解市场、摸清对手的虚实，还要了解销售者（了解市场是为了了解顾客的需求和爱好，摸清对手的虚实是摸清对手所采取的战略、成功的原因和击败它的办法。了解销售者就是了解他们乐于销售什么样的产品以及开拓新的销售渠道的可能性）。这一系列探索与了解的过程实际上也是企业不断地学习，适时调整战略的过程。有三种情况对战略的灵活性非常有利：第一种情况，是企业对它所处的环境并不完全了解时。当企业对顾客使用它们的产品反应、顾客购买该产品为了什么，竞争对手可能采取的对策都全然不知时，战略的灵活性就显得很重要了。企业可以从本身的行动和他人的经验中学到很多东西，而适时调整战略。第二种情况：在一个动荡不安的市场环境中，就是当顾客及竞争者的情况发生了很大的变化，也就是顾客从一种产品转向了另一种产品，竞争对手改变了他们的策略之时，战略的灵活性也显得极为重要（当然，动荡的情况也会使企业犹豫不决，要适时谨慎地调整战略）。第三种情况：资源缺乏也可能对战略的灵活性提出要求。企业本身应尽力避免消耗其宝贵的资源，除非企业自信其战略有极大的成功可能。否则，不采用灵活的战略，企业就会因为力不从心而有可能丧失市场。

以上说明，战略的灵活性这个概念在企业进占世界市场过程中起着十分重要的作用，寻时择机的方法不论从整体上还是在特定的工业领域内，都可以向海外营销企业提供出主要的战略性打击依据。在具体实施过程中，它们依据其企业不同的规模及资源环境，对各种进攻型战略做出了相应的选择。

但是，在采取相应的进攻型战略时还需要注意以下几个问题：

（1）如果企业希望打入一个外国市场，但自身在资源上又不及竞争对手，那么侧翼进攻战略就是最合适的选择。企业应该寻找出对手势所未及或力量甚微的市场领域，来取得自己的立足点。如果整个市场正在扩大，占据市场的企业往往会忽视新来者，企业就可以乘机占领市场。

（2）如果企业所拥有的资源强于对手，并预知最终能够建立起竞争优势，并能确保销售商销售其产品，顾客也乐于购买其产品，那么就可以考虑采取正面进攻战略。无论是纯粹的正面进攻还是以价格策略为基础的正面进攻，或者是以研究与开发为基础的正面进攻，获胜的可能性都较大。

（3）如果资源大大优于对手，并且准备打持久战，企业就可以考虑采取包围战略。

（4）如果资源基础和现有产品相对对手来说并无优势可言，企业最好采取迂回战略。这些企业应在对手忽视的地区开展活动，等待时机，一旦其自身资源和技术发展成熟以后，就可以与对手进行较为直接的交锋。

（5）如果企业自身资源不足，但却能通过对对手的骚扰，使其失去平衡而从中得益，那么就可以采取经营性的游击战略。

总之，企业在制定与实施对抗战略中，应该避免不切实际的"宏伟计划"，而应注意战略的灵活性和渐进性。随着市场和竞争形势的变化，成功的企业应该重新考虑和调整其主要战略。

三、市场保持战略——保卫市场领导地位

目前，日本在美国和世界其他地区的许多产品市场上都占有优势，其大多数产业的出口能力看来仍在继续上升。然而世界市场经济领导力量盛衰的历史前景表明，日本也会走英国甚至美国过去几十年所走过的路，最终失去它在世界市场上的领导地位。当时，英国和美国依靠其有利的政治和经济力量，达到了世界经济的顶峰，但当新的力量和新的条件一出现，它们的领导地位就逐步丧失了。目前，日本的领导地位虽然开始受到了挑战，但还没有显示出衰竭的迹象，相反，正力图保持它在现代产业部门的领导地位，在新兴产业方面独占鳌头，在其他产业部门中仍保持领先地位。但日本的成功已引起了其他国家的反响，它们再也不愿意日本经济在不受任何挑战的情况下任其发展。日本的内、

外贸政策遭到其他国家与日俱增的批评。日本的大规模市场渗透，引起美国和欧洲各国的极大敌视，那种认为日本的成功是以牺牲别国利益为代价的观点，在欧洲和美国越来越盛行。

对日本统治地位的外来挑战可以归纳为三个方面：其一，在一些发达国家中，已开始出现抵制日本的迹象；其二，美国和欧洲各国对日本挑战的反应趋于一致；其三，一些远东国家（亚洲东南亚国家）也开始同日本展开有力的竞争，还有一种对日本统治地位的第四种威胁是日本国内的经济和社会发生了重大变化。上述对日本领导地位的威胁，表明日本企业在国际市场上将愈来愈多地扮演起牺牲品的角色，而不是掠夺者。日本公司将日益面临来自其他国家的政府、个别公司和公司集团的挑战（这说明要渗透并占领产品市场实在是一项棘手的任务，看来要保持其在市场中的领导地位同样是艰巨的）。由于日本公司正在向取得产品市场的优势发展，所以现在它们不得不从打进市场并对之实行渗透的战略转向采取市场保持战略。这里，我们将分别讨论六种市场保持战略：阵地防御、机动防御、先发制人防御、反击防御、侧翼阵地防御以及战略撤退六种。

（一）阵地防御战略

无论是在军事战争还是商业竞争中，都有一个主导思想，那就是保卫自己的现有阵地、守住自己的前沿阵地、保持自己现有的产品市场。这是一种传统的防御观念，与挖壕固守的防御心理有着十分密切的关系。法国的马奇诺防线，以色列在苏伊士运河沿线设立的巴列夫防线，都属于中世纪城堡在二十世纪的翻版。像历史上所有巨大的城堡一样，这些庞大的在人们想象中应是固若金汤的前沿阵地，在危机关头都被一一攻破。因此，在军事理论中，静态的城堡式防御，像正面进攻一样，是风险最大的战略之一。

阵地防御在商业竞争战略中也是风险极大的一着棋。完全依赖阵地防御即意味着企业将成为竞争者的众矢之的，而且该企业在市场竞争中必然会放弃使用其他防御战略和进攻战略，而去把守着一个逐渐缩小的产品市场，最后的结果注定是要失败的。为什么这样说？因为产品跟不上市场的发展，防御只能导致产品过时，市场的丧失。

（二）机动防御战略

机动防御战略是指企业不仅仅保护现有产品的市场地位，而且还要提高其市场领导地位并致力于打进新的产品市场。其方法，不仅仅是人们通常所说的通过正常的增加牌子和花色品种，而是要通过两方面的创新活动，即扩展市场和使市场多样化。因为只有这样，才能巩固企业在新产品市场中的地位，并使其战略向纵深发展，并得以抗击进攻者连续不断的攻击。

根据日本企业的经验，机动防御的核心是技术。从20世纪五六十年代低水平的技术到七十年代高水平的技术，直到八九十年代以来的知识密集型工业的发展，这是日本技术不断进步的自然结果。所以说在技术力量的推动下，日本人是沿着两条相互关联的道路扩展其产品市场：即扩展现有的产品市场，以及向新的产品市场领域扩展。通过这种不断地向市场的深度和广度开发的防御战略来保持市场。

（三）先发制人防御战略

从战略上来说，先发制人防御的实质就是在现有的产品市场内部判明自己的实力，并充分相信这种实力。这包括加强现有的竞争优势或发展新的竞争优势。在这两种情况当中，都有一个相同的假定：对手即不退却也不止步不前。而唯一能在对手面前站稳脚跟的方法，就是要比对手做得更好，并不断进行产品更新。只有在这种情况下，才有可能不给对手以可乘之机，或者至少使对手难以获得开拓潜在市场的机会。这种先发制人的战略防御方法，几乎在日本企业所在的所有海外产品市场上都能体现出来，他们所采取的就是前面所提到的进攻战略。为了继续推行产品和市场发展战略，他们从侧翼、正面向对手展开进攻，并实施迂回及包围战略，其目的在于在现有的产品市场上掌握主动权，迫使对手采取守势。例如，日本在电视机产品市场中运用的防御战略就很具有先发制人的特征。在这种战略中，日本企业不断完善其产品，并不断向新的市场领域发起攻击，尤其在20世纪70年代中期时，日本在彩色电视机市场上，发动了一场先发制人的定价进攻。为了扩大在美国市场上的份额，他们以低廉价格摆脱了对一批美国私家商标企业的依赖，这一努力的结果，其市场份额从11%增长到30%。

（四）反击防御战略

这是一种不断地向竞争对手直接发起进攻的防御选择。即防御者运用全力对进攻者发起攻击，这是一种与正面进攻性战略相对应的防御形式。这种反击防御战略可采取三种反攻方式：即正面迎击进攻者；攻击进攻者的侧翼；采取钳形行动，摧毁对手的作战基地。20世纪七八十年代，日本厂商逐渐发现他们所处的地位正面临着美国的强烈反击，对于这种反击，它们每一次都给予了反攻。他们采用的挑衅性价格竞争手段，正是他们反击战略中正面进攻的一个组成部分。另外，根据美国技术人员和工程师花费大量人力、物力创造出来的最先进的尖端设计，日本仿造并创新出新产品，实际上是针对美国公司所暴露出来的侧翼所实施的战略。钳形行动是一种比较传统的反击战略，在激烈竞争的商业领域内，这项战略被解释成，用这种或那种形式将对方的业务接收过来，当美国公司开始进入市场时，日本厂商就发动一场钳形攻势来保卫自己，他们大幅度降低产品价格，许多美国经理人员指责日本厂商以无利可获的价格出售其产品，结果，美国公司被迫放弃市场。

（五）侧翼阵地防御战略

采用防御行动必须考虑到对手最可能发起攻击的地方，由于进攻者一般是向企业未加防护的侧翼阵地发动进攻。因此，侧翼防御的重点，就在于设置侧翼防御工事，以阻止对手的进攻。如，20世纪70年代以后，亚洲"四小龙"等一些新兴工业化国家和地区开始向日本提出了竞争性挑战，这些国家和地区在生产成本方面胜过日本厂商所占的优势。在世界市场上，它们利用这一优势向日本展开攻势，日本公司如不采取行动保卫它的这一侧翼，市场份额早晚会丢失，为此，日本厂商开始采取措施提高劳动生产率，来阻止不断丧失的成本优势。侧翼阵地防御战略在实施中是要投入相应的力量的，甚至要耗费大量的资源和力量，如果防守力量单薄，以至被对手轻而易举地压倒，那么采用侧翼阵地防御就毫无价值了。

（六）战略性撤退战略

战略性撤退战略是指缩小阵地范围，沿前线撤退形成环型防御阵地。即从产品方面、市场方面或者从产品和市场两方面后撤，这种方法通常是可能的，也是可行的。这种战略性撤退所隐含的战略原理，是允许企业集中力量，既能更有效地保护自己，又能发起一场重点反攻，待企业积蓄力量至一定程度时便可伺机发动反攻。

以上介绍的六种市场保持战略或防御战略是以国际营销企业作为出发点来研究的。具体战略与战术的研究，都是以日本企业进占国际市场的案例进行分析的，这会使我们对战后国际市场竞争中国际营销战略的应用有了更深刻的了解。

第三节 进入战略的组织设计与管理

国际市场错综复杂、瞬息万变，企业为了抓住时机，迎接挑战，就必须拥有较强的应变能力。现代营销理论认为，企业若想使其国际营销活动与不断变化的外部环境相适应，必须要搞好战略规划，认真分析内外部环境的发展变化，制定出切实可行的营销目标和营销战略；还要有具体的营销策略和手段；制定并及时调整和完善组织结构，重视战略规划的实施和管理，以确保营销目标的顺利实现。只有这样，才能使战略规划不断适应内外部环境的变化，求得最佳的经济效益和长久的生存和发展。

一、国际营销组织设计的形式

所有的公司无不具备一个组织结构。美国的管理理论则十分注重正规的组合成分。所谓正规的组织结构一般包括：职权等级体系与上下级关系、管理的控制范围、有关各项任务或职能的次一级单位的建立和结合。而日本企业国际营销组织一直有着它独特的组织结构与形式，据此，他们取得了国际市场竞争中的优势，为日本企业成功地打入国际市场奠定了坚实的基础。这里，我们分别就日本国际营销企业的组织和一般国际型大公司常用的国际营销组织的设计与管理分别做以介绍。

（一）日本企业的营销组织

企业在国际市场销售成功，在很大程度上受到它用以制定战略的思想、构建组织的形式和进占策略的根本方式的影响。每家公司总是以其独特的方式制定战略、构建组织形式和进行战略决策。而这种独特的方式则是由于公司的历史背景、人员的素质和资源状况所产生的。虽然说，不同的商业公司在不同的国家中会产生不同的模式。但研究中我们发现，日本厂商的战略思想、组织结构与战略决策的模式，不仅使日本厂商在国际市场的竞争中获得巨大成功，同样也会对欧美国家和其他国家产生重要影响的。日本的国际型企业组织结构有它独特的形式，一般分为以企业集团为代表的大型组织结构形式和以个别公司为代表的小型组织结构形式。

1. 大型组织结构：企业集团

日本的企业组织在很大程度上是从称之为财阀（后称财团）的大集团的成员中形成的。每一个集团成员与其自己工业部门的供应商之间有着更加紧密的纵向联系。目前，日本在战后出现的联合集团可分为两种主要的大集团，一种是财团，即所谓的现代财阀；另一种是工业联合集团（即所谓的康采恩，konzern 是资本主义垄断组织的一种最复杂的形式，指把分属于不同经济部门的许多企业联合在一起，而以其中实力最为雄厚的垄断企业为核心所组成的多种企业集团）。

财团或现代财阀可分为两种集团：一种是直接沿袭先前财阀的集团，这是一批实力雄厚，并能在一定程度上支配日本工商活动的大垄断企业，如，东芝、三井和住友集团。另一种是以银行为中心的联合组织，或者是由大银行和大工业公司组成的企业集团，这一类集团如扶桑、三和和第一劝业集团等。这种现代财阀都是由一家核心银行、一家综合商社和一些制造公司构成，由一般的金融债券作为结合的纽带，以一家银行或数家银行为金融中心。每个集团都拥有自己的财务、经销部门和生产部门。

而康采恩，即工业联合集团，则由一个大企业集团构成，它可以看作是转包或供应关系的系统中心。这种联合企业集团是第二次世界大战以后的特殊产物。如，松下、丰田、本田、日本钢铁集团等。

康采恩与现代财团这两种集团之间的区别，在于前者较少依靠金融机构来筹集自己的资金，而是通过善于赢利的经营获取大量资金。然而，这些工业联合集团与现代财阀之间，又通过股票购买、借贷和投资等活动而产生相当密切的联系，如住友银行与马自达和松下集团有联系；三井与丰田和东芝有联系；三菱则与本田集团有关。

这些联合企业组织对于日本公司如何接近国际市场，又如何制定战略和做出有关销售的决策，有着十分密切的关系，从某种意义上来说，日本仅占国际市场的历史，就是这些联合企业组织演变的过程。以现代财阀为例，综合商社，是其最早向海外市场发起进攻的组织。当初建立综合商社确实是为了开展海外市场的营销活动；如确定可行的市场；收集市场情报；估量竞争者的力量与弱点等，如今综合商社已经发展成一个遍及世界的情报网络组织，它能够提供远远超出其他任何国家的大量信息与情报，或是传入日本，或从日本传出（综合商社是日本所特有的、巨型的、具有多种功能的综合性商业公司，现有三菱商事、三井物产、伊藤忠商事、住友商事等多家）。综合商社往往是在世界范围内构成以一个国家产品矩阵系统为特点的产品部门。每一个部门对特定产品的地区和国家都有深刻的了解。在综合商社中，市场销售机能很集中，因而形成一个组织性强、效能高，致力于国际市场开发的销售机构。

由于工业联合企业（康采恩）与现代财阀之间的联系是间接的，而自己又无海外营销机构，所以也通过综合商社开展自己的出口业务。随着国际销售对日本制造公司的重要性越来越大，综合商社已经日益适应不了对这些制造公司的出口需要。而且也难以发挥多种必要的职能了（如对市场、用户、产品进行分析；对新产品的开发；对销售系统的发展和完善等）。于是，日本的制造商开始意识到，建立自己的海外营销机构已势在必行了，许多公司最初设立的是出口部，尔后又就某一地区建立出口分部。后来出口分部对渗入外国市场所需做的各项工作，也渐渐无法胜任（因为那些从事生产汽车、家用电器等产品的公司，其成功主要取决于同用户、销售渠道、零售商和快速服务供应部之间建立起稳固的关系）。因此，日本的大公司又开始在出口部中增设了推销分部，这样，这些推销部便开始执行有关产品与市场发展的多种任务，逐步在世界范围内建立了自己的产品营销网。

2. 小型组织机构：个别公司

日本企业集团中的小型公司的内部结构促进了有效的战略性销售，它的组织结构分别有五种形式：即纵向结合型组织机构（垂直一体化）、产品市场分设型组织机构、灵活的等级机构、功能一体化的组织结构,以及策划结构。

(1) 纵向结合型组织机构。它是工业性的联合企业结构的固有性质,它是指作为结构体核心的大公司把供应原件的任务转包给小公司,以便从更低的成本和企业管理费用以及原料供应中获利。如果没有高度的纵向结合,日本公司便不能取得市场销售的很多优势(如进攻性的价格、高质量、快速交货、售后服务等),汽车、电子产品和手表都是以高度的纵向结合为特点的日本工业。

(2) 产品市场分设型的组织机构。它是指按照一种产品市场的定向而建立的分设机构。过去日本公司最主要的组织形式是职能部门化。但是,在过去十年里,随着产品种类的迅速扩展,日本各公司内部的组织机构开始从职能形式向分设形式进行了转移,据有关资料统计,日本约有40%的大公司和30%左右的中型公司已转向了产品市场分设形式。这种分设机构的组织形式,对分散决策、全力开发产品和市场、提高对环境的灵活性与适应性,以及将企业化经营的精神贯彻到每个组织部门中去,都是非常必要的。

3. 灵活的等级机构

日本公司往往不拘泥于任何严密的等级结构或组织关系。如果查阅日本公司的组织关系表或职务条例,很多公司都会提供不出,对于它们来说,组织结构应当是灵活机动的,为的是不断适应并促进行动规划的制定和实现。不少观察家评论,与美国同行相比,日本公司的组织结构缺乏对正规化、严密性和标准化的重视,而正规化和标准化可谓是使组织起到有效作用的基础。纵观日本企业的组织机构,直到20世纪70年代中期,很多日本公司才声称要有一个"营销部"。但有些公司仍不主张设立营销机构,而倾向设立一个销售部,来从事海外市场和产品的开发。

4. 功能一体化的组织机构

兼容性与机动性反映在日本公司高度的功能一体化上,不少日本经理人员"一生涉足"多种功能领域,而不是主要委身于一种功能领域。日本公司结构中的正规性与非正规性,促使并维持了功能领域的一体化(这种功能领域包括销售、制造、研究与开发、财务、人力资源等方面)。这样一来,营销的决策就不仅仅是由"营销人员",也是由其他职能部门的人员共同形成的产物或结果。

5. 策划机构

日本企业采用专门的策划小组为企业整个功能和特殊领域以及组织体系中的不同等级之间带来联系并促进融合与了解。策划小组应执行的任务繁多,也各不相同。如在某公司中,策划小组从事市场增长阶段的产品开发,在另一家公司,则着手于减少成本的计划工作,尤其在企业困难时期,策划小组会发挥更大的作用。策划小组的建立是经过精心研究的,据有关资料介绍,每家公司里,策划小组的平均数目往往不超过四组,每组成员平均为 40 人,另有资料表明,日本约有 3/4 的公司采用策划小组,作为取得组织一体化的主要形式。

(二)国际型大公司的营销组织设计

对于从事国际化经营的企业而言,除了应根据自身的优劣制定出切实可行的营销战略规划以外,还必须建立起一个能够有效执行营销战略规划的组织结构。否则,无论多么完美的战略规划,也只不过是一纸空文。

1. 国际营销组织设计的原则

国际营销组织设计的原则,一般包括权衡原则、系统原则、效益原则和责权统一原则四项内容。

(1)权衡原则。国际营销企业在国际市场销售活动中,一般面临着两个最重要的课题:一是满足国外消费者千差万别的需求。为此,企业必须实行分权化领导,划小核算单位,针对不同目标市场国的特征而制定具体的营销战略,以满足不同目标市场的独特需求。二是实现经济效益最大化。它要求企业必须充分发挥规模经济的效益,包括生产、促销宣传、产品设计和开发以及流通渠道等方面的规模经济效益,实行集中化领导,统筹规划,减少核算单位个数,并扩大每个核算单位的权限和规模。根据权衡原则的要求,企业所设计的组织结构,必须既能适应复杂多变的国际市场的要求,又能实现企业经济效益最大化这一目标。目前,一些国际保险业企业的组织结构就较好地体现了权衡原则。国际保险业成功的关键因素有两个:一方面,要适应各国不同的法律环境和市场条件;另一方面,要实行保险业务处理集中化,以求降低成本和提高效率。为此,有些国际保险公司采取划小核算单位,根据不同目标市场的要求,设立大量的子公司,以适应各国保险市场的独特要求。与此同时,又将每个子公司的业务处理职能集中到总公司,充分发挥电子计算机的优势,实现世界各地的子公司与总公司之间的联网和业务处理规模化,创造出一流的经济效益。

(2)系统原则。根据系统原则进行国际营销组织设计,有以下几点要求:第一,要把企业视为一个有机的整体。作为一个企业而言,员工个人的业绩构成部门和子公司的业绩,部门和子公司的业绩又构成整个企业的业绩。因此,在建立企业营销组织结构时,必须按照企业总目标,为每个管理层次和部门制定各自的子目标,而每个部门又负责为本部门员工制定具体目标,从而构成一个目标体系。第二,要将企业视为一个开放型大系统的一部分。企业从这个大系统中获得各种生产要素,同时又向这个大系统提供产品和服务。从这个意义上讲,企业组织结构必须适应外部环境的要求。第三,要从动态的角度考虑企业和员工以及外部环境的关系。为了使企业永远处于适应内外部环境发展变化过程之中，企业的组织结构必须有较强的弹性和适应性。

（3）效益原则。企业管理层次或部门的多寡以及每个层次或部门权限的宽窄，受到多因素的影响和制约，如目标市场国的环境、产品的种类、销售渠道的状况、促销宣传的力度、有关人员的素质、信息收集与反馈的速度等。然而，不管是采用多层次组织结构，还是采用少层次组织结构，其追求的目标都是相同的，即提高组织效率，创造出最佳经济效益。例如，在变化剧烈的外部环境下，采取分权化，多层次管理的组织形式，就能够迅速和灵活地适应市场需求，收到良好效果。而外部变化趋于缓和时，采取集权化，直接领导的形式，利于发挥整体和规模经济的优势，也可创造出优异的业绩。

（4）责权统一原则。责权统一原则要求企业组织结构的设计，必须处理好集权和分权的关系。权力如果集中于一人，企业中其他人就只有责任没有权力了；而权力高度分散，企业就无法形成一个整体，也就失去存在的意义了。因此，企业各管理层次和部门之间应该分工明确，有责有权，构成一个既相互合作又相互监督和制约的有机整体，才能使组织结构在实现企业营销目标的过程中发挥最佳效果。

2. 国际营销组织的类型

企业通用的国际营销组织形式主要有：国际事业部型、区域型、产品型和矩阵型。各种类型都有其适用的条件和优缺点，企业应根据本行业的特点，目标市场国家的特定环境，以及企业自身成长阶段的要求，选择最适合的组织形式。

（1）国际事业部型组织形式。

国际事业部型组织形式的特点是：第一，在企业内部组建两个相互独立的利润中心，一个负责国内的生产经营活动，另一个负责国外的生产经营活动。第二，在公司一层设立若干个职能部门，协助总经理负责整个公司的全面工作。第三，在每个事业部内，分别设置各种职能部门，作为事业部一层的参谋部门。第四，在事业部下面，按区域分设经营机构，负责该区域内的产品的促销、分销等工作。

国际事业部型组织形式的优点是：第一，有利于企业在国际市场上的进一步发展。企业进入国际市场一段时间以后，产品在市场上逐渐打开销路，销售量不断上升。而原先内销和外销产品由相同部门生产和经营的格局，有碍企业更好地满足国内外消费者的不同需求。第二，易于管理。国内、国外两个事业部门分别核算，独立经营，权责明确，便于公司对其工作和业绩进行指导和评估。

这种组织形式的缺点是：第一，导致企业力量的过度分散。两个相对独立的事业部门有各自的营销目标和策略,有不同目标市场和消费者。所以,很难协调两者的关系,特别是在不利的外部环境下,两个事业部门在争取内部资源上的矛盾会更加尖锐。第二,影响企业的进一步扩展。随着两个事业部各自业务的不断扩大,公司领导很难做到同时了解和精通两个事业部门的工作。因此,将会削弱公司一级对事业部的领导与控制。第三,降低企业研究与开发的能力。一个企业不可能同时拥有两个强有力的开发部,集中发展国内部就会影响在国际市场上新产品开发能力;反之,又将制约在国内市场上的开发能力。

(2)区域型组织形式。

所谓区域型组织形式,是指企业从市场全球化和经营国际化角度出发,根据国际营销战略规划中的目标和重点,按地理区域设置组织机构;区域部门经理负责企业产品在该地区的全部经营活动并直接向公司总经理负责。在区域部门内部,可根据实际需要设立若干个子部门,由区域部门经理直接领导。

区域型组织形式的优点是:第一,利于发挥企业的整体效益。区域型组织形式打破了将企业经营活动划分为国内、国外两大部分的传统思路,按实际情况分设地区部门,与国际事业部型组织形式相比,减少了一个层次的职能部门,便于公司的统一领导和管理。第二,较好地发挥了集权和分权各自的优势。区域型组织结构将日常的经营管理权下放给各地区部门的经理,同时公司一级集中了计划和控制权,使企业组织既具有较强的灵活反应能力又拥有统筹规划的整体优势。

区域型组织形式特别适合于产品组合具有以下特点的企业:一是产品组合较宽,由许多不同的产品线组成。如同时生产药品和卫生用品等。二是使用相同分销渠道。如在美国,化妆品和药品虽然是两类不同性质的产品,但都由药品这一渠道出售。三是同属于消费品范畴,即企业产品种类虽多,但都是面向最终消费者的产品。

然而,企业采用这种组织形式时必须注意解决好两个问题:一是区域部门经理的挑选。企业必须花力气去挑选和培养部门经理,因为他所负责的工作至关重要,对企业的整体业绩有着直接的影响。二是各种产品的销售管理。因为,每个区域经理不负责企业所有产品在该区域的经营活动,而没有专人负责企业每类产品销售的全部活动,所以,可能出现对某类产品促销不力的现象,给企业造成不应有的损失。

(3)产品型组织形式。

产品型组织形式是指企业按产品大类设置直线部门。有多少个产品大类,就设多少个产品部。每个产品部直接由总经理领导,负责该产品大类在国际市场上的营销活动。产品部根据其所经营产品的市场销路情况,可在世界各地设置销售机构或办事处等。产品型组织形式与区域型组织形式的共同点是：只设一个层次的职能部门，即在公司一级设置职能部门，各职能部门对产品部没有直接的领导权力，只起协调和参谋作用。

产品型组织形式的优点是：第一，对国外市场变化的反应灵敏。与区域型组织形式相比，产品型组织形式在适应市场上占有明显优势，因为，该结构是按产品大类划分直线部门，每个部门都是一个独立经营的利润中心。产品部经理可以根据国际市场对其产品的需求以及该产品在各国市场所处的不同生命周期阶段，及时调整营销策略，清除滞销品种，增添创新产品和短线产品。而在区域型组织形式下，没有专人负责某一特定产品大类的销售活动。因此，不能适应市场快速变化的要求。第二，有利于优化企业的投资结构。按产品线设立直线部门，提高了部门经理搞好市场调研，开发创新产品，扩大市场份额，争取最佳效益的积极性和主动性。同时，也便于公司领导对比和评估各不同产品部及其对企业的贡献，为企业资金投向效益最佳部门提供了依据。

产品型组织形式最适合下述几类企业使用：一是既生产工业用品又生产消费品的大型企业。这类企业采用该组织形式，可以充分发挥专业化管理的优势。二是实行国外销售当地化生产的企业。因为产品型组织形式的优点是分权化领导，而当地化生产则要求给下属单位较大的自主权。

但是，使用此组织形式的企业，应注意妥善处理好两个问题：一是协调好产品部之间的关系。这是因为各产品部都可以在世界各地销售产品，它们之间容易产生各种矛盾和摩擦。二是注重公司领导人的选拔和培养，特别要解决好从产品部选拔到公司一级的人不熟悉其他产品部情况这一问题，注意培养熟悉整个公司业务的人才。

(4) 矩阵型组织形式。

矩阵型组织形式的主要内容有：在公司一级设置职能部门，每个职能部门向上对总经理负责，向下仅具有参谋作用，没有直接的领导权；按地理区域设置部门，由总经理直接领导，负责企业所有产品在该地区的经营活动；按产品线设置部门，也由总经理直接领导，负责该产品大类在世界各地的销售活动；企业产品在某一特定地区的经营活动同时受该区域部和有关产品部的双重领导。例如，某一国际企业北美部经理负责该企业产品组合中所有三大类产品及其品种在北美地区的营销活动。与此同时，该企业三个产品部的经理也分别负责他们本部门产品在北美地区的销售活动。

矩阵型组织形式产生于20世纪60年代，是国际营销环境变化加剧的产物。它的主要优点是：第一，较好地解决了市场反应灵活与规模经济之间的矛盾。既拥有按地区划分部门对市场反应敏捷的优点，又保持了按产品划分部门所具有的规模经济的优势。第二，加强了公司总部对各个区域的经营活动的领导和控制。总经理可以通过不同的渠道对某一地区的经营活动进行直接领导和监督。同时，也可以通过有关职能部门及时了解各方面的情况。

矩阵型组织形式的缺点：一是易于引起矛盾和摩擦。各产品部注重的是利用各国市场所处产品生命周期阶段的不同，将在甲地处于衰退期的产品转移到正处于成长期的乙地去销售，或者推出其他创新产品等；而区域部则更多地考虑怎样满足该地区消费者的偏好和需求。二是组织结构较为繁复。基层部门同时要接受区域部和各产品部的领导和监督，工作业绩也要由其检查和评估，而不同部门评价角度和标准又不尽一致。因而易于出现评价不一的现象，影响基层部门的积极性和主动性。三是公司各职能部门从两个方面所发出的双重指令，双重预算，双重核查等，将会造成大量的管理费用支出，尤其是在经济衰退时期，更会给企业造成较大的负担，影响企业的经济效益。

二、国际营销组织设计的程序及影响因素

国际营销组织设计的程序及其设计中应该考虑的主要因素，对企业顺利进入国际市场并成功地打败竞争对手起着非常重要的作用。

（一）国际营销组织设计的程序

企业国际营销组织的建立是一项较为复杂的工作，通常要经过以下几个步骤：

1. 确定目标

从事国际化经营的企业，为了在国际市场上站稳脚跟和逐步获得竞争优势，必须通过制定战略规划的形式，对企业的内外部环境进行认真的分析和研究，找出外部环境中存在的机遇和威胁，结合自身拥有的优劣势，制定出国际营销的战略目标和策略组合。而企业组织结构的设计则应为实现营销战略目标服务。这就是说，有什么样的战略目标，就应该设计什么样的组织结构。战略目标改变，营销组织结构也应随之调整。

2. 分解目标

组织结构设计是以企业营销战略目标为依据。然而，战略目标不是一蹴而就的，必须通过完成若干项工作任务而逐步实现。这就是要求组织结构的设计人员首先要将战略目标分解成若干项工作任务，再将这些工作任务按照科学的方法分类，如按专业分工的方法对各种任务进行重新组合。

3. 确定不同的工作岗位和部门

组织结构的设计人员，根据员工的能力决定每个人在一定时间内应该完成的工作任务的数量，并据此确定各种岗位的数目。然后，将相关的岗位归集到一起,成立有关的部门,如产品部,区域部等。

4. 决定协调和沟通的方法和渠道

为了使各个岗位和部门的工作能够形成一个整体,就需要规定各岗位和部门之间的责任和权限。这种责任和权限一般都用岗位责任书、工作说明书等文字形式固定下来,以规范员工的行为和活动。

(二) 影响国际营销组织设计的因素

企业在设计营销组织结构时,通常应考虑以下几个因素:

1. 产品因素

所谓产品因素,是指企业所经营的产品大类的多少及其相关程度。一般的讲,产品大类不同则市场不同。如轿车市场主要是最终消费者,货车市场则包括运输企业。前者在促销活动中应充分发挥广告宣传的作用,后者在促销活动中就应注重使用人员推销。从这个意义上讲,产品高度多样化的企业,应采用产品型组织结构,以便于对各类产品的营销工作进行有效的管理和监督;如果企业产品大类很少,且各大类之间的相关程度很高(如使用相同的生产技术和工艺或相同的分销渠道等),企业就可以在产品方面实行集中管理,以求得规模效益。

2. 市场因素

有些企业经营的地区范围很广,各目标市场之间在经济发展水平、宗教文化背景、法律环境等方面存在较大差异,需要采用不同的营销组合策略。这时,企业可以采用区域型组织形式,以期能够较好地满足不同市场消费者的独特需求。如果企业的各目标市场之间的共性大于特性,消费者的偏好相近(如在世界各地的华人市场对祖国的传统产品有着共同的感情),就可以在地理区域方面实行较为集中的管理。

3. 国际化经营的程度

如果企业产品外销的比重较低,可采用事业部型组织结构,由国外事业部负责企业产品在世界各地不同市场上的经营活动。然而,在企业产品外销比重很大的情况下,事业型组织结构就不能满足国外营销工作的要求,就应换为产品型或区域型组织结构。如果企业的国际化经营不但产品大类众多,而且地理区域之间差异很大,则可采用矩阵型组织结构,用不同产品部来管理不同产品大类,用分设地区部来满足各地区的不同要求。

4. 最高管理层的观念

最高管理层对国际化经营的态度以及对外籍雇员的看法,对企业组织形式的选择有着直接的影响。如果企业高级领导强调向外发展,能够大胆使用外籍员工,可建立较为高级和复杂的国际营销组织,如使用矩阵型组织形式。否则,就应采用较为简单的国际营销组织形式,如建立出口事业部等。

三、国际营销的组织、执行和控制

国际市场营销工作的组织、执行和控制是保证企业的国际营销战略、策略和规划顺利实施的重要条件。

(一)国际市场营销工作的组织

营销工作的组织是指根据企业市场营销战略的要求,组织市场营销资源,建立市场营销组织。企业的国际市场营销组织设计的要求是能够完成企业所规定的市场营销工作。所以不同的企业,市场营销组织可能会有较大的差别。一个小型企业只需要很少的人就可以完成各种营销工作;一个大型企业就需要建立各种有关的职能部门,如推销、市场研究、促销、服务等部门,并由一名营销副总经理负责协调,才可能完成需要完成的营销工作。

(二)国际市场营销工作的执行

国际市场营销工作的执行是指国际营销各职能部门按照营销战略规划的要求去完成各种营销工作。在营销工作的执行过程中,必须保持营销部门内各职能单位的相互配合,同时也要求企业的其他部门与营销部门相互配合,以保证企业整体营销战略的顺利实施。

在营销战略的执行过程中,可能因为市场环境发生没有预料到的变化而影响到企业营销目标的顺利实现。因此,企业必须保持营销部门内各职能部门的相互配合,同时也要求企业的其他部门与营销部门相互配合,以保证企业营销计划的顺利实施。

在营销战略规划的执行过程中,可能会因为国际市场环境发生没有预料到的变化而影响到企业营销目标的顺利实现。因此,企业必须采取相应的信息反馈和控制措施,以确保企业所定的营销目标能够实现。

(三)国际市场营销的控制

国际市场营销的控制一般包括计划控制、盈利性控制和策略控制三方面。

计划控制是将反映企业营销目标的指标按时间阶段进一步具体化,定期检查这些指标的完成情况。如果计划指标不能按期完成,就应该认真检查不能完成的原因,并采取相应的补救措施,对各部门的营销活动进行调整。

盈利性控制是指对不同产品、不同市场的盈利情况进行监控,以检查所制定的盈利目标是否实现。进行盈利控制要求对不同的产品、不同市场的收入和投入进行认真的记录报告,以便营销管理部门定期做出评价报告。通过评价报告,如果发现盈利目标没有完成,就应进行诊断分析,找出盈利目标没有完成的原因,以对相应的营销职能部门加强管理,提高其营销效率。

策略控制是评价企业采取的营销策略是否适合市场环境的要求。由于市场环境是不断变化的,所以,对企业营销战略与策略的适应性进行定期审计是非常必要的。在整体战略的规划下,如果企业的营销策略不能适应市场环境变化的要求,就应对企业的营销策略进行调整。

对市场营销工作无论哪方面的控制,最主要的是通过营销审计或诊断,找出计划与实际执行情况的差距及产生这些差距的原因,以便对症下药,对企业的市场营销工作的不同方面进行调整。

以上我们介绍了市场营销管理过程中关系到企业营销的全局性问题:即战略规划、组织和市场营销管理过程。

战略规划是企业为了在即定时间内实现总体目标而对国际营销活动所进行的统筹与谋划,营销战略规划是一个动态过程,是企业在复杂多变的环境中,不断地寻找和把握机遇,不断地调整自己,以求最大限度地发挥自身的优势并获得最佳经济效益的过程。战略规划在现代企业的国际营销中起着愈来愈重要的作用。

战略组织结构是有效地执行营销战略规划的重要保证。国际营销组织设计的基本原则是权衡原则、系统原则、效益原则和责任统一原则。企业通用的国际营销组织形式主要有:国际事业部型、区域型、产品型和矩阵型。各种类型都有其适用的条件和优缺点,企业应根据本行业的特点、目标市场国的特定环境以及企业自身成长阶段的要求选择最合适的组织结构。

四、战略思想、组织结构和决策之间的关系

我们在前边以日本企业为例所进行的国际市场营销战略研究中,可能得出这样一个结论:企业采取的对外营销战略,总是反映在其组织内部的战略思想、组织结构和决策过程中,企业对战略的选择、更改与修订的方式绝非偶然,而是从企业组织的见解与行动中自然而然产生的。也就是说,一个组织的内情势必影响和形成该组织和外界联系的方式。

正如我们所讨论的,战略思想、组织结构和决策过程能够并且确实已经证实了对企业制定与执行战略所产生的重要影响。这里,我们再进一步研究一下这三者之间的相互关系。

第一,三者之间的关系是相辅相成的,这一点可从多方面得到证实。(1)战略的核心是信念。这种信念是指,对成功取得市场地位的信念;对战略完善的信念,这种信念显示在厂商坚忍不拔地发展企业的精神,显示出在成功希望渺茫下企业奋力拼搏的精神,显示出势在必夺的竞争精神,这就是它们战略的主要驱动力。(2)组织结构对这种信念起了促进作用。适合企业发展的组织结

构为厂商追求这种信念创造了条件,一方面便于生产管理,另一方面又便于开展世界营销活动。同时,各公司能以多种形式合作与结合(有组织的承包、部门之间的联系和功能一体化),要是没有这些组织成分,将这种信念变为成功的战略就困难多了。(3)由于存在这种信念,战略思想和组织结构便能在决策过程中得到加强。战略性决策中的多级参与、低级组织对战略性决策产生的作用和战略取舍中的不断评定,加强了对战略的积极性和战略规划的信念。因此说,战略思想、组织机构和决策过程都对加强战略的信念起了作用。

第二,这三种组织特性相互关系的重要性在于,它有助于企业产生和培养出使其在市场阵地中取得战略性成功的组织能力。倘若没有这种战略思想、组织结构和决策过程,日本公司极难实现产品质量控制,成本控制也达不到考虑周密及其他方面的能力。

第三,战略思想倾向、组织结构和决策过程之间的相互关系。通过其对战略性成功的确定和判断的影响,有力地影响着企业的战略行动。成功的判断不只是根据资金或销售量的增长情况,而是根据产品市场企业家主义。所谓产品市场企业家主义就是生产市场的最佳产品,占取市场地位,把竞争对手远远甩在后面。日本公司的结构规模极大地鼓舞着它们对成功的追求,决策过程则使日本厂商更加确信:在公司组织中,这种战略上必胜的信念是不可动摇的。

从目前流行的管理"组织文化"(它被当作不断取得战略性成功的手段)来看,在解释日本人的战略作用时,可十分明显地注意到他们的战略思想的重要性,不论是有意还是无意,日本人意识到自己存在着一种组织思想,一种极其有益于自己在竞争的世界市场中获胜的思想。

这里须加以说明的一个明显含意是,任何追求竞争胜利的组织都需对自己灌输一种战略思想,说得更广义些,就是灌输一种"战略文化",即它们的战略思想需进行一次重大的文化转移,把当前的一些受经营驱使的信念与价值观转向服从战略需要,这就是我们为什么研究战略的必要性。但是,一个组织在开始进行思想和文化转移前,必须先从日本人的经验中吸取三个教训。

第一,战略文化务必渗透于整个组织,只在最高或最低组织中,或在某些功能领域中提高文化是不够的。这里值得注意的是,美国近年来强调公司需要发展的"经销文化"。可惜,美国人对开展经销文化的努力仍局限于市场营销领域,而没涉及研究与开发、创造、资金筹措和人力资源等各个领域。其结果必然加深了市场营销领域与其他功能领域之间的紧张关系。因此,我们说战略思想必须渗入到组织中的所有层次和功能实体才行。

第二,真正构成一种文化的战略成分应顺应时势。虽然从很大程度上来说,文化是由人们自己获得的(那种长期维持的价值观或信念,往往是难以放弃的)。

但是，真正构成一种文化的战略成分则需要不断充实，并使之适应时势，产品市场企业家主义需要得到推进，无论对付新的竞争者，还是对付捷足先登者，都需要强大有力的战略（对于那些寻求从经营转向战略思想的企业来说，加强战略文化的需要就尤为必要了）。

第三，文化转变是一个漫长的、艰难的，而且通常是令人痛苦的过程。再则，为了对战略以及战略的制定产生重大的影响，必须研究每个人的心理动态、行为和人际关系，这就是战略思想、组织结构和决策过程。做到这一点并非容易的，但是，要想在世界市场上参与竞争，或者重新获得竞争的能力，那么，这种转变又是不可避免的。

本章小结

企业进入国际市场前要花费大量时间和精力去了解它们准备进入的特定目标市场的机会，并通过大量的信息资料来认真分析和研究该目标市场上的需求，以及该市场消费者需求的特点和市场竞争状况。因此，企业进入国际市场前的两项重要准备工作就是市场可行性研究和营销调研，在此基础上识别和把握市场机会，并制定战略性市场计划。

企业进入国际市场，面临的是各种各样的竞争对手，不同的竞争对手，处于市场的不同层面。因此，进入国际市场的战略战术，要从企业的实力出发，依据不同层次的竞争者来选择确定。具体而言：第一，市场渗透策略，目标在于渗透和控制市场，渗透攻势包括产品开发战略和市场发展战略两个重点。第二，市场对抗战略，适用于市场挑战者，具体包括侧翼进攻战略、正面进攻战略、包围战略、迂回战略和游击战略五种攻击型战略。第三，市场保持战略，适用于市场领导者，具体包括阵地防御、机动防御、先发制人防御、反击防御、侧翼阵地防御以及战略撤退等战略。

对于从事国际化经营的企业而言，除了应根据自身的优劣制定出切实可行的营销战略规划以外，还必须建立起一个能够有效执行营销战略规划的组织结构。国际营销组织设计的原则，一般包括权衡原则、系统原则、效益原则和责权统一原则四项内容。企业通用的国际营销组织形式主要有：国际事业部型、区域型、产品型和矩阵型。各种类型都有其适用的条件和优缺点，企业应根据本行业的特点，目标市场国家的特定环境，以及企业自身成长阶段的要求，选择最适合的组织形式。

企业国际营销组织的建立是一项较为复杂的工作，通常要经过以下几个步骤：确定目标，分解目标，确定不同的工作岗位和部门，决定协调和沟通的方法和渠道。企业在设计营销组织结构时，通常应考虑以下几个因素：产品因素，市场因素，国际化经营的程度，最高管理层的观念。国际市场营销工作的组织、执行和控制是保证企业的国际营销战略、策略和规划顺利实施的重要条件。

重要概念

市场可行性研究　战略市场计划　市场渗透战略　市场对抗战略　市场保持战略　国际营销组织

思考习题

1. 进入国际市场前的重点准备工作包括哪些？
2. 进入国际市场前如何识别和把握市场机会？常用战略方法有哪些？
3. 企业进入国际市场后如何渗透和控制市场？
4. 简述国际市场挑战者的竞争战略。
5. 简述国际市场领导者的竞争战略。
6. 简述国际营销组织的主要类型和设计原则。
7. 企业在设计国际营销组织结构时需要考虑哪些因素？

案例分析

日本进军国际市场的战略

在近几十年的发展过程中，日本企业进军国际市场主要采用"避实击虚"的战略，即采取迅速行动，趁着对方管不及、想未到而出现的空隙，进攻对方没有戒备或实力空虚的地方。这具体表现在：

一、迂回包抄

战后初期，商战主要在欧美各国之间展开，欧美各大跨国公司还未顾及的其他区域，存在辽阔的竞争空间。此时因产品质量不高尚无法进入欧美市场的日本产品就钻了这个大空子。它首先进攻亚非拉各国市场，选择的进攻点，一般都不存在竞争对手，或是竞争对手实力较差，处境不妙，大有可乘之机的地方。

如计算机行业，日本人先攻克亚洲的邻近国家，然后是澳大利亚，最后才是欧洲和美国。日本汽车公司和摩托车公司也是首先打入亚洲市场，然后再向外扩张。日本复印机、家用电器、音响设备等许多公司，最新选择的市场都是美国和欧洲企业鞭长莫及的地区。

二、填补真空

哪里有空子就钻进去，哪里有真空就填补，日本人进行商战是全球性的，可以说是无所不在，连鲜为人知的太平洋群岛也没有放过。帕劳共和国、北马里亚纳联邦、马绍尔群岛和瑙鲁等国，过去都曾经是英国、法国、美国等国的殖民地，后来才得以独立。老殖民者撤出后，日本人填补了老殖民者留下的真空，在这些地区积极开展工作。

现在太平洋岛屿的任何地方都有丰田汽车停在椰子树下，即使是最小的渔船也用雅马哈的外装马达推动。岛屿村子的小杂货铺里，销售着日本面条和啤酒，甚至盐和白糖也是日本的。

三、攻其不及

任何强者都有其弱点，都有可乘之机。

日本进入美国市场主要是在 20 世纪 60 年代之后，开始，欧美各大公司已统治所有的主要市场，但在细分市场上仍有被忽视或还满足不了顾客需要之处，这样，日本人就有空子可钻。那时，欧美大公司侧重于华贵、大型和价格高的产品，如汽车、摩托车、电视机、复印机等。他们自恃自己产品是名牌货，无需改进，不患无人购买。

日本却与之相反，以小而轻巧、质优而价廉的产品闯入美国市场，许多美国企业家却不屑一顾、嗤之以鼻。如他们把本田的第一辆轻型摩托车视为"玩具"，把索尼的第一台小型电视机贬为"玩物"。

但是，日本这些产品却得到美国顾客的赞赏。于是，精细灵巧、质高价廉的小型汽车、摩托车，便宜而又便于携带的收音机和电视机，功能价格都适合小型公司需要的复印机等，正是在美国同行企业自鸣得意、不屑一顾的情况下，相继涌入美国市场。

无论是"调虎离山"计，还是由它引申出的"避实击虚"策略，都是企业家必须掌握的进入国际市场的战略战术，尤其是后者，更是以小对大，以弱对强进行商战的取胜之法。

案例思考题

日本进军国际市场的"避实击虚"的战略对我国企业进入国际市场有何启示？

第六章 国际市场细分和目标市场定位

学习目标

世界不同国家和地区，在经济、文化、政治、地理位置等诸多方面的差异迥然，没有一个企业能够完全满足它。因此，企业必须按照一定的标准对众多的国家和地区进行市场细分，并根据自己的任务和目标、资源、特长，权衡利弊，从中选出适合自身的目标市场，制定正确的国际市场目标营销战略，从而在国际市场营销中取得成功。本章重点介绍国际市场细分标准，以及如何选择和评估最终的国际目标市场。本章的学习要求重点掌握国际消费者市场的细分标准，包括人口、地理、行为和心理细分标准等，重点了解国际目标市场选择的模式。

我国不少出口企业没有对国际市场进行细分，往往是一个好的产品、好的市场大家一涌而上，在同一市场上进行无差别竞争，最后纷纷陷入恶性降价竞争。这样不仅使企业的利润越来越少，而且由于有时候价格很低，使有的国家对我国某些出口产品提出了反倾销投诉。即使有的企业在选择国际目标市场时，只重视宏观细分，轻视微观细分，造成市场定位模糊。这些企业确实下了不少功夫来选择哪些国家适合自己的产品出口，但对于出口国家内部市场的微观细分却做得不够，因为目标国家中的消费者并不是铁板一块，企业应该对目标市场科学的微观细分，找出目标顾客的需求特点，有的放矢地进行销售。

第一节 国际市场细分的含义与作用

市场细分的概念是美国市场学家温德尔·史密斯于20世纪50年代中期提出来的，它的产生与发展从一开始就有很强的实践性。在经济国际化日益加速的今天，国际市场营销中的市场细分，对跨国公司发展起着前所未有的基础性作用和指导意义。

一、市场细分的概念

1956年温德尔·史密斯提出了"市场细分"的概念，认为一个市场的顾客是有差异的，他们有不同的需要，寻求不同的利益，企业应该对市场加以区分。其主要目的为：一是使同一细分市场内个体之间的固有差异减少到最小，使不同细分市场之间的差异增加到最大。二是在市场决策上，针对不同的购买者群体采取独特的产品或市场营销组合战略以求获得最佳收益。这样一来，我们就可以把市场细分的含义概括出来了，具体的说：市场细分就是把可能购买某种商品的顾客，分为若干群体，以便企业选择一个或几个特定用户群作为它的服务对象，即它的目标市场，然后以适当的营销因素组合去满足这些目标市场的需求。

二、国际市场细分的含义

国际市场细分则是从市场细分引申而来的，它是指企业在顾客需求异质性理论的指导下，根据消费者购买某特定商品的行为差异，将国际市场分成若干个具有相似需求的消费者群体或者子市场，以便企业制定出营销战略和策略，有效到达该市场。也可以说，国际市场细分就是企业按照一定的细分标准，把整个国际市场细分为若干个需要不同产品和营销组合的子市场，其中任何一个子市场中的消费者都具有相同或者相似的需求特性，企业可以在这些子市场中选择一个或者多个作为国际目标市场。由此不难发现，对国际市场进行细分有两个基点：一是顾客对商品的需求存有明显的差异，二是商品的不同购买者对同样的营销活动存有不同的反应。基于此，企业必须针对某潜在的顾客群体开发有效的营销方式。

国际市场细分具有两个层次的含义，即宏观细分与微观细分。宏观细分是要决定在世界市场上应选择哪个国家或地区作为拟进入的市场。这就需要根据一定的标准将整个世界市场划分为若干子市场，每一个子市场具有基本相同的营销环境，企业可以选择某一组或某几个国家作为目标市场。国际市场宏观细分的标准有地理标准、经济标准、文化标准和组合法。微观细分类似于国内市场细分，即当企业决定进入某一海外市场后，它会发现当地市场顾客需求仍有差异，需进一步细分成若干市场，以期选择其中之一或几个子市场为目标市场。消费品市场有地理环境、人口状况、消费者心理、购买行为四大标准，工业品市场有地理环境、用户状况、需求特点和购买行为四大标准。

三、国际市场细分的作用

国际市场细分是市场细分理论在国际营销领域中的运用和深化，其在企业中的意义非同寻常、作用不容忽视。

（一）有利于企业发现新的市场机会，满足潜在市场的需要

企业在市场调研的基础上进行市场细分，一是可以准确地发现消费者需求的差异性和需求被满足的程度，更好地发现和抓住市场机会，避免企业风险；二是可以清楚掌握竞争对手在各细分市场上的竞争实力和市场占有率的高低，可以更好地发挥企业自身的竞争优势，选择最佳的目标市场。

（二）有利于提高企业的经济效益

这一点对于大中型企业而言意义尤甚。在市场经济条件下，企业的生产取决于市场需求的大小。在市场细分的基础上，企业可以根据自己的目标，集中人力、物力、财力投入国际目标市场，实现经营上的规模效应。倘若在市场上某种产品有较好的销路，则不可避免地会吸引诸多企业参与竞争，企业要想在充满着刀光剑影的国际市场上占有一席之地，只有将其有限的资源集中到特定的国际目标市场获取局部的竞争优势方为上策。

（三）有利于企业确定自己的目标市场

目标市场能否正确选择，直接决定着企业在某一阶段发展战略的确定。这就需要企业在深入进行市场细分的基础上，寻求一个理想的目标市场。而目标市场的定位是否准确，是关乎企业目标任务是否能够顺利完成，企业市场营销战略制定和实现的首要问题。再则，一个理想的目标市场的选择必须依据科学的市场细分策略，也只有通过市场细分，才能够将总体的大市场划分为若干个子市场，企业才能够依据自身条件做出正确的选择。

（四）有利于企业调整国际市场营销策略，开发新的市场

企业通过对国际市场进行细分，可以有针对性地观察和收集细分市场信息，对各个细分市场实行差异化的营销策略。当某个目标市场的需求特征和竞争态势悄然发生变化时，企业可以及时地调整营销策略，制定出相应的对策，使营销策略不断适应瞬息万变的国际市场需求。在市场细分的过程中，企业还可以利用自身的优势，不断开发新的国际市场。

第二节　国际市场细分标准

国际市场细分标准共有三种：即国际消费者细分标准、国际工业品市场细分标准、国际集团市场细分标准。运用一定的标准把消费者的需求归纳为若干不同的消费者群，这种方法称为消费者细分的方法。

一、国际消费者市场细分标准

消费者市场的细分标准可以归纳为地理、人文、心理和行为型四类。

(一) 根据地理标准细分

地理标准包括：国家或地区、城市或乡村、聚居人口多少、气候差别（气温、湿度、季节差异）、交通运输条件等。这是市场细分的第一步，也是最常见的细分标准。但是为了指导业务经营，决定目标市场的地理标准，与一般统计用的地理标准应有不同的理解。细分市场用的地理标准不能笼统概括，要力争划分恰当，特别是版图大、民族和宗教复杂的国家尤其要注意。

例如，美国幅员辽阔，东西南北自然环境差别很大。我们对美国出口服装，不能把美国全国视为一个笼统的市场。因为美国版图大，气温和季节的差异直接影响市场的需求，市场细分时应该以州或城市作为划分依据，否则，必然会产生差误。

在进行地区细分时还要重视人口分布和密集情况，加拿大国土面积995万平方公里，但人口的1/3聚集在渥太华、多伦多和温哥华三个城市，如果我们对加出口日用工业品，与其把整个版图作为分析对象，不如在这三个城市进行抽样调查更为省钱、省力和扼要。平时，我们习惯于按国家和地区划分市场，主要是由于国家和地区是政治区划，一般有相同的政治制度和经济发展水平，代表同样的历史社会背景。可是，从市场学角度，正如前面所说的，市场是由顾客组成，同一国家和地区的顾客需求和购买行为往往并不一致。因此，在根据地理标准细分市场时，不但地理标准要运用得当，而且还要与下列标准（人文、心理、行为标准）结合起来综合运用，否则，很难产生实际作用。

(二) 根据人文标准细分

人文标准十分重要，人文标准内容广泛，主要是：顾客的性别、年龄、家庭大小、收入水平、教育程度、民族差异、宗教信仰、职业特点、生活习惯等。

人文标准比地理标准更为复杂。为了明确目标市场，运用这些标准往往需要综合分析。譬如，一个经营家用餐具炊具的出口企业，除调查清楚市场的饮食和烹调习惯以外，还必须了解买主的厨房设备和当地家庭平均人口，不然就很难决定市场畅销的规格和要求。尤其是食品和饮料，由于东西方人的饮食习惯、方式、口味大不一样，不做实地品尝和测试都难于摸清市场的爱好。美国有一家大的食品公司，以美国旺销的糕点混合粉去英国推销，虽然花了大量推销费用，但仍以彻底失败告终，损失巨大，最后才查明失败的原因是两国人民虽同样喜好糕点，但口味不同。相反，瑞士的雀巢牌速溶咖啡却畅销世界，原因是它得益于市场细分，虽然同是雀巢牌儿却根据各地爱好，采用了40多种不同配方，适合不同顾客的口味。

上面的一些例子都说明,在消费品的出口业务中,按照人文标准细分市场既是非常复杂的又是绝对不能忽视的。

(三)根据心理标准细分

人们的心理状态直接影响他的购买趋向,特别是富裕的社会,顾客购买商品已经不限于满足基本生活需要,心理因素左右购买行为力量更为突出。

例如,在资本主义社会里,社会阶层泾渭分明,不同阶层的人们,心理状态和志趣爱好也大不一样。在贫富不均的社会里,富有者对于高级商品往往并不计较价格高低,他们追求的是"唯我独有"。因而有些厂家出口时就重点宣传仅有的数量,如英国某厂的高级呢绒在出口时,同样的花式在每个城市只供应有限几段,这就是抓住顾客心理进行销售的成功经验。

不同国家和地区人们的心理趋向也各有特点。美国人好奇心强烈,闻名世界,在美国对新奇的产品只要善于广告宣传,形成一种"热"潮,无不获利,中国香港也有类似趋向。西欧国家则比较保守,新奇产品往往不能招徕顾客,名牌货却具有很强的吸引力。

审美观点也属于心理标准的差异。不同的民族和宗教,对于商品的造型、色彩、装潢以及配套数量往往有不同的喜好、评价和习惯。设计、生产和包装消费用品,固然不能忽视这些差异,即使是工业用设备也要注意。据我国到西方国家观察人员报导,我们出口的某些机床规格适销,性能良好,但是表面粗糙,色彩难看,影响成交。由此可见,即使是机床仪表产品的销售,也不能忽视心理因素的影响。

心理因素是由长期社会文化影响所形成,细分市场时只有经过深入细致地调查了解,才能正确掌握,成为有意义的细分标准。

(四)根据购买行为细分

购买行为是市场细分最重要的标准,然而,往往容易被忽视。

根据购买行业细分市场最主要的差异在于顾客是消费者还是企业或单位。现代营销学在论述销售策略时,把商品分为消费品和工业品两大类。前者的顾客是直接消费者,后者的顾客是生产者(个人或企业)、中间商或其他组织单位。

譬如,同样是电冰箱,消费者买去供家庭用,与供药房、医院、食堂、冷饮店、餐厅或轮船冷藏用,完全是两回事。购买的目的要求和购买前考虑的因素截然不同。因此,不仅要有不同的规格、性能的冰箱,销售渠道、计价标准,及各种促销措施,也完全不同,出口企业首先应该对两种市场进行细分,区别对待。如宾馆用的冰箱,放在客房里的需要小巧一些的只需冷藏用,而放在餐厅的冰箱就需要大冰柜。

二、国际工业品市场细分标准

细分产业市场的标准，大部分可采用消费者市场的细分标准。但是，由于产业市场也有其不同的特点，因此，企业还可以应用其他标准来细分产业市场。常用的细分标准有以下两种：

（一）按"最终用户"细分产业市场

在产业市场，不同的最终用户对同一种产品往往有不同的要求。例如，飞机制造商采购的轮胎的安全标准比农用拖拉机制造商要求的轮胎标准高得多，因此，企业对不同的最终用户要相应地运用不同的"市场营销组合"，如飞机用轮胎市场，军用轮胎市场，一般工业用轮胎市场，农业用轮胎市场等。

（二）按"用户规模和购买力"细分产业市场

用户规模大小，一般可按其资金的多少、设备数量的多少，或职工人数的多少来加以划分。由于用户规模和购买力大小不同，它们对生产资料的技术水平、效率、复杂程度等都有不同的要求，企业可以建立适当的制度来分别与大用户和小用户进行交易。

除了按上述标准细分产业市场外，还可以按用户的地理位置、用户性质（制造商、代理商、经销商等）或按一系列标准多层次细分产业市场。

三、国际集团市场的细分标准

集团市场包括生产者市场、中间商市场和政府市场。这类市场的买主都是组织机构，购买动机和购买行为都与一般消费者不同。因而，市场细分标准也不能完全相同，集团市场细分的标准可以考虑多种因素，主要有以下几种：（1）买主类型。即买主是购买者是生产者还是中间商，生产者如工厂、农场、农户等；中间商即指批发商、零售商、其他代理商；再有就是政府采购，即国家机关、学校、医院、军队等。（2）地理区分。即指国家、地区、气候、自然条件等。（3）经济发展水平。是指目标市场国家是属于发展中国家还是发达国家，还是原料输出国家；（4）购买频率。即经常性购买还是偶尔购买，是老客户还是一般客户。（5）行业差异。即是汽车工业还是建筑业、机械工业、电气工业、食品工业等。（6）选购着眼点。是指是求便宜还是重质量，希望回购或着眼于未来发展。（7）对产品和客户的了解程度。即交易对象是新客户还是老客户，对其产品是未曾使用还是有希望使用。（8）用量多少。即是大量使用还是少量使用，是经常使用还是偶尔使用。（9）对企业的信赖程度。即对企业是完全信赖还是比较信赖，还是信赖可以转变。（10）最终用户与要求。即不同用户，如工厂、企业、农户、事业单位、机关、部队，其要求各不相同。（11）惯用购买方式。即通过直接采购还是通过中间商、招标等采购。（12）对牌号要求。

即是接受原牌号还是坚持要求定牌等。

运用上述一些标准的具体方法,与消费品市场细分大体差不多,在此不再重复。

第三节 国际目标市场的选择

国际营销企业在进行市场细分以后,就要确定自己的服务对象,即选择与确定目标市场。目标市场即企业通过市场细分,被企业所选定的、准备以相应的产品或服务去满足其现实的或潜在的需求的那一个或几个细分市场。

一、国际目标市场的初选

国际目标市场的选择,是在国际市场细分的基础上,从企业面临的若干个有效的细分市场中选择一个或多个细分市场作为目标市场,即国际市场定位。企业在选择国际目标市场时,首先要初步选择目标市场,其目的在于缩小选择范围,减少进行调查时的人财物力消耗,以便迅速找到适当的目标市场。初选目标市场要根据以下几方面的要求,进行综合分析。

(1) 企业应该选择与现有产品或与未来发展的产品适销对路的细分市场作为目标市场。如果某一市场发展潜力很大,尽管企业现有产品不很适销对路,但改进后的产品或未来发展的产品能达到适销对路,也可将该细分市场作为目标市场。

(2) 对于市场容量大的细分市场,如果企业有条件渗透到这种市场进行销售,可以选作企业的目标市场。因为这种市场有较强的消费需求和发展潜力,但也有较多的竞争对手,如果企业具有一定的竞争实力,可以将其选作目标市场。

(3) 企业应选择有利于充分发挥自己优势的市场作为目标市场。例如,企业产品对某国别市场中的某一顾客群有特殊吸引力,或某国别市场的社会、文化、感情等与本国市场有较大的相似性和相关性,那么企业如果进入这些市场比进入其他国别市场有更大的优势。

(4) 对其他市场有重大影响的市场。若企业对该重要市场经过努力可以达到营销的目的,即可选作目标市场。这种重要市场主要是指各个国家的政治、文化、经济中心,一般是国家的首都市场。例如,英国的伦敦、美国的纽约、法国的巴黎等,打开这些市场,可对该国全国产生影响,如果企业的产品适应性强,有可能推销到该国的其他市场区域,企业可在重要市场建立企业信誉,提高企业占有率,再逐步渗透到其他市场。

(5) 企业在某国别市场上具有较高信誉,可选做企业的目标市场。例如我国的产品在前南斯拉夫各国有一定的影响,也就是那里的消费者比较认可我国的产品,那么我国的产品打入前南斯拉夫各国就比较容易,可以把它作为目标市场。

(6) 企业产品有可能在某些细分市场达到较高市场占有率,这部分市场可选做企业的目标市场。

(7) 如果母国在该国家市场的政治影响较大,这部分市场也可以选作目标市场。

二、国际目标市场的评估

国际营销企业在实际选择目标市场时,要对上述主要条件做综合分析,根据企业的任务和目标,资源和优势等,对初选的国际目标市场的经营价值进行评估。国际市场的评估,主要是确定国际市场机会的大小,它包括四个内容。

(一) 市场容量分析

目标市场评估的重点在于分析其现实的市场容量和市场潜量。以判断企业需要用多大力量去开拓这个特定市场。

市场容量是指某项商品在该国市场一年的销售量,一般用价值量表示。市场容量所能接近的最大极限就是市场潜量。换言之,市场潜量是指在市场充分开发的理想状况下可能达到的销售总量。

市场现实容量的资料可以从有关国家的商业统计资料中查找。或根据该国产量,进出口量和保存变动量进行计算,公式如下:

某国某商品的年销售量＝某国该产品产量＋(进口量－出口量)
－(年末该商品库存量－年初该商品库存量)

如果库存的数据找不到,可略去不计,公式简化为:

某国某商品的年销售量＝某国该商品的产量＋(进口量－出口量)

全部市场潜量可采用连锁比率法(简称连比法)计算,其公式如下:

某商品市场需求量＝人口×平时个人可任意支配收入×可支配收入中用于某类商品的平均百分比×某类商品的花费中用于某种商品的平均百分比

例如,某企业估计某种新型食疗用啤酒的市场潜量,利用连比法计算如下:

新型食疗啤酒的市场需求量＝人口×平均个人收入×个人收入中用于食物消费的平均百分比×食物消费中用于饮料消费所占的百分比×饮料消费中用于食疗啤酒所占的百分比

企业在应用连比法时，应从一般有关要素移向一般产品大类，再移向特定产品，如此层层推算，便可求得该产品的市场潜量。

企业在全部市场潜量估计完毕后，还应将该数值与现有市场规模加以比较，估计现有市场规模占全部市场潜量的比例。现有市场规模是目前实际购买的数量单位或金额，它总是小于全部市场潜量。

企业决策者必须分析市场潜量是否足够大，并估计市场未开发潜量（市场未开发潜量＝市场潜量-现有市场规模）是否足够大，然后确定企业的资源投向。

（二）企业可能销售量分析

企业营销者应该明确，全部市场潜量的估计只反映相对的行业机会，是在一定的时间，一定行业内的市场营销支出水平，以及一定国际环境下该行业内所有企业可能达到的最高销售量（销售额）。因此，评估初选市场的价值，除评估市场潜量以外，还应估计企业可能的销售量（即企业需求）与销售潜量。

企业需求是指在整个市场需求中，属于企业的那一部分需求，可用公式表示：

某企业的企业需求＝该企业的市场占有率×总市场需求（市场容量）

市场占有率表示企业在市场容量中所占的份额，是企业与竞争者市场营销力量的相对比率，反映企业对市场的控制程度和市场地位，也是衡量企业经营水平的重要指标。

企业需求的预测，是指在特定的营销环境及营销计划下，预期企业能获得的市场需求。企业在营销努力不断增加的情况下所能获得的最高市场需求就是销售潜量。企业销售潜量的最高限度上限值就是市场潜量。但是，在通常情况下，由于竞争企业的存在，企业销售潜量一般小于市场潜量。

企业在确定市场占有率目标时，应全面考虑各个内外部因素，内部因素：主要是衡量企业自身的力量，可以为其产品做何等营销努力，以获取适当的市场份额。外部因素：主要包括政策法令的限制，竞争的环境，顾客的反应和技术的发展。

（三）初选国际市场的竞争情况分析

国际营销企业在国际市场上面临三类竞争对手：目标市场所在地的厂商、其他国家的出口厂商、与自己同国籍的企业。竞争的结果主要表现为市场占有率大小不等。

在国际市场上，每一个企业都应力争达到尽可能大的市场占有率，只有这样才能保证获利，这就是要求企业必须对影响国际市场竞争的主要因素进行充分的研究分析。

（1）应分析初选目标国别市场的法令规章，例如，关税高低，消费税水平及其它可能影响营销成本和售价的各种规定，如专利权、商标登记办法、反倾销法、反垄断法等。

（2）把自己的产品与该国市场上的现在销售的所有各类产品进行一系列全面的比较，比较中注意产品价格、质量、式样、包装、售前和售后服务等方面的差别。

（3）分析该市场的竞争结构，要了解各主要竞争对手的市场占有率以及几家主要竞争者之间有没有勾结等。还要着重分析在该市场上占有率最高的竞争对手的情况及其成功的原因，通过了解他们的营销策略和竞争手段，来做出与其进行较量的决策。

（4）分析该市场的销售渠道，目的是寻找最有效的销售渠道，了解销售渠道被竞争对手垄断的程度，来决定是否设置一套新的销售机构。

（四）企业收益分析

企业收益分析主要是对企业需求与企业成本进行比较。企业对目标市场的取舍必须有充分根据地估计本企业是否具备竞争优势，是否有利可图。然后再将在该市场可能获得的利润水平与企业的目标比较，评估出进入这一市场的价值。

初选目标市场必须满足企业收益大于企业成本的条件。企业对初选目标的评估，最根本的是对企业能够在哪个市场获得多少未来收益作为判断。哪个市场所获得的未来收益大，企业就可以选择这个市场作为目标市场。

预测在某个初选目标市场能取得多少收益还要与投资联系起来考虑。推算投资收益率时必须做到两点：其一是要能达到企业投资收益率通常的水平。其二是把投资收益率定得高一些，以补偿国际市场风险和推算不准确造成的损失。

同时推算和追求风险损失估计额时，不仅要考虑错误推算销售额和费用的损失，而且要考虑货币变动（货币贬值、资金冻结等）的损失。

三、国际目标市场的选择与营销战略模式

国际营销企业在对若干个初选的目标市场进行深入调查研究，了解各个市场部分的市场容量和潜在容量，以及各个市场的竞争情况。并结合企业自身能力，初步核算开拓这个市场的成本与收益以后，就可以根据已掌握的大量资料做出开发该市场的选择决策。将几个特定市场的情况相比较，每个市场在哪几

个方面有利,在哪些方面不利,就十分清楚了。企业决策者可以根据自己的实际能力,决定开发国际市场的大体规划。这些规划包括:如何开发国际市场?即以什么形式开发国际市场?是一批开发还是分批开发?如果分批开发,首攻目标如何确定?如何确定目标市场的顺序排列?这些问题都是企业进行决策应考虑的问题。

在对各个细分市场进行了评估并选择了目标市场后,接下来就要为各个目标市场选择相应的营销战略。企业可以在下述三种战略中进行选择:无差别市场营销战略、差别市场营销战略、集中市场营销战略。

(一)无差别市场营销战略

即企业将全部市场看作一个没有差别的整体市场,不对市场进行细分,企业只推出一种产品,运用一种市场营销组合方案。采用这种策略的企业强调所有购买者对这一种商品有着共同的需要,而忽视他们之间实际存在的差异。例如,美国可口可乐公司由于拥有世界性的专利,在过去很长时间内曾以单一的品种,标准的瓶装和统一广告宣传内容,长期占领世界非酒类饮料市场。

采用"无差别市场营销"策略的企业,其优点是:(1)可以组织大规模生产,利用广泛的销售渠道和多种促销方式。(2)可以在消费者心中树立企业和商品的"形象",促使购买者进行采购。(3)在大量生产消费的条件下,可以节省这些产品的生产、储存、运输、广告宣传等费用,降低生产成本和经营费用。(4)由于不需要细分市场,可以相应地节约市场研讨费和销售宣传费等开支。

但是,这种策略对绝大多数产品却是不适用的,因为消费者之间确实存在着爱好、购买力、要求、习惯等差异,而且,消费者的需求经常变化,一种产品长期被所有消费者接受是罕见的。尤其是同行中几家企业都采用这种战略时就会形成在较大市场范围中引起激烈竞争,而较小细分市场的需求却得不到满足。因此,除规格简单的初级产品和各国具有绝对优势的特产之外,这种针对性不强的销售策略已日渐淘汰。

(二)差别市场营销战略

即在对市场进行细分的基础上,企业根据各个细分市场部分的不同需要,分别设计不同的产品和运用不同的市场营销组合,来满足各个细分市场的需要。

采用这种策略的企业,能较好地满足不同消费者的需要。因而,可以扩大销售,争取更多的消费者。另外,如果一家企业同时在几个细分市场上都占优势,就会大大提高消费者对企业的信任感。但是,由于采用这种策略势必要增加企业的产品品种,要求企业具有多种销售渠道和销售方法,广告宣传也要多样化,这样,就致使企业增加生产成本和销售费用,同时,使用这种策略还受到企业资源和能力的限制,因此,在实际市场营销活动中,这种策略适用于小批量多品种生产。近年来，许多国际营销企业都采用这种策略。

例如，日本出口的各种耐用消费品，如汽车，电视机、录音机、摩托车等，都是采用这种差别市场销售策略，它们生产的每一类商品都有较多的品种，每个品种又分若干规格花式，对不同分市场运用不同的营销组合进行推销，由于目标明确，企业就能较好地满足每个市场买主的需求，因此就可以增加销量。

（三）集中市场营销战略

即企业集中所有市场营销能力于一个或少数几个经过仔细选定的细分市场。这种市场往往是产品种类较少，价格和质量很高。采用这种策略的企业，追求的不是在较大市场上获得较小的市场占有率，而是在一个或几个市场上占有大的市场份额，使企业居于有利地位。

国外的企业最初一般总是以这种策略经营出口业务而取得成功的。它们不以自己的商品同时进入若干国家和地区为目标，初期只求进入少数地区的一个或几个分市场，以后通过竞争，逐步打败、排挤竞争者，以期在这个市场上占极大份额，取得较大经济效益，然后，再去开辟其他地区的同类市场。

采用集中市场营销策略，企业根据细分市场的需求情况，实行生产和市场营销方面的专业化，因而可以大大节省市场营销费用，增加盈利，提高企业的竞争能力。但是，企业采用这种策略也将面临较大风险。这是因为企业选定的细分市场范围较小。如果目标市场的情况突然变坏，如，出现强大竞争者、价格下跌、消费者偏好转移等，企业就可能陷入困境。因此，许多企业宁可将目标分散于好几个市场部分，实行多样化经营策略，以减少风险。

集中市场营销策略一般适用于资源能力有限的中小企业。

企业在选择目标市场营销战略时，必须综合考虑企业资源、产品、竞争和市场性质等因素，来权衡利弊。

1. 企业的资源能力

如果企业资源雄厚可以考虑实行"差别市场营销"；反之，如果企业的资源薄弱，人财物力不足（自然不能把企业有限的人力、物力、财力分散使用），那就应当尽可能地采用集中性销售策略。

2. 产品的同质性

企业经营的产品，如果是同质的或相似的产品如大米、食盐、钢材、大宗的化工原料以及其他农矿初级产品等，全世界所用的规格差异不大，即可采用"无差别市场销售"，因为这类产品的竞争主要表现在价格上。反之，如果企业生产经营的是产品设计可以变化，花色式样，型号等有所差异的产品，如家用电器、服装、汽车等则适宜采用"差别市场销售"或"集中市场销售"。

3. 市场的差异性

如果购买者的偏好大致相同，在一定时期内购买数量相同，对市场营销方案刺激的反应也没有较大差别时，企业可以实行"无差别市场营销"。例如：中国香港和新马泰地区，由于地理比较接近或历史原因和民族习惯接近，不少商品可以采用无差别市场营销策略，相反，像阿拉伯国家与欧洲距离虽然不远，但民族不同，宗教信仰不同，经济发展水平也不同，市场差异很大，供应同一类商品往往也需要采用差异性销售策略。

4. 产品的寿命周期

每一种商品都有一个产生、发展、衰亡的过程，被称为该产品的市场寿命周期。企业把新产品投放市场时，品种不多，无竞争存在，可采用无差别市场营销策略，探索市场反应，或集中一个市场试销。可是，当它进入增长或成熟阶段，则应考虑增加品种规格，变换款式花色，调整推销方法，这时就要采用差别市场营销。

5. 竞争对手的目标市场营销战略

如果竞争对手实行"无差别市场营销"企业一般应实行"差别市场营销"相抗衡；如果一个强大的竞争对手已经采取"差别市场营销"，企业应当进行更有效的市场细分，重新划分市场，实行"差别市场营销"或重新划分市场，实行"差别市场营销"或"集中市场营销"去占领市场。

第四节 国际市场产品定位

在当前市场中，有很多的人对产品定位与市场定位不加区别，认为两者是同一个概念，其实两者还是有一定区别的。具体说来，目标市场定位（简称市场定位），是指企业对目标消费者或目标消费者市场的选择；而产品定位，是指企业对用什么样的产品来满足目标消费者或目标消费市场的需求。从理论上讲，应该先进行市场定位，然后才进行产品定位。产品定位是对目标市场的选择与企业产品结合的过程，也即是将市场定位企业化、产品化的工作。

一、产品定位的概念

所谓产品定位就是针对消费者或用户对某种产品某种属性的重视程度，塑造产品或企业的鲜明个性或特色，树立产品在市场上一定的形象，从而使目标市场上的顾客了解和认识本企业的产品。

产品特色，有的可以从产品实体上表现出来，如形态、成分、结构、性能、商标、产地等；有的可以从消费者心理上反映出来，如豪华、朴素、时髦、典雅等；有的体现在价格上；有的体现在质量上等。企业在进行定位时一方面要了解竞争对手的产品具有何种特色，即竞争者在市场上的位置；另一方面要研究顾客对该产品各种属性的重视程度，包括产品特色需求和心理上的要求，然后分析确定本企业的产品特色和形象。

二、产品定位的必要性

在当今的国际市场上，竞争激烈，同类产品的品种很多，消费者如何进行选择？消费者购买的理由是什么？这都要靠企业的有效定位来解决。因此产品市场定位具有重大意义，它在国际营销中的必要性主要体现在：

（一）强化针对性

如今国际市场上消费者的购买和消费越来越注重个性，不同国家和市场对产品的需求往往存在很大差异性。因此，企业进入国际市场要一定要确定具体的服务对象。对服务对象定位的前提是对产品市场进行细分，通过合理、严密的产品细分，企业可以对各细分市场中的消费者需求和市场竞争状况加以对比，这样既可以根据对比结果了解和掌握各细分市场中服务对象的需求满意度，同时也可以看出自身所具有的优势和劣势，这有利于企业采取正确的国际营销措施。

（二）增强竞争力

参与国际市场竞争的任何企业都有自己的长处和短处、优势和劣势，准确的市场定位有助于企业扬长避短、发挥优势，从而在竞争中取胜。如果没有明确的定位，识别优势与劣势，在市场上盲目出击，极有可能导致营销失败。要想确定与国际市场上主要竞争者的市场位置，企业要准确地分析其产品与竞争对手的产品在成本及品质上的优势，以优势对劣势来打击竞争对手的产品而占领市场。

（三）开发新市场

越来越多的企业家感到现今国际市场上一种产品在市场上几十年不变仍然能够保持其垄断或寡头垄断地位的日子已经一去不复返了。现在产品的市场寿命越来越短，产品两年一升级四年一换代的现象实属屡见不鲜。真正的市场细分不是以瓜分为最终目的，而是以发现"处女市场"为最终目的。企业通过市场细分，可以掌握消费者的不同需求情况，从而发现未被满足或未被充分满足的需求市场。

（四）占领事业领域

由于人的欲望是无止境的，需求是多样的，因此，任何企业包括规模最大的企业也不可能满足购买者的全部需要，而只能满足其一部分需要。为此，企业必须确定满足人们的何种需要。也就是说，要确定企业的事业领域。例如人们一提起"一次成像"摄影技术时，便立即想到拍立得公司；当人们谈起复印机时，就会想到施乐公司。

三、产品定位基础

企业要找准产品定位必须首先找准消费者及其需求特征，以突出产品（服务）的特色为定位的出发点，以恰如其分地满足消费者的需求为定位的归宿。一般来说，产品定位基础包括功效、质量、价格、品种、体积、色彩、造型等。

（一）功效

就是根据特定产品的功效来确定它的市场位置。功效定位的着眼点是产品的功效。一个产品可能具有多方面的功效。即使是主要功效，也可能不止一个。广告文案撰稿人必须认真思考这样一个问题：突出产品的哪一方面的功效，才能在市场上占据最为有利的位置？瑞士雷达表，既有走时准确的好处，又有外表美观的优点，还有永不磨损的长处。广告文案撰稿人经过反复的思索，在一则广告文案中只是突出产品的一个方面的特点，那就是永不磨损。因为他们知道，凭借这一点，雷达表可以占据最为有利的市场位置。事实证明，他们的判断和做法都是正确的。

（二）质量

就是根据特定产品的质量来确定它的市场位置。进行质量定位，就应当突出特定产品质量方面的无可取代性，以此去占领对于该产品来说最有利的市场位置。当然，这需要产品确有可称道的质量才行。无锡"小天鹅"洗衣机，凭连续5000次无故障运行在同类产品中独占鳌头，这就为产品的质量定位奠定了坚实的基础。质量定位所涉及的产品质量，应当是具体的、明确的，是看得见、摸得着的，能量化就要尽可能量化。切不可笼统含糊，切不可语言不详，切不可只是虚晃一枪。如果各类评奖太滥，奖项多如牛毛，那么在广告宣传中突出"国优""部优""省优"，对消费者而言没有丝毫吸引力。

（三）价格

就是根据特定产品的价格来确定它的市场位置。特定产品与其他同类产品相比，如果在功能和质量方面不占明显优势，那么可以考虑从价格方面进行定位。因为在产品功能和质量相差无几的情况下，价格是影响消费的重要因素。一般来说，价格略低的产品，在市场上大致占有比较有利的位置。因此低价位不失为一种策略。但是，在这个问题上，情况又是很复杂的。价格比同类产品低，这可能招致两个方面的结果：一是吸引更多的消费者购买，二是使消费者怀疑产品质量低于同类产品。因此从低价位角度进行产品定位，往往会得到一部分消费者，同时也会失去另一部分消费者。因而此举并不是没有风险的。价格定位，也还可以换一种思路，那就是：采取高价位策略。如果对于产品的质量有着足够的自信，不妨将价格定得"高人一等"。由于受"便宜无好货"这一思维定势的影响，消费者往往会对同质产品中的价高者情有独钟。

有一个典型个案很能说明问题。中国和韩国都有绣花拖鞋在美国市场上销售，产品的质量不相上下。中国的产品价格定得比较低，而韩国的产品价格则要高出很多。结果是韩国产品比中国产品更好销。有关人员感到不解，于是在消费者中展开了调查。最后发现：购买绣花拖鞋的消费者，主要是富贵家庭中的主妇们。她们购买的动机，一是认为这种拖鞋穿着舒服，很实用，但这种动机不占主要地位；二是觉得它高雅，可以借此显示自己的地位、身份和富有。也就是说，她们购买绣花拖鞋的目的，更多的是为了炫耀。韩国的绣花拖鞋满足了她们的这种心理需要，因而价高却反而受青睐；中国的绣花拖鞋无法满足她们的心理需要，因而价低却反而受冷落。这里，应当说是包含了丰富的内涵的。而解决问题的关键是：必须摸透消费者的心理。

（四）品种

就是根据特定产品与自己的竞争对手在产品类型方面存在的差异，来确定该产品的市场位置。采用这种定位方法，要突出本产品与其他同类产品在品种方面存在的分歧。这种分歧应当是确实存在的，而不是故意杜撰出来的。这才具有可信性和说服力。再则，要通过揭示分歧，让消费者感受到本产品在品种方面所具有的优胜之处。这或许就是品种定位成功的诀窍。例如导入市场后一炮打响的美国七喜汽水就是很好的佐证。相反，如果在揭示了本产品与他产品在品种方面的分歧之后，只能暴露出己不如人之处，那么，还是不用品种定位为好。

（五）体积

产品丰富以后，产品的体积大小也是企业在产品定位时考虑的热门问题。在这方面，电器设备、通信产品和计算机产品尤其明显，消费者越来越青睐质量相当，但体积更小的产品。正是在这种消费需求的影响下，超薄笔记本计算机、掌中计算机、商务通、微型手机、超小型家用电器等被推向市场。

体积定位更多地表现为企业参与竞争的一种营销手段。

（六）色彩

从黑白电视，到彩色电视，到纯平彩电，再到背投、等离子等，反映出消费者对于产品色彩的日益重视。在产品处于同一水平线时，如果企业能够率先对产品色彩进行重新定位，同样能够在市场上树立鲜明的产品形象，给消费者留下深刻的印象。对产品色彩多样化的追求反映了消费者更注重需求的个性化。

时尚产品采用色彩定位往往会取得很好的营销效果。与体积定位一样，色彩定位更多地表现为企业参与竞争的一种营销手段。

（七）造型

消费者个性化需求的发展直接导致了产品造型的不断更新，企业产品采取什么样的造型或款式，是产品定位的关键内容之一。一个恰到好处的造型定位可在营销上一举成功，而一个蹩脚的造型定位则可能在营销上一败涂地。

除了基础产品（如钢铁、光缆）和生活必需品（如大米、玉米）外，其他任何产品都可以采用造型定位参与市场竞争。别出心裁的产品造型在市场竞争中能起到传递信息、树立优势的作用。例如，我国某地区有农民企业家改变用玻璃瓶装酒的惯例，改用葫芦装酒，这种新包装的酒一上市就备受消费者的欢迎，产品供不应求。

未来的营销中，造型定位还将会大有可为，也会成为更多企业参与市场竞争的武器。

四、产品定位策略

产品市场定位是要在预期消费者的头脑中发现仍存在的市场盲点即找出市场中仍存在的空隙。定位不仅仅是对产品要做的事而是对预期消费者要做的事。换句话说是要在预期消费者的头脑里给产品定位。定位最终的结果就是在消费者心目中占据无法取代的位置，让品牌形象深植于消费者脑海，一旦有相关需求消费者就会开启记忆之门、联想之门自然而然想到它。

（一）首位策略

在每一行业、每一目标市场都有一些公认处于首位的企业，它们占据了首席的特殊位置。由于这种无可替代的第一反应的效果，致使许多企业挖空心思地想占据首位。需要注意的是这个首位和第一可以是差别性的，不一定非是规模上的最大不可，重要的是在某些有价值的属性上取得第一的定位，在某些选定的目标市场上争得第一。例如，在世界饮料市场上作为后起的"百事可乐"进入市场时就采用守卫战略"你是可乐我也是可乐"，与可口可乐展开面对面的较量最终使自己争得一席之地。七喜汽水不是饮料生产厂家的第一，但它是非可乐型饮料的第一。采用这种方法品牌可深深地印在人们心中，而不管其他品牌的广告如何像连珠炮一样向消费者狂轰滥炸。

（二）补缺策略

就是寻找"市场空隙"乘虚而入，这是一种避开强有力的竞争对手进行市场定位的模式。企业不与对手直接对抗，将自己置定于某个市场"空隙"，开拓新的市场领域。这种定位的优点是：能够迅速地在市场上站稳脚跟，并在消费者心中尽快树立起一定形象。例如美国的 Aims 牌牙膏专门对准儿童市场这个空隙，因而能在 Crest（克蕾丝，"宝洁"公司出品）和 Golgate（高露洁）两大品牌统霸的世界牙膏市场上占有 10%的市场份额。

（三）特色策略

采用这种定位策略的企业一般是中小企业或实力比较薄弱的企业，它们突出自己与众不同的特色而取得成功的有："王守义十三香"、"王致和腐乳"、"老干妈酱"等企业品牌。比较典型的是伊莱克斯的销售理念。伊莱克斯在广告中只反复传达一个概念：静音并将保修时间定为 10 年。这就意味着其整机寿命很可能长达 15 年。结果伊莱克斯进入我国市场仅一年多市场占有率已跻身前 10 位。

（四）重新定位

"定位"本来是为了帮助企业更准确找到自己的竞争优势，但在实践中，很多企业存在一定程度上的"定位惯性"问题。即：尽管市场需求和竞争状况都有了很大的改变，但企业却仍然沿用原来的市场定位和品牌定位，结果逐渐走向弱势。重新定位问题由此提上日程。在这些情况下企业就需要对其产品进行重新定位。所以一般来讲重新定位是企业为了摆脱经营困境寻求重新获得竞争力和增长的手段。不过重新定位也可作为一种战术策略并不一定是因为陷入了困境，相反可能是由于发现新的产品市场范围引起的。例如某些专门为青年人设计的产品在中老年人中也开始流行后这种产品就需要重新定位。

综上所述，准确的定位能带给企业巨大的经济效益和广阔的发展前途，反之，则会使企业蒙受巨大的经济损失。同时应用定位策略时要有灵活性、要不断了解市场的变化，并及时了解竞争对手、分析竞争对手。同时发现同领域产品中所存在的空白点，并依据公司的定位做出及时的补充。因此，企业要在激烈的竞争中求生存、求发展，就必须在市场中找到自己最理想的定位，才能最终取胜。

本章小结

满足国际市场的顾客需求是企业国际市场营销活动的关键。为了有效地满足国际市场的差异性需求，企业有必要依据一定的标准对国际市场进行细分。国际消费者品市场可以依据地理标准、人文标准、心理标准和行为标准进行细分。国际工业品市场除了可以依据与消费品市场相同的标准来进行细分以外，还可以依据最终用户特征和用户规模及购买力等标准进行细分。在这些市场细分的基础上，企业应充分了解各个市场的市场容量和潜在容量，以及各个市场的竞争情况，并结合企业自身的资源条件，初步核算开拓这些市场的成本与收益后，可以选择自己的国际目标市场。在确定国际目标市场后，企业需要选择相应的国际目标市场营销战略，包括无差别市场营销战略、差别市场营销战略和集中市场营销战略三种类型，选择的依据包括企业的资源能力、产品的同质性、市场的差异程度、产品生命周期和竞争对手的目标市场营销战略。

国际目标市场选定之后，企业需要继续决策的是如何使自己的产品在目标市场获得广泛的认知度，这就涉及目标市场产品定位问题。产品定位是对目标市场的选择与企业产品结合的过程，也即是将市场定位企业化、产品化的工作。本章最后明确了市场定位与产品定位之间的联系与区别，介绍了几种主要的产品定位基础，包括产品的功效、质量、价格、品种、体积、色彩、造型等。在确定产品定位基础后，企业需要选择相应的产品定位策略，包括首位策略、补缺策略、特色策略和重新定位策略四种类型。

重要概念

市场　国际市场细分　国际目标市场　无差别市场营销战略　国际产品定位　集中市场营销战略

思考习题

1. 国际消费者品市场细分的标准有哪些？
2. 企业选择国际目标市场时，有哪些要求？
3. 企业应主要从哪几个方面评估国际目标市场？
4. 国际目标市场的营销战略有哪几种？它们各自适合怎样的行业和企业？
5. 简述企业国际产品定位的基础有哪些？
6. 企业国际目标市场与产品定位之间有何区别？

案例分析

海尔在日本的市场细分

众所周知，日本作为"世界家电的王国"，拥有很多著名的家电品牌，例如，松下电器、索尼音像、日立彩电……可以说，我国改革开放30多年以来，日本的家用电器无处不在地充斥着中国的消费市场。然而，在日本，消费者对日本本国的商品情有独钟，一般的情况下，只要有国产商品，日本人就不会轻易购买外国的产品。一方面，日本的家电产品的性能质量在世界上是数一数二的，另一方面，日本政府在政策上大多给予本国企业一定的保护。在日本的大型家电商场除了韩国三星彩电、LG电器以自身价格的因素占有少量的市场以外，基本上都是本国的电器在垄断着家电市场。

但是，伴随着世界经济全球化的到来，中国的市场不仅仅需要进口日本的产品，我们还要将自己的产品打进日本市场。海尔集团作为中国最大的家电企业在欧美各国取得的成功是有目共睹的，但是海尔集团深深地知道，要提高企业在国际上的知名度，要提高企业自身的竞争力，要建立起真正的国际品牌，就必须挑战"世界家电的王国"。2002年，海尔集团正式吹起了进军日本的号角。

海尔电器不是打进日本市场的第一家中国家电企业，也不是唯一的一家。目前，我国名牌家电企业与日本企业合作开拓日本市场的主要有：海尔集团与三洋电机、海信集团与住友商事、格兰仕集团与加贺电子、TCL集团与松下电器。虽均为名牌企业，但其进入日本市场的战略却大相径庭。其中，格兰仕和海信在日本市场仍主打价格牌。例如世界最大微波炉制造企业格兰仕集团初入日本市场就打出"9000日元微波炉"的口号，而同类的900瓦微波炉日本品牌售价一般为14000日元以上。

低廉的价格是我国多数商品打开国际市场的杀手锏。然而，海尔知道要在日本市场长期站稳脚跟，关键在于了解日本市场的需求，了解日本消费者的消费意向，生产出适合日本消费者喜爱的产品，从而树立起自己在日本市场的品牌产品形象，让消费者真正意识到海尔产品不仅仅是中国家电品牌，更是世界品牌。

日本作为世界第二经济大国，国民的生活水平自然很高，仅从日本国内众多家电企业和家电产品在家庭中的普及因素来分析，日本的家电市场似乎已经达到饱和的状态，要打开这样的一个市场的难度是可想而知的。但是海尔始终认为，"没有淡季的市场，只有淡季的思想"。市场是由消费者构成的，消费者的需要也大不相同。无论什么样的企业所生产的产品也不能满足所有的消费者的需求，只有对消费者以及消费意向进行深层次的分析，对市场进行细分，设计出适合不同消费层次的家电产品才能够拥有自己的市场。

通过长期对日本市场和消费者的调查，海尔发现：在日本，单身贵族占了相当大的比例，大约有1300万，在校学生、上班族、追求前卫的年轻人通常引领了日本的时尚消费。通过市场调查发现，日本的单身族用户拥有的洗衣机容量一般在4kg~6kg之间，但这样的容量往往得不到充分利用。于是海尔以此为突破口，于2002年11月1日向日本市场投放洗涤脱水容量为2.3kg的小型全自动洗衣机。该产品的特点是减少容量以及将功能减少到有必要的最低限度，并且用水量和使用电费也比4kg~6kg的洗衣机更节省。除了配备柔洗等的基本功能以外，该机还配备了可以13分钟内完成洗涤的快速模式，这对于单身居住的用户相当有吸引力。产品备有白色、粉红、蓝色3种颜色，完全是按日本消费者的消费意识来设计的。同时还专门针对日本单身贵族需求开发了130升以下的"坦克冰箱"，其销售对象也是针对单身用户，受到消费者的喜爱。在日本第二大百货超市连锁店，海尔冰箱的市场总份额占到了60.9%，成为该连锁超市销售的第一冰箱品牌，而闻名世界的日本三洋、松下、夏普、三菱四大冰箱品牌的市场份额总和仅占海尔冰箱市场份额的一半。海尔通过对日本市场投入小型洗衣机和冰箱打开了日本的潜在市场，让日本的企业也认识到日本国内有庞大的单身用户市场。

案例思考题

1. 结合案例分析国际市场细分的基础。
2. 结合案例试述如何进行成功的国际市场细分？

第七章 国际营销产品策略

学习目标

产品是企业进行国际市场营销的核心和物质载体,没有产品,国际市场营销就无从谈起产品。国际型企业能否成功地开发国际市场,在很大程度上取决于能否正确地选择海外市场所需要的产品。因此,企业应从具体条件出发,制定合理的国际营销产品策略。本章主要讨论产品的整体概念及产品组合,国际营销新产品的设计和开发,国际营销产品的生命周期,国际营销产品的商标与包装等问题,使国际型企业通过制定正确的产品战略,适时地开发新产品,延长产品的生命周期,创立全球品牌,成功开拓国际市场。通过本章的学习,要求学生理解产品整体概念的营销学意义,掌握国际新产品开发的过程和主要策略,掌握产品市场生命周期及各阶段的特点和营销策略,了解国际商标与包装设计的要求和策略。通过本章的学习,学生应了解国际产品的标准化策略和差异化策略的选择及依据。

国际市场营销环境的复杂性使国际市场营销在产品、价格、渠道和促销的组合侧重点上经常处于变化之中。由于各国的产品质量,品种变化,价格高低,服务水平,包装新颖,使用好坏,接受订货能力,交货及时,支付条件以及推销活动和创新的积极性等因素在国际市场上很难预料,因而我们在国际市场营销活动中切不可不顾条件地照搬国内的做法,必须本着灵活、准确、及时的原则合理运用各种营销策略。在诸多营销策略中,各国的出口公司和企业都把产品策略,放到了首要位置,因为产品不仅是满足消费者需要的唯一对象和进行交易的唯一依托,而且是市场运动的性质,是市场营销组合策略的唯一落脚点,消费者对产品的评价,决定着企业的生存和发展。

第一节 国际营销产品的含义

关于产品的概念,有狭义和广义之分。狭义的产品概念是局限于某种物质的形态和具体的用途上,一般被理解或表述为:由劳动创造,具有价值和使用价值,能满足人类需求的有形物品。广义的产品概念具有极其宽泛的外延和深刻的内涵,一般被表述为:是指能够通过交换满足消费者或用户特定需求和欲望的一切有形物品和无形的服务。其中,有形物品包括产品实体及其品质、款式、特色、品牌和包装等;无形服务包括可以使顾客的心理产生满足感、信任感以及各种售后支持和服务保证等。因此,应从整体上理解产品的含义。

一、产品的整体概念

从产品的整体概念出发,整体产品包括核心产品、形式产品、期望产品、附加产品和潜在产品五个基本层次。

(一)核心产品

核心产品又称为实质产品,是指企业为顾客提供的产品或服务中所包含的能满足消费者基本需求的利益。这是产品整体概念中的最基本、最主要的层次。消费者购买某种产品,不只是为了获得它的所有权,而主要是它能满足消费者某一方面的需求或欲望。例如,旅客在旅馆中真正购买的是"休息与睡觉";顾客购买花卉是购买"观赏"或"与人联络感情";而消费者购买化妆品则是为了"美容"或"保健"。因此,企业营销人员在产品的设计、制造与营销服务过程中,都必须充分考虑能否给予消费者更多的利益。美国露华浓化妆品的制造商就提出了这样的一个理念:"在工厂,我们生产化妆品,在商店,我们出售希望。"这就是说,化妆品公司卖给顾客的是美容的希望,这是整个产品的实质。

(二)形式产品

形式产品是指产品的基本形态,即核心产品借以实现的形式。比如汽车就分为轿车、卡车、巴士、旅游车等的形式。一般来说,形式产品包含一系列的基本要素,从消费者的角度来看,主要有质量、式样、色样、规格、造型、品牌和包装等。形式产品能够满足同类消费者的不同需求,它是企业在市场竞争中以不同的品牌、造型、质地、颜色、档次等满足消费者的特定需求来争夺消费者的一个重要方面。

（三）期望产品

期望产品是指顾客购买产品时希望得到的与产品密切相关的一整套属性和条件。例如，旅客在寻找旅馆时期望得到干净的床、洗漱用品、衣橱等。对没有特别偏好的顾客来讲，大多数旅馆均能满足他们这些一般的期望，所以旅客在选择档次大致相同的旅馆时，获得该类产品的便利性便成为选择这一产品的首选考虑因素。

（四）附加产品

附加产品指顾客购买产品时所获得的全部的附加利益，是指在商品的销售和使用过程中，企业给顾客提供的服务、便利以及可以用价值衡量的一切无形的东西。当今的产品竞争更多地体现在附加产品层次上，这正如美国学者西奥多·莱维特指出的："现代竞争的关键，并不在于各家公司在其工厂中生产什么，而在于它们能为其产品增加些什么内容——诸如包装、服务、广告、用户咨询、融资信贷、及时送货、仓储以及人们所重视的其他价值。每一公司应寻求有效的途径，为其产品提供附加价值。"因此，企业营销人员必须注意消费者的需求变化，延伸其所提供的产品，才能适应国际市场的需要。

（五）潜在产品

潜在产品是指最终可能实现的全部附加部分和新转换部分，或者说是指与现有产品相关的未来可发展的潜在性产品。潜在产品指出了产品可能的演变趋势和前景，如彩色电视机可发展为录放影机、电脑终端机等。

产品整体概念的五个层次，充分体现了以消费者需求为中心的现代市场营销观念。可以说，没有产品整体观念，就不可能真正贯彻现代市场营销观念。美国著名营销学家菲利普·科特勒在《市场营销管理》一书中举了一个足以说明上述道理的生动实例：一家办公用具公司生产的一种文具柜，非常结实耐用，但却销路不佳。经理抱怨说："我们的文具柜这样结实，从楼上摔下去也坏不了，为什么买的人很少？"公司的一位雇员不无讽刺地答道："问题在于没有一个顾客买文具柜是为了从楼上摔下去。"因此，企业提供的产品必须是整体产品，必须满足消费者的需求，否则就无法立足于市场。

二、产品的分类

市场营销对产品的分类，除了把商品分为消费品和工业用品以外，在销售过程中，产品还可以按照其耐用性和有形性、购买习惯、产品参与生产过程的程度等不同角度进行分类。

（一）按产品的耐用性和有形性分类

产品的耐用性和有形性分类，是指可将产品分为非耐用品、耐用品和服务。

非耐用品是指消费周期很短、容易消耗的有形商品，例如啤酒、化妆品、肥皂等；耐用品指使用年限较长、价值较高的有形商品，如空调、家具、机械设备等；服务是为了出售而提供的活动、利益或满意等，如理发、修理、文艺演出、娱乐活动等。一般来说，服务需要更多的质量控制、供应商信用以及适用性。

（二）按消费者购买习惯分类

按消费者购买习惯的不同，可将产品分为便利品、选购品、特殊品、待觅品四种类型。

1. 便利品

便利品通常是指消费者频繁购买和随时购买的产品。一般说来，对这些商品，消费者总是希望在需要时立刻就能买到，并且在购买中只花最少量的精力和时间，方便又可具体分为三种：即日常用品、即兴商品和急需商品。其中日常用品是经常需要的，如牙膏、肥皂、香烟等；即兴用品是消费者没有经过计划或搜寻而顺带购买的商品，这被称为冲动品，例如书报杂志、工艺品等；急需用品是在特定情况下急需的，如雨伞、蚊香、急救品等。

2. 选购品

选购品是指消费者为了物色自己需要的商品，在购买前往往需要花出一些时间和精力经过多种比较和挑选的商品。对品种、规格复杂，挑选性强，在质量、价格、款式等方面需要反复挑选和比较才能决定购买的产品，如服装、家具和大型器械等。选购品又可以分为同质品和异质品。同质品，消费者注重对价格的挑选。而对于异质品，产品的特色往往比价格更重要。

3. 特殊品

特殊品是指那些具有独特的品质特色或拥有著名商标的产品，如名牌时装、名牌香烟等。它不是消费者普遍需要的商品，而是某些消费者需要并肯花时间去购买的商品。如古董、邮票、具有各国特色的手工艺品、高级乐器等。这些商品的出售点不在多，而在零售商知名度高，服务水平高。

4. 待觅商品

待觅商品是指消费者不了解的物品，或即使了解但没有兴趣购买的物品，如刚上市的新产品、人寿保险、百科全书等。这类产品的特点，决定了企业必须加强广告宣传和推销工作，同时切实做好售后服务工作。

（三）按产品参与生产过程的程度分类

产业用品的分类方法与消费品有所不同，通常是按照它们如何进入生产过程及其与产品成本的关系进行分类。一般分为完全参与生产过程的工业产品、部分参与生产过程的工业产品和不直接参与生产过程的工业用品三种类型。

1. 完全参与生产过程的工业产品

完全参与生产过程的工业产品多半是指经过加工制造，其价值全部转入成品的原材料和零部件。原材料和零部件包括未经加工的原材料（如矿产品、农产品）和经过加工制造的原材料、零部件（如水泥、钢材、各种零部件）等。

2. 部分参与生产过程的工业产品

部分参与生产过程的工业产品是指在生产过程中逐步磨损，其价值分期分批转入成品。一般指生产设施、附属设备等固定资产。这类产品的销售特点是货款回收需要经过一段时间的谈判；制造商需要使用一流的销售队伍；设计各种规格的产品和提供售后服务。

3. 不直接参与生产过程的工业用品

不直接参与生产过程的工业用品指不直接参与生产过程，而是为生产过程的顺利进行提供帮助的一类商品。包括生产供应品、维修用品、办公用品（文具、纸张等）。这些通常都是通过中间商销售的，宜于分散经营，尽量接近用户。这些用品一般是标准化的，用户关心的主要是价格和服务，品牌偏好不明显。

第二节　国际营销产品的组合

现代企业为了更好地满足目标市场的需要，扩大销售，分散风险，增加利润，往往生产经营多种产品，这些产品在市场上的相对地位以及对企业的贡献有大也有小。随着外部环境和企业自身资源条件的变化，各种产品会呈现新的发展态势。因此，企业如何根据市场需要和自身能力，决定生产经营哪些产品，并明确各产品之间的配合关系，对企业的兴衰有着重要的影响。因此，企业需要对其产品组合进行研究和选择。

一、产品组合的概念

所谓产品组合策略是指每一个经营国际贸易的企业，都要根据目标市场的需要以及自己的人力、物力、财力和技术条件，决定自己在国外市场上经营产品的范围，这就称为产品组合决策。这项决策是否恰当，直接关系到满足需求的程度和企业的经济效益。

产品组合也称产品结构或产品搭配，指企业生产经营各种不同类型产品之间质的组合和量的比例。通常，产品组合由若干产品线组成，每条产品线包含若干产品的项目，每一产品项目又有若干品牌、包装和服务。

产品线又称产品大类或产品系列,是指在技术上和结构上密切相关,具有相同使用功能但其型号规格不同的一组类似的产品项目。如雅芳化妆品公司的产品线有化妆品、珠宝首饰和家常用品三条产品线。

产品项目,指产品线中不同品种、不同规格、不同档次、不同质量或不同价格的特定产品。

二、产品组合的要素

产品组合是一个企业所经营的全部产品的组合内容。产品组合是由各种产品系列和各种产品品种所组成。产品系列(Product Line)是由一组功能相同的产品品种所组成,这些产品满足需求相似的顾客,通过类似的销售渠道进行销售。而产品品种(Product Item)则是一个产品系列中的一个具体组成部分,每一种产品在规格、价格、外观或其他特点上都有明显的差别。

如,某一型号的华生牌台扇,是一产品品种,所有的华生牌台扇是一产品系列。而华生牌吊扇、落地扇、壁扇、台扇、抽烟风扇、排风扇则属于不同的产品系列。若这些产品系列是同一工厂生产,则构成了该厂的产品组合。

一个企业产品组合通常由产品组合广度、产品组合长度、产品组合深度和产品组合关联度四大要素组成。产品组合的宽度是指企业拥有的不同产品线的数量;产品组合的长度是指每条产品线内不同规格的产品品种或产品项目的数量;产品组合的深度是指企业经营的产品项目所提供的规格、品种、花样的多少。产品组合的深度一般是用平均数来分析,通过计算企业每一品牌的产品品种数目,然后加总除以宽度,就可以计算出企业的产品组合的平均深度;产品组合关联性也可说成是产品组合的匹配度,是指企业各条产品线在最终用途、生产条件、技术、分销渠道以及其他方面相互关联的程度。

表 7-1 宝洁公司的产品组合

洗发护发	护肤美容	个人清洁	口腔护理	妇婴保健	家居护理	食品
飘柔	玉兰油护肤	舒肤佳	佳洁士	护舒宝	碧浪	品客
海飞丝	SK-II	玉兰油		丹碧丝	汰渍	
潘婷	封面女郎	激爽		帮宝适	熊猫	
沙宣						
伊卡璐						

例如,在宝洁公司的产品组合中,产品组合的宽度是指洗发护发、护肤美容、个人清洁、口腔护理、妇婴保健、家居护理、食品等 7 个产品线。而产品组合长度是每条产品线中包括的产品项目的数量,如表 7-1 中所示,产品品目

数为19个,这样计算出宝洁公司产品组合的平均长度为:总长度19除以产品线数7,结果为2.7。假设宝洁公司的产品项目,如"佳洁士"牌牙膏有3种规格和2种配方(普通味和薄荷味),则"佳洁士"牌牙膏的深度就是6。根据表7-1中所列,总体来看,宝洁公司的产品关联度很强,除了食品行业的品客以外,其他的产品几乎都是洗护行业的产品。

产品组合的宽度、长度、深度及关联性对一个企业的生产经营具有重要意义。企业增加产品组合的宽度,即增加产品大类,扩大经营范围,可以使企业发现新的机会,使企业的资源、技术得到充分利用,从而提高经营效益。此外,增加产品组合宽度还可以分散企业的风险。企业增加产品组合的长度和深度,即增加产品项目,增加产品的花色、式样、规格等,可以更好地满足广大消费者的不同需要和爱好,以招目、吸引更多的顾客。企业增加产品组合的关联性,则可以发挥企业擅长领域的优势,提高企业在某一地区、行业的声誉。

三、产品组合的策略

选择面向国际市场的产品组合与选择面向国内市场的产品组合有着许多共同点(如怎样组成一个最佳的组合、组合产品的成本及利润等),但除了这些共同点外,面向国外市场的产品组合所需考虑的问题,远远比内销的产品组合所考虑的问题复杂得多。一个企业在进行产品组合的调整和优化时,根据情况不同,可选择以下不同的策略:

(一)扩大产品组合

它包括拓展产品组合的宽度和加强产品组合的深度。前者是在原产品组合中增加产品线,扩大经营产品范围,实行多元化经营;后者是通过在原有的产品线上增加产品项目或增加产品品种,使原有产品线变为完整的产品线。一般而言,当企业预测现有产品组合的销售额和利润额在未来有可能下降时,就应考虑在现行产品组合中增加新的产品大类,或加强其中有发展潜力的产品大类,通过扩大产品组合,可使企业充分地使用人力、物力和财力,分散风险,增强竞争能力。

(二)缩减产品组合

市场繁荣时期,较长较宽的产品组合会为企业带来更多的盈利机会,但当市场处于不景气状态或原料、能源供应非常紧张时,企业的生产经营者应该从产品组合中剔除那些获利很小甚至没有获利的产品大类和产品项目,集中力量发展获利多的产品大类和产品项目,从而实现资源的优化配置,增强企业竞争力。例如,百事可乐公司鉴于所属的必胜客、肯德基和塔克贝尔三家快餐店经营利润不断下降,并占用了企业大量资金,在1998年将这三家快餐店卖给

TRICON 公司；与此同时，美国三大汽车公司也相继出售汽车制造以外的事业，集中资金用于提高企业在汽车行业的竞争力。

（三）产品线延伸策略

每一企业的产品线只占所属行业整体范围的一部分，每一产品都有特定的市场定位。比方说，宝马汽车公司（BMW）所生产的汽车在整个汽车市场上属于中高档价格范围。当一个企业全部或部分地改变公司原有产品的市场定位时，我们称之为产品线延伸。具体做法有向下延伸、向上延伸和双向延伸三种。

1. 向下延伸

它指企业在高档产品线中增加低档产品项目。企业采取这种策略需要具备的市场条件有：企业发现其高档产品的销售增长缓慢，而企业的资源设备又没有得到充分利用，为了赢得更多顾客，企业不得不将其产品大类向下延伸；企业当初进入高档产品市场是为了建立其质量形象，然后再向下延伸，进入中低档市场，以扩大市场占有率；企业增加低档产品是为了填补产品线空隙，不使竞争者有隙可乘。

企业实行这一策略会遇到一定的风险，如处理不慎会产生严重的后果。例如，企业原来生产高档产品，后来增加低档产品，就可能会使名牌产品的形象受到打击；也可能会激怒生产低档产品的企业，导致其向高档产品市场发起反攻，激起更激烈的竞争对抗；企业的经销商可能不愿意经营低档产品，因为经营低档产品所得的利润相对来说较少。

2. 向上延伸

它指企业原来生产低档产品，后来决定增加高档产品。企业实行这一策略的主要原因是：高档产品市场具有较大的潜在成长率和较高利润率的吸引；企业的技术设备和营销能力已具备加入高档产品市场的条件；企业要重新进行产品线定位高档产品畅销，销售增长较快，利润率高；企业估计高档产品市场的竞争者较弱，易于被击败；企业想使自己成为生产种类全面的企业。

此策略存在着一定的风险，具体表现在：容易引起竞争对手的报复，使竞争对手进入原有的低档产品，进行反击；市场经营人员缺乏推销高档产品的经验，不能全方位地为现实或潜在用户服务；另外，容易给原有目标市场上的消费者造成怀疑的错觉，企业是否有能力生产高档产品。

3. 双向延伸

即原定位于中档产品市场的企业掌握了市场优势以后，决定向产品大类的上下两个方向延伸。中档产品距离低档产品和高档产品较近，与高档产品差别不大，经营运作起来比较容易，采用这一策略易成功。例如，得克萨斯仪器公司在美国袖珍计算器市场上采取双向扩展策略而占据了市场领导地位就是一个成功的范例。本来,袖珍计算器市场基本被惠普公司的高档产品和波玛公司的低档产品所充斥,得克萨斯仪器公司推出中等价格和质量的产品来填补空白,迅速占据了中档产品市场。接着它在中档产品的两端逐步增加更多的机型,以价格与波玛公司一样或更低、质量较好的低档产品击败波玛公司;又以质量上乘、价格低于惠普公司的高档产品夺走了原属于惠普公司的市场份额。双向延伸策略使得克萨斯仪器公司占据了便携式计算器市场的领导地位。

第三节 国际营销新产品的设计与开发

在现代市场中,各企业之间的竞争不断加强,这种竞争不仅表现在价格、促销等方面,而且越来越多地从产品本身表现出来,企业要在剧烈的市场竞争中站住脚,必须不断地更新产品。同时,由于生活水平的不断提高,消费者的购买需求也在日益迅速地发生变化,消费者也要求企业不断地推出新产品,以满足他们的需求。

一、新产品的内涵和分类

新产品的开发是指新产品的研制和开发,它是企业求生存发展、提高整体竞争力的一个重要途径。随着科学技术的飞速发展,世界范围内产品更新换代的速度越来越快,高科技含量高、高附加价值产品、差异化、特色化产品日益成为产品开发的重点。

从市场营销的角度来说,除了真正的全新产品以外,整体产品中任何一部分的创新或改进的产品以及向市场提供本企业过去从未生产过的产品都可以叫作新产品。一般来说,新产品按照其具备的创新程度,可以分成下面几类:

第一类是全新产品。指用新原理、新结构、新技术和新材料制造的前所未有的产品。如蒸汽机、电灯、电话和光纤维通信等的第一次出现都是全新产品。

第二类是革新型新产品。指采用新材料、新元件或新技术,使产品性能有重大突破的产品。如黑白电视机的出现是全新产品,而彩色电视机的出现则是革新产品。再如洗涤用品可分为:第一代——肥皂;第二代——合成洗衣粉(石油为主要原料);第三代——绿色洗涤用品(即肥皂粉,用优质动植物为主要原料制成)。

第三类是改进型新产品。指对老产品的结构、采用的材料或品种式样等稍加改进而生产出来的产品。如牙膏的基本材料一样,在里面添加不同的药物,就形成了不同的药物牙膏。

第四类是仿制型新产品。是指本地、本国市场没有，而外地、外国市场有，企业按原样仿制生产出来的产品。仿制品的生产，对充实本国、本地市场有很大的作用。但必须重视知识产权，要获得原注册企业的允许才能仿制，否则就成为侵权行为。

二、新产品设计和开发的必要性

新产品的开发和设计对于企业的持续发展和竞争力的提高是非常必要的，这种必要性主要体现在以下四个方面：

（一）产品生命周期理论要求企业不断开发新产品

企业同产品一样，也存在着生命周期。如果企业不开发新产品，则当产品走向衰退时，企业也同样走到了生命周期的终点。相反，企业如能不断开发新产品，就可以在原有产品退出市场舞台时利用新产品占领市场。一般而言，当一种产品投放市场时，企业就应当着手设计新产品，使企业在任何时期都有不同的产品处在生命周期的各个阶段，从而保证企业稳定盈利和长期发展。

（二）消费者需求的变化需要不断开发新产品

随着生产的发展和人们生活水平的提高，消费者需求发生了很大变化，方便、健康、快捷的产品越来越受到消费者的欢迎。消费结构的变化加快，消费者选择也更加多样化，产品生命周期日益缩短。这一方面给企业带来了威胁，企业不得不淘汰难以适应消费者需求的老产品，另一方面也给企业提供了开发新产品适应市场变化的机会。

（三）科学技术的发展推动着企业不断开发新产品

科学技术的迅速发展导致许多高科技新型产品的出现，并加快了产品更新换代的速度。企业只有不断运用新的科学技术改造自己的产品，开发新产品，才不至被挤出市场的大门。

（四）市场竞争的加剧迫使企业不断开发新产品

现代市场上企业间的竞争日趋激烈，企业要想在市场上保持竞争优势，只有不断创新，开发新产品，才能在市场占据领先地位，增强企业的活力。另外，企业定期推出新产品，可以提高企业在市场上的信誉和地位，并促进新产品的市场销售。

因此，在科学技术飞速发展的今天，在瞬息万变的国内国际市场中，在竞争愈来愈激烈的环境下，开发新产品对企业而言，是应付各种突发事件，维护企业生存与长期发展的重要保证。

三、新产品设计和开发的过程

新产品设计和开发可分为八个阶段，即构思创意、筛选创意、形成产品概念、制定市场营销战略、营业分析、产品试制、市场试销、商业性投产。

（一）构思创意

所谓创意，就是对满足一种新需求的新产品的设想。虽然并不是所有的设想或创意都可变成产品，寻求尽可能多的创意却可为开发新产品提供较多的机会。所以，现代企业都非常重视创意的开发。新产品创意的主要来源有：企业内部技术人员、顾客、科学家、竞争者、中间商、市场研究公司、广告代理商等。除了以上几种来源外，企业还可以从大学、咨询公司、同行业的团体协会、有关的创意媒介那里寻求有用的新产品创意。一般说来，企业应当主要靠激发内部人员的热情来寻求创意。这就要建立各种激励性制度，对提出创意的职工给予奖励，而且高层主管人员应当对这种活动表现出充分的重视和关心。

（二）筛选创意

筛选创意就是对大量的新产品构思进行评估，研究其可行性，选出好的构思进一步开发，并对不好的构思及时剔除。筛选创意时，一般要考虑两个因素：一是该创意是否与企业的战略目标相适应，表现为利润目标、销售目标、销售增长目标、形象目标等几个方面；二是企业有无足够的能力开发这种创意。这些能力表现为资金能力、技术能力、人力资源、销售能力等。

（三）形成产品概念

经过筛选后，企业要把选定的新产品构思变成产品概念。因为，产品构思仅仅是可能性产品，而产品概念是指已经成形的产品。在这里，首先应当明确产品创意和产品概念之间的区别。所谓产品创意，是指企业从自己角度考虑的，它能够向市场提供的可能产品的构想。而产品概念，是指企业从消费者的角度对这种创意所作的详尽的描述。因此，企业往往需要把产品概念放到顾客中进行测试，并了解顾客对产品特性的改进建议。

（四）制定市场营销战略

形成产品概念之后，需要制定市场营销战略，企业的有关人员要拟定一个将新产品投放市场的初步的市场营销战略报告书。它由三个部分组成：（1）描述目标市场的规模、结构、行为、新产品在目标市场上定位、头几年的销售额、市场占有率、利润目标等；（2）略述新产品的计划价格、分销战略以及第一年的市场营销预算；（3）阐述计划长期销售额和目标利润以及不同时间的市场营销组合。

（五）营业分析

营业分析的主要任务是对新产品概念从财务分析方面预测销售量、成本、利润和投资收益率，从而判断它是否符合企业的目标。营业分析要考虑的问题有：（1）产品结构、目标市场、消费行为；（2）产品定价、销售渠道策略、第一年预计销售量和销售费用预算；（3）预计未来销售量和每一时期的利润目标以及销售策略。

（六）产品试制

如果产品概念通过了营业分析，研究与开发部门及工程技术部门就可以把这种产品概念转变成为产品，进入试制阶段。只有在这一阶段，文字、图表及模型等描述的产品设计才变为确实物质产品。这一阶段应当注意的问题是：产品样品不仅应具备产品概念所规定的所有特征，同时要求在经济上和技术上都是可行的。如果不能，除在全过程中取得一些有用副产品即信息情报外，所耗费的资金则全部付诸东流。

（七）市场试销

产品样品经测试如果得到满意的结果，即可投入小批量生产，进行市场试销。市场试销的目的在于了解消费者和经销商对于经营、使用和再购买这种新产品的实际情况以及市场大小，然后再酌情采取适当对策。

市场试验的规模决定于两方面：一是投资风险大小，二是市场试验的成本大小和时间长短。投资风险越高的新产品，试验的规模应越大一些；反之，投资风险较低的新产品，试验规模就可小一些。从市场试验成本和时间来讲，所需市场试验费用越多、时间越长的新产品，市场试验规模应越小一些；反之，则可大一些。市场试销的方法除了根据产品种类特性而定以外，还要选好试销的地点和时机。常用的试销方法有：标准试销法、控制试销法和模拟试销法。

（八）商业性投产

经过市场试验，企业高层管理者已经占有了足够信息资料来决定是否将这种新产品投放市场。如果决定向市场推出，企业主要注意四个问题：（1）推出的时机。新产品要选择最佳时机上市，同时要考虑新产品上市对原产品的影响。（2）推出的地点。一般来说，新产品不宜全面上市。小企业可选择一个中心城市推出产品，迅速占领市场，站稳脚跟后再逐步向其他地区扩展；大企业可选择在一个地区推出，然后逐步扩展。（3）目标顾客。企业应针对最佳顾客群制定营销方案。（4）营销策略。即确定各营销因素组合。对不同的地区、不同市场和不同目标群，应采取不同的营销策略。

四、新产品设计和开发的策略

企业进行新产品的设计和开发时要以满足市场需求为前提，根据企业自身的资源和技术实力、市场的需求状况以及竞争对手的情况采取不同的策略。常用的策略有以下几种：

（一）先发制人策略

它是指企业率先推出新产品，利用新产品的独特优点，占据市场上的有利地位。采用先发制人策略的企业应具备强烈的占据市场"第一"的意识。因为对于广大消费者来说，对企业和产品形象的认知都是先入为主的，他们认为只有第一个上市的产品才是正宗的产品，其他产品都要以"第一"为参照标准。因此，采取先发制人策略，就能够在市场上捷足先登，利用先入为主的优势，最先建立品牌偏好，从而取得丰厚的利润。而且，从市场竞争的角度看，如果企业能抢先一步，竞争对手就只能跟在后面追，而企业不满足于占领已有的市场，连续不断地更新换代，开发以前没有的新产品、新市场，竞争对手就会疲于奔命。一个不断变化的目标要比一个固定的靶子更让人难以击中。采用先发制人的策略，企业必须具备以下条件：企业实力雄厚，且科研实力、经济实力兼备，并具备对市场需求及其变动趋势的超前预判能力。

（二）模仿式策略

就是等其他企业推出新产品后，立即加以仿制和改进，然后推出自己的产品。这种策略是不把投资用在抢先研究新产品上，而是绕过新产品开发这个环节，专门模仿市场上刚刚推出并畅销的新产品，进行追随性竞争，以此分享市场收益。所以，又称为竞争性模仿，既有竞争，又有模仿。竞争性模仿不是刻意追求市场上的领先，它也绝不是纯粹的模仿，而是在模仿中创新。企业采取竞争性模仿策略，既可以避免市场风险，又可以节约研究开发费用，还可以借助竞争者领先开发新产品的声誉，顺利进入市场。更重要的是，它通过对市场领先者的创新产品做出许多建设性的改进，有可能后来居上。

（三）延伸式策略

就是围绕产品向上下左右前后延伸，开发出一系列类似的、但又各不相同的产品，形成不同类型、不同规格、不同档次的产品系列。采用该策略开发新产品，企业可以尽量利用已有的资源，设计开发更多的相关产品，如海尔围绕客户需求开发的洗衣机系列产品，适合了城市与农村、高收入与低收入等不同消费者群的需要。

在选择不同策略的基础上，企业应根据具体情况选择相应的新产品开发的方式：（1）独立研制方式。指企业依靠自己的科研和技术力量研究开发新产品。（2）联合研制方式。它是指企业与其他单位，包括大专院校、科研机构以及其他企业共同研制新产品。（3）技术引进方式。这种方式是指通过与外商进行技术合作，从国外引进先进技术来开发新产品，这种方式也包括企业从本国其他企业、大专院校或科研机构引进技术来开发新产品。（4）自行研制与技术引进相结合的方式。这种方式是指企业把引进技术与本企业的开发研究结合起来，在引进技术的基础上，根据本国国情和企业技术特点，将引进技术加以消化、吸收、再创新，研制出独具特色的新产品。（5）仿制方式。按照外来样机或专利技术产品，仿制国内外的新产品，是迅速赶上竞争者的一种有效的新产品开发方式。

第四节　国际营销产品的标准化与差异化策略

现代企业在开发适合国际市场的产品时首先面临着一个基本问题：是采用标准化的产品策略还是采用差异化的产品策略？也就是究竟是在全世界不同的市场上都用同样标准化产品，还是为适应每一特殊的市场而设计差异化产品，解决这一问题有其现实意义。因为，一方面，如果企业的产品计划不能根据每一市场的特点进行修改，那么可出于对某种环境因素的不了解，或者出于企业决策阶层的疏忽，制定和使用的产品计划因不适应新市场环境而失败或收效甚微。另一方面，如果要求企业的产品计划都按不同市场来制定，则生产成本和其他方面的费用又将大大增加，因此，两种决定之间必须找到一个均衡点，企业必须依据收益大于成本的原则权衡利弊，决定自己的选择。

一、标准化和差异化

国际产品的标准化，指的是在世界的不同国家和地区的所有市场上都提供同一种产品，一份研究报告对来自世界不同国家的 27 家著名的全球性跨国公司如可口可乐、雀巢咖啡、索尼、露华浓化妆品公司等进行了调查，发现六成以上的营销计划是"高度标准化"的。

国际产品的差异化，指的是产品因地而异，对不同国家和地区的市场提供不同的或调整过的产品，以适应当地市场的特殊需要。国际产品的差异化又称为定制化（Customization），要求国际企业的营销人员不断调查研究不同国家和地区的市场在经济、文化、地理等方面的差别，而提供能迎合当地消费者口味的产品，不少调查报告指出许多企业在国际营销中的重大错误之一就是产品计划没有因地制宜进行修改，没有采用差异化策略的结果。

二、标准化和差异化的依据

（一）标准化策略的依据

赞成市场营销策略（包括产品计划）标准化的观点以美国哈佛大学著名教

授 T. 李维特（Theodore Levitt）为代表人物，他在《哈佛商业评论》发表的题为《市场全球化》一文认为企业应把整个世界看成是一个大市场，不必理会各地区和国家之间的区别，企业的任务就是提供先进的、性能良好、可靠而又廉价的全球标准化产品。赞成其观点的学者还提出，消费者心理带有全球性的共性，各种文化之间也有相近之处，因此与产品相关的广告宣传也可采用标准化形式。近年来的国际营销活动中产品标准化的倾向越来越明显，多国公司在发展中国家销售的产品中大部分是标准化的。即与这些公司在其本国中销售的产品一模一样，事实上，从企业的角度考虑，有许多因素促成企业做出产品标准化的决策，主要表现为以下几个方面：

1. 生产的规模经济

标准化的产品可以使生产形成大批量，从而在原料和零部件的采购中降低成本，提高效率，管理也相对容易。日本能够成为世界上最大的机床出口国，占有到全球出口的 23%，而使一向以技术、工艺著名的德国机床出口屈居第二，主要就在于日本的企业集中批量生产某类机床，从而使质量提高，价格降低，真正做到价廉物美，赢得市场。

2. 产品研发的规模经济

如果企业销售标准化产品，其产品的研究与开发费用就可以在大批量生产的基础上分摊，并且，无须投入太多的研究力量和经费为每一个市场设计独特的产品，从而可以更专心地致力于新产品的开发，便产品开发活动集中统一，以减少成本。

3. 营销活动的规模经济

当产品标准化时，如果广告内容和形式带有全球都普遍接受的特点，则无论在世界哪一个市场，企业都可以利用一种广告同时组织一场全球性的广告宣传活动，既降低成本，又避免在不同市场上的时间拖延。此外，在宣传小册子、推销人员的训练等方面，尽管因各市场稍有差异，但至少在产品介绍、零件的存货控制以及售后服务维修等方面，可以大大节省开支，并保证较高的准确性和可靠性。例如，IBM 公司使其产品和服务标准化，目的在于使各国的 IBM 用户得到相同水平的服务，并从各零件生产商处购进相同的零配件以保证生产。

4. 消费者的流动性

随着国际旅游业的蓬勃发展，旅游者构成了一个不可忽视的市场。当他们旅行海外时，标准化产品帮助他们识别产品并可能导致购买，帮助他们产生对该产品的忠诚信赖感，维持企业产品与购买者之间的关系。如吉列刀片、柯达胶卷、耐克运动鞋等产品的标准化策略使得这些产品在全世界各地都有消费者，产品的牌子代表了一种质量，一种信赖和地位。

5. 国家形象

当一种产品与国家形象特征有关系时，产品的标准化有助于借助该国的形象进行推销，使之在海外市场具有独特意义。如美国的香烟、牛仔裤具有美国风格，法国的香水和时装驰名世界，日本的电器、汽车和照相机一般都具有大和民族形象；中国的丝绸和瓷器甚至成为国家的代名词。

6. 技术影响

具有关键性技术的产品一般趋于标准化，这主要是因为，技术上工艺和规格并不一定随国别市场而变化，即便要变化，也不过是微小改进，如电压和计量制的更换等。因此，大多数的工业品可以采用标准化策略。如在计算机行业中，为了各种辅件、软件接口方便以及联机并网的需要，都要求其产品实行标准化。

（二）差异化的依据

主张企业营销差异化的人们认为，世界市场应该按照不同地区、不同文化、不同社会加以细分，并把每一个子市场视为独特的市场进行经营，企业的产品计划和促销手段都将因地制宜地进行修改、调整甚至重新制定。企业实行差异化策略，可以获得更大的利润，这主要由于产品标准化虽然可最大限度地降低成本，但并不一定能最大限度地增加利润，而适当修改产品使其适应某个海外市场可以大大提高销售额，从而弥补并超过产品个性的成本，使利润额有较大增加。此外，下列因素也支持了企业从事差异化的经营。

1. 使用条件的差异

出口到海外去的产品由于受到当地的气候、地理、资源、标准等的影响，尽管产品在不同国家不同市场都能满足相近的基本要求，而产品的使用条件却因环境条件、国情不同而有很大差异。在不同地区就气候条件来看，温度及湿度都将给产品的使用造成影响。使用条件的差异还包含各市场技术水平的差异，维修标准的不同及使用规定、使用习惯差异方面，使企业进入这些市场时要适当修改其产品。大众汽车为中国合资生产的桑塔纳轿车，是在德方充分考虑了中国的公路状况、气候条件、使用频率后经过多次试验，搜集大量数据后，在原来的型号上加以改进设计而成的。一个企业如果不进行这种物理环境适应性的修改，产品就很难在市场上销出去。

2. 市场差异

一方面，市场差异表现在各市场的经济发展水平和收入水平不同，从而引起消费者购买能力大小有所区别。这不仅会影响到耐用消费品的规格和质量，也会影响到日常用品的包装形式，从而影响到企业的市场营销策略和手段。如经济发展水平高的国家市场，其营销偏重于大规模的自助性零售机构，像西方国家盛行的超级市场、巨型市场购物中心等。而经济发展水平低的国家市场仍注重家庭式或小规模经营的零售商店。因此，在市场推销方面，就消费品而论经济发展水平高、收入高的市场，多强调产品款式、性能、特色、大量广告及销售推广活动，产品的质量竞争高于价格竞争。而在经济发展水平低、收入水平低的国家市场则多强调产品的功能及实用性，推销着重于与顾客的口头传播介绍，产品的价格因素高于产品品质因素。在工业生产资料方面也存在着明显的差别，经济水平高的国家着重投资较大而能节省劳力、能源的生产设备，如自动化程度高、性能优良、精密复杂的机器，而在经济发展水平较低的国家里，生产设备多偏重于需要一定体力劳动、节省资金的设备，以符合本国劳力对资本的合理比率，由此可见，营销人员应根据经济发展水平，从各市场的特性出发确定相应的营销策略及方法。另一方面，市场差异还表现在产品在不同市场被接受的程度不同。某一种产品在某一市场中处于生命周期的成熟阶段，而在另一个市场中却可能不为人知而被当成一种新东西，正处于介绍期。自动洗碗机在大部分发达国家已到了成熟期，并且主要是供家庭使用，但在发展中国家，自动洗碗机主要是用在宾馆、饭店，因此容量要大一些。

消费者有许多相同的基本需要，然而，由于市场条件不一样，满足这些需要的方式也会不同，企业的出口产品必须要适应市场环境。

3. 强制性因素

在某些情况下，一些不可控制的因素迫使国际市场的经营者必须采取产品差异化策略。一是贸易保护主义的影响。一些国家为了保护国内工业的成长，限制进口以保障国内市场免受外货冲击。对国际企业来说，唯一可行的策略就是在当地投资生产并购买当地零部件，因而使产品差异化成为不可避免。二是税收，政府的税收政策可以决定产品的性质，例如欧洲市场对小汽车的税收是根据发动机的马力大小来计征的，这就使得美国的汽车制造商不可能推行标准化策略。三是政府的规定，为了保护本国消费者的利益或者某些集团的利益，或者为了维持已有的商业习惯，各国政府会对在市场上买卖的商品制定出一些特殊的法律、规则或要求，有些是永久性的，有些是临时性的，有的是专门为进口商品制定的，事实上，各国政府对于产品成分、包装、商标等都有详尽的规定，尤其对食品、玩具和药品更是严加管理，产品要想出口到某国，就必须符合该国的这些特殊要求，否则连海关都进不了。

三、标准化和差异化的现实选择

从理论上来讲，当一个企业在决定是否要对不同的出口市场采用不同的产品策略时，它应该做成本——效益分析。但在实际决策中很难做到这一点，成本尚可验测，效益就很难估计了，事实上，绝大多数企业在进入海外市场时，都对产品做了一定的修改，以适应特定市场消费者的需求，而且这种趋势正在加强，适应性政策已经不仅仅是对不同国家不同地区而言，而且还更深层次地发展到向不同的顾客提供不同的产品或个性化的产品。这里，观念上的改变，消费者购买能力的提高和技术的进步起了巨大的推动作用。

越来越多的国际营销人员意识到，为顾客提供称心、满意的服务的企业，将是最终的大赢家，当企业能够轻而易举地销售出它所生产的东西时，企业领导人通常会集中精力，一门心思地在削减产品成本、扩大市场份额上下功夫。市场被人们看作是一种竞争者之间的事，和消费者离得越来越远，但是当来自国内外的竞争加剧，市场转为以买方为主时，以顾客为中心的思想又占了上风。美国GTE电话营运公司的经理人员说："有确凿的证据表明，提供周到、满意服务的公司可以使其产品的售价比竞争对手高出10%左右，在竞争激烈的国际市场上，尽可能地满足顾客的需求将成为我国出口企业的行动指南。"

技术的发展使得采用适应策略并不一定意味着失去太多的规模经济方面的优势。事实上，许多大公司正在努力开发既能不失去规模生产效益又能反映顾客特殊要求的生产技术。面对当今细分程度日益提高的市场，由数字化设备、程序技术、计算机辅助设计制造和机器人操作为主要内容的柔性制造系统使得每一个细小市场消费者的特殊需求偏好都可以得到满足，并且基本上是在和标准化产品同样低价格，同样效率下达到的。

虽然全世界有日益增多的高层次消费者已不再满足于成批生产来的商品，他们有足够的经济实力购买能体现他们个性的商品，但是他们的不满足主要是在对产品统一的外形，统一的色彩，统一的规格标准和相同的功能，一位消费者会比较两架录音机的色彩、款式、功能，但他们不会去比较里面的机芯、磁头是否相同。这就使企业营销人员可以把更多的精力放在对产品外形设计和功能上，换言之，许多产品的差异性、多样化主要是体现在外形上面非内核。正如通用汽车公司一位高级主管说的那样："有谁知道，打开车盖，里面全是一样的"，荷兰菲利浦公司供应世界各地的电子产品有500多种型号，但它们的零部件和半成品则尽量采用统一标准，以此既能争得规模效益的好处，又不失其为客户提供多样化商品的美名。

究竟是采用标准化还是差异化，企业最现实的选择只能是根据企业的内部条件和所处的外部环境。进行系统的比较分析，都不乏有成功的例子。韩国和我国台湾同属"亚洲四小龙"，都是在积极发展外向型经济中获得成功的，但是总体来说，它们采用的产品策略有很大差异。韩国的出口产品强调规模效益，强调标准化，三星、大宇等五大企业集团营业额占国民生产总值的50%左右，流水线上生产出来的标准化彩电、冰箱、汽车、摩托车等以惊人的速度流向世界。而我中国台湾大企业集团的营业额仅占台湾生产总值的10%左右，它的出口主要靠中小企业，它们强调根据不同市场提供不同的产品，灵活多变，小批量多品种，适应性很强，也取得了举世瞩目的成功。

一般说来，对于进入国际市场企业，如果准备开拓的几个新市场之间、新老市场之间的消费行为（由社会的、文化的、经济和政治因素所决定）和市场环境（如宣传推销媒介、法律及政府规定或是否有现成销售渠道存在等）情况相差很远时，必须避免强求实行标准化策略，以减少失误，如果不同市场之间的文化差别不大或者文化差别对该产品选择影响不大时，则不必过分强调制定特殊的策略，以减少费用和实施的困难。这里，产品的特性对于执行标准化策略还是差异策略也十分关键。一些高技术产品、高档消费品、某些通用食品等，在进入某些市场时就可以保持其原来特色。这并不是说文化因素在决策时可以被忽略，而恰恰是重视了文化因素，问题在于对文化因素要进行综合的比较分析。有的企业对海外市场进行粗略的归类，将几个文化相近的市场归并，从而出现了地区性产品标准化策略，如把海外市场划为西欧地区、北美地区、西非地区和南亚地区等，不少企业按这种做法获得了经营的成功。

第五节 国际营销产品的生命周期

产品从投放市场到退出市场同其他事物一样，有出生、成长、成熟到衰亡的过程，市场营销学将产品在市场上的这一过程用产品生命周期加以描述。产品在市场上营销时期的长短受消费者的需求变化、产品更新换代的速度等多种因素的影响。因此，不同产品有着完全不同的生命周期。处在不同生命周期的产品其对应的产品策略要求也有所不同。

一、产品生命周期的概念

产品的生命周期分为自然生命周期和市场生命周期，产品的自然生命周期又称产品的使用寿命周期，是产品从被生产出来并投入使用到不能正常使用而报废所经历的时间阶段，它是指产品的耐用程度；而产品的市场生命周期是指产品从开发、上市，在市场上由弱变强又从盛转衰，直至被市场淘汰退出市场为止的全过程。产品的市场生命周期是由需求和技术的生命周期决定的。市场营销学中所研究的产品生命周期指产品的市场生命周期，也称产品的经济寿命周期。

二、产品生命周期各阶段的划分和特点

典型的产品生命周期通常分为四个阶段：导入期、成长期、成熟期和衰退期。如图 7-1 所示。

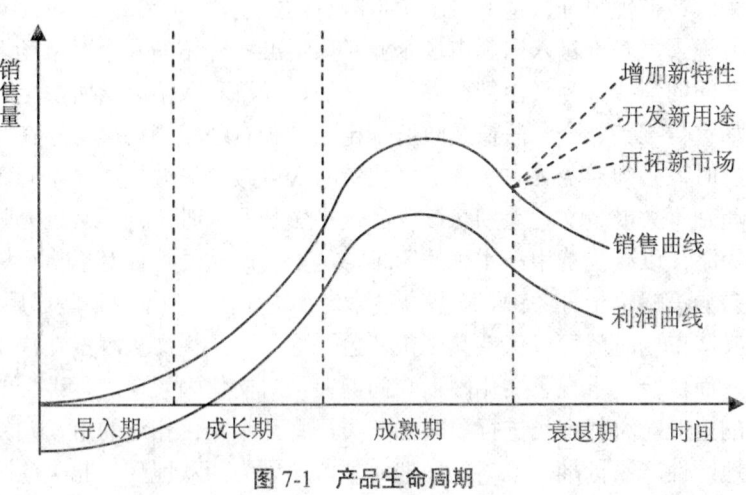

图 7-1 产品生命周期

产品在生命周期的不同阶段表现出不同的市场特征，企业应根据这些特征采取相应的措施。

（一）导入期

产品导入期是产品研制成功后投放市场的阶段。这一阶段的主要特征有：（1）产品生产批量小，销售额增长缓慢。由于产品刚投入市场，企业对市场反应正在测试，产品设计还在变动以求改进，产品的生产方法还未确定，不具备大批量生产的条件；顾客对产品尚待认识，许多潜在消费者尚不知道或尚未接受该产品，购买者较少；经销商也难以确信该产品具有可观的需求，因而销售量有限。（2）产品生产成本高，宣传费用大。产品进行试制开发的费用很高；需要大量的宣传，广告和促销费用大；生产无经验，生产与销售成本高。（3）投资利润低甚至亏损。由于销量有限且成本高费用大，产品价格又不能太高，在这种的情形下，企业通常不能获利，而且往往亏损。（4）竞争较弱。由于只有一个或少数几个企业生产这种新产品，竞争较少或全无，因而市场竞争尚未兴起或极微弱。

（二）成长期

产品成长期是指产品销路已打开，购买者逐步接受该产品，产品大批量生产和销售的阶段，这一阶段的主要特征有：（1）产品的销售量迅速上升。由于产品开始被大多数顾客认识和接受，产品的销售额出现快速增长。（2）产品的

生产成本下降，利润迅速增长。大批量生产使分摊到每件产品上的固定成本和广告费等费用大幅度下降，使生产成本下降因而利润增长，其增长率将达到整个产品市场生命周期的最高点。（3）竞争者已经出现，竞争开始并趋于激化。

（三）成熟期

产品成熟期即产品的饱和阶段，是指产品进入大批量生产并稳定的进入市场销售，产品需求趋向饱和的阶段。这阶段的主要特征有：（1）产品销售量的增长速度缓慢。由于市场需求趋向饱和，新产品的出现，购买者的购买兴趣转移；这些使成熟期后期销售增长的增幅下降并开始接近于零。（2）产品供应量达到最高点，成本降至最低点因而利润最大。但后期由于存货增加，虽然生产技艺娴熟，成本也会略有回升；降价求售更会使得利润增幅和利润开始下降。（3）大量的竞争者进入市场，市场竞争十分激烈。

（四）衰退期

产品衰退期是指产品已经陈旧老化、市场开始萎缩的阶段。这一阶段的主要特征有：（1）由于其他竞争者已推出新的替代产品，消费者对老产品的忠实程度下降，产品的需求和销售量都迅速下降。（2）库存上升，成本继续回升，经过成熟期的激烈竞争，产品价格已压到极低的水平，企业处于微利保本或亏损状态中。（3）许多竞争者已退出市场，竞争趋于饱和。因此，在衰退期，企业营销活动应抓住一个"退"字，实现一个"转"字，即是要积极地、有计划地将老产品淘汰，退出市场，将企业生产与销售的力量转向下一代新产品。

三、国际市场上的产品生命周期

国际市场上产品的生命周期理论揭示了某一新产品从高度发达国家向一般发达国家进而向发展中国家转移的规律性，它不同于一般的产品生命周期理论。应用国际市场产品生命周期理论，不仅可了解国际产品在国与国之间转移的必然性，而且还可以克服产品及技术引进中的盲目性。

（一）国际产品生命周期理论概要

1965年美国哈佛大学商学院市场营销学教授雷蒙德·费农（Raymend Vernon）提出国际产品生命周期理论："国际市场的产品生命周期一般经过三个阶段：新产品发明阶段；产品成长和成熟初期阶段；成熟期和产品标准化阶段。由于美国及其他发达国家与发展中国家科技水平不同，经济发展各异，因此产品进入这三个阶段的时间先后不一样。"

高度发达国家拥有雄厚的资本与技术优势，在激烈的国际市场竞争中一般处于领导地位。它们首先致力于新产品开发，控制着新产品发明、应用、生产的主动权。这时新产品主要满足国内市场的需要。当该产品在本国市场进入成长及成熟期后，国内产品供过于求。迫于市场的压力，开始将发明的产品推销到其他工业发达国家和发展中国家。工业发达国家在新产品的生产技术方面较发展中国家占有优势，因而它们在此基础上开始仿制或研制该产品。当产品进入成熟期后，由于技术的进步和科学的发展，产品不断完善，实现了大批量生产。一些工业发达国家也形成批量生产，与高度发达国家的产品竞争抗衡，进而由进口国转向了出口国。

发展中国家为了发展本国的国民经济，不断提高人民的物质生活水平，逐步引进先进产品的制造技术。在满足国内市场需求的同时通过技术进步及国家有利的鼓励出口政策等，以较低成本成功地生产出标准化产品投放国内、国外两个市场，使最先出口国的产品失去了竞争优势，并逐步放弃市场上已趋饱和的该产品，转向发展更新的产品和更新的技术。这样高度发达国家及发达国家就有可能进口该产品以满足国内消费的需要。

总括上面可用三个简单成长模式来加以描述：新产品发明国家→最先的产品出口国→后为该项产品的进口国；工业发达国家→先是产品进口国→后为该项产品的出口国；发展中国家→开始是进口国→后成为将该项产品返销到原出口国及其他国家的出口国。

（二）国际产品生命周期理论的指导作用

国际产品生命周期理论，对于长期在国际市场上从事生产和经营的企业具有很大的启发与引导作用。首先，企业可以利用产品在不同国家市场所处的不同生命周期阶段不断调整市场结构，及时转移目标市场，延长产品生命周期，以达到长久占领国际市场的目的。其次，企业可以利用产品生命周期理论来不断调整产品结构，及时推出新产品，淘汰没有前途的产品，加速出口产品的更新换代。最后，发展中国家可利用产品生命周期理论，引进发达国家的新产品，依靠本国自然资源和劳力优势，以较低成本研制生产，将产品出口到原产国，从而促使本国产品结构不断提高。

四、国际市场产品生命周期各阶段的营销策略

外销企业经过千辛万苦将一种新产品打进了海外市场，但不能一劳永逸。新产品进入市场以后，经过普及推广，销量逐渐增加，但由于科学技术日新月异，消费者需求不断变化，市场竞争尖锐激烈，此项产品又将被另一新产品所代替而退出市场。这种变化如同生物的生命周期一样，有一个诞生、成长、成熟和衰亡的过程，市场营销者把产品在市场上的这种变化周期现象称之为产品市场寿命周期或产品生命周期（Product Life Cycle）。

产品市场寿命周期是指产品从进入市场开始（而不是从生产开始）直到最

终被市场淘汰，企业不再生产为止的全部持续时间。产品市场寿命周期是一个很重要的概念，它对企业制定产品策略，以及产品市场寿命周期各个阶段企业需要采取的营销策略有着直接的联系。

（一）导入期的营销策略

这段时期为了建立新产品的知名度，企业的主要任务是发展市场对产品的需求，大力促销，广泛宣传，吸引顾客的注意和使用，争取打开分销渠道占领市场，使产品迅速进入成长期。这段时期可以采取的策略有：

1. 快速掠取策略又称双高策略

即以高价格和高促销费用推出新产品。实行高价格是为了在每一单位销售额中掠取最大的利润，而高促销费用是为了加速顾客对产品的认识和了解，迅速打开销路，进行市场渗透。这种策略的适用条件是：产品有特点，有吸引力，但知名度不高，大多数潜在消费者对这种产品尚无所知，而企业又知道这种新产品的消费者有求购心且购买能力较高，愿意出高价，潜在的竞争并不存在。

2. 缓慢掠取策略

缓慢掠取策略是以高价格和低促销策略将新产品推入市场，高价格和低促销费用的结合可以使企业取得最大限度的收益。这种策略的适用条件是：市场规模相对较小，产品已有一定的知名度，急需购买者愿意出高价购买，竞争威胁不大，企业可以借此来获取更多的利润。

3. 快速渗透策略

快速渗透策略是以低价格、高促销策略推出新产品，以争取迅速占领市场，然后再随着产品规模的扩大，使产品成本降低，取得规模效益。这种策略的适用条件是：商品市场容量很大，消费者尚不熟悉这种产品，对价格的敏感度较高，潜在竞争威胁很大，产品的单位成本随着生产规模的扩大和生产经验的积累而迅速下降。

4. 缓慢渗透策略又称双低策略

它是以低价格配合低的促销进入市场，企业不急于占领市场，只求逐步进入和占领市场。低价格可促使市场易于接受新产品，而低促销是为了尽可能的降低成本，取得更多利润。这种策略的适用条件是：市场容量大，顾客对产品有一定的了解，并对价格非常敏感，市场上存在大量潜在的竞争者。

（二）成长期的营销策略

产品能进入成长期，表明该产品具有发展前途，但是由于竞争的出现，企业必须努力抓好产品质量，建立良好的企业形象，取得较大市场占有率才能使得产品真正的站稳脚。在这个阶段，可供选用的营销策略主要有：（1）率先改进产品，努力提高产品质量，增加新品种，改进包装，以提高产品竞争力，吸引更多的顾客购买。（2）在广告宣传上，从介绍产品转为树立本企业形象，以利于进一步提高企业产品在社会上的声誉，创立名牌。（3）进入新的细分市场，不断改进和完善产品，积极地拓展新的市场，选择新的经销商，以扩大市场覆盖面。（4）对于高价产品，在规模生产的基础上，选择适当时机降低价格，以吸引对价格较为敏感的潜在买主。

（三）成熟期的营销策略

在成熟阶段上，企业面临着一个很大的矛盾，即大批量的生产能力和销售增幅下降的矛盾，为了解决这一矛盾，企业应该千方百计扩大销售，增加销量，缓解生产与销售的矛盾，以尽可能延长成熟期，为企业带来厚利。具体说来，企业主要可以采取以下营销策略：（1）市场扩张策略。面对市场疲软状态，可以提高现有产品的用途或增加新用途来促使销售量再次增长。（2）改变市场营销因素策略。继续广告宣传，突出产品或企业优势，保住老客户，争取新客户；适当降低产品价格，以吸引顾客；加强产品服务，增加优质服务项目，提高竞争力。（3）防守撤销型策略。在市场竞争激烈的条件下，企业根据主客观条件的分析，估计市场前景对自己不利，提前淘汰老产品而积极地去开发新产品，以开创新市场。

（四）衰退期的管销策略

这段时间，产品销售量急剧下降，大量竞争者退出市场，消费者习惯发生了变化等。面对处于衰退期的产品，企业需要进行认真的研究分析，决定采取什么策略在什么时间退出市场。通常可选择的策略有：（1）持续策略。持续策略是指企业继续沿用以往的营销组合策略，保持原有的目标市场和销售渠道一段时间，直到产品完全退出市场为止。（2）集中策略。集中策略是指把企业的人、财、物力放在几个最具潜力的市场，缩短营销战线，这样有利于缩短产品退出市场的时间，同时为企业创造出更多利润。（3）转移策略。转移策略是指根据不同地区经济发展水平的差异，以及产品在不同地区市场所处的产品生命周期的阶段，将该种产品转移到其他处于产品生命周期成长阶段的新的细分市场领域，以期获得较多的市场利润。（4）新产品开发策略。开发新产品取代老产品，迅速把新产品投入市场。国际型企业面临国际市场激烈的竞争，经常是在商品处于增长期或成熟期阶段，就已经开始了新产品的研制与开发，一旦产品进入衰退阶段，研制中的新产品即迅速投入市场取代即将推出市场的老产品。

第六节 国际营销产品的商标与包装

商标是商品生产者或经营者的独特标记,反映企业的信誉和商品质量信誉。从营销学的角度讲,商标是企业整体产品的一个重要组成部分,它在市场营销中具有极其重要的作用。并且随着市场经济的发展,企业科技水平的不断提高,不同企业生产的同类产品本身内在的质量差异越来越小,而产品外在的品质差异将成为企业之间竞争的焦点。包装作为产品外在品质的一部分,对企业产品的市场占有率,对产品的促销将起到越来越重要的作用。

一、国际营销中的商标策略

外销产品的商标、牌子虽然都不是产品的实体,但却又都是整体商品的组成部分,都可以在不同方面满足消费者的这种或那种需要,在产品的销售中起重要的作用。

(一)商标的概念和特征

商标(Trademark),是指生产者、经营者为使自己的商品或服务与他人的商品或服务相区别,而使用在商品及其包装上或服务标记上的由文字、图形、字母、数字、三维标志和颜色组合,以及上述要素的组合所构成的一种可视性标志。《中华人民共和国商标法》第八条规定:"任何能够将自然人、法人或者其他组织的商品或者服务与他人的商品或者服务区别开的可视性标志,包括文字、图形、字母、数字、三维标志和颜色组合,以及上述要素的组合,均可以作为商标申请注册"。经商标局核准注册的商标为注册商标,包括商品商标、服务商标和集体商标、证明商标。商标注册人享有商标专用权,受法律保护。商标作为一种可视性标志,具有一些显著的特征,具体体现在以下四点:

1. 商标是具有显著性的标志

既区别于具有叙述性、公知公用性质的标志,又区别于他人商品或服务的标志,从而便于消费者识别。例如,某香水商标名称为"香水",属于产品名称,不具有显著特征,某服装商标名称为"XXL",众所周知,"XXL"是服装型号,也不具有显著性。

2. 商标具有独占性

使用商标的目的是为了区别于他人的商品来源或服务项目,便于消费者识别。所以,注册商标所有人对其商标具有专用权、独占权,未经注册商标所有人许可,他人不得擅自使用。否则,即构成侵犯注册商标所有人的商标权,违反我国商标法律规定。

3. 商标具有价值

商标代表商标所有人生产或经营的质量信誉和企业信誉、形象，商标所有人通过商标的创意、设计、申请注册、广告宣传及使用，使商标具有了价值，也增加了商品的附加值。商标的价值可以通过评估确定，商标可以有偿转让，经商标所有权人同意，许可他人使用。

4. 商标具有竞争性，是参与市场竞争的工具

生产经营者的竞争就是商品或服务质量与信誉的竞争，其表现形式就是商标知名度的竞争，商标知名度越高，其商品或服务的竞争力就越强。

（二）商标的作用

商标是一个企业的灵魂和无形资产，是经营运作中给消费者感官上的一种认识标志。随着市场经济的发展，越来越多的企业对商标的认识加深，对商标的保护力度也加强。商标已经成为企业宣传和竞争最重要的手段。所以无论企业从事什么，规模多大，都需要一个品牌标志。商标的作用主要体现在以下几个方面：

1. 具有区别商品和服务出处的作用

商标的使用可以区别不同的商品或服务最重要、最本质的功能和来源，引导消费者认牌购物或消费。商标作为商品或服务的"脸"，代表着生产者的信誉，因此，商标能起到引导消费者获得满意商品或服务的作用。

2. 可以促进生产者提高产品或服务的质量

商品或服务的质量是商标信誉的基础。生产者为了维护自己商标的信誉会不断努力的提高产品或服务的质量。注册商标与所指定的商品或服务是相互作用的，商标信誉可反映质量，质量稳定又可提高商标信誉。

3. 有利于市场竞争和广告宣传

人们常说："商标是商战的利器，是开拓市场的先锋。"商标代表着信誉和质量，信誉和质量关系到市场占有率；而市场竞争力越大，其经济效益就越高。因此说，商标是商战的利器。一种商品要打开销路，为广大消费者所认识，除保证质量的可靠性外，还必须通过商标进行广告宣传，刺激消费者的购买欲望。

4. 商标是无形的财产，是信誉的载体

以可靠的产品质量为基础，会使商标声名远播。不断升值，使企业的经济效益越来越好。从这个意义上说，注册商标是无价之宝，事务性的财富。

（三）国际营销中商标设计原则

商标设计（Trademark Design）必须符合商品销售国家和地区的法律规定和风俗习惯，尊重其国家主权和民族特点，这已成为各国企业商标设计的原则。

商标设计不单纯是一般工艺美术问题，不能只追求商标的美观与实用，同时要严密地考虑设计的合法性、使用后的法律后果及其对企业国际市场营销活动的影响。

1. 商标设计的法律要素

商标设计的法律要素包括以下几个方面：（1）商标的构成。各国法律对商标构成的规定不尽相同。如独联体国家规定，商标构成要素可以是文字、图形、立体、组合或其他各种形式；美国商标法规定，任何文字、符号或标志，或者这类事物的组合都可以作为商标的构成要素。目前，国际上有少数国家把包装和容器的特殊式样也列为商标的构成要素，允许注册。中国商标法规定，商标应当由文字、图形或其组合构成，除此之外，其他形式都不能作为中国商标构成要素。（2）商标的显著特征。商标所具有的独特性或可识别性就是显著特征，无论是文字、图形还是文字、图形的组合，都要立意新颖、独具风格，具有足以与其他同类商标相区别的特点。（3）商标的颜色。商标的颜色对于商标来说具有不可忽视的意义。颜色不是商标的法定构成要素，一般不能独立作为商标构成的要素。但是颜色是商标整体的一部分，是一种商标区别于他种商标的重要标志之一。商标在注册后如需变更颜色，则视为变更商标图形，必须重新申请注册。由于商标色彩对提高广告宣传效率有重要意义，许多驰名商标在注册时对颜色都做了指定。此外，在商标的颜色选取方面，也应避免采用销售国禁用的或消费者忌讳的颜色。例如，瑞典的国旗为蓝色，该国禁用蓝色作为商标，如果用蓝色做商标就会被认为是对他们国家的不尊重，自然就难以获准注册。（4）商标的文字、图形。一些文字、图形是禁止用作商标的。各国在禁用商标方面有不同的规定，应注意其差异性。由于各国风土人情、社会文化背景不同，有些在一国常用或为消费者所喜爱的商标，在另一些国家就未必适宜使用。在商标设计方面，似乎已形成一种国际规范，即在选择商标的文字、图形和色彩时，避免采用销售国禁用的或消费者忌讳的东西。例如，澳大利亚禁忌用兔的图形做商标，印度以及阿拉伯国家禁用猪的图形做商标，等等。（5）商标的名称。许多国家禁用地理名称作为商标，因为地理名称往往被认为缺乏显著特征。（6）商标的版权保护。商标的保护包括对具有财产意义的商标权利的保护和与特定的人的身份密切联系着的商标权利的保护。

2. 商标的设计风格要素

商标是在商品生产和交换中产生和发展的。世界各国商标图形的萌芽可追溯到古老的原始绘图。经过长期的发展与变迁，商标图形设计逐渐进入大众传播时代，商标设计逐步专业化。各国商标设计在本国文化背景条件下形成自己的风格特征。例如，在德国，形成了严谨、用高度概括的视觉图形来传播信息的设计风格；法国的商标设计与美术一脉相承，强调优雅和自由的表现；美国的商标设计则倾向于活泼的自由空间组合；日本将体现东方文化传统的直觉设计方式和欧洲的构成主义的形式集为一体，塑造起自己的商标设计风格。但各国的商标设计的发展都体现着共同的趋势：从萌芽期的标识性记号转向繁复的绘画图案，再趋向现代单纯、明快的几何图案，从具体形象转为文字或抽象的几何商标图案设计。

企业的商标设计是与产品开发和市场营销密切相关的。国外许多企业将商标设计放在企业战略决策位置上，综合考虑各种因素，加以全面规划；在具体的设计中，对商标的文字、图形、色彩，做综合的研究，对商标的广告效果做认真的分析。

（四）国际营销中的商标策略

商标策略是指企业为实现、实施商标战略，根据商品特点、市场状况、企业自身条件而制定的商标工作与方式方法，它是企业营销策略的重要组成部分。一般来说，商标策略有以下几种：

1. 使用统一商标策略

这种策略是指企业生产的全部产品都使用同一商标，实现同牌产品系列化的做法。它具有三点意义：其一可以集中企业力量于单一商标的设计与宣传，提高设计质量，扩大宣传效果，有利于加速知名商标的发展过程。其二可以大大降低商标设计、宣传、使用、保护等各方面的费用支出，相应提高经济效益。其三有助于消费者对同商标新产品惠顾心理的产生，因而有助于企业新产品的市场扩散。国内外这方面的成功案例是屡见不鲜的，例如日本东芝家用电器公司，其全部的产品均采用"Toshiba"。使用统一商标策略的缺点是某个产品的声誉不好会影响整个企业的形象，因此使用该策略一定要注意所有品种的商品处于同一质量水平上。

2. 同类产品单一商标策略

针对统一商标策略与产品类别多样化的矛盾，企业可以为不同产品设计和使用不同的商标，实现企业多种商标并存的局面。这种策略介于统一商标策略与个别商标策略之间，既克服了统一商标策略中的困难性与使用中的风险性，又克服了个别商标策略的工作量过大、费用过高的缺点，具有适应性更强的优点。这种策略的优点就在于统一与分散的有效结合，有利于商标效用的发挥。例如健力宝集团的运动饮料类产品统一采用"健力宝"商标，运动服装类产品统一采用"李宁"商标。

3. 使用个别商标策略

这种策略是指企业生产的各种产品都使用各自不同商标的做法。采用这种策略的最大优点是使商标设计充分显示各产品的特色，因此可以对不同的消费者群体都产生较好的吸引作用，扩大企业产品的总销售量。缺点是商标设计、宣传、使用方面花费较大，使成本过高，从而制约产品在价格方面的竞争力。这种多商标策略主要在以下两种情况下使用：其一是企业同时经营高、中、低档产品时，为避免企业某种产品声誉不佳影响整个企业声誉而采用这一策略；其二是企业的原有产品在社会上有负面影响，为避免消费者的反感，企业在发展新产品时特意采取多商标策略，而不是沿用原有商标。

4. 使用多重商标策略

多重商标策略是指企业在同一种产品上设立两个或两个以上相互竞争的品牌。这虽然会使原有品牌的销量略减，但几个品牌加起来的总销量却比原来一个品牌时更多，因而这种策略又被企业界称为"1+1>1.5"策略。多重商标策略由宝洁公司首创。该公司在我国推出的美容护肤品牌就有近10个，占全国美容品主要品牌的三分之一。我国消费者所熟悉的"潘婷"、"飘柔"、"海飞丝"三大洗发护发品牌都是宝洁的产品，这三个品牌分别吸引三类不同需求的消费者，从而使得它在中国的洗发液市场占有率上升为第一，达50%以上。

5. 产品不同等级的商标策略

这种策略是指对于企业生产的质量、档次不同的产品而使用不同商标的做法。其主要特点是便于消费者根据自己的消费水平、购买动机选购商品，可以较好地适应处于不同消费水平的消费者的心理，充分满足各自的需要。

6. 企业名称商标化策略

把企业名称简化后或变形后用作商标的做法即为企业名称商标化策略，典型的做法是在企业的名称后面再加上个别商标名称。采用这种策略，可以在宣传商标的同时也宣传了企业，适应了消费者记忆简单化的要求，同时有利于提高企业知名度。对于知名度较高的企业来说，采用这种策略可以充分利用消费者对企业的信赖，扩大产品销售。这种做法在一些著名大企业的经营方针中屡见不鲜，就因为它们的企业是一笔巨大的无形资产，可以为个别品牌带来支撑。例如，柯达公司的胶卷因其性能不同，而被分别命名为"柯达万利"胶卷、"柯达金奖"胶卷等。

二、国际营销中的包装策略

在某些特定的情况下，包装的重要性并不次于产品本身。商品的包装装潢在现代经济生活中已成为商品生产不可缺少的组成部分，越来越为企业家们所重视。随着经济的发展，消费水平的提高，人们对商品的需求已经不仅仅局限于功能方面的满足，还需要得到心理上的满足。消费者接触一件商品时，首先进入视觉的往往不是商品本身而是商品的装潢。能否引起消费者的兴趣，触发其购买动机，在一定程度上取决于商品的包装装潢。

（一）包装的概念及其作用

所谓产品包装，是指产品在运输、存储和销售过程中，为保存其价值和使用价值、保护产品和美化产品，采用的一种综合性的技术经济措施的容器和包扎物。包装是产品整体概念的重要组成部分。一般来说，其主要包括商标或品牌、形状、颜色、图案和材料等要素包装。通常，产品包装可分为内包装、外包装两类，内包装一般指接触产品的包装，外包装指附着在内包装外的包装。

设计合理的包装不仅起到保护产品、便于运输和携带的作用，而且方便使用、美化产品、促进销售，能给企业带来良好的经济效益。在设计产品包装的过程中，要防止欠包装和过包装。欠包装会因包装质量不佳，使产品在装卸、销售过程中受到损耗或质量受到影响；过包装则会因增加产品的成本而带来不必要的损失。因此，在产品包装的设计与制作中，一方面，要高度重视包装设计，并在明显位置突出产品品牌或商标，使品牌、图案、颜色、形状、材料、标签与产品相统一。另一方面，要重视产品包装的制作，根据产品的特定属性，选用适当的材料进行设计和制造。

在现代市场营销中，产品包装具有重要作用。具体地说：（1）保护商品。这是包装最基本的作用。良好的包装可以使产品从生产企业在搬运、运输、仓储及销售过程中免受损害，以确保产品的使用价值，从而保证企业和顾客双方的利益。据统计，我国因产品包装不善造成的损失每年都上百亿元。（2）促进销售。包装具有识别、美化产品的作用，可以吸引购买、指导消费。作为形式产品的重要组成部分，独特的包装可以提高产品的竞争能力，并形成与竞争者之间的产品差异。国外学者曾做过一个研究，发现由媒体广告招徕的顾客中，有33%的人在销售现场会另行选择包装吸引人的品牌。（3）形象宣传。包装是产品广告宣传的重要方式，是一个"沉默的推销员"。合理的包装能起到非人员推销的作用。法国香水业的名言"设计精美的香水瓶是香水的最佳推销员"就道出了包装的广告作用。包装还是企业理念与文化的表现，是树立企业良好形象的重要手段。（4）增加利润。好的包装，不仅可以与好的产品相得益彰，避免"一等产品、二等包装、三等价格"的尴尬，而且还能提高产品档次，获得超值。其次，由于包装产品便于储存管理、方便运输、减少损耗等，可以提高市场营销中各环节的效率，也能相对增加盈利。例如，苏州生产的檀香扇，原先采用粗制的包装，出口到国外，一把扇子仅卖50元，后来将原包装改为精致的锦盒包装，包装费增加了10元，却以160元的价格赢得了国外消费者的青睐。

（二）国际营销中的包装选择

企业的产品要在国际市场销售成功，其产品的包装必须选择适当的材料、式样和色彩等，而这些必须考虑国际市场的要求。国际营销产品的包装不但要符合国际市场的一般要求，还要考虑到目标市场影响产品包装的条件。

1. 国际市场对产品包装的保护要求

从保护产品的角度，对销往国际市场上产品的包装要考虑以下因素：（1）产品的特点。容易破碎的产品要求解决运输当中的防震问题，易腐产品要注意保鲜，轻泡货物要合理利用空间等。（2）气候条件。应选用能够经得住各种极端气候条件的包装材料。热带雨林地区要适应高温潮湿的气候条件，高纬度寒冷地带要适应严寒干燥的气候条件。（3）运输条件。需要远距离长时间运输的产品，或在道路条件较差情况下运输的产品，或者途中需多次转运装卸的产品，均要求产品包装结实牢固。因此，产品设计包装之前，要考虑这样一些问题：产品销往什么地方？途中是否要堆放？要堆放多久？堆放在何处？怎样搬运等。以便有针对性地设计包装，选用合适的包装材料。（4）销售条件。产品通过各种渠道分散、转移到世界各地市场，必须采用良好的包装以避免在运输途中被偷盗和破损。若产品市场分销环节多，或流转速度慢，这就要求产品包装适应这些特点。

2. 国际市场对产品包装的促销要求

国际市场对产品包装的促销要求，通常有以下几个方面：（1）零销方式发展的要求。由于自助售货方式的发展，要求国际营销的产品包装能够准确地反映产品的性能和特点，具有吸引顾客并促进购买的作用。如，透明包装、开窗包装等，便于识别产品的性能、特点。（2）经销商的要求。批发商通常要求商品的包装便于搬运、储存与堆放，零售商则特别要求产品的包装便于陈列展销，如可挂式包装、堆叠式包装等。（3）消费者的要求。国际市场商品优质化、高级化和多样化的趋势，要求包装与此相适应，如，携带包装、易开包装、配套包装及多用途包装等都符合消费者的要求。国际商品流通实践表明，同样的商品因包装不同，会产生明显不同的销售效果。例如，"绿色巨人"公司是美国目前最大的冰冻蔬菜商，原先对蔬菜采用白色包装，曾一度竞争不过成立较晚的采用黄色包装的同行，后来改用绿色包装，短期内就扭转了局势。这其中的原因是，蔬菜用白色包装给人以质低的感觉，而绿色包装突出了蔬菜的新鲜特点，从而刺激了人们的购买欲望。

3. 目标市场对包装的要求

对国际市场产品包装的选择，要考虑目标市场影响产品包装的条件，即不同国家或地区的消费习惯以及对包装的不同要求。目标市场国家对产品包装的要求主要包括以下几方面：（1）包装的容量。出口产品包装的容量要受到目标市场收入水平与消费习惯的影响。例如，多数美国家庭对食品或者日用品的购买频率大致为每周一次或二次，而且大多数情况是开车去的。相比之下，西欧家庭的购买频率就要高得多，每周可能好几次，特别是主妇没有出去工作的家庭，甚至每天都要去商店购买食品或日用品。据此，我们出口到美国市场的食品包装容量就要比西欧市场大，以适应这种消费习惯上的差别。一罐8盎司的咖啡对美国人十分合适，可不一定适用那些有饮茶习惯的国家。（2）包装的材料。近年来，环境保护问题越来越受到人们的普遍关注，许多国家对包装材料的使用以及包装废弃物的处理实行越来越严格的限制。比如，美国已有将近一半以上的包装袋已经改用纸质包装袋，意大利于1991年起禁止使用塑料食品袋，德国除了对食品禁用塑料袋包装之外，而且还开始全面禁止使用塑料包装。对于包装废弃物的处理，各国也有相应的规定，普遍要求对包装废弃物能进行回收和利用。例如，德国颁布有关包装法规，要求制造厂商的产品包装具有一定的重复利用率。国际市场产品包装的这种发展与变化，对于我国产品的出口包装是个挑战。目前，我国产品的包装尚处在以塑料包装取代以往的木头包装、金属包装或陶瓷容器包装的阶段。为此，我们应当彻底改变轻视产品包装的观念，加强对包装材料的研究与改进，以尽快适应国际市场产品包装的发展趋势。（3）包装的文字说明。不同国家对进口产品包装文字说明的规定大致可分为两个方面：一是规定包装文字说明的内容，比如产品包装内的重量、数量或产品成分、生产日期或保存日期、生产厂家或产地国别等；二是规定包装说明所使用的文字，尤其是多民族或多种语言的国家，往往要求同时使用多种文字，比如出口到加拿大的产品包装说明与标签就必须同时以英文、法文表示。在文盲率较高的不发达国家或地区，常常还要求产品包装不仅要有文字说明，而且还配有图画说明。包装上的文字、符号和数据，以及介绍产品的文句及包装所采用的色彩，必须与所在国家的文化背景相适应。（4）包装的实用性。发达国家要求产品包装外形美观，具有特色，要求产品包装易于携带与使用；发展中国家的消费者则注重产品包装的实用价值，利用包装容器做家庭摆设或器皿。

本章小结

产品整体概念包含核心产品、形式产品、期望产品、附加产品和潜在产品五个层次，产品组合的宽度、长度、深度和关联度在市场营销策略上具有很重要的作用。企业在进行新产品的开发和设计时，要根据不同的市场情况采取相适宜的策略,包括先发制人策略、模仿式策略和延伸式策略。现代企业在开发适合国际市场的产品时首先面临着一个基本问题:是采用标准化的产品策略还是采用差异化的产品策略?一般说来,对于进入国际市场企业,如果准备开拓的几个新市场之间、新老市场之间的消费行为(由社会的、文化的、经济和政治因素所决定)和市场环境(如宣传推销媒介、法律及政府规定或是否有现成销售渠道存在等)情况相差很远时,必须避免强求实行标准化策略,以减少失误,如果不同市场之间的文化差别不大或者文化差别对该产品选择影响不大时,则不必过分强调制定特殊的策略,以减少费用和实施的困难。这里,产品的特性对于执行标准化策略还是差异策略也十分关键。

产品生命周期是指产品从进入市场到退出市场的全过程。典型的产品生命周期包括导入期、成长期、成熟期和衰退期四个阶段。产品在不同的阶段具有不同的特点,企业应根据产品所处不同的生命周期阶段,制定出不同的市场营销策略。国际产品生命周期理论揭示了某一新产品从高度发达国家向一般发达国家进而向发展中国家转移的规律性,它不同于一般的产品生命周期理论。应用国际市场产品生命周期理论,不仅可了解国际产品在国与国之间转移的必然性,而且还可以克服产品及技术引进中的盲目性。

商标是一个企业的灵魂和无形资产,已经成为企业宣传和竞争最重要的手段。商标设计必须符合商品销售国家和地区的法律规定和风俗习惯,尊重其国家主权和民族特点。商标策略是企业营销策略的重要组成部分,包括使用统一商标策略、同类产品单一商标策略、使用个别商标策略、使用多重商标策略、产品等级不同使用不同的商标策略和企业名称商标化策略。企业的产品要在国际市场销售成功,其产品的包装必须选择适当的材料、式样和色彩等,而这些必须考虑国际市场的要求。国际营销产品的包装不但要符合国际市场的一般要求,还要考虑目标市场影响产品包装的条件。

重要概念

产品　产品组合　新产品　标准化策略　差异化策略　产品生命周期　商标　包装

思考习题

1. 试分析旅馆的产品整体概念。
2. 试述国际营销中企业延伸产品线的主要策略。
3. 试述国际新产品设计和开发的主要策略。
4. 试述国际产品生命周期,并回答掌握国际产品生命周期对于企业参与国际市场竞争有哪些重要意义?
5. 企业如何选择国际产品的标准化策略与差异化策略?
6. 国际营销中商标设计原则主要包括哪些内容?
7. 国际营销中的商标策略主要有哪些?
8. 国际营销中产品包装需要考虑哪些要求与条件?

案例分析

宝洁公司的多品牌策略

宝洁公司是一家美国的企业。它的经营特点一是种类多,从香皂、牙膏、漱口水、洗发精、护发素、柔软剂、洗涤剂,到咖啡、橙汁、烘焙油、蛋糕粉、土豆片,再到卫生纸、化妆纸、卫生棉、感冒药、胃药,横跨了清洁用品、食品、纸制品、药品等多种行业。二是许多产品大都是一种产品多个牌子。以洗衣粉为例,它们推出的牌子就有汰渍、洗好、欧喜朵、波特、世纪等近10种品牌。在中国市场上,香皂用的是舒服佳,牙膏用的是佳洁士,卫生巾用的是护舒宝,仅洗发精就有飘柔、潘婷、海飞丝三种品牌。要问世界上哪个公司的牌子最多,恐怕是非宝洁莫属。

一、寻找差异

如果把多品牌策略理解为企业多到工商局注册几个商标,那就大错特错了。宝洁公司经营的多种品牌策略不是把一种产品简单地贴上几种商标。而是追求同类产品不同品牌之间的差异,包括功能、包装、宣传等诸方面,从而形成每个品牌的鲜明个性,这样,每个品牌都有自己的发展空间,市场就不会重叠。

以洗衣粉为例,宝洁公司设计了九种品牌的洗衣粉,汰渍(Tide)、奇尔(Cheer)、格尼(Gain)、达诗(Dash)、波德(Bold)、卓夫特(Dreft)、象牙雪(IvorySnow)、奥克多(Oxydol)和时代(Eea)。他们认为,不同的顾客希望从产品中获得不同的利益组合。有些人认为洗涤和漂洗能力最重要;有些人认为使织物柔软最重要;还有人希望洗涤和漂洗能力最重要;还有人希望洗衣粉具有气味芬芳、碱性温和的特征。于是就利用洗衣粉的九个细分市场,设计了九种不同的品牌。

宝洁公司就像一个技艺高超的"厨师",把洗衣粉这一看似简单的产品,加以不同的佐料,烹调出多种可口的"大菜"。不但从功能、价格上加以区别,还从心理上加以划分,赋予不同的品牌个性。通过这种多品牌策略,宝洁已占领了美国更多的洗涤剂市场,目前市场份额已达到55%,这是单个品牌所无法达到的。

二、制造卖点

宝洁公司的多品牌策略如果从市场细分上讲是寻找差异的话,那么从营销组合的另一个角度看是找准了"卖点"。在这一点上宝洁公司更是发挥得淋漓尽致。以宝洁在中国推出的洗发精为例。"海飞丝"的个性在于去头屑,"潘婷"的个性在于对头发的营养保健,而"飘柔"的个性则是使头发光滑柔顺。在中国市场上推出的产品广告更是出手不凡:"海飞丝"洗发精,海蓝色的包装,首先让人联想到蔚蓝色的大海,带来清新凉爽的视觉效果,"头屑去无踪,秀发更出众"的广告语,更进一步在消费者心目中树立起"海飞丝"去头屑的信念;"飘柔"从牌名上就让人明白了该产品使头发柔顺的特性,草绿色的包装给人以青春美的感受,"含丝质润发素,洗发护发一次完成,令头发飘逸柔顺"的广告语,再配以少女甩动如丝般头发的画面,更深化了消费者对"飘柔"飘逸柔顺效果的印象;"潘婷"用了杏黄色的包装,首先给人以营养丰富的视觉效果,"瑞士维他命研究院认可,含丰富的维他命原B5,能由发根渗透至发梢,补充养份,使头发健康、亮泽"的广告语,从各个角度突出了"潘婷"的营养型个性。

从这里可以看出,宝洁公司多品牌策略的成功之处,不仅在于善于在一般人认为没有缝隙的产品市场上寻找到差异,生产出个性鲜明的商品,更值得称道的是能成功地运用营销组合的理论,成功地将这种差异推销给消费者,并取得他们的认同,进而心甘情愿地为之掏腰包。

三、能攻易守

传统的营销理论认为,单一品牌延伸策略便于企业形象的统一,减少营销成本,易于被顾客接受。但从另一个角度来看,单一品牌并非万全之策。因为一种品牌树立之后,容易在消费者当中形成固定的印象,从而产生顾客的心理定势，不利于产品的延伸，尤其是像宝洁这样的横跨多种行业、拥有多种产品的企业更是这样。宝洁公司最早是以生产象牙牌香皂起家的，假如它一直延用"象牙牌"这一单一品牌，恐怕很难成长为在日用品领域称霸的跨国公司。以美国 Scott 公司为例，该公司生产的舒洁牌卫生纸原本是美国卫生纸市场的佼佼者，但随着舒洁牌餐巾、舒洁牌面巾、舒洁牌纸尿布的问世，使 Scott 公司在顾客心目中的心理定势发生了混乱——舒洁该用在哪儿？一位营销专家曾幽默地问：舒洁餐巾与舒洁卫生纸，究竟哪个品牌是为鼻子设计的？结果，舒洁卫生纸的头把交椅很快被宝洁公司的 CHARMIN 卫生纸所取代。

可见，宝洁公司正是从竞争对手的失败中吸取了教训，用一品多牌的策略顺利克服了顾客的"心理定势"这一障碍，从而在人们心目中树立起宝洁公司不仅是一个生产象牙香皂的公司，还是生产妇女用品、儿童用品，以至药品、食品的厂家。

许多人认为，多品牌竞争会引起经营各个品牌企业内部各兄弟单位之间自相残杀的局面，宝洁则认为，最好的策略就是自己不断攻击自己。这是因为市场经济是竞争经济，与其让对手开发出新产品去瓜分自己的市场，不如自己向自己挑战，让本企业各种品牌的产品分别占领市场，以巩固自己在市场中的领导地位。这或许就是中国"肥水不流外人田"的古训在西方的翻版。

案例思考题

1. 结合案例分析国际市场多品牌策略的优缺点。
2. 总结宝洁公司的多品牌策略，分析如何在国际市场上实施成功的多品牌策略？

第八章 国际营销定价策略

学习目标

价格是市场营销组合的一个重要因素。产品价格的高低,直接决定着企业的收益水平,也影响企业产品在国际市场上的竞争力。国内定价原本就很复杂,当产品销往国际市场时,运费、关税、汇率波动、政治形势等因素更增加了国际定价的难度。所以,企业必须花大力气研究确定国际营销中的定价策略。通过本章学习,要求学生掌握影响国际产品定价的重要因素,熟悉国际市场产品价格制定的理论和方法;了解产品定价的一般程序,掌握国际市场价格的几种常见定价策略,并且能够针对不同产品的具体情况为其制定相应的定价策略。通过本章对国际产品调价策略的阐述,要求学生学习后能够掌握国际产品价格调整的主要理论和方法,并且了解如何正确地选择国际产品价格调整的时机。

随着我国对外开放的不断深入,越来越多的企业及产品打入国际市场。但在如何确定产品的定价上不少企业还缺少必要的知识和经验,并由此蒙受不必要的损失或失掉进入国际市场的机会。在国际市场上,商品价格不仅受价值规律支配,而且受供求关系和多种因素制约。我国企业要想在激烈的国际市场竞争中取胜,必须把制定价格看成是实现企业营销目的的积极手段。要从最终消费者着眼,把定价因素控制在自己手中,而不应把定价权完全交给中间商。

第一节 国际营销产品定价的影响因素

在自由竞争的市场经济条件下,国际市场价格变动通常围绕国际价值进行变动。同时,价值规律的自发作用和人为垄断的操纵这两种力量相互限制影响着国际市场价格。从本质上讲,市场供求和价值规律是决定价格的关键,但在国际市场上其他因素的影响也起了非常重大的作用,使国际市场价格在制定和控制上遇到相当复杂的情况。

尽管在国际市场定价中涉及种种制约因素，但是从普遍情况来说，价格必须不能低于成本，只有这样企业才能生存，才能在国际市场进一步发展。国际市场定价与国内定价有很大的不同。复杂的分销渠道、关税、通货膨胀、汇率波动、运输成本和其他一些与国际市场营销有关的成本费用加在一起，使商品的国际市场最终价格大大高于国内售价。此外国际市场价格还受供求与竞争以及政治经济团体的影响，使其出现波动。具体来讲，在国际营销中有以下因素影响着国际产品的市场定价。

一、成本因素

影响国际市场定价的成本因素除生产成本，如原材料成本、人工成本、管理费用、厂房设备的折旧费外，高额附加成本使出口产品在国际市场中的价格大幅度上涨。有人称其为价格升级。形成附加成本的主要项目有关税、长距离运输费用、保管费用、分销成本、汇率波动损失、预期通货膨胀加价等。

（一）关税

关税是海关依法对进出国境或关境的货物、物品征收的一种税。关税是国际贸易中最普遍的成本之一，它对进出口货物的价格有直接影响。关税和其他形式的进口税是为了对所有的外国商品加以限制。事实上，进口签证或其他行政管理的费用，也可以达到很大的数额，以致成为实际上的进口税。许多国家已制定了适用于各类商品的进口税或消费税，针对产品分销渠道的增值税或周转税，以及零售营业税等，这些税额都增加了商品的进口价格。

（二）通货膨胀与汇率波动

通货膨胀最初指因纸币发行量超过商品流通中的实际需要量而引起的货币贬值现象。在现代经济学中通货膨胀意指整体物价水平上升。一般性通货膨胀为货币之市值或购买力下降，而货币贬值为两经济体间之币值相对性降低。前者用于形容全国性的币值，而后者用于形容国际市场上的附加价值。

汇率也称"外汇行市或汇价"。一国货币兑换另一国货币的比率，是以一种货币表示的另一种货币的价格。由于世界各国货币的名称不同，币值不一，所以一国货币对其他国家的货币要规定一个兑换率，即汇率。各国货币之所以可以进行对比，能够形成相互之间的比价关系，原因在于它们都代表着一定的价值量，这是汇率的决定基础。在金本位制度下，黄金为本位货币。两个实行金本位制度的国家的货币单位可以根据它们各自的含金量多少来确定它们之间的比价，即汇率。那时，付价可以来用一种相对稳定的货币——美元作为一种标准货币，各种交易都可以按美元计价。同时，大多数工业化国家的货币的汇率也是比较稳定的，波动频率低，幅度也不大，几种主要货币很少贬值，而且往往能事先预计到，涉外企业用外汇成交还比较安全。但在1973年布雷顿森林协定瓦解后，准固定汇率为浮动汇率制度所取代，各主要货币相互自由浮动，汇率波动便不可避免地会对国际市场定价造成许多困难。

在国际市场营销中，通货膨胀与汇率波动都会造成国际市场实际价格的变化。在实际交易过程中，买方付款有时候可能推迟好几个月，企业在与国外客户签订长期合同时，须考虑到通货膨胀对成本的影响，把通货膨胀的变化计入商品价格。在通货膨胀率高的国家，制定销售价格必须考虑销售成本及重置成本的问题。当商品的销售价格低于重置成本和间接费用之和，有时甚至低于重置成本时，企业则不应将商品推向国际市场。同时，国际市场营销企业必须考虑汇率经常浮动所增加的成本，特别是在从签约到发货间隔时间较长时更须如此。如果在长期合同中忽视了汇率的变化，企业就可能在不知不觉中付出了较大比例的折扣，汇率差额可以累计成很大的金额。

西方的一些公司在制定贸易合同时越来越强调要以卖方国家的货币计价，而保值性的期货交易变得更为普遍。显然，前者的做法是降低汇率风险的最简单办法，但国际市场上的竞争有时不允许这样做，因为当企业作为卖方要求买方用买方国家货币支付货款时，实际上是将汇率波动的风险转嫁给买方。在汇率波动的市场上，交易双方都希望将汇率波动的风险转嫁给对方。因此，要求买方按卖方国家的货币支付贷款会减弱卖方的竞争能力。第二种方法即通过买卖期货来减少汇率波动带来的风险损失是一种有效的方法。

（三）中间商和运输成本

为了实现企业的国际市场营销目标，各企业都须招募中间商来从事渠道分销活动，从而中间商成为企业产品分销渠道的一个成员。由于出口分销渠道的长短和营销方式不同，进入国际市场可采用多种多样的分销渠道，因而没有统一的中间商加成标准。在工业品的国际市场上，制造厂商甚至无法控制和知道产品在国际市场向消费者索要的最终价格。

除了销售渠道多种多样外，许多国家的市场经营和分销渠道的基础设施和条件也很差，因此在国际市场上，市场营销人员会面临各种意想不到的成本问题。如果同资金不足的中间商打交道，市场营销人员还必须承担由此而增加的筹资成本。由于有关中间商成本的数据缺乏现成的来源，国际市场营销人员必须靠经验和市场调研来了解中间商的费用。

此外，不同的企业其招募能力也不相同。有些企业可以毫不费劲地找到特定的中间商加入其渠道中，这主要是由于该企业享有盛誉，或其产品有大利可赚。例如，美国福特汽车公司就能为其命运不济的艾迪雪汽车招募到1200家新代理商。而有些企业由于其知名度的局限，寻找中间商所需要的成本和风险都会影响本商品的国际市场价格。

运输是现代商品流通环节中极为重要的一项辅助作业。通过准确、快速的移动实现商品物理位置的转移，达到抵御市场客观存在的空间风险和时间风险的目的。一般而言，影响运输成本的产品因素主要有：密度——密度低的货物，单位重量的运输成本低；搬运难易度——搬运难度较高的货物运输成本较高；需要承运人提供的可靠性越大，货物的运输价格越高等。

出口需将货物从一个国家运至另一个国家，因而就增加了运输成本，如按到岸价格成交，除了运输队还要增加保险、包装、装卸等项费用，而产品在本国销售是不存在这些费用的。在国际市场上，许多国家的进口关税是按到岸价格（包括运输保险和装船费）计征，比这些费用自然带来了进一步的成本负担。

二、国际市场供求因素

国际市场营销人员在定价时不能仅仅只考虑成本因素，因为产品实际售价在不同国家和不同时期的变化是很大的。供求关系也是一件产品在国际市场的最后成交价格的主要决定因素之一。

（一）供给方面

在国际市场的供给方面，开展国际市场营销的企业要研究的问题主要有四个方面：一是国际市场价格水平。价格越高，供给增加的可能性就越大，反之则越小；二是投入品的价格。投入品价格上涨牵动生产成本提高使供给萎缩；三是国际上各主要国家的生产规模和结构对供给的影响；四是技术进步及资源条件。利用同样原材料可生产更多更好的产品。

（二）需求方面

从事国际市场营销的企业，作为产品的供应者，其基本定价原则是成本加上一定利润形成产品价格。但是这个价格在什么水平上会被市场接受，最终还取决于市场的需求。在国际市场的需求方面，定价时要考虑的主要问题包括三个方面：其一是价格水平。在买主收入和偏好不变的情况下，定价的一般规律是定价越低，人们购买的商品越多；定价越高人们购买的商品越少。其二是收入水平。消费者、企业和政府所具有的可支配的收入越多，对商品的需求越大。其三是习惯和偏好。习惯和偏好的改变会引起商品需求的变化。例如，美国西部牧童穿的牛仔裤，以前是不能穿着进城的，后来由于美国人的观念和习惯改变了，牛仔裤广泛流行起来，于是其身价倍增。

在市场定价条件下，买卖双方谁对市场需求情况了解多谁就能取得主动。涉外企业对外销产品的需求情况应该逐个市场地去确定。当产品在许多市场销售时，企业必须对执行统一价格策略还是执行不同价格策略的问题进行决策。

（三）供需平衡

实际上，单独的供给或需求不能决定价格，只有供给和需求的两种力量共同起作用才能决定价格。在国际市场上，供求会经常变动，因而经常出现新的均衡点和由其决定的价格水平，仅采用目标定价和固定价目单的做法是很不够的，必须学会采用灵活的定价策略。同时，国际市场营销人员在定价时应更注重心理因素对需求的影响，因为供求规律有时作用不大。例如某些高档消费品，在价低时，其需求反而减少，因为有些消费者习惯购买高价产品，以炫耀其地位。在这种情况下，某些商品的需求在高价时反而比低价时增加；在通货膨胀条件下，消费者因预期价格进一步上涨，因害怕给自己带来更大的损失，有时推动价格上涨刺激需求。此外，国际市场消费者还常有"一分钱一分货"的价格意识，认为高价的商品质量优良。因此，定价由于供求关系时时的变化而需要进行相应的调整。

三、竞争因素

竞争是影响国际市场价格水平的又一关键因素。一般情况下，卖主之间的竞争会导致商品价格的下降，而买主之间的竞争会提高商品的价格。在进行国际产品营销时，需要依据市场竞争状况进行价格的制定与调控。

同国内市场竞争一样，竞争在国际市场上也分为直接竞争和间接竞争。直接竞争既可能发生在生产和销售同样商品的垄断组织之间，也可能发生在生产和销售同样产品的垄断组织和局外企业之间。甚至在垄断性非常强的部门，垄断协定也不能包括整个市场，总会有企业由于各种原因，在一定时期内同在市场上占统治地位的垄断公司进行竞争。如日本公司在汽车、电子、造船和黑色金属的国际市场上，同美国和欧洲的跨国公司进行贸易战争，并在竞争中逐步占有优势地位。现在日本在全世界小轿车的制造和出口中均占第一位。尽管如此许多国家仍是日本汽车业的主要竞争对手，使得日本企业不能完全控制国际市场。由于国际市场竞争的日趋激烈，国际市场营销企业在定价时不得不对相关产品进行比较定价、随行就市定价或跟随价格领袖定价。当然，有实力的企业可以采取积极竞争的价格方法进行产品的价格竞争。到底是采取规避竞争的方式还是积极竞争的方式，国际营销企业在制定价格时必须做出周密的分析和选择。

间接竞争是指完全不同的产品为满足用户需求而产生的竞争。如果企图将产品销售到具有另一种文化背景的地区，间接竞争可能具有特别的重要性。生产煤的企业同生产石油的企业之间的竞争，铜和铝、铝和锡的生产者之间的竞争,均属于间接竞争。通常间接竞争存在于可替代的不同产品之间。代用品的广泛发展和运用,导致被代用商品的需求萎缩,价格下跌。如人造橡胶的发展打破了英、荷两国对于天然橡胶市场的垄断。

国际市场激烈竞争的另一种表现是低价倾销和价格战。低价倾销是指国外市场价格低于国内市场价格。进入20世纪80年代以后,世界上许多国家生产能力超过本国需求,许多企业不得不根据产品的边际成本来确定价格。倾销的典型做法是:在国内市场保持价格稳定,在国际市场上降低价格进行倾销。

针对倾销行为,许多国家政府严厉地实施反倾销政策,明令禁止在其国内市场进行低价倾销。通常对付倾销的做法是征收反倾销税,其金额相当于生产国国内价格与出口价格之差。显然反倾销也是这些国家保护本国市场借以削弱外来竞争的一种限制手段。西方企业对付反倾销的主要策略有:第一种做法是由政府对经营出口的公司实行补贴;第二种做法是对买主给予回扣,将新产品按老产品价格低价出口等。第一种做法由于许多国家增设了反补贴关税予以限制(如美国对来自巴西的棉纱和剪刀征收15%~20%的反补贴关税),而削弱了对出口公司实行补贴实际效果。第二种做法是一种隐蔽而有效的回避倾销的策略。日本公司在向美国出口电视机显像管时使用这种方法获得了成功。为避免倾销嫌疑,它们的出口价格与国内相当,但实际上生产厂家已私下给进口商送了回扣。

四、政治经济团体

政治经济团体主要是指由各国政府或垄断组织,这些区域性组织对价格进行管制或干预,以维护自身利益和自身发展。例如,一个国家可能允许在国际市场实行价格维持的行为,而不允许在国内市场维持现有价格。一般来说,政府实行定价干预和管制的目的是为了减少或消除价格竞争的不利影响。

(一)政府价格管制

为了控制价格,政府通常采取规定毛利、确定价格、限制最高和最低售价、限制价格变化、参与市场竞争、给予补贴以及统购统销等手段。国际营销企业必须熟悉各国政府对企业制定价格的影响。

1. 规定毛利

政府有时会要求中间商按政府规定的毛利给商品标价,不得大幅度地超过规定的毛利水平,甚至对制造厂商也会规定毛利的限制,由政府规定产品出厂价高于成本的幅度。

2. 规定最低限价、最高限价和实际价格

规定最低限价、最高限价在不同国家有许多不同的做法。有些国家的立法规定商品的销售价格不得低于成本和政府规定的加价幅度之总和。最高限价通常为了保护本国消费者利益。

3. 限制价格变化

某些特定的国际营销产品在未经出口国政府允许下是不能改变价格的。在美国、欧洲等国,有很多类商品价格的变化是受到管制的,中国、印度这样的发展中国家受到价格管制的商品类别更多。

4. 参与国际市场竞争

为了控制价格,一些国家政府直接在国际市场上进行竞争。例如,英国政府对农产品实行的价格支持制度,当国内市场农产品价格低于政府支持的价格水平时,政府建立的英国商品信贷公司按政府支持的价格向农场主收购农产品作为抵押品。如在抵押的12个月内市场价格高于政府支持的价格水平,农场主可以把商品赎回到市场上出售;如果在这期间农产品的市场价格低于政府支持的价格水平,该商品就归英国商品信贷公司所有。支持价格制度实质上是政府通过收购市场上过剩的商品来保持较高的价格水平从而达到价格管制的目的。

5. 补贴

政府通过补贴以降低出口产品价格,提高出口产品的国际竞争能力。补贴有直接补贴和间接补贴。直接补贴是对出口价格进行补贴,这是WTO所不允许的;间接补贴是对制造出口商品的原料进行补贴。

6. 政府垄断

在社会主义国家,政府机构可以是某些产品在国内市场和进出口方面的独家卖主。例如,在我国,国家烟草专卖局独家经营烟草的国际进出口业务。在这种情况下,政府直接决定价格,尤其是在市场出现混乱的情况下,政府往往以统购包销某一行业的全部产品的办法来整顿市场。对于政府垄断价格的情况我国的涉外企业体会更深刻。

7. 与垄断性买主谈判

垄断性买主是指在某一市场上仅有一位买主。在垄断性购买的情况下,买主有很大的讨价还价的力量而且可以制约各种不同的卖主以保证获得最优惠的价格和条件。对于开展国际市场营销的企业来说,外国政府的垄断性购买是一个棘手的难题。卖主不但要同许多家公司竞争,而且还要听凭买主的摆布。

(二)垄断组织干预价格

与政府影响价格制定一样,开展国际市场营销的企业在其产品的定价过程中,必须对所在市场的垄断情况进行深入的研究。垄断对市场价格的影响程度,往往取决于某些垄断组织对市场的垄断程度,也取决于垄断组织对某些商品生产和销售、原料来源、专利许可证的控制程度。控制市场份额越大,垄断程度越高，它们操纵市场价格的力量就越强。垄断组织操纵国际市场价格的手段主要有：组织卡特尔、实行价格领导制、建立康采恩、通过贸易协会的作用和签定专利许可证协定等。

1. 组织卡特尔

卡特尔指经营同种商品的若干公司签定避免相互竞争或瓜分销售市场、确定统一售价的规定。卡特尔的主要目的是限制竞争和取得高额利润，以便使其成员在其所属市场上进行有效的垄断。在美国国内，卡特尔是非法的，而欧洲共同体则制定了专门的法令来控制卡特尔。

2. 实行价格领导制

即要求由一特定公司担任价格领导，其他公司跟随其行动调整价格。具体方法有三种：第一种是主要公司领导，该公司占这个部门生产的较大比例，通常是在50％以上。例如，美国冶金工业的美国钢铁公司、汽车工业的通用汽车公司，经常充当这些部门的价格领导。第二种是共谋式的领导，要求共同作价的公司承认彼此具有共同的利益。第三种是气压式的领导，由于市场竞争引起价格波动，价格追随者灵活而及时地随价格领导调整价格以适应竞争的变化。

3. 建立康采恩

康采恩的活动方式有些类似于卡特尔，但对市场划分和对生产者的控制程度更为严厉。若康采恩的成员违背协定，将给予严重的罚款。康采恩的董事会由各成员公司的代表组成。由于各公司都是康采恩的一个组成部分，康采恩能够对其成员进行严密的控制。跨国公司实际上就是国际康采恩，其特点是跨国经营，分支机构遍布全球，即能够通过种种措施扼杀竞争对手，建立对某种商品生产和销售的暂时控制，并向买主索取垄断高价。例如，在计算机国际市场上，美国的 IBM 公司控制70％的市场份额，它间接规定其法国分公司生产的计算机在西欧市场的售价以及用美国专利在日本生产的计算机在亚洲市场的售价。

4. 通过贸易协会的作用

这种组织有时起卡特尔的作用，有时还仅作为一种非正式的贸易组织而存在。在后一种情况下，它对市场、价格或生产不发生影响，许多国家的贸易协会负责搜集并整理各部门的价格和贸易情报提供给参加协会的成员公司，负责维持这些成员公司能够接受的价格结构。

5. 签定专利许可证协定

在那些技术革新特别重要的部门，专利或工艺协定是国际联合的最普遍形式。在大多数国家专利许可证协定是受法律保护的，专利所有人有权赋予另一国家的某个人以特别的许可进行其专利产品的生产。这类协定规定，专利持有人可以控制一定地区，实行垄断控制价格。通常这类协定除特别的许可证协定外，还包括君子协定，即公司同意首先给某个外国伙伴使用其专利和新发明的优先权。

五、国际商品协定

国际商品协定是一些国家企图用共同的力量，进行调节供求、稳定价格和增加收入的活动。国际商品协定在制定某些商品的国际价格方面所起的作用越来越大。例如，国际上已经订立了国际咖啡协定、国际可可协定和国际糖协定。长期以来，小麦的国际市场价格至少在一定程度上是由有关国家的政府通过谈判确定的。

国际商品协定通常采用缓冲存货、限额和多边长期合同等三种方式来调节供求，影响价格。但由于参加国之间矛盾重重，尤其是出口国和进口国在价格掌握上经常持对立的观点。前者主张稳定和提高价格，后者则对降价感兴趣，所以利用这些手段来稳定价格常常不能达到预期的效果。到目前为止，在所有的原料输出国组织中，只有石油输出国组织（OPEC）对国际市场的石油价格的控制获得了很大的成功。OPEC 在 20 世纪 70 年代，通过采取一致行动大幅度提高了世界石油价格，每年由此多得上千亿美元的收入。

从以上分析可以看出，国际产品营销的定价不仅受到产品成本的影响，还要考虑国际市场的各种情况，此外来自各国政府、垄断组织和国际商品协定方面的压力，也是国际市场营销人员自由定价的最主要障碍。只有充分考虑国际市场的各种变化情况，才可以合理的对国际营销产品进行定价。

第二节 国际营销产品定价目标与程序

在国际市场上，外销产品定价更加复杂，要考虑的因素更多，国际营销人员进行的每一步骤工作必须细致周全。在国际营销产品定价过程中，首要的工作就是确定产品定价的目标。

一、国际营销产品定价目标

开展国际市场经营的企业，在制定价格时必须依照整个营销战略目标，按照企业的营销利润、市场和竞争目标等确定价格。

（一）利润最大化

利润最大化目标并不是指企业短期或一年内获得最大利润，而是指企业长期的利润目标,从而实现企业的长期稳定发展。

在经济学中,企业作为一个经济组织有特定的目标,企业目标可以分为经济目标和非经济目标。经济目标就是追求自身利益最大化,而非经济目标主要是企业应尽的社会责任。厂商利润最大化原则就是产量的边际收益等于边际成本的原则。边际收益是最后增加一单位销售量所增加的收益,边际成本是最后增加一单位产量所增加的成本。如果厂商的边际收益大于边际成本(MR>MC),这就意味着厂商每多生产一单位的产量用于销售所增加的收益大于因多生产这一单位产品所增加的成本。此时,增加产量可以增加利润。如果厂商的边际收益小于边际成本(MR<MC),表明厂商增加产量只会使利润减少。只有在边际收益等于边际成本(MR=MC)时,厂商的总利润才能达到极大值。所以MR=MC成为利润极大化的条件,这一利润极大化条件适用于所有类型的市场结构。

但是在国际产品营销中,利润最大化是指产品整体目标的总利润达到最大。例如,企业在出口新产品时,为追求长期利润可以在短期内亏损。在产品的组合方面,美国科达公司宁愿在照相机方面少获利而在胶卷方面获高利,从而达到总公司的总体最大利润。在实际营销过程中,获得最大利润并不意味着要制定高价。按照供求规律,大多数产品的需求对价格的反应(即需求的价格弹性)是反向变动的,价格上升则需求下降。如果产品的价格弹性大于1,则价格提高后它的销售额及其承载的利润额不但不会增加,反而会下降。需求减少还会导致产量下降,进而引起生产成本上升。而且高价政策还会吸引、鼓励更多的竞争者进入市场,导致竞争品或替代品的出现,最终影响企业长期利润目标的实现。我国的一些传统出口商品的作价有过这方面的教训。出口企业应以适当的价格适当的销量去获得最大的利润,这符合经济学中的MR=MC的利润最大化理论。到底以什么样的价格进入国际市场,要视市场供求情况和其他实际情况来确定。

(二)市场占有率最大化

市场占有率又称"市场份额",是指企业商品销售量(额)在同类行业商品销售量(额)中所占的比例,一般用百分比表示。它包括绝对市场占有率和相对市场占有率。通常说的市场占有率一般系指绝对市场占有率。

计算公式如下:

企业某种商品的市场占有率=(本企业某种商品销售量/该种商品市场销售总量)×100%

市场占有率是分析企业竞争状况的重要指标,也是衡量企业营销状况的综合经济指标。市场占有率高,表明企业营销状况好,竞争能力强,在市场上占有有利地位；反之，则表明企业营销状态差，竞争能力弱，在市场上处于不利地位。

涉外企业的营销战略中非常重要的一个目标是在国际市场上获得长期、稳定、较高的销售份额，使企业的产品在市场上占有优势地位和取得较高的声誉。扩大市场占有率的途径主要包括：产品的质量和单价、企业的名誉与服务、市场状况与同行业的竞争。

了解企业市场占有率之后，还需正确解释市场占有率变动的原因。企业可从产品大类、顾客类型、地区以及其他方面来考察市场占有率的变动情况。一种有效的分析方法，是从顾客渗透率 C_p，顾客忠诚度 C_l，顾客选择性 C_s，以及价格选择性 P_s 四因素分析。所谓顾客渗透率，是指从本企业购买某产品的顾客占该产品所有顾客的百分比。所谓顾客忠诚度，是指顾客从本企业所购产品与其所购同种产品总量的百分比。所谓顾客选择性，是指本企业一般顾客的购买量相对于其他企业一般顾客的购买量的百分比。所谓价格选择性，是指本企业平均价格同所有其他企业平均价格的百分比。全部市场占有率 T_{ms} 就可以表述为：$T_{ms}=C_p \cdot C_l \cdot C_s \cdot P_s$。

假设某企业在一段时期内市场占有率有所下降，则上述方程为我们提供了四个可能的原因：企业失去了某些顾客（较低的顾客渗透率）；现有顾客从本企业所购产品数量在其全部购买中所占比重下降（较低的顾客忠诚度）；企业现有顾客规模较小（较低的顾客选择性）；企业的价格相对于竞争者产品价格显得过于脆弱，不堪一击（较低的价格选择性）。企业便可以依据这四个方面进行市场占有率目标的详细制定以及适当调整。

（三）实现预期投资收益率

预期投资收益率，是投资者期望获得的投资报酬比率。企业希望在开发和生产产品的过程中所投入的资金能在预期的时间内收回，在这一目标的引导下，企业往往把它的预期收益规定为占其投资额或销售额一定的百分比。进行产品定价时，在成本费用不变的情况下，价格高低取决于投资收益率的大小。最低投资收益率可以按以下标准掌握：当投资为银行贷款时，投资收益率要高于贷款利率；投资为企业自有资金时，投资收益率要高于政府规定的收益指标。投资收益率的高低与回收期的长短有关。

（四）巩固竞争地位

市场经济的规律就是优胜劣汰，在本行业中无竞争优势的企业，注定要随着时间的推移逐渐萎缩及至消亡。只有确立了竞争优势，并且不断地通过技术更新和管理提高来保护这种竞争优势的企业，才最终有长期存在，并发展壮大的机会。

企业在国际市场定价时，必然会遇到竞争者的价格抗衡。对手的价格策略无非是低于、高于或者等于本企业的价格。具体采用哪种策略作为定价目标则取决于企业自身与竞争者实力的对比。高于竞争者定价必须在实力上超过对手，否则，可略低于竞争者定价出售商品。当市场上有领导价格的企业时，则通常采取与之相同的价格出售产品。有的企业为了扩大市场占有率并且防止新的竞争对手进入自己的目标市场也常采用低价策略予以抵制。

（五）维持营业

当市场竞争比较激烈，或者是企业国际化经营经验不足，缺乏竞争力，可以考虑以维持营业作为主要的定价目标。在这种情况下，企业主要力求在市场上站稳脚跟，推广、宣传自己的产品，积累经验，等待发展时机。这是一种"零利润"定价目标。

二、国际产品营销的定价程序

成功的定价并不是一个最终结果，而是一个持续不断的过程。在这个过程中，企业可根据以下定价程序进行有效地制定产品国际市场营销价格。

（一）确定定价目标

企业首先要确定定价所要达到的目标是什么？上述四大目标中的哪一种目标作为主要的定价目标。通常涉外企业在国际产品营销过程中将利润与市场销量两者有机结合制定短期和中期的定价目标，将竞争地位与企业价值结合制定长期的定价目标。

（二）估计市场的需求量

估计市场需求量是指公司在既定定价目标下，根据消费者所能接受的产品价格变动范围，确定最佳的产品价位及其与销售量的关系。需求评估常用的方法是需求曲线及其弹性分析。

根据需求曲线得知，企业产品的价格不同时，国际市场上就会有不同的需求量。因此，企业就要估算出几组不同价格下国际市场的不同需求量，并从中选择一个最佳的需求量。在估计需求量时，既要考虑生产成本和消费者的预期价格，把国际营销价格定在成本之上和消费者预期价格之下，又要考虑该产品在国际市场上需求弹性系数大小。一般情况下，需求弹性大的商品其价格应定得低一些，需求弹性小的商品其价格应定得高一些。

（三）预测竞争

通过竞争者价格及成本的分析，营销人员可估计对手的竞争能力及行动。了解竞争对手的价格水平和分析竞争对手的优势与劣势是国际产品定价的重要环节。

通常，本企业的产品投入国际市场后可能受到两个方面的竞争。一方面是同类产品的竞争，这时就要根据本企业产品与同类产品竞争对手产品的质量对比或差异来定价。另一方面是不同类替代产品的竞争，这时就要从本企业产品与不同类产品的比价是否合理上定价。

（四）选择定价方法和定价策略

定价方法不同制定出的价格也不同，定价策略不同，制定出的价格也不同。因此，要按照企业总目标以及市场的情况选择合适的定价方法和定价策略。定价方法和定价策略将在以下两节做重点阐述。

（五）确定最后价格

确定产品价格是为了进行销售，除了考虑消费者的反应外，还应照顾各种分销商的需求。上述几个程序进行完后，最后一个程序即考虑诸如当地政府价格政策和规定、中间商的意见、竞争对手的反应、消费者的反应等其他情况，然后确定最后价格。确定了最后价格后，还要根据企业内部条件的变化（如成本的变化）和外部环境的变化（如市场竞争加剧），而随时调整最后价格。

第三节 国际营销产品定价方法

从前面分析可知企业产品价格高低实际上是受市场需求、产品成本、竞争情况和宏观干预等方面的因素影响和制约的。企业在制定国际市场价格时应当考虑到各种因素的综合影响，但是在实际做法上，往往定价是偏重于某一个方面的影响。国际市场营销定价方法主要有成本导向定价、需求导向定价、竞争导向定价和利润导向定价四种。

一、成本导向定价法

成本导向定价是指在收回产品的经营成本后，确定一定的盈利率，以成本加上盈利为导向来确定国际市场产品的价格。其优点是可保证企业不亏本，并且计算方法简单方便。尽管任何国际交易都是国际市场上买卖双方力量对比的结果，而成本导向定价却是建立在一厢情愿的基础上的，购买者能否接受国际企业制定的价格，需由多种因素决定。成本导向定价有以下几种做法：

（一）成本加成定价法

成本加成定价法指按照成本加上一定百分比的加成来制定产品销售价格，即产品价格要补偿生产和销售成本并得到合理回报。它是现今企业在定价实践中最常用的一种定价方式。国际企业的外销成本主要包括制造成本、管理成本、研究开发成本、间接成本、运输成本、包装成本、订单处理成本、仓储成本、分销成本、报关费、汇率风险等。以上仅列举了一些常见的外销成本。上述成本再加上期望的利润水平,即为产品的外销价格。其计算公式为:$P=C(1+R)$。式中:P 为单位产品售价;C 为单位产品成本;R 为企业拟定的利润率,为目标利润额与目标销售额的比重,又称为成本加价。

由此可知,产品成本加成定价决策要考虑三个因素:

第一,成本基础。如完全成本基础(适用于劳动密集型企业)、变动成本基础(适用于资本密集型企业)和作业成本基础(适用于顾客化生产的多标准分配法)。根据成本基础的不同,成本加成定价法可分为完全成本加成定价法、变动成本加成定价法和作业成本加成定价法。

第二,目标销售额水平。企业的固定成本和变动成本随业务量的不同而发生变化,即单位成本随不同的业务量水平发生变化,企业一般按生产量的80%来确定合理的(销售)业务量。

第三,加成率。不同行业、不同产品、不同季节产品的利润率有很大不同,动态、合理、浮动的加成率可增加企业价格的竞争力和获利能力。

这种定价法的主要优点体现在四个方面:(1)它较之价格确定在边际收入与边际成本相等之处的定则,所要求的信息不那么多,也不需要那么精确;卖方对自己的成本比对市场需求更有把握,把成本与价格直接挂钩,简化了定价手续。(2)同行各企业如果都采用此法,则销售价相差不大,可缓和价格竞争。(3)一般认为,成本加成定价对买卖双方较为公平合理,卖方可保持合理收益,买方也不致因需求强烈而付出高价。(4)当成本上升时,它为涨价提供正当的理由。然而这种定价法却忽视了市场竞争的需求状况,企业很难估计用来分摊总成本的产量和与计算出的售价相对应的市场销售量是否一致。而且,当加成率确定以后,产销量越大,分摊后的单位总成本越小,计算出的价格也就越低,就可能使企业丧失应得的利润;而相反,产销量越小,单位总成本越高,价格也就越高,反而更加剧了销售的困难。因此,成本加成定价法只有当计算出的价格水平确实能带来预期的市场销售额时才会奏效,所以一般限于在卖方市场或市场需求水平变化不大的条件下使用。

(二)目标利润定价法

企业在目标收益率的前提下,根据事先预计的销量和成本逆算出价格。例如,某出口企业预计明年外商订货量为8万件,均为FOB条件进行船上交货,生产成本、国内运输费及各项出口费用总计约为1000万美元,若企业目标利润率定在10%,总收入(销售额)为153.85(1+10%)=169.24万美元。那么目标价格等于169.24/8=21.15美元/件。

同时，利润率的选择需依赖于预测的时期。短期定价决策必须基于超出计划期发生的所有成本，这些决策也必须明确潜在竞争者和政府的反应。因为这些变数是复杂的，许多企业宁愿追求另外的目标，而不是标准的利润最大化目标。

（三）边际成本定价法

企业根据使价格等于边际成本的原则来制定价格的一种做法。若给定连续的收益和成本曲线，这意味着将价格确定在需求曲线与边际成本曲线相交的一点上。在完全竞争市场条件下，由于价格等于边际收益，故边际成本定价同时满足边际收益等于边际成本的原则，从而保证利润最大化和帕累托最优化的实现。然而在不完全竞争条件下，由于价格大于边际收益，边际成本定价不再能保证利润最大化。因此，在不完全竞争条件下，边际成本定价只有通过某种形式的管制或税收才能出现。

产品的国际营销性质，增加了成本项目构成中的计算难度。除了考虑基价和预期利润外，还必须考虑各项出口费用及汇率波动等问题。企业在确定外销产品的基本价格之前，必须全面考虑市场营销组合因素的影响。市场营销渠道的长短和特点将影响最终价格。

此外，为适合目标市场需要而改进产品的生产成本也将影响基础价格的确定。在具体的定价实务中，要想找到适宜的价格水平是极其困难的。例如，产品诉求就是影响需求水平的关键因素，而要进行诉求研究不仅耗资惊人，而且研究结果常常受到主观因素的左右。许多海外市场的市场潜量都不足以进行最基本的市场营销研究。因此，市场需求的预测仍需依靠国际营销部门和商务专业人才来进行。

二、需求导向定价法

市场是商品价格的检验器。只有在市场上能被消费者接受，能顺利实现的价格才是合理的价格。因此衡量企业的定价方法是否合理，首先看依这种方法所定的价格能否被消费者所接受。需求导向定价法正是企业根据消费者对商品价值的认识和消费者需求程度来制定价格的。这类定价方法的出发点是顾客需求，认为企业生产产品就是为了满足顾客的需要，所以产品的价格应以顾客对商品价值的理解为依据来制定。成本导向定价法在定价顺序上遵循"厂商—中间商—消费者"这一模式，而需求导向定价法遵循"消费者—中间商—厂商"的新模式。需求导向定价的主要方法包括认知价值定价法、反向定价法和需求差异定价法三种。

（一）感受价值定价法

感受价值定价法就是依据消费者对产品的价值感受定价。这是一种以消费者为中心，根据消费者的心理和需求强度来定价的策略。产品的实际价值与消费者的感受价值并不总是一致的。如一套名牌西装，与其他同质地西装成本也许差不了多少，而售价可高达其他普通西装的几倍。这是由于它的名气，消费者为了购买它所象征的社会地位，愿意支付那么高的价钱。一杯饮料，在路旁小店的销售机上购买不过 1.5 元左右，在高档宾馆或舞厅的售价就可高达十几元甚至几十元。这是由于环境、服务等因素提高了产品的附加值，消费者为了享受优雅的环境和高质量的服务而乐于支付这笔钱。反过来，如果不定这样的高价，部分消费者会因为低价不足以反映自己的身份、地位或不能满足自己的某种心理需求，反而不肯购买或光顾了。这就是感受价值定价法。

感受价值定价与传统的生产成本导向定价和企业利润目标导向定价的根本区别在于定价主体发生了转变，价格决定的主导权由产品的生产者转向了商品购买者。消费者越来越趋向于根据自己的购买力来认识价格水平并决定购买意向。这正是市场营销由以生产者为中心进入以消费者为中心时代在价格体制上的体现。

感受价值定价法是一种以消费者为主导的定价策略，但这并不意味着企业在定价上只能让消费者牵着鼻子走，完全无所作为。由于消费者对商品的实际成本和各类技术指标不具备专业的衡量手段，仅凭感受权衡定价，所以感受价值与商品的实际价值往往是偏离的。如果感受价值高于商品的实际价值，那么对企业而言自己的产品就获得了一种"良好感受价值"；反之，则企业的产品得到的是一种"沮丧感受价值"。"良好感受价值"与产品的实际价值偏离越远，企业的经济效益越好。以商品的实际价值为轴心，良好感受价值与沮丧感受价值之间的幅度，是企业大有所为的天地，企业可凭借实力、经验和智慧，运用各种营销策略和技巧，在消费者中最大限度地创造良好感受价值，避免沮丧感受价值，如此就会为企业创造可观的经济效益。

例如，美国卡特匹勒公司用理解价值为其建筑机械设备定价。该公司可能为其拖拉机定价 10 万美元，尽管其竞争对手同类的拖拉机售价只有 9 万美元，卡特匹勒公司的销售量居然超过了竞争者。当一位潜在顾客问卡特匹勒公司的经销商，买卡特匹勒的拖拉机为什么要多付 1 万美元时，经销商回答说：90000 美元是拖拉机的价格，与竞争者的拖拉机价格相同；+7000 美元是最佳耐用性的价格加成；+6000 美元是最佳可靠性的价格加成；+5000 美元是最佳服务的价格加成；+2000 美元是零件较长保用期的价格加成；110000 美元是总价格；-10000 美元折扣而最终价格为 100000 美元。顾客惊奇地发现，尽管他购买卡特匹勒公司的拖拉机需多付1万美元,但实际上他却得到了1万美元的折扣。结果,他选择了卡特匹勒公司的拖拉机。

企业依据感受价值定价,比依据产品成本或企业的利润目标定价要困难得多。消费者的感受因人而异,因时因地而异,不可控因素很多。定价过高得不到消费者的认同,价格超出消费者的承受能力,产品将无人问津;定价低了,企业盈利又会受到削弱。恰到好处地制定出消费者能欣然接受,企业又可获利的价格,需要科学的预测和灵活的定价技巧。这就要求企业要重视市场调研,了解消费者的感受。

(二)反向定价法

在产品设计之前,就先按照消费者所能接受的价格确定产品的市场零售价格,进行生产成本与销售成本的预算,从而决定出厂价格的一种定价方法。因其定价程序与一般成本定价法相反,故称反向定价法。其实,对于反向定价法我们并不陌生。目前我国建筑工程承包中普遍采用的投标定价对投标者来说就是一种反向定价法。投标者为了中标,就得尽可能报出使招标者满意的价格。只有中得了标,投标者所提供的建筑劳务才能够实现。因此投标方只能按中标价格来核算其利润和成本,来控制成本以保证利润,而非相反。这里中标是供给者获得利润的前提,而中标的可能性取决于投标者报价与招标者所愿意接受价格的吻合与否。同时,企业如何使自己产品的零售价格尽可能地接近消费者的需求价格,决定着产品价格能否顺利实现,以及获取利润的可能性。

反向定价法一般在两种情况下采用:一是为了满足在价格方面与现存类似产品竞争的需要,设计出在价格方面有竞争力的产品。企业为了取得竞争的主动权,成功地挤入市场,先以竞争者商品的流行售价为基础,确定更受用户欢迎的、企业将要生产的产品售价;而后在这个售价约束下,设计制造产品。二是对新产品的设计,先通过市场调查或征询分销商的意见,拟定出顾客可接受的价格,分销商愿意经销的价格,然后再确定出厂价格,推算出产品成本。这样的价格,购买者、经销者、生产者乐意接受,故又称作满意价格。

(三)需求差异定价法

这是根据需求的差异,对同种产品制定不同的价格的方法。

1. 需求差异定价法的形式

(1)对不同的顾客采取不同的价格。如同种产品对购买量大和购买量小的采取不同价格;航空票价对国内、国外乘客分别定价;电影院对老年人、学生和普通观众按不同票价收费等。

(2)根据产品的式样和外观的差别制定不同的价格。对不同样式的同种产品制定不同价格,价差比例往往大于成本差的比例。例如一些名著往往有平装本和精装本之分，其内容完全相同，只是包装不同而已，但价格就有较大差别。

（3）相同的产品在不同的地区销售，其价格可以不同。例如，同样的产品在沿海和内地的价格是有差异的.

（4）相同的产品在不同时间销售其价格可以不同。如需求旺季的价格要明显地高出需求淡季的价格，电视广告在黄金时段收费特别高。

2. 需求差异定价的前提条件

（1）市场可以细分，各细分市场具有不同的需求弹性；（2）价格歧视不会引起顾客反感；（3）低价格细分市场的顾客没有机会将商品转卖给高价格细分市场顾客；（4）竞争者没有可能在企业以较高价格销售产品的市场上以低价竞争。

三、竞争导向定价法

竞争导向定价法是以竞争者的售价作为企业定价依据并根据竞争变化来调整价格的一种方法。它不是根据产品成本或需求来定价，价格也不随成本的变化或需求的变化而变化，而是随竞争者的价格变动而变动。当今企业广泛采用的竞争导向定价法主要有以下几种。

（一）随行就市定价法

即企业按照本行业在某个目标市场上的平均价格水平来定价，这是竞争导向定价法中广为流行的一种。在垄断竞争和完全竞争的市场结构条件下，任何一家企业都无法凭借自己的实力在市场上取得绝对的优势。为了避免竞争特别是价格竞争带来的损失，大多数企业都采用随行就市定价法，即将本企业某产品价格保持在市场平均价格水平上，利用这样的价格来获得平均报酬。此外，采用随行就市定价法，企业就不必去全面了解消费者对不同价差的反应，也不会引起价格波动。

一般来说，在有许多同行相互竞争的情况下，当企业生产的产品大致相似时（如钢铁、粮食等），如企业产品价格高于别人，会造成产品积压；价格低于别人又会损失应得的利润，并引起同行间竞相降价，两败俱伤。因此，在产品差异很小的行业，往往采取这种定价方法。另外，对于一些难以核算成本的产品，或者打算与同行和平共处，或者企业难以准确把握竞争对手和顾客反应的，也往往采取这一种定价办法。

采用这种定价方法的好处在于，可以使企业与竞争者和平共处，避免了因价格竞争带来的风险；可以获得行业的平均利润；平均价格水平通常被认为是"合理价格"，易为用户所接受，销量较为平稳。当然，这种定价法也有一定风险,一旦竞争者由于劳动生产率提高,成本降低,突然降低其产品价格,则往往使追随者陷入困境,长虹彩电几次大幅度降价造成许多彩电小厂倒闭便是例子。

(二) 相关商品比价法

它是以某种同类型产品为基准,通过成本和质量的对比关系来确定产品价格的方法。这种方法一般适用于新产品的定价,这是因为新产品往往在质量、性能等方面都与所选产品有一定的差距。正是因为有这种差距的存在,才能保证与竞争者制定不同的产品价格之后夺取竞争的胜利。至于到底与竞争者保持多大的价差,则要根据产品质量、性能、成本等方面的比较而定。

(三) 排外定价法

这种方法是指在市场竞争中,以排挤竞争对手、保持自己的市场份额或夺取竞争对手的市场份额为目标的定价方法。这种方法一般是市场领先者用来排挤弱小竞争者的。它有两种方式:一是高价陷阱法,即企业先设置高价厚利的陷阱,诱使竞争对手进入,再以低价排挤竞争对手夺取对方的顾客;二是低价直接排斥法,即企业一直采用低价,直到将竞争者挤出本行业为止。

(四) 密封投标定价法

密封投标定价法是指在招标竞标的情况下,企业在对其竞争对手了解的基础上定价。这种价格是企业根据对其竞争对手报价的估计确定的,其目的在于签定合同,所以它的报价应低于竞争对手的报价。密封投标定价法主要用于投标交易方式。在国内外,许多大宗商品、原材料、成套设备和建筑工程项目的买卖和承包,以及出售小型企业等,往往采用发包人招标、承包人投标的方式来选择承包者,确定最终承包价格。一般来说,招标方只有一个,处于相对垄断地位,而投标方有多个,处于相互竞争地位。标的物的价格由参与投标的各个企业在相互独立的条件下来确定。在买方招标的所有投标者中,报价最低的投标者通常中标,它的报价就是承包价格。这样一种竞争性的定价方法就称密封投标定价法。

第四节 国际营销产品定价策略

马克思主义经济学认为,价格的基础是价值。产品的价值表现在货币上就是产品的价格。因此,价格又是价值的货币表现。但由于种种原因市场上的产品价格与价值一致的情况是非常少见的。西方经济学认为,决定产品市场价格的主要因素是市场上当时的供求关系平衡状态。由于市场的供求关系平衡状态在不断地变化，所以产品的价格也随之不断地升降。国际产品定价策略是以上述两种理论作为理论基础加以研究，从而形成以下七种普遍采用的定价策略。

一、以国际产品生命周期为基准的定价策略

（一）投入期的定价策略

投入期的定价策略其总的策略思想是尽可能缩短产品在国际市场的投入期，尽快地使产品转入市场的成长期。具体策略如下：

1. 高价定价策略

这是在新产品刚投放市场产品处于生命周期投入期阶段时，利用部分消费者追求时髦、猎奇求新的心理，把产品价格定得尽可能的高，同时以大量的促销费用加以支持。这是一种短期策略，可迅速收回成本，适用于产品具有独特的特色、需求弹性小的产品。缺点是价高利大容易招徕竞争者加入市场，也可能打不开销路。

2. 渗透定价策略

当产品刚进入市场时，使价格低于同类产品，以吸引消费者购买，待产品进入成长期或成熟期已为广大消费者所接受时，再逐步提高价格，最终高于或等于同类产品的价格。此策略适用于市场容量大、需求弹性大的大路性产品。日本的精工牌手表就是采用此策略在市场上站稳脚跟后，再逐步提价的。此策略的优点是可迅速打开市场，也容易阻止竞争者进入市场，缺点是产品的价格需要较长一段时间才能逐步到位，投资回收较慢。

（二）成长期的定价策略

一旦一个产品在市场上有了立足点，定价问题就开始发生变化。购买者可以根据以前的经验来判断产品价值或参考革新者的意见。其注意力不再单纯停留在产品效用上，开始精打细算地比较不同品牌的成本和特性。并且，在成长期，产品销量迅速增长，企业为适应竞争和市场扩张的需要，多在适当时机降低售价，以争取更多顾客，抑制竞争对手。

（三）成熟期的定价策略

产品进入成熟期后，产品在市场上达到饱和，销售量和利润开始下降，这时企业要维持高的市场占有率。在价格策略上一方面应采取降低价格、促进销售的策略，从而吸引一部分消费者；另一方面采取保持原价、以优质取胜策略。只要产品质量优于其他同类产品，价格略高一些仍有销路。

（四）衰退期的定价策略

产品衰退期，市场需求下降，企业可根据实际情况在下列定价方案中进行选择：（1）产品竞争实力不足，决定淘汰时，可进一步降低价格，直至清仓退

出市场；（2）尚有一定竞争实力时，可以不低于产品单位变动成本的低价，尽快将竞争者排挤出市场，占领其空出的市场份额，延长生命周期。

二、心理定价策略

每一件产品都能满足消费者某一方面的需求，其价值与消费者的心理感受有着很大的关系。这就为心理定价策略的运用提供了基础，使得企业在定价时可以利用消费者心理因素，有意识地将产品价格定得高些或低些，以满足消费者生理的和心理的、物质的和精神的多方面需求，通过消费者对企业产品的偏爱或忠诚，扩大市场销售，获得最大效益。常用的心理定价策略有整数定价、尾数定价、声望定价和招徕定价。

（一）整数定价

对于那些无法明确显示其内在质量的商品，消费者往往通过其价格的高低来判断其质量的好坏。但是，在整数定价方法下，价格的高并不是绝对的高，而只是凭借整数价格来给消费者造成高价的印象。整数定价常常以偶数，特别是"0"做尾数。例如，精品店的服装可以定价为 1000 元，而不必定为 998 元。这样定价的好处：（1）可以满足购买者炫耀富有、显示地位、崇尚名牌、购买精品的虚荣心；（2）省却了找零钱的麻烦，方便企业和顾客的价格结算；（3）花色品种繁多、价格总体水平较高的商品，利用产品的高价效应，在消费者心目中树立高档、高价、优质的产品形象。

整数定价策略适用于需求的价格弹性小、价格高低不会对需求产生较大影响的商品，如流行品、时尚品、奢侈品、礼品、星级宾馆、高级文化娱乐城等，由于其消费者都属于高收入阶层，也甘愿接受较高的价格，所以，整数定价得以大行其道。

（二）尾数定价

又称"奇数定价"、"非整数定价"，指企业利用消费者求廉的心理，制定非整数价格，而且常常以奇数做尾数，尽可能在价格上不进位。比如，把一种毛巾的价格定为 2.97 元，而不定 3 元；将台灯价格定为 19.90 元，而不定为 20 元，可以在直观上给消费者一种便宜的感觉，从而激起消费者的购买欲望，促进产品销售量的增加。

使用尾数定价，可以使价格在消费者心中产生三种特殊的效应：

1. 便宜

标价 99.97 元的商品和 100.07 元的商品，虽仅相差 0.1 元，但前者给购买者的感觉是还不到"100 元"，后者却使人认为"100 多元"，因此前者可以给消费者一种价格偏低、商品便宜的感觉，使之易于接受。

2. 精确

带有尾数的定价可以使消费者认为商品定价是非常认真、精确的，连几角几分都算得清清楚楚，进而会产生一种信任感。

3. 中意

由于民族习惯、社会风俗、文化传统和价值观念的影响，某些数字常常会被赋予一些独特的涵义，企业在定价时如能加以巧用，则其产品将因之而得到消费者的偏爱。例如，我国南方某市一个为"9050168"的电话号码，拍卖价竟达到十几万元，就是因为其谐音为"90年代我一定一路发"。当然，某些为消费者所忌讳的数字，如西方国家的"13"、日本国的"4"，企业在定价时则应有意识地避开，以免引起消费者的厌恶和反感。在实践中，无论是整数定价还是尾数定价，都必须根据不同的地域而加以仔细斟酌。比如，美国、加拿大等国的消费者普遍认为单数比双数少，奇数比偶数显得便宜，所以，在北美地区，零售价为49美分的商品，其销量远远大于价格为50美分的商品，甚至比48美分的商品也要多一些。但是，日本企业却多以偶数，特别是"零"做结尾，这是因为偶数在日本体现着对称、和谐、吉祥、平衡和圆满。当然，企业要想真正地打开销路，占有市场，还是得以优质的产品作为后盾，过分看重数字的心理功能，或流于一种纯粹的数字游戏，只能哗众取宠于一时，从长远来看却于事无补。

（三）声望定价

这是根据产品在消费者心中的声望、信任度和社会地位来确定价格的一种定价策略。声望定价可以满足某些消费者的特殊欲望，如地位、身份、财富、名望和自我形象等，还可以通过高价格显示名贵优质，因此，这一策略适用于一些传统的名优产品、具有历史地位的民族特色产品，以及知名度高、有较大的市场影响、深受市场欢迎的驰名商标。比如，台湾宝丽来太阳镜价格高达240~980元，我国的景泰蓝瓷器在国际市场价格为2000多法郎，都是成功地运用声望定价策略的典范。

为了使声望价格得以维持，需要适当控制市场拥有量。英国名车劳斯莱斯的价格在所有汽车中雄踞榜首，除了其优越的性能、精细的做工外，严格控制产量也是一个很重要的因素。在过去的50年中，该公司只生产了15000辆轿车，美国艾森豪威尔总统因未能拥有一辆金黄色的劳斯莱斯汽车而引为终生憾事。但是，声望定价必须非常谨慎。20世纪70年代末，我国某企业将出口到欧美的假发提价两至三倍，销路迅速下降，大部分市场被日本、韩国的企业抢去。

（四）招徕定价

招徕定价是指将某几种商品的价格定得非常之高，或者非常之低，在引起消费者的好奇心理和观望行为之后，带动其他商品的销售。这一定价策略常为综合性百货商店、超级市场，甚至高档商品的专卖店所采用。

招徕定价运用的较多的是将少数产品价格定得较低，吸引顾客在购买"便宜货"的同时，购买其他价格比较正常的商品。美国有家"99美分商店"，不仅一般商品以99美分标价，甚至每天还以99美分出售10台彩电，极大地刺激了消费者的购买欲望，商店每天门庭若市。一个月下来，每天按每台99美分出售10台彩电的损失不仅完全补回，企业还有不少的利润。将某种产品的价格定得较低，甚至亏本销售，而将其相关产品的价格定得较高，也属于招徕定价的一种运用。比如，美国柯达公司生产一种性能优越、价格极廉的相机，市场销路很好。这种相机有一个特点，即只能使用"柯达"胶卷。"堤内损失堤外补"，销售相机损失的利润由高价的柯达胶卷全部予以补偿。

在实践中，也有故意定高价以吸引顾客的。珠海九洲城里有种3000港元一只的打火机，引起人们的兴趣，许多人都想看看这"高贵"的打火机是什么样子。其实，这种高价打火机样子极其平常，虽无人问津，但它旁边3元一只的打火机却销路大畅。

值得企业注意的是，用于招徕的降价品，应该与低劣、过时商品明显地区别开来。招徕定价的降价品，必须是品种新、质量优的适销产品，而不能是处理品。否则，不仅达不到招徕顾客的目的，反而可能使企业声誉受到影响。

三、折扣和折让定价策略

折扣让价是出口企业为了鼓励外商大量购买而在价格上给予一定百分比的减让。折扣让价在出口价格中扣除。例如，企业报价中加折扣5%，发票金额为100美元时，企业只收回95美元。折扣让价使用得当，会使外商感到在原价格不变的情况下有了优惠，从而调动了他们的经营热情。为了扩大销量，国际上一般还采用累进折扣，即销售量越大，优惠越多。折让价格主要有以下几种：

（一）数量折扣

指按购买数量的多少，分别给予不同的折扣，购买数量愈多，折扣愈大。其目的是鼓励大量购买，或集中向本企业购买。数量折扣包括累计数量折扣和一次性数量折扣两种形式。累计数量折扣规定顾客在一定时间内，购买商品若达到一定数量或金额，则按其总量给予一定折扣，其目的是鼓励顾客经常向本企业购买，成为可信赖的长期客户。一次性数量折扣规定一次购买某种产品达到一定数量或购买多种产品达到一定金额，则给予折扣优惠，其目的是鼓励顾客大批量购买，促进产品多销、快销。

数量折扣的促销作用非常明显，企业因单位产品利润减少而产生的损失完全可以从销量的增加中得到补偿。此外,销售速度的加快,使企业资金周转次数增加,流通费用下降,产品成本降低,从而导致企业总盈利水平上升。

运用数量折扣策略的难点是如何确定合适的折扣标准和折扣比例。如果享受折扣的数量标准定得太高,比例太低,则只有很少的顾客才能获得优待,绝大多数顾客将感到失望;购买数量标准过低,比例不合理,又起不到鼓励顾客购买和促进企业销售的作用。因此,企业应结合产品特点、销售目标、成本水平、资金利润率、需求规模、购买频率、竞争者手段以及传统的商业惯例等因素来制定科学的折扣标准和比例。

(二) 现金折扣

现金折扣是对在规定的时间内提前付款或用现金付款者所给予的一种价格折扣,其目的是鼓励顾客尽早付款,加速资金周转,降低销售费用,减少财务风险。采用现金折扣一般要考虑三个因素:折扣比例,给予折扣的时间限制,付清全部货款的期限。在西方国家,典型的付款期限折扣表示为"3/20, Net 60"。其含义是在成交后 20 天内付款,买者可以得到 3%的折扣,超过 20 天,在 60 天内付款不予折扣,超过 60 天付款要加付利息。

由于现金折扣的前提是商品的销售方式为赊销或分期付款,因此,有些企业采用附加风险费用、管理费用的方式,以避免可能发生的经营风险。同时,为了扩大销售,分期付款条件下买者支付的货款总额不宜高于现款交易价太多,否则就起不到"折扣"促销的效果。

提供现金折扣等于降低价格,所以,企业在运用这种手段时要考虑商品是否有足够的需求弹性,保证通过需求量的增加使企业获得足够利润。此外,由于我国的许多企业和消费者对现金折扣还不熟悉,运用这种手段的企业必须结合宣传手段,使买者更清楚自己将得到的好处。

(三) 功能折扣

中间商在产品分销过程中所处的环节不同,其所承担的功能、责任和风险也不同,企业据此给予不同的折扣称为功能折扣。对生产性用户的价格折扣也属于一种功能折扣。功能折扣的比例,主要考虑中间商在分销渠道中的地位、对生产企业产品销售的重要性、购买批量、完成的促销功能、承担的风险、服务水平、履行的商业责任,以及产品在分销中所经历的层次和在市场上的最终售价等。功能折扣的结果是形成购销差价和批零差价。

鼓励中间商大批量订货,扩大销售,争取顾客,并与生产企业建立长期、稳定、良好的合作关系是实行功能折扣的一个主要目标。功能折扣的另一个目的是对中间商经营的有关产品的成本和费用进行补偿,并让中间商有一定的盈利。

（四）季节折扣

有些商品的生产是连续的，而其消费却具有明显的季节性。为了调节供需矛盾，这些商品的生产企业便采用季节折扣的方式，对在淡季购买商品的顾客给予一定的优惠，使企业的生产和销售在一年四季能保持相对稳定。例如，啤酒生产厂家对在冬季进货的商业单位给予大幅度让利，羽绒服生产企业则为夏季购买其产品的客户提供折扣。

季节折扣比例的确定，应考虑成本、储存费用、基价和资金利息等因素。季节折扣有利于减轻库存，加速商品流通，迅速收回资金，促进企业均衡生产，充分发挥生产和销售潜力，避免因季节需求变化所带来的市场风险。

（五）促销折扣

当经销商经销企业的产品时，一般都要进行一些促销活动，以利于产品的销售，但促销活动是要花费费用的，这对经销商来说是一种经济负担，这就降低了该经销商的积极性。因此，企业往往在产品定价时给予经销商一定的折扣，以弥补经销商在促销活动上的支出。

（六）回扣和津贴

回扣是间接折扣的一种形式，它是指购买者在按价格目录将货款全部付给销售者以后，销售者再按一定比例将货款的一部分返还给购买者。津贴是企业为特殊目的，对特殊顾客以特定形式所给予的价格补贴或其他补贴。比如，当中间商为企业产品提供了包括刊登地方性广告、设置样品陈列窗等在内的各种促销活动时，生产企业给予中间商一定数额的资助或补贴。又如，对于进入成熟期的产品，开展以旧换新业务，将旧货折算成一定的价格，在新产品的价格中扣除，顾客只支付余额，以刺激消费需求，促进产品的更新换代，扩大新一代产品的销售。这也是一种津贴的形式。

上述各种折扣价格策略增强了企业定价的灵活性，对于提高厂商收益和利润具有重要作用。但在使用折扣定价策略时，必须注意国家的法律限制，保证对所有顾客使用同一标准。如美国1936年制定的罗宾逊—巴特曼法案规定，折扣率的计算应以卖方实现的成本节约数为基础，并且卖方必须对所有顾客提供同等的折扣优惠条件，不然就是犯了价格歧视罪。

四、调价策略

企业的产品定价后，不论是企业内部条件还是外部环境都在继续不断地变化，当初的定价就会不适应新的情况。如原料涨价、市场竞争加剧互相压价等，这时企业就要对过去的定价进行调整。

(一) 降价策略

企业抵御销售竞争、调整库存结构、回收占用资金时往往采取降价策略，以扩大需求，增加销售，实现企业利润的最大化。企业采取降价策略必须具备适当条件和掌握一定技巧。

企业降价条件大致有以下几点：（1）生产成本下降后，为了扩大市场占有率，企业可以采取降价策略。（2）市场上同类商品供过于求，经过努力仍然滞销时，企业可以考虑降价销售。（3）当竞争激烈时，若竞争对手采取降价措施，企业也应进行相应的调整，以保持较高的竞争能力。（4）产品市场占有率出现下降趋势后，降价竞销是企业对抗竞争的一个有效办法。（5）需求弹性较大的商品，提价后会失去大量顾客，总利润也将大幅度减少。相反，降价则会吸引大批顾客，实现规模生产和销售。（6）商品陈旧落后时，企业应该降价销售，以收回占用资金，残损变质的更需要采取降价措施，最大限度地减少现有损失。

企业降价技巧，主要是掌握适时和适度。所谓适时，就是要把握最佳的降价时机，及时、主动地降价，才能取得好的效果。所谓适度，就是要保持正常的降价幅度，降价的适当幅度就是使商品降低价格后由于增加商品销售量而增加的毛利额，最大限度地超过所增加的商品流通费，进而增加企业的利润。商品价格的上限是目标市场物价政策所规定的最高限价，下限则是商品的成本加直接费用。商品降价前，必须进行市场调查，尽可能客观地估计商品降至某一价格水平时，大致可以达到的销售量，这是商品降价成败的关键。

除掌握上述降价的适时和适度外，降价还要掌握适频和适地。所谓适频，即控制降价的次数。企业降价既不能一次定终身，无视市场变化错失良机，又不能频繁调整，使消费者产生观望待购心理而延误销售时机。所谓适地，即注意地域的差别。不同地域由于自然环境、人口环境、经济环境和社会文化环境的不同，人们的消费行为也各不相同。企业要善于根据地域差别来调整降价的部署。

(二) 提价策略

由于种种原因，企业生产成本的增长趋势不可能在短期内得到扼制，由此带来的产品提供现象屡见不鲜。而产品的提价势必会引起经销商兴趣的转移和同类产品的竞争，尤其是消费者对提价本能的反感将严重影响产品在市场上的销售。所以，提价策略的掌握对企业来说至关重要。

企业提价的条件一般有以下几条：（1）大多数企业因成本费用增加而产生提价意向。（2）当市场上商品供不应求时，企业在不影响消费需求的前提下可以采取提价措施。（3）对于需求弹性较小的商品，企业适当提价不但不会引起销售的剧烈变化，还可以促进商品利润的增加。（4）当企业改进生产技术，增加产品功能，加强售后服务时，可以在广告宣传的辅助下，以与增加费用相适应的幅度提高产品价格。（5）市场上品牌信誉卓著的产品，如果原定价格水平较低，可考虑适度提价。

企业提价策略也要注重掌握适时和适度。时机的选择对新价位能否顺利形成有着重要影响。淡季是企业提价的黄金季节，而旺季不适宜提价。淡季市场销售比旺季时小得多，这时提价即使销量发生锐减，对分销商和消费者的影响也不大。而在销售旺季，提价后，由于本能反感，大批消费者将转向其他品牌，分销商也会因素放弃产品的经营，这就给竞争对手抢占市场提供了可乘之机。如果提价后再恢复原价，后果将更加严重，单是品牌信誉的损失就足以使企业元气大伤。

五、规避国际市场价格升级的策略

国际市场上经常会看到这样的现象，即某种外国产品在消费国的价格远远高于该种产品在生产国的国内价格，有时甚至高出数倍。例如，20世纪90年代，美国生产的心脏起搏器在美国国内市场的售价为2100美元，但产品出口到日本时，在日本市场的售价一直升到4000美元。这在国际营销中称之为价格升级。其原因是该种产品在出口国外时附加了多种额外的费用。这些额外费用包括长途运输费、关税和比国内分销渠道大大加长的国外分销渠道中众多中间商的费用（税金、管理费、利润）以及汇率变动等。

对于制造商和最终消费者来说价格升级是一件坏事。它严重影响了最终消费者的购买欲望和购买行为，当然也就严重影响了制造商的销售数量。为了将产品的价格升级降到最低程度，甚至完全避免产品的价格升级，制造商可采取下述一些策略。

（一）降低产品售价

降低产品在国外市场上的价格，这样可减少关税和运费，从而降低了最终消费者的购买价格。但这种降价要以保证制造商的必要利润和不致被进口国政府采取反倾销措施为限度。

（二）到销售国组装销售

将产品的组件装运到销售国组装成成品销售，这样做可大大降低关税甚至还降低了劳动力成本。目前很多跨国公司就是采用的此策略以降低甚至避免了价格升级，从而较容易地占领了国外市场。日本丰田公司在美国组装轿车，荷兰菲利浦公司和日本松下公司在中国组装彩电、音响等家用电器就是典型的例子。

（三）在国外投资设厂生产

这也是一种避免价格升级十分有效的策略，可大大提高制造商在国际市场上的竞争能力。世界上不论是实力雄厚的大跨国公司还是稍有实力的小型国际企业，都喜欢采用此种策略在国外投资设厂进行生产。如美国巨型跨国公司福特公司在英国和法国投资设厂生产轿车。美国著名的耐克公司和德国著名的阿迪达斯公司在中国投资设厂生产运动鞋和体育用品，瑞士著名的雀巢公司在中国投资设厂生产食品就属于此策略。

（四）缩短分销渠道

这样可减少产品经过分销渠道时的纳税次数和累计的税金，以及中间商的累计利润，从而降低了价格升级的幅度。目前国际市场上为数颇多的独家经销商和专卖店就是运用此种策略的产物。

（五）商品进行改装销售

取消产品的昂贵装备或某几种功能，将产品进行改装后再销售，这也是降低价格，对产品进行升级改造的切实可行的一种策略，适合于发达国家出口到发展中国家的产品。

六、国际转移定价策略

国际转移定价策略实际就是国际企业内部定价策略。国际企业为了追求利润最大化，或实现整体效益大于各子公司局部效益之和的效果，往往采取偏离国际市场正常价格，人为抬高或者降低内部转移定价的手段进行各子公司之间的内部贸易。也即运用内部转移定价这个手段促使原料、中间产品、最终产品和劳务在各子公司之间进行合理流动，从而达到利润最大化的目的。其具体策略如下：

（一）少缴关税的策略

当将产品由关税较低的甲国转移到关税较高的乙国，而且乙国实行的是从价税时，那么就将转移价格定得很低，这样乙国子公司就可缴纳较少的关税，从而使国际企业的整体效益提高。

（二）少缴所得税的策略

当将产品由所得税较低的甲国转移到所得税较高的乙国时，就将转移价格定得很高，也即使该产品在乙国赚取的利润很低，这样乙国子公司缴纳的所得税就少，从而使国际企业的整体效益提高。

（三）减少外汇管制影响的策略

当产品从没有外汇管制的甲国转移到对外汇实行管制的乙国时，可将转移价格定得很高，还可将从乙国转移到丙国的产品转移价格定得很低，以便人为地使乙国子公司的利润减少，甚至没有利润，从而使乙国子公司的正常利润以隐蔽的形式汇出，也即使国际企业的整体效益所受的不利影响较小。

（四）减小通货膨胀影响的策略

当某子公司所在国出现较高的通货膨胀率时，为了避免资金在该国子公司中大量积聚，减少通货膨胀给资金带来的损失，当向该国子公司转移产品时，应将转移价格定得高一些，在由该子公司向其他国家子公司转移产品时，应将转移价格定得低一些，从而以隐蔽的形式将该国子公司的资金抽走，从而使国际企业整体效益损失较小。

本章小结

本质上市场供求和价值规律是决定国际市场价格的关键，但在国际市场上多种因素的影响使国际市场价格上制定和控制上遇到相当复杂的情况。在国际营销中，关税、通货膨胀与汇率变动、中间商与运输成本、国际市场以及政府或经济组织等七类因素影响着国际产品的市场定价。由于国际营销产品定价复杂，因此在国际营销产品定价过程中，首要的工作就是确定产品定价的目标。一般情况下，企业的定价目标有利润目标、市场占有率以及国际市场竞争地位三大目标。而进入 21 世纪以来，价值成为一切管理活动的主体，价值目标作为现代企业在国际市场定价的综合目标。

国际产品营销的定价程序不是一个最终结果，而是一个持续不断的过程。制定有效的国际营销价格的程序通常为：确定定价目标、估计市场的需求量、预测竞争、选择定价方法和定价策略、确定最后价格。确定了最后价格后，还要根据企业内部条件的变化（如成本的变化）和外部环境的变化（如市场竞争加剧）随时调整价格。

国际市场营销定价方法主要有成本导向定价、需求导向定价、竞争导向定价三种。成本导向定价是指在产品的经营成本加上一定的盈利率来确定国际市场产品的价格。一般做法有：成本加成定价即按照成本加上一定百分比的加成来制定出口产品销售价格；目标利润定价法，企业在目标收益率的前提下，根据事先预计的销量和成本逆算出价格；边际成本定价。需求导向定价是企业根据国际市场上客户对价值的认识和消费者需求程度来确定国际营销价格。需求导向定价的主要方法包括认知价值定价法、反向定价法和需求差异定价法三种。竞争导向定价则只考虑竞争者价格而不考虑产品成本和需求的变化。主要有避免竞争的随行就市定价法和开展竞争的密封投标定价法。

国际营销产品定价策略以价值和供求理论为基础，本章重点介绍七种定价策略。产品生命周期定价策略是根据产品投入市场各个阶段制定相应的定价策略。心理定价策略是根据产品价值与消费者心理感受的关系制定价格策略。差异化定价策略是根据差异定价法为顾客提供独特的差异化产品。折扣和折让定价策略与调价策略通过适当的价格调整来促进产品在国际市场上的销售。对付价格升级的策略与国际转移定价策略则是应对企业外部环境（国际市场）与内部环境（企业内部管理）的变化所采取的策略。

重要概念

定价目标　成本导向定价法　需求导向定价法　定价策略　调价策略
国际转移定价

思考习题

1. 试述影响国际营销产品定价的因素有哪些？
2. 试述国际营销产品定价目标有哪些？并简述其具体内容。
3. 试述国际市场营销定价的主要方法有哪些？并简述其具体内容。
4. 为了提高国际市场定价决策的科学性和有效性，企业应该遵循怎样的定价决策程序？
5. 简述国际市场营销定价的六种策略，并简述其具体内容。
6. 简述利用消费者心理因素的心理定价策略的具体形式有哪些？
7. 简述折扣和折让定价策略。

案例分析

一家著名化妆品公司的定价法则

化妆品公司身处"出售美丽"的行业，在这个充满感性色彩的行业，成本并不是竞争者们克敌制胜的法宝。因此，企业中以控制成本为首要任务的生产制造部门在各化妆品公司中往往居于从属的地位。对股东价值和顾客价值贡献最大的是企业的营销部。营销部最主要的任务是提高顾客对产品价值的感知，也就是让顾客感到企业生产出来的产品质量好、功能强、价值高，从而为企业的高价格战略提供支持。

《中欧商业评论》2008年10月刊出了其对一家跨国化妆品公司（以下简称"ABC公司"）的感受价值定价法的实践和基本思想。该公司2008年上半年的财报显示，1～6月，该公司在全球实现的销售持续增长，若不计汇兑影响，同比销售增幅为7.1%，扣除汇兑损益后则增长1.6%。与此同时，前6个月该公司的营运利润也呈现增长之势，营运利润率为17.3%，高于去年同期水平。营运利润是指扣除掉制造、研发、劳动力、市场推广、销售、管理等成本后的利润。对于这家跨国公司来说，2007年本币升值对这家公司的收入影响达到3.5%，2008上半年汇兑损失则升到5.5%。

在全球通货膨胀、成本上涨、本币持续升值的时候，这家公司尚能够保持其销售额和营运利润率的双重增长，这样的业绩并非每家公司都可以做到。该公司首席执行官将这样的业绩归因于略有降低的税率、生产力的提高及产品价值的提升上。这些因素结合起来，使得该公司能够抵消原材料和能源价格的上涨所带来的负面冲击。我们将着重探讨他所说的"产品价值的提升"之道，以及由此道衍生出来的定价术，正是这道与术驱动了该公司的长期业绩成长和价值创造。

一、先定位，再定价，而后定成本

化妆品行业很久以前就掌握了"价值定价法"的诀窍，高明的玩家为产品确立的价格远远超过该产品的制造成本。国际一线品牌兰蔻、雅诗兰黛、资生堂等产品通过多年积淀的品牌和广告效应得以获得极高的品牌溢价，相比之下，一些普通的品牌如国内的大宝、隆力奇等，则被低端的价格束缚了手脚，无从获得高额毛利率。

ABC公司的一位业务地区副总裁Z（化名）表示，该公司的定价方法从表面上看并没有与众不同的奥妙，同样遵从如下公式：

产品价格=制造成本+研发成本+市场推广费用+销售费用+管理费用+汇兑损益+合理利润+品牌溢价

乍一看这种定价方法似乎也是在遵从成本加成原则，但实际上并非如此。由于这是一家涵盖高中档品牌的全系列化妆品公司，因此不管是采用成本加成定价还是价值定价，在定价之前首先要对各个产品线进行清晰的定位，然后根据这些定位来确定各品牌产品的大致价格。

拥有20多个美发美容品牌的ABC公司在产品线定位方面堪称典范。与其他化妆品公司类似，ABC公司的全部产品可以归入美容店专用产品、普通化妆品、高级化妆品和生物类化妆品四大业务部门。

当然四大业务部门只是大体上的产品线划分，产品线内部还有定位高低之别。以大众化妆品为例，可能在这个产品线中还会推出高端产品，比如X，然后根据市场需要，再推出一些低端的产品，比如Y。这些产品线及产品线中的产品泾渭分明，互不干扰，定位非常清晰。

在ABC公司内部为产品线和产品划出清晰的定位范围之后，还要考察外部竞争对手的产品定价情况。ABC公司的业务地区副总裁说："依据顾客对我们的品牌价值和质量的认可，我们一贯的做法是，让各个系列的产品价格比市场上其他同档次的品牌都高出20%。"

因此，ABC公司的定价过程和政策可以概述为：根据某个产品的定位来确定市场上它的同类或同档次产品；然后根据同类产品的价格，将其上浮20%或更多，便是该产品的定价。

根据市场定位来定价，尔后再根据定价考虑该产品的各项成本分布，最终控制一个合理的利润率，是罗伯特·多兰和赫尔曼·西蒙在《定价圣经》中阐述的价值定价法的核心要义：价格决定成本，而非成本决定价格。这一方法也在ABC公司的定价实践中得到了体现。

二、用营销应对成本动荡

先定位后定价再考虑成本，是一种实现利润最大化的定价方法，在这种方法中，由于成本所占的比例不大，因此即使面临成本的剧烈变动，企业也不会受到很大的影响。譬如，虽然2008年成本上涨猛烈，ABC公司在中国的各产品并未出现大规模提价或集体涨价的局面。

不过，采用价值定价的企业虽然更重视顾客价值，但这些企业也并不完全忽视成本控制。ABC公司的业务地区副总裁说："虽然我们的价格为我们提供了盈利空间，但我们也在通过采购成本的压缩、管理费用的缩减等内部措施来降低成本，进一步维持甚至提升利润空间。"譬如，ABC公司在压缩采购成本方面就做出了较大努力，很多原本在欧美、日本地区采购的产品都转移到了中国和亚洲国家，同时他们还在缩减供应商数量，以便通过集中采购获得更优惠的价格，并节省更多的物流及人工费用。

当然，成本压力实在无法消化的时候，也会提价，只是方法更为巧妙。Z副总裁表示，ABC公司很少针对某个特定品种进行"硬涨价"——硬性提高产品售价，而是通过推出新品，在这个新产品上"赋予消费者更多价值"来提高价格。也就是说，即使涨价也是基于价值的提升上。比如，为了将一款高档护肤品的价格提升100元，ABC公司在配方中加入了新的活性成分，并且推出了新包装。大众品牌也可以这样做，比如，在一款大众品牌的粉底中加入"植物"、"天然"等价值概念之后，其价格上升了不少。此外，为了更好地控制顾客的价值感知，避免他们的感知发生混乱，ABC 公司在推出新品的同时，老的产品也会退出柜台。这样，消费者由于无从购买和比较，"涨价"的概念也就被淡化，而新的价值概念则得到加强。

三、成本分布：价值宣传接近三成

明白了 ABC 公司"先定位，再定价，尔后定成本"的定价方法后，我们可以继续探讨它如何可以做到在成本之前先确定价值，这需要考察它的成本分布，也就是钱都花到哪儿去了。

我们无从获得 ABC 公司某个具体产品的成本和利润情况，但可以从该公司的合并报表中获得相关的数据。根据我们的运营利润公式，我们试图剖析一下它的成本和利润构成。2007 年 ABC 公司实现的全球销售额记为 100%，其中制造成本为 28.7%，研发成本为 3.5%，广告和市场推广费用为 30.7%，销售和管理费用为 20.2%，汇兑损益成本 0.1%。根据我们的运营利润率公式，可以计算得出 ABC 公司 2007 年的运营利润率为 17.1%。

我们还可以看到，不管是 2006 财年还是 2007 财年，该公司的制造成本占销售额的比例都不到 30%，而毛利润率则高达 70%以上。而在市场营销方面，市场推广费用则占据了总销售额的 30%以上，甚至超过制造成本。ABC 公司正是通过密集、大量的市场推广和宣传，为消费者创造出高价值的产品感受，令消费者确信他们正在使用的是最有价值、最好的产品。如今，ABC 公司已经把产品价值的理念做到极致：你很难在任何一家时尚美容杂志上找不到 ABC 公司的产品广告，如果真的找不到，你也许反倒会怀疑这家杂志的品位和经营状况。

而一旦让消费者心悦诚服地接受了产品高额价值，高额的价格便成为可能，同时高额的价格也为后续大量的价值宣传提供了资金保证。多年以来，国际化妆品行业就是通过这样的高价格和高市场推广费用的互相哺育，营造了一个瑰丽的美容王国。每位女性置身其中，都会被那奢华的装潢、尊贵的价值、诱人的理念所深深吸引，从而毫不犹豫地掏钱买单。

长期以来，市场营销都是一场心理的游戏。消费者的心智空间，就是各种各样的化妆品公司和奢侈品公司大动干戈的战场。在人们渐渐摆脱了基本的生理需求之后，追求生活质量、渴望认可和尊重、寻找归属、实现自我的需求渐渐成为我们更在意的需求。如果说制造满足了消费者基本的需求，那么营销满足的，正是消费者这些更高层次的需求。营销宣传中的"顾客价值"，在某些情况下可以用金钱来衡量，但在更多的情况下则需要用我们的心理满足感来衡量。在众多公司的财务报表中，我们发现的占销售费用 20%～30%的营销费用，就是为我们的这些心理满足感服务的。

企业的价值定价要获得成功,最需要做的,可能还是洞察我们的人性。在竞争手段层出不穷,眼球经济日益强势,消费者越来越精明的今天,可以想见这是一项旨在增加消费者幸福感的巨大工程,而不是小打小闹的骗术。要牢记的是,价值存在于消费者的心中,而不是商场的价格标签上。

案例思考题
1. 总结 ABC 化妆品公司的定价方法,这对你有何启示?
2. 根据案例试述如何提高消费者的感受价值?
3. 结合感受价值定价法说明在调价过程中如何避免"硬涨价"?

第九章 国际市场销售渠道策略

学习目标

在市场竞争日益激烈的今天,渠道已成为企业取得竞争优势、提高谈判能力的重要砝码,渠道是否完善和成熟直接影响到产品线能否迅速导入市场。正因如此,越来越多的企业将渠道的建设与渠道的管理作为企业的重点思考方向。然而,如何建设渠道却是企业最头疼的问题。国际市场销售渠道的设计与管理,出于各国销售环境的差异,受到更多环境因素的制约与影响。本章首先分析国际销售渠道的构成及基本模式,然后介绍国际销售渠道的管理与控制,并探讨了若干种国际销售渠道策略。通过本章的学习,要求学生掌握国际销售渠道的概念和结构,理解国际中间商的含义与类型,掌握国际中间商的选择标准;明确分销模式的选择内容、掌握渠道管理的相关环节。

对于国际企业来说,国外市场上的销售渠道决策是一项十分重要的决策。许多国际企业不仅从事产品出口业务,还往往在国外市场上进行产品的生产和销售。这些企业要将产品顺利地送到最终顾客手中,就必须要建立完整的销售渠道网络,同时必须考虑各目标市场的销售渠道特点、渠道结构和渠道成员状况等问题。出口企业应了解产品在国外市场上经历多少层次的中间商才到达最终用户,各级中间商的加成率大小,各层中间商的推销方式是否有效,最终用户的购买情况是否满意等问题。

第一节 国际销售渠道的选择

与国内销售渠道相比,由于国际营销销售渠道有一部分在进口国,于是国际销售渠道显得更为复杂和困难。这是因为,商品流通的起点、终点以及所有权的转移都发生在不同的国家,国际营销企业面对的是与本国文化不同的外国用户,从而造成了沟通上的困难;国外一个或者多个中间商的介入,必然增加管理的难度；商品在两国之间甚至多国之间流动，增加了物流的风险，同时给渠道的选择带来许多麻烦。国际市场环境比国内市场环境更复杂，商品进入国际市场后其不确定性、不可控性更强。因此，如何选择国际营销渠道成为跨国公司最富有挑战性的决策之一。

一、国际市场销售渠道的构成

销售渠道又称营销渠道，是指产品从生产者到达消费者所经历的各种环节和途径。企业的销售渠道策略所要解决的问题，是如何将企业的产品在适当的时间，以适当的方式转移到适当的地点，便于购买，扩大销售。在国际市场营销中，生产者和消费者不在同一个国家，双方不能面对面地交易，商品的流通大部分由中间商来完成。商品从生产者向国际市场消费者转移所经过的流通渠道、流通环节和流通方式，就称为国际市场销售渠道。国际市场销售渠道由两个部分组成：第一部分是出口国的国内销售渠道，由生产企业和出口中间商组成。出口中间商包括出口经销商、出口代理商和外国企业派驻出口国采购机构等。而出口国和进口国之间的销售渠道，即出口国产品如何进入进口国的渠道，通常可分为产品出口、协议安排和直接投资三种基本方式。第二部分是进口国的国内销售渠道。进口经销商、进口代理商、批发商和零售商等各类中间商组成。国内生产者可以通过依于国内和国外的各种中介机构，将产品间接销售到国外，也可以直接销售给国外的最终用户。

（一）出口部分

出口企业选定了目标市场以后，就需要解决使用什么样的渠道进入目标市场的问题。这不仅关系到商品的销售，还关系到商品在国际市场上的各种促销活动和商品的定价等问题。由于这部分工作是在出口国国内进行的，所以它可以通过厂商自己完成、寻找专门的出口商和代理商完成。

1. 厂家自设的出口组织

生产厂家设立一个出口部或者出门公司，以便直接对外销售产品，联系出口业务。较大的厂家以及产品以出口为主的企业一般都自设有出口组织，一方面有利于接洽外商，做好出口销售工作；另一方面为不断扩大国际市场、企业走向国际化做好充分准备。生产厂家不仅可以在国内设立出口组织，还可以在国外设立出口机构，负责其目标市场的销售。

2. 出口商

出口商是专门从事出口活动的中间商。他们将本国生产的产品卖到国外，从中赚取商业利润，并承担整个过程中的风险。一般出口商是以自己的名义在本国购买商品，再转卖给国外买主，从中获得商业利润。它具有购买和推销的双重任务,自行处理一切有关业务,自负盈亏,承担风险。它经营商品出口业务主要有两种形式:一是先在国内收购进货,然后再卖给国外买主;另一种是先接受外国买主的订货,然后在国内买货出口。

3. 出口代理商和经纪人

出口代理商接受本国委托人的委托,代其将产品卖到国外,但并不以自己的名义向卖主实际购进货物,而且不承担信用、汇兑和市场风险,不负责安排运输,仅以收取佣金作为收入。经纪人是主要经营大宗商品的代理服务、收取较低佣金的中间商的统称,他们也是只负责联系买卖双方,促成交易,不仅不购进货物,而且也不实际持有货物,不代办运输。

(二)进口部分

选择什么样的渠道,不能仅由外销企业的主观愿望和自身条件来决定,还要根据目标市场国家现有的渠道模式来定。在进口国家专门从事进口业务的称为进口中间商。进口中间商一般包括:进口商、国外代理商、批发商和零售商。

1. 进口商

进口商是从国外进口商品,在国内市场出售从而赚取商业利润的贸易企业。进口商进行商品进口业务一般独自承担整个买进到卖出过程中的一切风险,既从国外买进商品在国内销售,也接受国内的一些机构委托,到国外进行专项购买。进口商根据其从事进口活动的范围,又可分为从不同国家和地区专门进口某种商品的进口商,专门在某些国家和地区进行进口活动的进口商和在国际市场上广泛采购商品的进口商。

2. 国外代理商

国外代理商是指受某一国家出口企业和个人的委托在其国家为委托人销售商品,以收取佣金为收益的企业或个人即称为委托人的国外代理商。委托人和代理商两者之间一般是采取签定合同方式确定双方的代理关系,明确约束条件,以保证委托人的利益。国外代理商一经接受委托,一般不得再同时经营有竞争性的同类商品。

3. 批发商

批发商是从事进口商品销售的重要渠道之一,他们主要进行批发交易,将进口商或国外代理商进口的商品在国内批发销售。批发商的主要职能是购买、批发、运输、储藏、融资、承担风险,为生产企业和零售企业搜集信息、提供咨询服务。批发商进行交易的对象不是最终消费者,而是为转售或者其他用途,是生产者和消费者之间的桥梁。较大的批发商一般也直接进行进口业务。批发商可以分为综合批发商和专业批发商,其中专业批发商又可分为邮购批发商、货架批发商、兼营运输批发商等。

虽然批发渠道的功能和作用在不同的国家或地区基本相似，但由于各国经济发展水平和销售环境条件的不同，批发商的规模以及提供的服务往往差异很大。一般来说，发达国家或地区的批发商，规模大而且供货能力强；而发展中国家或地区的批发商数量虽多，但规模小并且供货能力有限，但这并非绝对。以奥地利与比利时为例，两国地理相邻、经济发展水平相同。但奥地利批发商雇员人数平均达14人以上，而比利时仅为3人左右。即使在发展中国家也不乏大型批发商的例子，如埃及批发商平均雇用人数达24人以上。

批发商所能提供的服务直接受到批发商规模的制约。规模小的批发商，雇员人数少，资金有限，无法提供全方位的服务。比如，中小批发商经营的产品种类不多，市场覆盖率有限，可能影响制造商对目标市场的渗透和占有。例如，中小批发商常常面临资金不足的困难，需要制造商提供资金支持；中小批发商提供市场服务能力有限，往往无法满足制造商在市场促销与信息收集等方面的要求。为了克服目标市场批发商规模小、服务差等困难，企业可采取相应的对策：一是增加广告促销的投入，吸引消费者进入渠道购买，实施所谓的拉引（Pull）策略。二是绕过批发商直接向零售商销售。如果采取这种策略时，需要考虑批发商对销售渠道的控制程度。

4. 零售商

最终消费者购买商品的直接渠道一般是来自于零售商。零售商处于销售系统的终端，是与消费者联系最密切的机构，也是销售渠道系统中数量最大、从业人员最多的组织。有的零售商既经营本国商品，也销售进口商品，较大的零售商也直接进行进口活动。

不同国家或地区零售模式的差异，同样从零售商的规模和提供的服务反映出来。以意大利与英国两国零售商的规模为例，意大利零售商平均雇用人数仅为2人，而英国则为8人；零售商平均拥有的顾客人数，意大利仅为英国的一半；意大利的零售渠道主要是由小型零售商组成，小型零售商的销售额占零售贸易的80％以上。零售商可能提供的服务包括保持存货、产品陈列、广告促销、售后服务、消费信贷以及市场信息收集等方面。由于受到营业空间和资金来源的限制，小型零售商不仅经销的产品项目有限，而且还常因无法保持足够的存货而发生个别产品项目脱销的现象。不同国家或地区零售模式的差异还可通过消费者的购买习惯反映出来。比如，英国消费者50％以上的服装是在连锁商店中购买，而法国消费者通过连锁商店购买的服装还不足5％，70％以上是在各类的独立商店中购买的。

国际市场销售渠道的起点是一国的生产企业，终点是另一国的消费者或用户，产品需跨越国界，这就与国内渠道差异很大。企业总是希望使自己的产品以最高的价格和最低的销售成本销售出去，从而赚取最大的利润。将产品直接卖给消费者应该说是销售成本最低的方法。但是现实情况却往往难于做到直接销售，像食品、服装等日用消费品，一般要经过中间商才能最终输送到消费者手中。所以，销售渠道的最大特征就是中间商的存在。

二、国际市场销售的基本模式

在国际市场上，出口产品从出口国生产者流转到国外最终消费者手里，要经过出口国和进口国两个方面的销售渠道。虽然各国的营销环境差异较大，使国际市场上销售渠道呈现出不同的特点，但在长期的国际市场营销活动中，仍然有基本的销售渠道模式和销售渠道选择惯例。如图 9-1 所示：

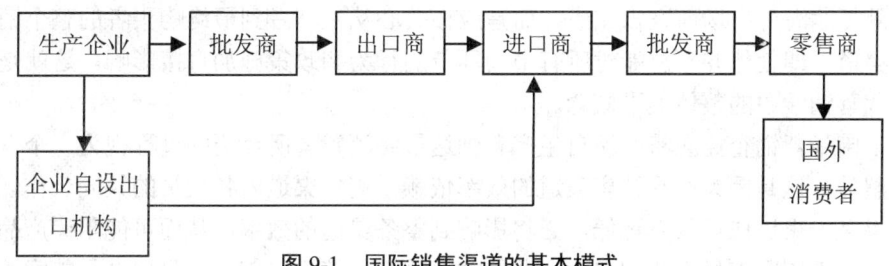

图 9-1　国际销售渠道的基本模式

以上仅仅是出口商品的最基本的模式或总体模式，在实践中可以省去中间若干个环节。如生产企业直接交付给国外用户，如邮购等直接渠道。出口企业使用或不使用中间商、使用多少、使用哪些中间商，构成了不同形式的国际销售渠道：如下图（9-2）：

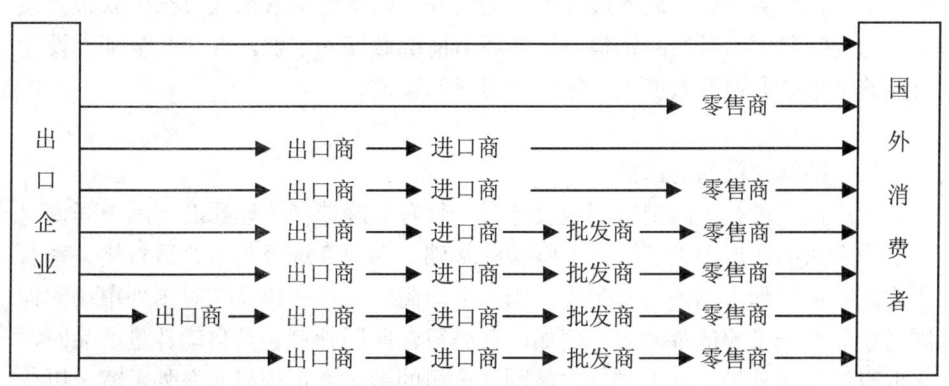

图 9-2　国际销售渠道的基本结构

从图9-2中可以看出，国际营销者必须对两种渠道施加影响：一是国内销售渠道，二是国际销售渠道。在国内，营销者必须有一个机构来沟通国与国之间的各个销售环节。在国外，营销者还必须监督检查向最终消费者供应商品的渠道。最佳的做法是营销者能够控制整个销售渠道或参与其中。但初期从事国际营销企业往往重视进口国国内的销售渠道，认为产品卖给进口商就完事大吉，仅把进口商作为销售对象。实际上，进口商是中间商，他们购买商品的目的是为了再出售，赚取差价。若产品不如竞争者产品能满足消费者的需求，他就会转而去经营竞争产品。若出口产品卖给进口商，而他不经过本国适当的渠道使产品与最终消费者见面，那么商品就没有和同类商品在消费者面前竞争的机会，即使质量再好，也无法被消费者所选购。因此，国际营销企业的任务并没有随产品抵达海外市场而宣告完成，而是应该关心从生产者到最终购买者的整个销售渠道，即使他并不总能对所有中间环节的行为和政策施加直接影响。这就是现代营销学中的整体渠道概念。

国际营销企业应将产品自生产者到达最终消费者所经历的过程视为一个有机整体。这是因为产品销售渠道的效率依赖于销售渠道内各成员的共同合作，如果某一渠道成员效率过低，必将影响到整条渠道的效率，从而可能阻碍产品顺利进入国际市场。我国出口企业往往仅重视直接出口创汇，只要产品能卖给国内出口商或国外进口商，就算达到了目标，而并不关心产品自此至最终消费者的再转手过程，包括国外销售渠道中间商的构成、中间商的毛利、中间商的推销方法、产品最终价格等，因而对最终市场缺乏了解和控制，常常处于被动局面。为此，出口企业在建立销售渠道时应特别注重整体渠道概念，使自己更高程度地卷入国际销售渠道中。销售渠道的整体概念并不仅仅是要求营销人员认识产品经多个环节进入最终用户的过程，而是要求营销人员在树立整体渠道观念的情况下，对产品销售渠道各环节情况做深入了解，并在此基础上设计出能够使本企业最有效率地开拓国外市场的渠道。

三、国际中间商的选择

生产商在进行国际销售渠道设计时，只有准确选择了理想的国际中间商，才能为今后的渠道建设工作打下坚实的基础。中间商选择是否合适直接关系着生产企业在国际市场的经营效果。国际中间商的选择应建立在对国外市场的详细考察和充分了解的基础上。例如，某公司在向国外销售其自动计量产品时，采取直接到国外销售的方式，它鼓励其公司的销售人员积极到海外考察，以达到消除文化和语言障碍的目的。该公司在进入中国市场之前，其总裁曾多次到中国考察了解中国人的特点和经商方式，以及对于计量产品的一般要求等，为其产品顺利地进入中国市场，采用合适的销售渠道和选择理想的国际中间商提供了充足的依据。

选择国际中间商要着眼于长远的规划，不能简单地考虑中间商的知名度、经营实力等常用和静态的指标。国际中间商的选择标准一般包括目标市场的状况、所处的地理位置、经营条件、业务能力、信誉、合作态度等。

（一）目标市场的状况

企业选择中间商的目的就是要把自己的产品打入国外目标市场，让那些需要企业产品的国外最终用户或消费者能够就近、方便地购买或消费。因此，企业在选择销售渠道时，应当注意所选择的中间商是否在目标市场拥有自己需要的销售通路，如有分店、子公司、会员单位或忠诚的二级销售商；是否在那里拥有销售场所，如店铺、营业机构。国际中间商应对自己的实力和特长有清醒的了解，有固定的服务对象，应与目标市场的顾客建立起良好的关系，国际中间商的销售对象应该与企业的目标市场一致，这样生产企业才能够利用国际中间商的这一优势，建立高效率的营销服务网络。

（二）地理位置

国际中间商要有地理区位优势，所处的地理位置应该与生产商的产品、服务和覆盖地区一致。具体地说，如果是批发商，其所处的地理位置要交通便利，便于产品的仓储、运输；如果是零售商则应该具有较大的客流量、消费者比较集中、道路交通网络完备、交通工具快捷等特点。

（三）经营条件

国际中间商应具备良好的经营条件，包括营业场所、营业设备等。例如，零售商营业场所的灯光设施、柜台等设施应齐全，才能有效地支持零售商的业务经营。

（四）业务能力与特点

国际中间商的业务能力是决定销售成功与否的关键因素。需要对中间商的经营特点及能够承担的销售功能进行全面考察。一般来说，专业性的连锁销售公司对于那些价值高、技术性强、品牌吸引力大、售后服务较多的商品具有较强的销售能力。各种中小百货商店、杂货商店在经营便利品、中低档次的选购品方面力量很强。只有那些在经营方向和专业能力方面符合所建销售渠道要求的中间商，才能承担相应的销售功能，组成一条完整的销售渠道通路。

在考察中间商的业务能力时，有以下几个方面的具体目标：（1）经营历史。国际中间商应有较长的经营历史，在顾客中树立了良好的形象。（2）员工素质。国际中间商的员工应具备较高的素质，具有较高的运用各种促销方式和促销手段的能力，并愿意积极地直接促进产品的销售。员工要具备丰富的产品知识，对相关产品的销售有丰富的经验和技巧。要具备较高的服务技能，随时解答顾客的疑问，并为顾客提供诸如安装、维修等服务。（3）经营业绩。国际中间商要有良好的经营业绩，在经营收入、回款速度、利润水平等方面都有完善的规章制度和良好的效果。

（五）信誉

国际中间商还应该具有较高的声望和良好的信誉，能够赢得顾客的信任，能与顾客建立长期稳定的业务关系。具有较高声望和信誉的中间商，往往是目标消费者或二级销售商愿意光顾甚至愿意在那里出较高价格购买商品的中间商，这样的中间商不但在消费者的心目中具有较好的形象，还能够烘托并帮助生产商树立品牌形象。

（六）合作态度

生产企业在选择中间商时，要注意分析有关销售商销售合作的意愿、与其他渠道成员和合作关系，以便选择到良好的合作者。销售渠道作为一个整体，每个成员的利益来自于成员之间的彼此合作和共同的利益创造活动，从这个角度上讲，共同承担销售商品的任务，通过销售把彼此之间的利益"捆绑"在一起。只有所有成员具有共同愿望、共同抱负，具有合作精神，才有可能真正建立一个有效运转的销售渠道。因此，生产商所选择的中间商应当在经营方向和专业能力方面符合所建立的销售渠道功能的要求，愿意与生产商合作，共同担负一些营销职能，如共同促销等。生产商与中间商良好的合作关系，不单是对生产厂家、对消费者有利，对中间商也有利。

第二节　国际销售渠道的管理

根据一定的影响因素，选择合理的销售模式，是国际营销销售系统合理化的重要方面。销售模式主要是研究各国中间商问题。中间商功能及其管理模式的不同，将会影响对中间商的选择。选择不同的中间商就构成不同的销售模式。在销售模式确定之后，在既定的销售系统中去选择、激励和控制中间商。本节主要研究这两个方面的问题。

一、国际销售渠道成员的管理

一个企业选择了渠道方案后，必须对每个中间商（即渠道成员）加以选择、激励和评估，并随着时间的推移，调整其渠道方案以适应环境的变化。这就是渠道成员的管理过程。渠道成员管理好坏，直接关系渠道的销售效率。

(一)渠道成员的发展

对于初次从事国际营销的企业来说,与国外中间商建立联系,并从中发现、发展中间商是企业首先进行的工作。广泛的、稳定的国外客户联系,是国际企业的宝贵财富。与国外中间商建立联系的方式,即销售渠道成员的发展途径主要有:(1)我驻外商务机构和国内外商业银行介绍;(2)请各国驻华使馆商务机构推荐;(3)请联合国有关组织如促进进口办公室、国际贸易中心等介绍;(4)通过各种国际友好组织和各地华裔华侨组织介绍;(5)在国内外举办或参与展销会、博览会、交流会,广泛接触客户;(6)通过各国商业和工业民间组织如商会等的介绍;(7)从国外报纸杂志的广告、名录上寻找恰当的中间商并进行联系,或自己在国外刊登广告招客户;(8)委托国内外的咨询公司介绍;(9)通过原有的国外客户介绍;(10)通过各种私人关系介绍。

企业在物色寻找渠道成员的联系工作中,要注意遵守国家的各项规定。除上述途径外,利用互联网来与国外的进口商、经销商取得联系已成为一种趋势。一方面,企业可以在网上搜索各国、各地区的经销商及其联系方法;另一方面,国外的客户也会在网上主动寻找生产企业,或在产品包装上发现企业网址后主动与企业进行询价或建立联系。互联网的普及使企业更容易地接触到国外的客户。

此外,许多企业都在国外重要市场上设立了办事处,利用办事处来联系及评估国外的中间商更为直接、有效。

(二)渠道成员的衡量与评估

对已经选定的国外中间商的工作情况,要经常地进行监督管理,不然无法评估他的工作好坏。各级中间商、各种类型的中间商业务功能不同,考察评估的内容也不同。一般而言,要评估的内容包括:中间商的信用好坏;在推销方面努力的程度;所采取的措施、工作效率和业务效果如何;还要考查对收集市场情报与提供反情报的能力,以及在促销工作方面所作的努力和成效。评估的具体方法有多种,如给他们一个销售指标或者规定他们在一定时期完成的销售任务,或在一定的时期内(至少一年一次)出口企业派人员到中间商那里去走访,问问他们工作干得如何,并帮助他们解决一些具体问题。

(三)渠道成员的鼓励与督促

给中间商以适当的激励,目的是促使双方友好合作,互惠互利,更进一步加强中间商的责任心,提高其积极性。激励措施主要有:

1. 降低出售给中间商的价格

所谓降低价格是指降低卖给中间商的价格,使其更有利可图。这种做法很有效,但也会给企业的经营带来一些问题,因为价格一旦降低,以后再调高会很困难。另外，如果渠道成员是代理商，降低产品价格可能有利于代理商的推销，但代理商的收益可能会因此减少，因为代理商的佣金额一般按照销售价格的一定比例提取。价格降低，如果佣金比例不变，意味着佣金总额的减少。所以，代理商有时不希望产品降价销售。

2. 授予中间商以独家经营权

授予中间商以独家经营权，即指定某一中间商为独家经销商或独家代理商，这种做法能够调动中间商的经营积极性。例如，某一市场上若有多家经销商经营本企业的产品，这些中间商就不愿意花钱为本企业的产品做广告宣传；如果本企业生产商只有一家中间商独家经营，那么，该中间商就乐于为产品做广告宣传，因为该中间商可以独享广告宣传与增加销售所得到的一切利益。此外，中间商独家经营一种产品，特别是作为大企业或是名牌产品的独家经销商，可以树立在市场上的声望和地位。

3. 为中间商培训推销服务人员

为中间商培训推销人员和服务人员，特别是企业产品技术性较强，推销和服务（如维修）都需要特定专门技术时，这种培训就显得更加重要。企业可以派人到市场所在国就地培训，也可以请中间商派人到企业所在国来接受培训。中间商的推销人员和服务人员经过培训，可以更有效地推销本企业产品。例如，美国福特汽车公司在向拉美国家出售拖拉机过程中，为其经销商培养了大批雇员。培训内容主要是拖拉机和设备的维修、保养和使用方法等。此举使福特公司加强了与其经销商的关系，提高了经销商在拖拉机维修服务方面的能力。

4. 对中间商进行广告支持

为了扩大在目标市场国的市场销售，企业可以出资到目标市场国去进行广告宣传，这种广告宣传将对中间商的销售起积极的促进作用，可以调动中间商销售本企业产品的积极性；同时，也可以采取与中间商进行合作进行广告宣传促销活动，即请中间商在当地做广告，由企业提供部分甚至全部广告宣传资助。

5. 帮助中间商进行市场调研

帮助中间商进行市场调研，并向中间商提供经营咨询，这是出口商经常采用的方法。一般说来，国际企业长期在国际市场进行生产和经营活动，对市场调研和经营管理等方面有着比较丰富的经验和渠道，帮助中间商进行市场调研，向中间商提供经营咨询，有助于中间商及时了解和调整自己的经营策略和手段。

6. 向中间商提供信贷援助

在国际市场上寻找到可靠的、具有发展潜力的中间商，对企业国际市场销售具有重要的意义。因此，当中间商规模尚小或出现暂时的财务困难时，企业着眼于未来发展，应考虑向其提供信贷援助，这不仅对中间商是一种信任和支持,同时也为企业未来的市场拓展奠定了一定的基础。另外,允许其延期付款、赊购也是一种信贷援助方式。

7. 组织中间商进行推销竞赛

为了调动国际市场上不同类型中间商的积极性,企业可以通过举行销售竞赛的方式,对推销绩效显著的优胜者给予适当奖励,并在一定范围内组织研讨、交流经验等,进而促进国际市场销售活动。

8. 通过互购强化与中间商的联系

通过互购强化与中间商的联系,是指在与国际市场上的中间商建立关系时,不仅仅是向中间商推销产品,同时又向中间商购买产品。通过回购强化其之间的业务关系。这种方法,在某些场合也能对中间商起到鼓励的作用。

上述各种方法均能不同程度地调动国外中间商的经营积极性,但同时都会使企业付出一定的代价。因此,企业在采用这些方法之前,必须进行调查研究,了解中间商的经营能力和经营现状,预测市场潜量,并对采取这些做法的成本与可能带来的收益进行比较和权衡,看看是否值得这样做。再有,不同国家的中间商、同一国家内不同的中间商以及同一中间商在不同时期,都可能有不同的困难和需求,企业应因地、因人、因时制宜,选择最能解决中间商困难、最能满足中间商需求的方法来调动其积极性,这样才能使激励措施达到预期效果。

(四)渠道成员的修改与更换

企业不只是制定良好的渠道系统并使之投入运行,还需要定期修改渠道系统,使之适应市场不断出现的新情况。当消费者的购买方式发生变化、市场扩大或缩小、产品进入生命周期的下一阶段以及竞争状况发生变化时,都需要对现有的渠道结构进行修改。修改渠道可能发生在三个方面:增加或去掉某些渠道成员;增加或去掉某些市场渠道;或者在所有市场制定全新的渠道策略。对于第一层次的渠道修改,一方面是由于某些中间商不能很好地完成销售任务,违背了企业的经营意图;另一方面原因是企业变换进入市场方式,使得需要增减渠道成员。在国外的市场上更换或者增减中间商,往往要花费较高的代价,这是由于许多国家都对经销商或代理商进行法律保护,双方在解除代理或经销协议时,企业通常要付给中间商各种补偿费用,甚至今后几年的利润。例如,在洪都拉斯,企业如终止一个代理协议,必须向该代理商支付相当于5年的毛利,并补偿该代理商所进行的一切投资和各种附加开支。在比利时,企业如终止一个代理协议或经销协议,必须在实际终止前至少3个月通知将被终止的经销商或代理商,并必须向代理商或经销商赔偿名誉损失费、开展业务费、辞退雇员费等。企业做出增加或除掉某些市场渠道的决策,往往会影响整个系统。除掉某些市场渠道会减少销售量,使单位成本上升;一些人员和设备被闲置起来；竞争者会抢占这些市场的份额等。企业必须考虑所有这些影响因素。最困难的决策是对整个销售渠道的修改，如企业决定用自有的经销商代替独立的经销商等，这些决策可能在更大程度上改变企业的营销组合，需要渠道管理者更仔细地分析，以做出正确的决策。

二、国际销售渠道的控制

将产品委托给中间商后，出口企业应当进行适当的控制。中间商作为独立的商业机构，往往同时销售很多家企业的商品，他们关心的是高利润、快周转。他们完全可能不重视某个企业产品的销售，从而可能使该企业丧失市场机会。所以加强对中间商的控制，对企业来说是很重要的。另外，企业还应从渠道成本、覆盖率以及持续性等三个方面对国际销售渠道进行控制。

（一）渠道成本

国际销售渠道的成本包括渠道开发成本和维持成本。前者是一种一次性支出，后者是连续的产品营销成本。近年来，销售成本普遍具有增长趋势，这对企业开辟新市场极为不利，如何降低营销成本成为众多企业关注的重点。一般认为企业可以通过缩短销售渠道来降低销售成本，而实际情况并非全都如此。有些企业确实通过缩短销售渠道降低了成本，但也有的企业是通过较长的渠道才使销售成本得以控制的。另外，不同的渠道方式成本不同。当企业的产品要开拓一个新市场时，使用代理商或经销商来推销产品，比使用企业自己的推销人员成本低。但随着销量的增长，使用代理商的成本增长加快，比企业自己推销的成本增长要快，使得企业利用自己的推销人员销售产品更合适。图 9-3 显示了两种渠道方式下成本随销量的变化：

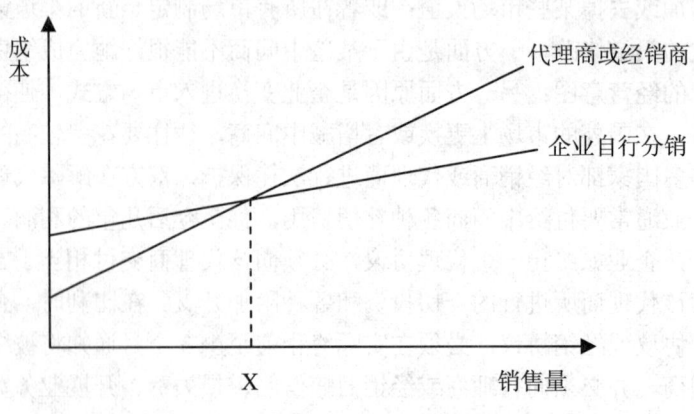

图 9-3　两种销售的方式下成本与销量的关系

由图 9-3 可见，随销量的增长，两种渠道方式下的销售成本都随之不断增长，但两种方式的增长程度不同，使用代理商或经销商销售的成本增长较快，企业自己销售的成本增长较慢，二者的增长曲线在 X 点处相交。产品销量小于 X 时，使用代理商或者经销商进行销售比较有利，而当销量大于 X 时，企业自己推销成本更低。因此，企业在进行国外销售渠道的选择时，应按照产品销售的不同阶段选择不同的销售渠道，将成本控制在最低的限度内。

（二）渠道覆盖率

销售渠道覆盖程度决定了出口企业产品的竞争力、市场份额和销售量。较高的渠道覆盖率并不意味着单纯地理上的高覆盖率，因为这往往伴随着很高的营销成本。在进口国人口稠密地区提高渠道覆盖率，是控制渠道覆盖率的有效措施。

（三）渠道持续性

企业建立产品的国际销售渠道，支付了各种成本，总是希望各个渠道成员能够长期、高效地为企业服务。企业不断地激励渠道成员，与之加强各方面的合作，也是希望能够比较长期地与中间商保持良好关系。影响销售体系持续性的因素有中间商本身的原因和市场竞争的因素。经营品种经常变化、规模较小的中间商因市场变化或经营不善而倒闭也是常有的。这使得销售渠道的连续性得不到保证。另外，激烈的市场竞争常能够使中间商转向竞争对手一边。竞争对手利用优惠的条件，甚至使用其他压迫手段使中间商终止与原企业的合作关系，使原企业遭受损失。所以，公司一定要选择合适的国外中间商，并与之加强合作，同时要为他们提供较好的条件，使之能长期为企业服务，从而保持企业国外销售渠道的持续性。

第三节 国际销售渠道的策略与目标

国际销售渠道的策略是指企业根据自己的营销目标、能力条件、产品特征以及目标市场销售渠道的结构特点，对本企业在该市场的销售渠道模式进行选择和建立的活动。

一、标准化与差别化渠道策略

企业国际市场销售中，选择什么样的渠道模式，对其市场开发与拓展有着直接的影响。是对所有市场采用相同的模式，还是针对不同的目标市场选择适用的模式，需要企业在进入市场前，进行认真的思考与决策。

（一）标准化销售渠道模式

标准化销售渠道模式是指企业在国外市场上采取同样的产品销售方式。有很多企业喜欢采用标准化销售模式，这主要是因为标准化可以产生规模经济效益。虽然销售模式标准化并不能像生产作业标准化那样容易获得规模经济效益，但它却有助于营销人员利用已有的经验来提高营销效率，并将这种销售经验较容易地转移到其他国外市场。但其缺点是忽视了各个目标市场的差异，从而丧失了一些市场机会。

（二）多样化销售模式

多样化销售模式指企业根据所要进入的目标市场的国别不同，采用不同的销售模式，以增强企业产品在各目标市场的竞争能力。采用该模式原因是多方面的。首先，国与国之间现有的销售结构差别很大，并且在不同的海外市场会遇到一些特殊问题。例如，企业在一些国家采用的销售渠道在另一些国家根本不存在，或是现有的渠道由于已成为竞争对手的独家经销商而不能利用。在这种情况下，企业就得考虑做出不同选择。其次，各国消费者的特点（如数量、地理分布、收入与购买习惯等）和竞争压力等市场因素的差异，也要求企业采用不同的销售模式。例如，竞争者有时也能迫使企业必须使用与他们相同的渠道。某些市场的消费者已长久地接受竞争者先入为主的"教育"，只了解某种购买途径，那么新进入市场的企业为了避免消费者对渠道的陌生或不信任，只好使用相同的渠道。最后，企业自身的因素（如进入市场的方式、企业规模的大小、产品组合、渠道经验等）也会影响企业在不同国家销售模式的选择。例如，当企业在某国是通过当地进口商或经销商来开展市场时，那么它对销售模式的选择自由和控制能力就很小；采用合资或授权等方式进入国外市场，在销售模式的选择上也会比独资经营受到更多的限制。此外，即使企业以同样的方式进入两个国家，如果企业在两个市场的产品线和销售量不同，也会使得渠道决策有所差异。

总之，标准化与多样化各有利弊。但在实际中，采取多样化销售模式更能适合各目标市场的不同特点。

二、直接与间接销售渠道策略

所谓直接销售渠道是指出口企业将其产品直接出售给国外最终顾客而不经过任何中间商销售。所谓间接销售渠道是指出口企业通过国内或国外若干中间商将产品送达国外最终顾客手中。是否利用中间商完成商品从生产领域向消费领域的转移，是直接销售渠道策略和间接销售渠道策略的根本区别。

（一）直接销售渠道策略

在一定条件下，国际营销企业不通过中间商直接将产品销售给消费者和用户，其具体形式有：企业派出海外推销员，在海外建立销售机构如销售办事处、海外分公司等。运用这种策略可获得最高程度的渠道控制，可使企业自主决定产品产销全过程。其主要优点有：

1. 准确了解市场

直接销售渠道可使企业成交准确地了解市场需求及其变动趋势，便于企业营销决策的制定和调整。直接销售渠道可以及时掌握市场信息，把顾客对产品性能、功效、规格、款式、色泽等需求信息直接反馈给企业，加强对老产品的改进和新产品的研制开发，提高企业的经营管理水平。当今市场需求变动频率不断加快，生产企业若不能及时了解这方面信息，就很难保证产品长期适销对路。中间商虽可反馈市场信息，但对企业而言，这毕竟不是第一手资料，更何况中间商的责任感、信息传递中的失误等因素都会影响到信息的真实性和可信度。

2. 适时扩大销量

对鲜活产品和时尚产品直接销售给消费者投入市场，缩短流通时间，减少因销售环节多、伤耗、过时等损失。对技术件和专用性较强的产品，企业委派人员直接销售，并提供售前、售后服务，从而可以扩大企业的影响，提高企业的声誉，增加销售量。

3. 控制市场价格

因为渠道中成员越多，参与利润分配的环节越多，产品最终市场价格越高，这就会使产品失去低价格优势。而企业自我推销则可减少分成环节，更好地控制市场价格，使定价策略与其他策略协调起来。此外，直接销售可以节约流通费用，降低成本。

4. 提供满意的服务

直接销售渠道可向顾客提供满意的服务。现代市场营销强调产品整体概念，即每一产品都包括核心层、形式层和延伸层三个有机构成部分，缺少任何一个环节，都明显降低产品的竞争力。顾客在采购商品时，对各种服务提出了越来越多的要求，中间商经营的商品种类多、关注的市场面大，在某一产品的特定市场上无法像生产企业那样专注，为此，出口企业若能直接向最终顾客提供他们所需要的各类服务，可更好地树立产品形象，提高产品知名度，增加销售。

综上所述，直接销售渠道具有更好地控制最终市场、更好地提供顾客服务和更好地获得市场信息的优势，因此为一些国际营销企业所采用。青岛双星集团公司自1992年起，先后在美国、俄罗斯、中东地区、部分东欧国家设立了销售机构，取得了理想的效果，1995年，企业出口创汇达到几万美元。

当然，直接销售渠道也有缺陷，主要表现为：一是建立海外销售机构需要花费很大投入，特别受资金条件制约，因而常为实力雄厚的大企业选择；二是单纯倚重企业自己的销售力量往往使市场过于狭小。对于多数国际营销企业来说，更多的是选择间接渠道策略。

（二）间接销售渠道策略

随着中国加入WTO，对市场机制的运作会不断地完善，通过中间商销售商品将会成为一条主要销售渠道。间接销售渠道的主要优点有以下几个方面：

1. 简化交易过程

间接销售渠道策略减少了生产企业的推销事务和交易工作量，使生产企业专注于产品开发与生产，当企业与消费者直接发生联系时，往往产生事倍功半的效果。当企业与消费者之间由中间商作为媒介，就会简化交易过程，降低营销费用，加速商品的合理流转，会收到事半功倍的效果。

2. 增加有效供给

间接销售渠道策略可使产品更顺利地进入某一目标市场。因为国际营销中由于语言障碍和对目标国家风俗习惯的不了解，出口企业自行进入某一国别市场难度较大，而利用中间商则可消除上述障碍。由于中间商承担了商品交换的媒介，使生产企业缩短了在流通领域中的时间，节省了流通费用，有利于集中人、财、物、发展生产、改善条件，增加有效供给，为繁荣市场提供更多更好的物质产品。

3. 降低销售成本费用

直接销售渠道虽然减少了中间商分成，但产品运输、储存、装卸、损耗、销售网点建设、销售人员开支等成本费用均由企业负担，特别是市场风险需由企业自己承担，所以尽管所获盈利丰厚，但高成本高风险相应降低了企业收益，而使用间接销售渠道使中间商承担起采购、分装、运输、仓储、融通资金、销售等实际业务，发挥集中、存储、平衡和扩散的职能，有效地调节供求之间在数量间隔、结构间隔、地区间隔、时间间隔等方面的矛盾，加速商品的合理分流，最大限度地满足社会需要。

4. 广泛了解市场信息

间接销售渠道可以扩大产品的市场覆盖面，可从更广泛的地区市场了解信息。中间商作为流通媒介，与企业和目标顾客有着广泛密切的联系，能有效地将供需两方面的信息传递给对方，并凭借其丰富的营销经验和良好的服务设施为供需双方提供服务，在交换过程中起到良好的促销作用。

由上述分析可以看出，直接销售渠道和间接销售渠道各有利弊，国际营销企业可视自身条件合理决策。当中小企业面临资金不足、销售力量薄弱、销售经验缺乏、市场比较分散等问题时，应该选择间接销售渠道的方式。另外，在国际市场营销中，有部分企业往往选择直接销售渠道与间接销售渠道混用的方法，即在一部分市场相对集中，需求潜力较大的目标市场建立自己的销售机构，在市场比较分散，需求量不大的市场上则利用当地中间商进行销售，从而获得综合优势。

三、销售渠道的长度选择

一般说来，销售渠道愈短，在销售作业上的效率和控制力愈好，因此，企业都会尽可能地运用更短、更直接的销售渠道。然而，国际市场上销售渠道的长度并不是以其个人意愿所决定的，国际销售渠道长度的决策必须考虑四个方面因素，即产品因素、市场因素、购买者行为因素、企业自身因素。

（一）产品因素

各企业所拟销售的产品各不相同，决定了它们所由企业到达消费者手中的成本、储存、售后服务等要求互有差别。一般来说，当企业产品体积大、重量大、单价高时，应采用短渠道，以减少运输成本，缩短销售时间，降低运销损耗。有些技术性较强，要求有较好的售前和售后服务的产品，如机械设备、汽车、高档家用电器等，应尽量缩短销售渠道，从而避免层层转手，维修、服务不落实的现象。类似的道理，当新产品上市，消费者不了解，也应通过短渠道，让消费者尽快熟悉。

（二）市场因素

当目标国家市场容量较大，且在地理上比较集中时，企业可考虑采用短渠道。反之，如果市场太小或是过于分散，企业在该市场可能只有寻求间接的销售渠道了。例如，尤尼莱佛公司等一些经营消费品的公司在印度进行产品销售时，通常要经过当地代理商到小批发商再到零售商这样的几级渠道，才能将产品送达消费者手中。当然，有些发达国家的渠道也较长。例如，日本市场的销售渠道就相当复杂，往往要经过更多的中间环节，才能完成销售作业。

（三）购买者行为因素

如果购买者进货批量大，企业可采取直接销售。反之，如果进货批量小，则宜通过中间商来进行。有些商品，如日用消费品，消费者购买频繁，希望随时随地买到，应采取长而宽的销售渠道，经过批发商和大量的中小零售商转卖给消费者。对于特殊商品，如高档照相机，消费者愿意花费时间和精力到专卖店或大型商店购买，因而宜选用短而窄的销售渠道。对于购买时不加选择的商品，可用较长的销售渠道，而对于选择性购买的商品，则宜用较短的渠道。

（四）企业自身因素

企业规模大，资金雄厚，有力量建立自己的销售系统，就可以少使用或不使用中间商，因而渠道较短；反之，企业规模小，销售力量有限，就有必要使用较多的中间商，因而渠道较长。企业在设计渠道长度时必须要充分考虑自身销售能力的大小，包括企业的销售机构、销售人员的配备、销售业务熟悉程度以及是否具备相应的国际销售知识与经验等。此外，还要考虑企业控制销售渠道的欲望和要求。如果企业为了自己的整体营销战略，出于控制市场零售价格或加快产品进入市场的速度的原因，就会利用较短的渠道来销售产品，即便销售成本高也在所不惜。

四、销售渠道的宽度选择

企业在确定了销售渠道的长度后，需要进一步确定销售渠道的宽度，以保证销售渠道的流量能满足企业销售任务的完成和销售目标的实现。企业销售渠道的宽度有三种基本选择：

（一）广泛销售

广泛销售也称密集性销售，即企业尽可能多地使用中间商，对中间商的销售范围不做明确规定，对其经营能力不做严格要求，旨在使国际市场的消费者和用户有更多的机会，方便地购买其产品。在国际市场上，价格低、购买频率较高、购买数量少的日用品、食品，以及具有高度统一标准的商品，如小工具、螺母、润滑油等，多采用这种销售策略。外销企业选择广泛销售策略，一般要付较高的销售成本，对价格、分布和销售形式等也较难控制。

（二）选择性销售

选择性销售是企业在市场上选择那些销售能力强，信誉好的中间商来销售本企业的产品。这种方式适用于大多数商品，特别是消费品中的选购品、特殊品和工业品中的零部件。这种方式也可以与前一种方式配合使用，即先用第一种方式，通过广泛宣传，提高本企业产品在广大消费者中的知名度，然后逐渐淘汰效率低、作用小的中间商，以减少销售费用，增加利润。另外，当企业缺乏国际市场经验、在进入国际市场的初期，也可选用几家中间商进行试探性销售。等企业有了一定国际市场经验，或其他条件比较成熟之后，再酌情调整市场销售策略。采用选择性销售方式，中间商之间的竞争压力减少，因而乐意与企业合作，甚至可能同意承担部分推销费用。

（三）独家销售

独家销售是企业在目标市场或其中一部分地区仅指定一家中间商经销或代理其产品。一般情况下，企业与中间商签定书面合同，明确双方的权利和义务，企业保证持续供货，价格优惠，不在该地区另辟销售途径；中间商则保证努力推销该项产品，并不得再代销其他竞争性产品。特殊品的制造商多采用独家销售，尤其是名牌产品，需要现场操作表演和介绍使用方法的工业品，以及需要加强售后服务的耐用消费品宜采用此方式。采用独家销售方式有利于提高中间商的经营积极性，加强其责任心；但市场覆盖面相对较窄，且有一定风险；如该中间商经营能力差或出现意外情况，将会影响企业开拓该国市场的整个计划。因此，使用独家销售时要十分注意中间商的能力与信誉，以防其经销不力。

五、统一渠道和国别渠道策略

统一渠道是指出口企业在进入每个目标市场时都采用相同的渠道模式，比如在各国市场上都通过自己的销售机构进行销售，或者都通过相同长度或宽度的渠道推销其产品。这种渠道决策适合于市场需求大体同质的产品，由于产品在各目标市场上的需求相同，因而可安排相同性质的渠道成员和销售方式。由于在各个目标市场上的渠道模式相同，便于生产企业对企业渠道的管理和控制。但这一策略忽视了不同目标市场差异性的宏观环境、微观环境和市场需求，难以在各个不同的市场同时取得理想的效果，很容易使竞争者趁虚而入。

国别渠道是指出口企业产品在进入不同的目标市场同时，要根据特定市场的环境特征和需求特点，有针对性地安排差异性的销售渠道，这种差异可体现于直接或间接、长度不同、宽度不同等多个侧面。由于这一策略承认了不同目标市场的差异性，因而更有针对性，但差异性的渠道策略会增大企业在市场调研、中间商评估、渠道维护等多个方面的营销费用。尽管如此，国别渠道策略是多数出口企业的经常选择。

六、传统渠道和现代渠道策略

按市场销售渠道内各渠道成员之间相互联系的紧密程度，市场销售渠道可分为传统的和现代的渠道系统。在传统渠道中，各渠道成员彼此独立，单独决策，产销联系不固定，各自为自身利益相互竞争。由于缺乏共同的经营目标，渠道整体效益不高；而在现代渠道系统中，渠道各成员往往通过一体化经营或某种方式的联合经营，实现共同利益基础上的渠道整体效益最大化。

20 世纪 70 年代以来，西方国家现代渠道系统日益发达，并不断显示出其区别于传统渠道的优势。一般来说，新型的渠道系统可以有三种类型。分别为：

（一）合同系统

这是指生产企业与流通企业或不同类型流通企业之间以联营合同结成了联营关系，西方国家的合同系统主要有三种类型，包括：

1. 特许经营系统

特许经营系统是指一些大型的或知名的生产企业为打开某一地区市场或控制产品在该地区的销售，而与一些零售企业签定合同，授予这些企业经营其知名产品的特许权，从而使双方共同受益。

2. 批发商倡办的自愿连锁

它是指一些中小零售商自愿与批发商结成联营关系，实现联购销售。这种连锁形式对批发商和零售商来讲，保持固定的长期联系，对双方都能受益，这是近年来发展起来的一种渠道模式。

3. 零售商合作社

零售商合作社是指若干个小零售商组织起来进行经营的批发机构，各自交纳一定股金，以共同的名义统一采购，统一广告宣传，以便以联合之势与大零售商竞争。

（二）协作系统

在西方国家，许多生产企业包括部分大企业出于企业经营战略的考虑，不自建完整的销售系统，而是在促销、融资、商品库存、定价、商品陈列、购销业务等多个方面给零售商提供指导，与零售商建立起管理式的协作关系，零售商出于货源保证和稳定发展的考虑，往往配合这种指导，确保了产销双方的合作关系。

（三）公司系统

公司系统是指一家大公司拥有并统一管理多家生产企业和批发、零售企业，实现企业内部的产销一体化，这就使生产企业和流通企业减少矛盾冲突，增加了共同利益。我国的国际营销企业在进行销售渠道决策时，可借鉴上述渠道系统类型，形成产销一体或产销协作的产销关系。这其中，公司系统、特许经营和协作系统有着重要的实践意义。

对于一些规模大，实力强的大型企业来说，可以在生产出口产品的基础上建立自己的流通机构，包括海外销售机构，或者在条件成熟时，通过兼并、控股等形式将原来不属于本企业的流通企业特别是经营进出口业务的企业纳入自己的隶属关系内，实现出口业务的产销一体化，实现企业整体效益最大化。

（1）对于那些在国际市场上享有盛誉或竞争力强的产品生产企业而言，可选择特许经营方式。特许经营方式是世界各国实施跨国连锁经营的主要方式，通过这种方式将产品推向国际市场，可实现对产品和市场的最高控制，并不受资金、地域和时间的限制，并且对顾客来说，由于特许经营系统的严格控制和管理，顾客所购买的商品质量或受到的服务都是一流的，这无疑有助于企业信誉的提高和品牌形象的建立，对于企业长久占领市场十分有利。

（2）对于那些不打算建立紧密关系的产销系统的企业而言，为了与销售渠道内各中间商达成长久的良好合作关系，实现更理想的渠道效果，可尝试建立起协作系统或类似管理系统的产销合作关系，通过对中间商提供各种服务确定生产企业在协作系统中的支配地位，实现企业控制销售渠道的目标。

本章小结

国际营销者必须通过国际销售渠道实现产品从生产商向他国消费者的转移，而一个完整的国际销售渠道系统主要由出口国国内的销售渠道、出口国的出口商和进口国的进口商之间的销售渠道及进口国国内的销售渠道三个环节构成。

中间商在实现产品实体和所有权的转移中有着重要作用。国际中间商的选择标准一般包括目标市场的状况、所处的地理位置、经营条件、业务能力、信誉、合作态度等。

国际销售渠道管理，包括选择、评价、激励、督促渠道成员，以及渠道成员的修改等。企业应该了解中间商的经营情况，对它们的活动进行一定的监督与评估，对那些经营情况不太好的中间商进行分析判断，并采取相应的激励措施以改进它们的经营。如果中间商的经营实在不能符合企业的要求，那么就必须中止与该中间商的关系，调整销售渠道，以保证销售渠道符合企业的要求。另外，企业应从渠道成本、覆盖率以及持续性三个方面对国际销售渠道进行控制。

选择国际销售渠道策略必须做出以下决策：标准化与差别化销售渠道的决策，直接销售与间接销售的决策，国际销售的长度和宽度决策以及在此基础上进行的统一渠道和国别渠道的决策。

重要概念

销售渠道　国际中间商　多样化销售模式　间接渠道　差别化销售渠道
渠道长度

思考习题

1. 试述国际营销销售渠道的基本模式是怎样的？
2. 试述进口国家的销售渠道由什么组成，简要说明其内容。
3. 试述企业在选择国外中间商时应考虑哪些基本条件？
4. 试述国际营销渠道决策有哪些内容？具体说明其内容。
5. 试述直接渠道和间接渠道的具体内容及优缺点。
6. 试分析企业如何进行营销渠道的宽度和长度的选择？

案例分析

柯达、富士在中国的主要销售策略

说起中国的感光业市场，人们通常都说是"黄、绿、红"之争，指的就是柯达、富士、乐凯之争，其他品牌还有柯尼卡、爱克发。但霸主地位的争夺只是柯达与富士之间。伊斯曼·柯达公司是目前全世界最大感光材料生产厂商，创办于1880年，至今占据着世界感光业的霸主地位，占世界市场的42%左右。而富士则是"二战"后才成立，直到20世纪80年代才有影响力，占据世界第二位。两家公司的竞争一直都是非常激烈的。首先体现在产品上就是针锋相对的，两家公司的产品结构几乎完全一样。双方在中国市场的争夺非常激烈。在中国，本来是柯达先进入，但开始可能没有重视，又轻视富士的实力，富士在80年代后期发起大规模攻势，反而占了优势。目前，在中国的民用普通胶卷（特别是100度）市场，富士的份额超过40%，而柯达低于40%，但在其他产品系列上，特别是专业产品和医疗产品，则是柯达占了绝对的优势。因为中国在感光产品市场上存在巨大的发展潜力，因而两家公司对中国市场都志在必得，在产品的促销、销售等策略上展开了激烈的竞争。以下只是在争销策略上对两家公司进行一些比较。

一、柯达在中国市场的主要销售策略

柯达在中国市场的基本目标，是保持其在专业、医疗产品上的绝对优势，力争在民用产品上打败富士,以达到对中国市场的占领。在销售渠道策略上,柯达在多数产品上都采用垂直型营销系统,其中较突出的特点是采用较短的销售渠道:中国设厂—区域销售—零售商。柯达一直想在中国设厂,到1997年5月份,柯达已先后兼并了汕头公元胶卷厂和福建福达胶卷厂,从而直接在中国生产胶卷。这样,胶卷从出厂到到达最终消费者,经过的渠道很短。而在渠道宽度上,柯达选择的经销商数量并不多,其特点是经销商专业化,不同类型的产品由不同专业公司代理。在广州,柯达的民用、专业、磁记录和医疗产品分别由相关行业专业性很强的公司代理。而在民用产品零售点上,则主要集中在两方面:一是柯达专卖店,一是百货大楼的摄影器材部。柯达在中国的很多大城市直接设立办事处,办事处市场部按不同产品设立不同产品部,负责所在区域的产品相关工作。办事处投入了很多的人力、财力、物力,柯达很多专卖店的位置选择在一个城市中的黄金地段。例如,广州的世贸中心附近、中信大厦、天河城,深圳的地王大厦,都有柯达的专卖店,外观华丽,给人以大公司的形象感。总体上,从产品出厂到到达最终消费者,或者说在整个市场后勤管理上,柯达公司都进行了有效的管理。

二、富士在中国市场的主要销售策略

因为富士目前在100度胶卷上占着优势,其他产品虽然市场占有率低于柯达;但因为绝大多数人熟悉的就是胶卷,因而富士品牌形象也是深入民心的。其在中国的目标是保持胶卷上的领先优势,以此为基础,扩大其他产品的市场占有率。具体销售策略中,富士在多数产品中也采用垂直型营销系统,但在销售渠道的长度上,富士与柯达明显不同,采用较长的销售渠道:日本厂家—中港澳地区总代理—中国区域代理—主要城市代理—零售商,富士在中国销售的产品,除了少数以外,例如相片的冲洗液是在新加坡生产,其他绝大多数产品都从日本原地生产。在经销商选择上,也与柯达不同。富士的中国内地、香港、澳门地区总代理——香港富士摄影器材有限公司,是其在中国内地、香港和澳门地区的独家经销商,而在中国的区域销售上,除医疗产品等少数产品,因为专业性很强而由专业医疗公司代理,其他产品并没有像柯达那样严格按不同产品选择专业代理商,多数由一家公司经销。在民用产品的零售点上,富士与柯达是一样的,主要都集中在自己的专卖店和百货大楼的摄影器材部。

与柯达相此,另一大区别是富士在中国的绝大部分工作,由其总代理公司负责,自己不直接参与。在中国北京、广州、上海和成都的四大办事处,是直属于香港富士摄影器材有限公司的,分别负责华北、华南、华东、华西地区的相关工作。这样,日本富士公司没有直接接触在中国的经销商,市场开拓工作也都由总代理的办事处负责。富士采用这种方式,在总体上可以节省资源,但不足之处也显而易见，那就是自己不能完全把握一切工作，因为总代理并不能总是与自己一致。所以相对而言，富士与中国各级经销商的联系不够紧密，近年来在开设影像专门店的成绩不如柯达。

从上面两家公司的比较中可见，富士的销售渠道较长，市场后勤管理上稍逊于柯达，这在客观上有两方面负面影响：一方面是产品经过长的渠道，多次转运后，富士公司对产品不能很好控制，使假冒产品有机可乘。目前市场上富士的假冒胶卷较多，而柯达的则很少见。另一方面，几种不同类型的产品由同一经销商负责，例如，在广州，富士的民用胶卷、数码相机和磁记录产品都由同一经销商负责，而柯达的则分开由三家相关行业的公司负责。这样，富士的那家经销可能只重视畅销的产品，而对相对不畅销的产品支持不够。近一两年，同是在推广数码产品和电脑光碟，柯达的取得的成绩比富士好得多，特别是电脑光碟，柯达的销售量在广州已排在前几名，而富士的则比较少见。

案例分析题

1. 结合案例分析国际销售渠道在国际营销活动中的重要性。
2. 结合案例说明国际销售渠道长短的选择及其对国际营销效果的影响。

第十章　国际营销促销策略

学习目标

企业有了优质产品，制定了合理的价格，选择了适当的分销渠道，接下来就是向消费者介绍自己的产品，促使他们去了解、购买。在竞争激烈的国际市场，顾客面对琳琅满目的商品该如何做出选择？为什么顾客会选择自己熟知的产品，对于没有什么知名度的产品会充满不信任感？企业在推广自己产品的过程中，如何说服顾客并最终赢得顾客，这就是企业在设定国际市场促销战略时需要探讨的问题。

本章主要介绍了促销与促销组合的概念、国际促销策略及其选择的影响因素。通过本章学习，重点掌握国际人员推销、国际广告、国际营业推广、国际公共关系四种国际促销策略的内容、常用策略和实施过程。

国际市场促销策略是国际市场营销策略的重要组成部分，它通过促进销售，刺激国际市场消费者增加需求，树立企业在国际市场上的信誉，使企业能在竞争激烈的国际市场上站稳脚跟。一旦产品根据目标市场的需求开发出来，并制定适当的价格和选择好适当的销售渠道后，就必须将产品的效用和价格向预期顾客通报。由于国与国之间通常都存在着较大的经济、文化差异，各国人们都按自己的文化、生活方式、感情、价值观念、态度、信仰和感觉来对促销活动做出反应。因此，国际营销者在促销中所面临的最大挑战，就是如何根据各国的经济、文化差异做出适当的促销策略选择。

第一节　促销与促销组合

无论是经销商还是生产商，在进行商品推广时都离不开促销活动。特别是对于新进入国外市场的产品，更是必须进行促销。现代促销是企业应用各种沟通方式、手段，向消费者传递商品（服务）与企业信息，实现双向沟通，使消费者对企业及其商品（服务）产生兴趣、好感与信任，进而做出购买决策的活动。促销的本质作用则是沟通信息，赢得信任，诱导需求，促进购买与消费。促销组合就是企业在促销活动中，把公共关系、广告、销售促进和人员促销有机结合，综合运用，以便实现更好的整体促销效果。

一、促销的含义及其作用

在市场营销组合的四要素中，如果说产品、渠道、价格是营销的基础，那么，促销就是关键。在竞争激烈的国际市场上，企业的营销不仅要研制适销对路、品质优良的产品，具备便于购买产品的销售渠道，还必须不断与国际市场的目标顾客进行沟通，让消费者及时、充分地了解企业及其产品，以实现扩大国际市场销售的目的。为了获得国际市场销售的成功，企业营销人员应制定和运用完善的促销组合策略。

（一）促销的含义

促销（Promotion）是指企业通过人员推销或非人员推销的方式，向目标顾客传递商品或劳务的存在及其性能、特征等信息，帮助消费者认识商品或劳务所带给购买者的利益，从而引起消费者的兴趣，激发消费者的购买欲望及购买行为的活动。对于促销的含义，我们在理解时应该把握以下几点：

1. 促销的主要任务

从核心和实质上来看，促销就是一种信息沟通，一方面，通过各种各样的手段和方式，实现企业与中间商、企业与最终用户之间的各种各样的信息沟通。另一方面，通过信息沟通又能够传递最终用户和中间商对生产者及有关产品的各种各样的评价。

2. 促销的目的

促销的目的就是通过各种形式的信息沟通来引发、刺激消费者产生购买欲望直至发生购买行为，实现企业产品的销售。在消费者可支配收入既定的条件下，消费者是否产生购买行为主要取决于消费者的购买欲望，而消费者购买欲望又与外界的刺激、诱导密不可分。因此，企业可以通过各种促销方式将产品或劳务等信息传递给消费者，以激发其购买欲望，使其产生购买行为。

3. 促销的方式

促销的方式主要有人员促销和非人员促销两类。人员促销（直接促销）就是企业派出推销人员，与消费者进行面对面的直接沟通，说服顾客购买。非人员促销（间接促销）主要是指借助广告、公关和各种各样的销售促进方式进行信息沟通，达到引发、刺激消费者产生购买欲望直至发生购买行为、实现企业产品销售的目的。一般来说，人员促销针对性较强，但影响面较窄，而非人员促销影响面较宽，针对性较差。企业促销时，只有将两者有机结合并加以运用，方能发挥其理想的促销作用。

（二）促销的作用

美国学者威廉·斯坦顿研究认为：在不完全竞争的条件下，"一个公司利用促销来帮助区别其产品、说服其购买者，并把更多的信息引入购买决策过程。用经济学术语来说，促销的基本目的是改变一个公司的产品的需求（收入）曲线的形状。通过运用促销，一个公司有希望在任何一定价格的条件下，增加某种产品的销售量。它还希望促销会影响产品的需求弹性。其目的在于：当价格提高时使需求无弹性，当价格降低时使需求有弹性。换言之，企业管理当局希望：当价格上升时，需求数量下降很少，而当价格下降时，销售却大大增加。"

在现代社会中，促销活动有以下几方面的重要作用：

1. 提供商业信息

通过促销宣传，可以使用户知道企业生产经营什么产品，有什么特点，到什么地方购买，购买的条件是什么等，从而引起顾客注意，激发并强化购买欲望，为实现和扩大销售做好舆论准备。

2. 突出产品的特点，提高竞争力

促销活动通过宣传企业的产品特点，提高企业的知名度，加深顾客的了解和喜爱，增强信任感，也就提高了企业和产品的竞争力。比如软饮料行业，健力宝通过突出其产品运动的特点，反映出与其他饮料的区别，以吸引喜欢运动的顾客。

3. 强化企业的形象，巩固市场地位

恰当的促销活动可以树立良好的企业形象和商品形象，能使顾客对企业极其产品产生好感，从而培养和提高用户的忠诚度形成稳定的用户群，可以不断地巩固和扩大市场占有率。

4. 刺激需求，影响用户的购买倾向，开拓市场

这种作用尤其对企业新产品推向市场，效果更为明显一些。企业通过促销活动诱导需求，有利于新产品打入市场和建立声誉。促销也有利于培育潜在需要，为企业持久的挖掘潜在市场提供了可能性。

因此，促销作为一项系统工程，由信息沟通机制、形象塑造机制和需求诱导机制构成，这三种机制的正常运转及其相互有机结合，实现促销系统的最佳整体运动状态，从而实现促进销售的根本目标。但企业在促销组合决策时，应有针对性地选择好各种促销方式的搭配，兼顾促销效果与促销成本的关系。

二、促销组合

促销组合是把人员促销、广告宣传、营业推广、公共关系和宣传报导等促销方式有机结合起来,综合运用,以吸引更多顾客的一整套活动。这其中,各种促销手段有不同的作用。

(一)促销组合的含义

所谓促销组合,是指企业根据营销目标和产品的特点,综合影响促销的各种因素,运用广告、人员推销、公关宣传和营业推广等基本促销手段组合成一个策略系统,使企业的全部促销活动互相配合、协调一致,最大限度地发挥整体效果,从而顺利实现企业目标。

促销组合体现了现代市场营销理论的核心思想——整体营销。促销组合是一种系统化的整体策略。

(二)促销组合的构成要素

企业的促销活动种类繁多,但主要有人员推销、广告促销、公关宣传和营业推广四种促销组合方式。这四种方式各有其特点,既可单独运用,也可以组合在一起发挥出更好的效果。

1. 人员推销

人员推销是指企业通过派出推销人员或委托推销人员亲自向顾客介绍、推广、宣传,以促进产品的销售。可以是面对面交谈,也可以通过电话、信函交流。推销人员的任务除了完成一定的销售量以外,还必须及时发现顾客的需求,并开拓新的市场,创造新需求。

2. 广告促销

广告促销是指企业以付费的形式,通过一定的媒介,向广大目标顾客传递信息的有效方法。现代广告不应只是一味地单向沟通,而是形如单向沟通的双向沟通,即应把企业与顾客共同的关心点结合起来考虑广告的制作和传播。

3. 公关宣传

公关宣传是企业通过有计划的长期努力,影响团体与公众对企业及产品的态度,从而使企业与其他团体及公众取得良好的协调,使企业能适应它的环境。良好的公共关系可以达到维护和提高企业的声望,获得社会信任的目的,从而间接促进产品的销售。

4. 营业推广

营业推广是由一系列短期诱导性、强刺激的战术促销方式所组成的。它一般只作为人员推销和广告的补充方式,其刺激性很强、吸引力大。与人员推销和广告相比,营业推广不是连续进行的,只是一些短期性、临时性的能够使顾客迅速产生购买行为的措施。

每一种促销方式的应用都有其优点和缺点,见表 10-1。在促销过程中,企业常常将多种促销方式组合运用。

表 10-1 各种促销手段优缺点比较分析

促销手段	优点	缺点
人员推销	直接沟通信息、方便、反馈及时、灵活、可当面促成交易	费用高、对销售人员素质要求高、接触面窄
广告促销	传播面广、形象生动、节省人力	费用高、效果滞后、只能针对一般消费者、难以立即促成交易
公关宣传	影响面大、信任程度高、利于企业知名度和美誉度的提高	花费力量较大、效果滞后
营业推广	吸引力大、短期促销效果好、可促成消费者当面立即采取购买行动	接触面窄、有时会降低企业和产品的声誉

通过上表的比较可以看出,各种促销方式的特点不同,因此其适用的情况也不同。一般情况下,工业品比较适合采用人员推销的方式,而消费品比较适合采用广告这种促销方式。营业推广和公共关系对于工业品和消费品的作用差别不大,见图 10-1。企业可以根据实际情况,扬长避短,灵活选用。

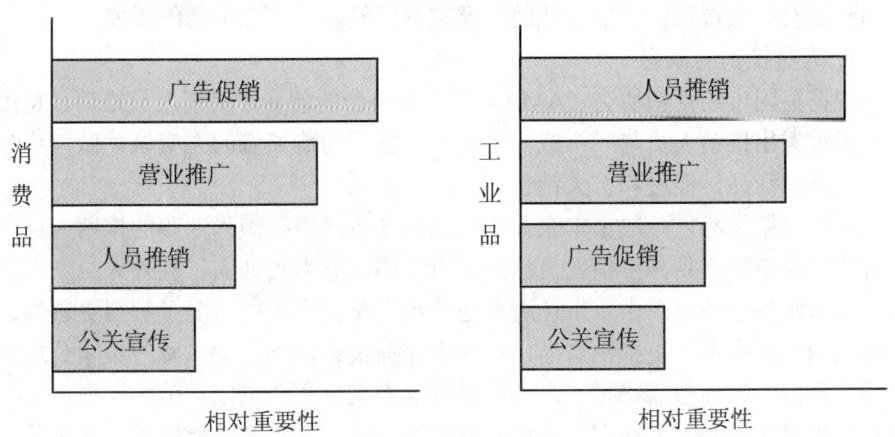

图 10-1 各种促销方式在消费品和工业品中的相对重要性

第二节　国际营销促销策略

国际促销策略包括国际人员推销、国际广告、国际营业推广、国际公共关系四种策略。对于从事国际市场营销的企业来说，人员推销和国际广告常常是主要的促销手段。但是，企业还需要考虑其他促销形式，如营业推广和国际公共关系。不同的促销方式具有各自的特殊作用，成功的企业促销活动，正是对各种促销方式的最佳组合运用。

一、国际人员推销策略

同广告促销策略相比，人员推销策略是一种更直接的促销策略。它既是一种最古老最普遍的促销方式，又是现代社会最重要、最有效的一种促销手段。当前，随着国际市场上广告业务受到的限制日益增多，越来越多的企业将巨额资金花在人员推销上。

（一）人员推销的概念及其特点

人员推销主要用于规格复杂、价值高昂的商品的销售业务。它的特点是介绍细致、及时取得反馈并能以此随时调整营销策略以适应销售的需要。

1. 人员推销的概念

根据美国市场营销协会（AMA）定义委员会的解释，所谓人员推销，是指企业通过派出推销人员与一个或一个以上可能成为购买者的人交谈，做口头陈述，以推销商品，促进和扩大销售。

人员促销策略，一般由本企业派出销售人员或委托国外专职的推销人员向顾客介绍和销售产品。推销人员按照其所在国家分为当地人、驻外人员。当企业欲打入国外市场时，由于市场所在地推销人员对本地的情况了解得更透彻，因而利用当地推销人员推销产品，更易于企业销售成功。山东威力集团公司生产的"特力"牌高档活络扳手，其产品性能和质量完全可以与美国、日本同类产品相媲美。但多年来在国外市场一直销售不畅，沦落为"地摊货"的角色。1993年，他们聘请了美国金元贸易公司史华士先生担任国外推销员后，当年就把高档活络扳手一举打入美国超级市场。进而该公司又采用相同的促销策略，打开了日本超级市场的大门。

在人员推销活动中，推销人员、推销对象和推销品是三个基本要素。其中前两者是推销活动的主体，后者是推销活动的客体。销售人员在企业和消费者之间起着关键性的纽带作用。许多情况下，销售人员同时服务于两个主体——

买者与卖者。对于消费者而言，他们代表的是公司，必须找到和发现顾客，向他们传播公司的产品和服务信息；对于公司而言，他们代表的是消费者，他们必须了解消费者，将消费者的意见反馈给公司。

2. 人员推销的特点

人员推销与非人员推销相比，既有优点又有缺点。其优点主要表现在以下四个方面：

（1）信息传递双向性。一方面推销人员向顾客传递产品的质量、功能、使用、安装、服务、价格等方面的信息；另一方面推销人员通过与顾客接触和有意识的观察调研，能够了解顾客对本企业的产品与服务的评价，能及时掌握产品的销售和市场占有情况等，这样不断收集和反馈信息，为企业制定营销策略提供依据，从而提高企业的决策水平。

（2）推销过程的灵活性。推销人员在推销活动中，可以根据国际市场的不同推销环境，对不同国家、不同民族、不同特点的顾客采取相应的推销技巧，引起顾客对产品的兴趣，解答顾客的问题，促成交易。

（3）具有较强的针对性。与顾客的直接沟通是人员推销的主要特征。由于是双方直接接触，相互间在态度、气氛、情感等方面都能捕捉和把握，有利于销售人员有针对性地做好沟通工作，解除各种疑虑，引导购买欲望。而广告播出去的信息，收看者并不一定就是顾客。

（4）注重人际关系及合作的长期性。一般来说，国际顾客对外国公司了解甚少，人员推销可以通过与顾客良好的商业交往，培养顾客与推销人员的感情，帮助顾客建立对公司的信任，从而建立顾客与公司的长期联系。

当然，人员推销也有缺点，主要表现在以下两个方面：

（1）对推销人员的素质要求较高。人员推销的效果直接决定于推销人员素质的高低。伴随着科技的发展，新产品层出不穷，这对销售人员的素质要求也越来越高。因此，推销人员必须熟悉新产品的特点、功能以及使用、保养等方面的知识。而对于企业来说，要培养和选择出如此高素质的销售人员并不容易。

（2）人员推销的成本费用较高。由于每个推销人员直接接触的顾客有限，销售面窄，特别是在市场范围较大的情况下，人员推销的开支较大，这就增加了产品的销售成本，在一定程度上削弱了产品的竞争力。

（二）人员推销的形式与常用策略

在促销组合中，人员推销是一种重要而有效的传统促销方式。人员推销是企业派出推销人员或聘用、委托当地人员与国外客户直接面谈来介绍商品、洽谈交易。在国际市场上，由于许多国家对广告的限制和使用媒体的困难，促使出口企业仍然广泛采用传统的人员促销方式。

1. 人员推销的基本形式

一般说来,人员推销有以下三种基本形式:

(1) 上门推销。上门推销是最常见的人员推销形式。它是由推销人员携带产品的样品、说明书和订单等走访顾客,推销产品。这种推销形式,可以针对顾客的需要提供有效的服务,方便顾客,故为顾客所广泛认可和接受。此种形式是一种积极主动的、名符其实的"正宗"的推销形式。

(2) 柜台推销,又称门市推销。它是指企业在适当地点设置固定的门市,由营业员接待进入门市的顾客,推销产品。门市的营业员是广义的推销人员。柜台推销与上门推销正好相反,它是等客上门式的推销方式。由于门市里的产品种类齐全,能满足顾客多方面的购买需求,为顾客提供较多的购买方便,并且可以保证产品完好无损,所以顾客也比较乐于接受这种方式。

(3) 会议推销。它指的是利用各种会议向与会人员宣传和介绍产品,开展推销活动。比如在各种交易会、展览会、物资交流会等会议上推销产品。这种推销形式接触面广、推销集中,可以同时向多个推销对象推销产品,成交额较大,推销效果较好。

2. 人员推销的常用策略

推销人员的工作是一项难度很大、专业性很强的工作,常用的方法有试探性策略、针对性策略和诱导性策略。

(1) 试探性策略。它也称为"刺激—反应"策略。这种策略是在不了解顾客的情况下,推销人员运用刺激性手段引发顾客产生购买行为的策略。推销人员事先设计好能引起顾客兴趣、能刺激顾客购买欲望的推销语言,通过渗透性交谈进行刺激,在交谈中观察顾客的反应;然后根据其反应采取相应的对策,并选用得体的语言,再对顾客进行刺激,进一步观察顾客的反应,以了解顾客的真实需要,诱发购买动机,引导产生购买行为。

(2) 针对性策略。它是指推销人员在基本了解顾客某些情况的前提下,有针对性地对顾客进行宣传、介绍,以引起顾客的兴趣和好感,从而达到成交的目的。因推销人员常常在事前已根据顾客的有关情况设计好推销语言,这与医生对患者诊断后开处方类似,故又称针对性策略为"配方—成交"策略。

(3) 诱导性策略。是指推销人员运用能激起顾客某种需求的说服方法,诱发引导顾客产生购买行为。这种策略是一种创造性推销策略,它对推销人员要求较高,要求推销人员能因势利导,诱发、唤起顾客的需求;并能不失时机地宣传介绍和推荐所推销的产品,以满足顾客对产品的需求。因此,从这个意义上说,诱导性策略也可称"诱发—满足"策略。

3. 人员推销的实施步骤

一般来说，销售人员推销商品包括这样几个步骤：寻找顾客；顾客资格审查；约见顾客；接近顾客、与顾客面谈；成交。

（1）寻找顾客。寻找顾客有很多种办法，如地毯式访问法，连锁介绍法，中心开花法，个人观察法，广告开拓法，市场咨询法，资料查阅法等。

寻找顾客的目标是找到准顾客。准顾客（Prospect）指一个既可以获益于某种推销的商品，又有能力购买这种商品的个人或组织。

（2）顾客资格审查。顾客资格审查是指对顾客的需求、购买能力以及市场的规模、潜力等进行的审查。这一过程直接影响到企业的营销策略。

西方推销人员中流传这样一件事：两大公司各派一名推销员，到非洲去推销皮鞋，开拓新市场，到达目的地之后，两个推销员各自给总公司拍了一封电报，其中之一是："此地无市场，因为所有的人都不穿鞋子"；另一个是："此地市场潜力很大，因为所有的人都没有鞋子可穿"。由于这两位推销员在对顾客进行资格审查时，着眼点不一样，结果就不一样，导致两家公司的营销策略不一样。

（3）约见顾客。它是指推销人员事先征得顾客同意接见的行动过程。一般来说，顾客都不大欢迎推销人员来访。在美国有的机构门口，甚至挂着这样的牌子："推销员、狗、小偷、闲人，请勿入内"。因此，推销人员在推销商品之前最好征求顾客的同意。

（4）接近顾客。推销员接近顾客时，一定要做到信心十足，面带微笑。国外推销人员平时非常注意微笑训练，甚至有人发明了所谓"G字微笑练习法"，即每天早晨起床后对着镜子念英文字母G，以训练笑脸，把微笑变成一件十分自然的事情。

接近顾客的办法很多，常用的有：①产品接近法：推销员直接利用推销的产品引起顾客注意，它适用于本身有吸引力、轻巧、质地优良的商品；②利益接近法：利用商品的实惠引起顾客注意和兴趣；③问题接近法：利用顾客感兴趣的问题吸引其注意力；④馈赠接近法：推销人员利用赠品来引起顾客注意和兴趣，进入面谈。

（5）与顾客面谈。面谈是整个推销过程的关键性环节。推销工作的一条黄金法则：不与顾客争吵。在面谈中顾客往往会提出各种各样的购买异议。这些异议可分为：①需求异议——顾客自以为不需要推销的商品；②财力异议——顾客自以为无钱购买推销品；③权力异议——决策权力异议，指顾客自以为无权购买推销品；④产品异议——指顾客自以为不应该购买此种推销品的一种异议；⑤价格异议——指顾客自以为推销品价格过高的一种异议。另外还有货源异议,推销人员异议,购买时间异议等。

推销员处理购买异议时应注意语言技巧。如汽车加油站的职员,与其说"您需要加多少油?",不如说"我为您把油加满吧!"。饮食店招待员把"您喝点什么?"改为选择问句"您是喝咖啡,还是甜点心?",这样的问话使顾客感到难以完全拒绝;而"来点甜点心吧"和"来一杯咖啡吧"这样两个问句却达不到那样的效果。

(6)成交。成交是整个推销过程的最后环节。在产品成交之后,推销人员还要注意为顾客提供产品的后续维护服务,以增加顾客的满意度,为顾客继续购买本公司的产品奠定基础。

二、国际广告促销策略

许多企业在进入国际市场时,广告往往是它们的唯一代表。成功的广告能为企业树立起好的形象,为开拓国际市场奠定基础。广告也能够在目标市场上为企业的产品实现预期的产品定位。

(一)广告的概念及其作用

"广告"通俗的理解就是"广而告之",向大众传播信息。广告有广义和狭义之分。广义的广告可以涵盖一切有意识、有目的的信息传播活动,广义的广告,不仅是商业性的广而告之还包括公益广告。狭义的广告是指广告主有目的有偿地利用媒介物宣传商品或服务的促销活动。

1. 广告的概念

广告(Advertising)源于拉丁语,有"注意"、"诱导"、"大喊大叫"和"广而告之"之意。广告作为一种传递信息的活动,它是企业在促销中普遍重视且应用最广的促销方式。市场营销学中探讨的广告,是一种经济广告。即广告主以促进销售为目的,付出一定的费用,通过特定的媒体传播商品或劳务等有关经济信息的大众传播活动。

我们在这里介绍的国际广告是企业利用国外的或国际间传播的报纸、杂志、广播电视等媒体,通过文字、声音、图像等信息,将企业及产品有关信息传达给国外市场的顾客或潜在顾客,以促进企业产品在国外市场销售的活动。

2. 广告的作用

有一位公司总裁曾经说过:"人们是否喜欢广告,这并不是一个问题。广告是我们生活和现实社会政治经济制度中不可缺少的组成部分,他们喜欢不喜欢,都已毫无意义。"话虽偏颇,却道出了广告在现代经济生活中的重要性。它可以从市场、企业、消费者三个层次进行分析。

(1)从市场角度来看,广告是传播市场商品信息的主要工具。市场的一般定义是指买卖双方相互联系、相互作用的总表现。那么，买卖双方是如何相互联系、相互作用的呢？二者的沟通是通过商品流通来实现的。商品流通由三部分组成：商品交易流通，商品货物流通，商品信息流通。信息流是开拓市场的先锋。可以说没有信息，就成了哑巴，不能沟通，无法交流。那么大量信息是怎样飞到人们哪儿去的呢？靠的是传播。当今世界具有传播商品信息功能的行业或渠道很多，最主要的就是广告信息渠道。

（2）从企业角度来看，广告是企业竞争的有力武器。广告主可以利用广告打开市场之门。首先，利用庞大的广告预算开支，多投入多产出。"没有广告就没有市场，没有广告就没有名牌"已成为企业家的共识。其次，利用广告策划制作，吸引受众，以尽可能少的投入获得尽可能大的产出。有的企业利用广告定位，通过具有针对性的广告策略占领市场。如七喜汽水面世之初，面临百事可乐、可口可乐两个"超级大国"，夹缝里如何求生存？七喜为自己的汽水精心设计了简短的广告词："七喜——非可乐"，一下子把饮料市场一分为二：一边是百事可乐、可口可乐等市场所有的可乐型饮料，另一边是刚刚面世的、非可乐的七喜，在众多的可乐饮料市场上为自己"创造"出了一个新的市场。这场非可乐广告宣传的结果是：七喜汽水在第一年的销售量提高了10%，而且以后每年都有所增加。最后，利用广告策略，树立企业文化。当今的广告大战，从本质上可以说是不同的企业文化之间的较量和竞争。在洋货洋名大出风头的现今中国市场，不少中国产品广告上夸耀自己的洋出身、洋伙伴，四川长虹却率先打出民族工业的旗帜："以产业报国、民族昌盛为己任"，这是明明白白的企业文化，挡不住的民族凝聚力。

（3）从消费角度来看，广告可以引导消费，刺激消费，甚至创造需求。在促销组合中，广告比人员推销具有更广泛的宣传说服作用，人员推销只能进行个别说服，而广告则可以在较大市场范围，针对众多的潜在顾客进行说服。通过广告宣传，可以引起人们的注意，进行购买说服，促使人们产生兴趣，使人们处于潜在状态的需求被激发起来，促成其购买的行为。

（4）广告还起着美化环境，教育人们的作用。广告也是一种艺术，好的广告能给人以美的享受，能美化市容，美化环境。同时，广告内容设计得当，有利于树立消费者的道德观、人生观及优良的社会风尚。

（二）广告的分类

广告的种类很多，为了便于理解和区分，我们把它分为三种类型：即按广告内容分类；按广告目标分类；按广告媒体分类。

1. 按广告内容分类

（1）产品广告。这是企业为了推销产品而做的广告。它的主要内容是介绍产品，属于告知性的宣传方式。它并不是直接宣传企业的形象，而是通过产品的宣传间接的使人感知生产该产品的企业。从这个意义上说，做好产品广告，不但可以推销产品，而且还可以帮助企业树立良好的形象。

（2）企业广告。它是直接为树立企业形象服务的，有公共关系和公共利益的广告都属于这类广告。

（3）服务广告。它是以各种服务为内容的广告，如产品维修、人员培训以及其他各种服务活动等。

2. 按广告目标分类

（1）开拓性广告。这是一种以介绍、说服为目标的广告，其目的在于诱导消费者产生初次需求，向消费者宣传新产品的质量、性能等情况，以解除消费者对企业生产和销售产品的顾虑，加深消费者对这些产品的认识，促使消费者建立起购买这些产品的信心，使产品迅速占领目标市场。

（2）劝导性广告。这是一种竞争性广告，其目的是促使消费者建立起特定的需求，对本企业的产品产生偏好。劝导性广告应着重宣传产品的用途，说明产品的特色，突出比其他品牌产品的优越之处。

（3）提醒性广告。这是一种加强消费者对商品的认识和理解的强化性广告。提醒性广告着重宣传商品的市场地位，以引导消费者产生"回忆性"需求，使企业某一品牌商品在市场衰退期退出市场之前，仍能满足一部分老客户的需求。

3. 按广告媒介分类

（1）印刷广告。报纸、杂志是这种形式广告的有效、普遍的传播媒体。报纸广告最大的优点是读者比较稳定，宣传覆盖率高；传播迅速，反应及时；制作简单，费用较低。但它的保存性差，且报纸内容繁杂，容易分散读者注意力。杂志的优点是促销对象明确，收效率高；保存率和阅读率也较高；画面鲜明，易引人注意。但其传递信息延迟期较长，读者面具有较大的局限性。

（2）视听广告。电台、电视是视听广告的主要媒体。电台广告的优点是传播及时，灵活性强，不受场所的限制，成本较低。但其速度快，不便记忆，且无处查阅。电视广告是当前最有效的传播媒体。它的优点是宣传作用较大，涉及范围广泛；生动、灵活、形式多样，观众记忆深刻。缺点是费用高。

（3）邮寄广告。广告主将印刷的广告物直接寄给顾客、中间商或代理人。邮寄广告的最大优点是对象明确，选择性强，提供的信息全面、准确、说服力强。但其生动性较差，传播面窄。

（4）户外广告。户外广告通常有招贴、广告牌、交通广告以及霓虹灯广告等。户外广告经常作为辅助性推广媒体，也有助于开拓营销渠道，地点多选择在闹市、交通要道或公共场所，一般比较醒目。其优点是内容鲜明、醒目，便于记忆。但是由于受空间的限制，不易于表达复杂的内容，不能动态化。

（三）国际广告促销的实施步骤

在了解和分析市场、消费者、竞争者及宏观环境因素的基础上，国际广告促销方案的设计一般包括以下五个主要步骤：

1. 确定国际广告目标

确定广告目标，就是根据促销的总体目的，依据现实需要，明确广告宣传要解决的具体问题，以指导广告促销活动的进行。广告促销的具体目标，可以使消费者了解企业的新产品、促进购买、增进销售或提高产品与企业的知名度，以便形成品牌偏好群等。

广告的最终目标无疑是要增加产品销量和企业利润，但它们不能笼统地被确定为企业每一具体广告计划的目标。广告目标不仅取决于企业整体的营销组合战略，还取决于企业面对的客观市场情况，如目标顾客处于购买准备过程的哪个阶段。换言之，企业在实现其整体营销目标时，需要分若干阶段一步一步往前走，在每一个阶段，广告起着不同的作用，即有着不同的目标。广告的目标可以归纳为以下三个方面：

（1）告知。这类广告主要用于一种产品的开拓阶段，其目的在于激发初级需求，即通过广告使消费者了解有关信息。如通告有关新产品的情况，某一产品的新用途，市场价格变化情况，产品的使用、维护、保养方法，企业能提供的各项服务，树立企业的良好形象等。

（2）说服。这类广告在竞争阶段十分重要，其目的在于建立对某一特定品牌的选择性需求，使消费者偏爱和购买企业的产品。它主要适用于：帮助消费者认识本企业产品的特色，促使消费者对本企业产品产生品牌偏好；鼓励消费者转向购买本企业的产品；说服顾客购买；转变顾客对某些产品特性的感觉等。

（3）提示。这类广告在产品的成熟期十分重要，目的是保持顾客对产品的记忆。即通过广告提醒消费者采取行动，如提示消费者在不同的时间，需要不同的产品；提示消费者购买某种产品的地点。即使在某些产品的销售淡季也要提示消费者，不要忘记该产品。

广告目标制约着广告预算和媒体策略，不同目标的广告有着不同的要求，需要投入的成本也不同。

2. 制定国际广告预算

企业广告促销决策的第二个步骤，就是为每一种产品制定广告预算。广告预算是企业为从事广告活动而投入的资源。广告费用一般由以下三部分构成：

（1）媒介费用。这是支付给媒体的费用，是广告费用中最大的一部分。若是将广告业务外包给广告公司，则还需要包括广告公司的佣金。

（2）制作费用。无论采用哪种媒体，都要根据广告创意和方案进行制作，这涉及各种物质要素和人员投入，如创作人员、制作人员的报酬，印刷广告的印刷费用，电视广告的拍摄费用等。

（3）其他费用。如管理费、广告部门的员工费用、相关的调研费用等。

广告预算的确定，除了按企业惯例、各种计算方法和精确的模型测算外，还要考虑下列因素对广告预算额的影响：

（1）产品生命周期。对于生命周期不同阶段的产品，广告预算应有所不同。例如投入期的广告预算较高，而成熟期产品的广告预算就应按销售比例有计划地缩减。

（2）市场份额。市场份额高的产品，企业只求维持其市场份额，因此广告预算在销售额中占的比重较低；当企业想通过竞争扩大某种产品的市场份额时，则需要大量广告投入的支持。

（3）竞争关系。国际市场竞争异常激烈，当同行竞争对手都把广告宣传作为主要促销手段时，一般投入的广告费用都较多，因此，企业广告预算也就相对较高，否则企业将无法维持市场份额。

（4）广告频率与区域。向消费者传递广告信息的重复次数及覆盖区域范围，与广告预算有着直接关系。重复次数较多，区域覆盖范围较大，则广告预算就会相对较高。

（5）产品替代性。如果产品与其他同类产品极为相似，就需要较高的广告预算，以树立差别形象；如果产品可提供独特的物质利益或特色，广告预算就可相对少些。

3. 确定国际广告主题

广告促销决策的核心是怎样设计一个有效的广告主题。这个广告主题应能有效地引起顾客注意，提起他们的兴趣，引导他们采取行动。什么样的广告最能吸引当地观众？在一个国家很成功的广告在另一个国家能否成功？哪一种广告最有效？这就涉及选择广告的主题和表现方式的问题以及广告的可转移性问题。

人们的基本需求往往是相同或相近的，但满足这些需求的方式却是不同的。由于不同国家不同的文化背景，有些广告是不能原样照搬的。例如，人们都想买高质量、信得过的产品，中国的广告中往往采用"某某产品获国家金质奖"等办法，证明产品的优越。而这种方法在日本就行不通，日本人把这看作是一种吹嘘，不可信。

人们往往为了不同的目的消费同一产品。如英国人临睡前喝一杯牛奶，是为了帮助入睡，而埃及人则是为了工作更有精力。由于使用商品的目的不同，广告的表达方式和主题选择也不相同。一般来说，广告内容比广告方式更容易转移——由一个市场转到另一市场。比如，牙膏是用来洁齿的，这在每个国家每个市场都可以接受。但是在广告的表达方式上（如使用的语言画面和色彩等），就不可完全相同，而是要符合不同目标市场的需要。这就要求广告符合当地的文化、风俗习惯、法律要求和各种市场条件。

总之，在选择广告主题时，要考虑到市场条件、消费者的购买动机、使用的语言、企业的促销目标、所要宣传的产品的特性、国际市场细分和目标市场，以及广告成本、媒介等，然后再决定是用国际性的广告（即标准化广告）还是用地方性广告。

广告的影响效果不仅取决于它说什么，还取决于它怎么说。不同种类的产品，其表达方式是有区别的。如巧克力的广告往往与情感相联系，着重情感定位；而有关洗衣粉的广告，则更侧重于理性定位。特别是对那些差异性不大的产品，广告信息的表达方式显得更为重要，能在很大程度上决定广告效果。广告制作中要特别强调创造性的作用。不少学者花时间研究广告预算对销售的影响，但却忽略了一个事实：许多公司的广告预算相差不多，却只有少数公司的广告给消费者留下了深刻印象，这就是广告制作的差异或创意的成功。正如一位学者所说："光有事实是不够的……不要忘记莎士比亚曾使用了一些陈旧而拙劣的故事情节，但他的生花妙笔却将腐朽化为神奇。"研究表明，在广告活动中，创意比资金投入更重要，因为只有给人以深刻印象的广告才能引起目标顾客的注意，进而增加产品销量。在表达广告信息时，应注意运用适当的文字、语言和声调，广告标题尤其要醒目易记，新颖独特，以尽可能少的语言表达尽可能多的信息。此外，还应注意画面的大小和色彩、插图的运用，并将效果与成本加以权衡，然后做出适当的抉择。

4. 选择国际广告媒介

广告必须通过适当的媒体才能抵达目标顾客，而且广告媒体常常占用了大量预算。因此，媒体的选择至关重要。国际上主要的广告媒体有印刷媒体，如报刊、宣传单等；电子媒体，如电视、广播、电影等；邮寄媒体，如商品目录、明信片、宣传小册子等；户外广告，汽车广告、海报等；展示广告，如门面广告、陈列等；其他广告媒体，如手提包、包装盒等。在以上六类广告媒体中，报纸、书刊、电视和广播为现代广告的四大媒体，是最常用的传递信息的手段。

企业在选择广告媒体时，需要考虑如下因素：

（1）广告媒体的触及面、频率及效果。为了正确地选择媒体以达到广告目标，企业必须首先确定媒体的触及面、频率和效果。触及面是指在一定时期内，某一特定媒体一次最少能触及的不同个人和家庭数目。频率是指在一定时期内，平均每人或每个家庭见到广告信息的次数。效果是指使用某一特定媒体的展露质量。比如，飞亚达手表的目标市场是全中国各大城市，因而选择了具有全国性的中央电视台为其做广告，而亚都加湿器则只在干燥的北方大城市展开广告攻势，结果都如愿以偿。

（2）目标沟通对象的媒体习惯。例如，生产或销售玩具的企业，在把学龄前儿童作为目标沟通对象的情况下，绝不会在杂志上做广告，而只能在电视或电台做广告。再如，大型机械设备广告的目标是吸引以生产单位为主的用户，可选择专业性较强的杂志作为广告媒体，电视机、录像机、空调等广告的目标是吸引广大消费者，可选择诸如报纸、电视等具有广泛灵活性的广告媒体。

（3）产品特性。不同的媒体在展示、解释、可信度与颜色等各方面分别有不同的说服能力。例如，照相机之类的产品，最好通过电视媒体做活生生的实地广告说明；服装之类的产品，最好在有色彩的媒体上做广告。

（4）信息类型。比如宣布明日的销售活动，必须在电台或报纸上做广告；而如果广告信息中含有大量的技术资料，则须在专业杂志上做广告。

（5）成本。不同媒体所需成本也是一个重要的决策因素。电视是最昂贵的媒体，而报纸则较便宜。不过最重要的不是绝对成本数字的差异，而是目标沟通对象的人数构成与成本之间的相对关系。如果用每千人成本来计算，可能会表明在电视上做广告比在报纸上做广告更便宜。同时世界各国对使用不同媒体分别课以不同税率的税，因此国际广告媒体的选择必然受制于直接决定广告开支的媒体使用价格。

除此之外，国际广告还受到来自不同国家或地区对广告媒体选择各方面的限制。如何适应国际营销环境来进行广告媒体组合选择，以最大限度地保证和提高广告在促销活动中的作用就显得十分重要了。世界各地对广告媒体选择的制约因素可归纳为以下几个方面：

（1）现有的媒体种类和数量。世界上各个国家和地区现有广告媒体的种类和数量有很大的差异。一些国家的广告媒体寥寥无几。比如联合国教科文组织的一项研究指出，在 100 个国家约有 20 亿人缺少足够的交流条件；19 个非洲国家没有日报，每百人仅拥有一份报纸。这样使得从广告目标、商品特性、费用等角度考虑为最佳选择的媒体而在这些国家和地区基本上不存在。

（2）法律对广告媒体使用的规定。许多国家的法律对广告媒体的使用都有规定和限制，使得在该国某些媒体的使用极其困难，甚至不可能。比如，德国就规定商业电视台的广告必须在每天下午 5~8 时播放，时间总共 20 分钟，每次 5~7 分钟。这也就是说，如果每个广告按 1 分钟算，每天的电视节目也只能播出 20 家广告，可以想象众多的广告主在德国获得电视这一媒体的困难程度。

再比如在北欧的瑞典、挪威、丹麦、冰岛等国家只允许在电视、电台上做商业广告，而使用报纸、杂志作为广告媒体成为不可能的事情。

（3）社会文化环境。广告目标市场的社会文化环境，如价值观、风俗习惯等也制约着媒体的选择。比如南欧人看电视不多（意大利的家庭电视普及率就相当低），很多人甚至对电视广告反感，但他们喜欢看杂志，因此商业广告要多刊在杂志上。再比如东南亚的家庭习惯于在做家务和用餐时听电台广播，所以日用品、家用电器和服装等的广告宜此时在电台中播出。

（4）文化教育水平。广告本身是一种沟通活动。在教育和文化水平较高的国家和地区，公众能够较快和较广泛地通过广告进行沟通。反之，对于教育水平低和文盲多的国家和地区，广告信息传播的范围和速度就会受到限制。因此要区别国家或地区文化教育水平差异而使用不同的广告媒体。如非洲许多国家的文盲多，采用文字广告效果就不好，可采用电视或广播媒体；在海地，文盲率高，且收音机和电视机占有率低，采用带有高频扬声器的卡车进行广告宣传则是一种有效的方法。

以上诸多的制约因素，既制约了国际广告媒体的获得，也制约着获得的媒体组合使用。国际广告媒体决策就是要针对这些困难和障碍，采用有效的战略和策略，积极地适应它们。那么，如何选择媒体决策战略呢？可供参考的有以下几种：

（1）是使用大众媒体战略与自创媒体战略。由于存有媒体种类或数量的不足，以及法律对某些广告媒体使用的限制，可考虑使用自创媒体战略，开发和使用自己可以全面掌握的媒体。比如在海地可采用高频扬声器的卡车进行广告宣传。在非洲某些国家可利用船只沿河做广告宣传。再比如印刷带广告的购物袋作为奖赏或礼物赠送，还可以利用商品包装做广告宣传等。广告媒体这一概念的外延是很广的，应机动灵活不断地开发新媒体。

（2）是兼用国内媒体与国际媒体战略。国际媒体与国内媒体是根据媒体所在地与广告主所在地的关系来区分的。一般而言，国内媒体比较容易获得，费用低，并可以回避外在媒体使用的限制，因而是一种可选择的媒体，但其覆盖面较小，信息传播效果不是很理想，因此可以作为国际媒体的一种补充。

（3）是单一媒体战略与多媒体战略。我们知道，不仅不同媒体达到广告目标市场的面和层次不同，而且同一媒体达到广告目标市场面和层次的能力也因国家不同而不同。因此，国际广告单一媒体在广告目标市场分布面广、层次多的情况下，往往难以奏效。事实上，国际广告活动中很少只使用某一项媒体，而大都是将各种媒体取长补短，配合使用。有的媒体用作主要媒体，作为广告攻势的主力，而其他媒体则辅助以加强主要媒体的声势与效力。当然，当广告主为特殊商品作广告时,只寻求其主要对象而对之宣传,他就应选用单一媒体战略。

5. 评估广告效果

企业制定广告决策的最后一个步骤是评价广告效果。广告计划是否合理在很大程度上取决于对广告效果的衡量。广告效果评价是完整的广告活动中不可缺少的重要内容,是企业上期广告活动结束和下期广告活动开始的标志。

广告效果是广告信息通过媒体传播之后所产生的影响。评估内容一般包括两个方面:

(1) 广告传播效果评估。这是指广告对于消费者知晓、认知和偏好的影响。这方面的评估在广告推出前后都应进行。广告推出前,企业可邀请专家和具有代表性的目标顾客对已制作的广告进行评估,了解广告的整体影响和不足之处。推出后,企业可再对顾客进行抽样调查,了解顾客对广告的具体反应。

(2) 广告销售效果评估。这是指广告推出后对企业产品销售的影响。一般来说,广告的销售效果较之传播效果更难评估,因为除了广告因素以外,销售还受到价格或竞争者等许多因素的影响,影响因素越少,效果越能控制,广告对销售的影响也就越容易评估。采用邮寄广告时,销售效果最易评估;而在建立企业形象时,销售效果最难评估。

(四) 国际广告设计应注意的问题

在国际竞争日趋激烈的今天,企业要想成功地进入和占领国际市场,还必须在广告设计等方面注意以下三个问题:

1. 风俗习惯的差异

企业的广告设计无视当地消费者的风俗习惯,便会触犯人们的忌讳,不但达不到促销的目的,相反,还会招致公众舆论的谴责。例如,菲亚特127-帕里欧型赛车车身尾部的流线型很好,由于在英国的广告是:"如果它是位女士,一定会有人在它屁股上捏一把",结果被认为是对女性的侮辱,招致许多人的批评,造成极坏的影响,更不必说销售了。

2. 语言文字的差异

语言文字是国际促销广告信息沟通的最大障碍,几乎每个国家都有一些公司由于语言处理不当而碰到麻烦。如福特公司把一种专为低收入国家生产的廉价卡车叫:"Fiera",却不知道西班牙语中"Fiera"指"丑老太婆"。

3. 各国法律的不同

许多国家都通过一定的法规对在该国做广告实行限制。例如,在德国和许多欧洲国家,不准将本企业的产品与其他企业的同类产品做比较,说自己的最好;穆斯林国家对外国实物、主题词和图形的使用进行管制;法国和墨西哥禁止在广告中使用外国语言。

三、国际营业推广策略

营业推广是为了在一个较大的目标市场中刺激需求,扩大销售而采取的鼓励购买的各种措施。诸如商品陈列、展览、表演和许多非常规、非经常性的销售尝试。营业推广在整个销售组合中是作为一种辅助性活动对待的,因此,它又常被用作争取短期效益的战术手段。

(一)营业推广的概念与特点

1. 营业推广的概念

营业推广又称作销售促进,它是指企业运用各种短期诱因鼓励消费者和中间商购买、经销或代理企业产品或服务的促销活动。营业推广是与人员推销、广告、公共关系相并列的四种促销方式之一,是构成促销组合的一个重要方面。

在美国的日用品销售领域,销售促进的比例占到了总预算的60%~70%,而且每年的增长率约为12%。所以销售促进在促销活动中起着越来越重要的作用。许多企业的实践也证明,营业推广在国际促销中是一种行之有效的重要促销方式。如,美国的IBM公司曾免费赠给中国工业科技管理大连培训中心20台IBM微机。该培训中心的学员都是来自中国各地的大中型企业的厂长和经理,他们在培训中心使用IBM微机后,很多人回到企业后就做出购买IBM微机的决定。IBM公司正是考虑到这一点,才通过这种"赠送"的方式打开了中国市场。又如,青岛啤酒企业在香港地区曾采用一个啤酒瓶盖可换取一元港币的兑换现金法,使香港地区的许多大饭店的服务员成了青岛啤酒的热心推销员,积极向顾客推荐青岛啤酒,这对青岛啤酒在香港地区拓宽销路起了积极作用。

2. 营业推广的特点

一般来说,营业推广具有以下四个方面的特点:

(1)营业推广具有直观的表现形式。采用销售促进的方式,会使消费者感觉到机会难得,进而打破消费者需求动机的转变和购买行为的惰性,尤其是对那些精打细算的消费者具有很强的吸引力。但销售促进如果使用得过于频繁或者使用不当,会使消费者认为卖者有抛售的意图,从而对产品的质量、价格产生怀疑。

(2)灵活多样,适应性强。销售促进可以根据不同的顾客需求和不同的顾客心理,针对性的采取不同的销售促进方法,从而能迅速唤起消费者的关注,促成其购买行为。

(3)促销效果显著。如果采取合理的销售促进方式,可以很快地收到效果,因而它常常被企业或商家在短时期内采用。

（4）销售促进是一种辅助性的促销方式。人员推销、广告、公共关系是常规性的促销方式，而销售促进多半是短期性的非正规性及非经常性的补充方式，所以一般作为一种辅助性的促销方式，配合人员推销、广告和公共关系，而很少单独使用。

（二）营业推广的主要方式

根据目标市场的不同，营业推广可以分为面向消费者、面向中间商和面向企业内部员工的推广。

1. 针对消费者的营业推广（Consumer Promotion）

向消费者促销的目的是鼓励老顾客继续购买、使用本企业的产品，动员顾客购买新产品或更新设备。引导顾客改变购买习惯，或培养顾客对本企业的偏爱行为等。其方式可以采用：

（1）赠送样品。向消费者赠送样品或试用样品，样品可以挨户赠送，在商店或闹市区散发，在其他商品中附送，也可以公开广告赠送。赠送样品是介绍一种新商品最有效的方法，费用也最高。因此，对于价格昂贵的商品不宜采用此方式。

（2）发放优惠券或代金券。它是指给持有人一个证明，证明他在购买某种商品时可以免付一定金额的钱。这种形式有利于刺激消费者购买老产品或购买新产品。

（3）廉价包装。是在商品包装或招贴上注明，比通常包装减价若干，它可以是一种商品单装，也可以把几件商品包装在一起。

（4）奖励。可以凭奖券买一种低价出售的商品，或者凭券免费以示鼓励，或者凭券买某种商品时给予一定优惠，各种摸奖抽奖也属此类。

（5）现场示范。企业派人将自己的产品在销售现场当场进行使用示范表演，把一些技术性较强的产品的使用方法介绍给消费者。

（6）组织展销。企业将一些能显示企业优势和特征的产品集中陈列，边展示边销售。

2. 针对中间商的营业推广（Inter-trade Promotion）

针对中间商的营业推广的目的是鼓励批发商大量购买，吸引零售商扩大经营，动员有关中间商积极购存或推销某些产品。其方式可以采用：

（1）批发回扣。企业为争取批发商或零售商多购进自己的产品，在某一时期内可给予购买一定数量本企业产品的批发商以一定的回扣。

（2）推广津贴。企业为促使中间商购进企业产品并帮助企业推销产品，还可以支付给中间商以一定的推广津贴。

（3）销售竞赛。根据各个中间商销售本企业产品的实绩，分别给优胜者以不同的奖励，如现金奖、实物奖、免费旅游、度假奖等。

（4）交易会或博览会、业务会议。通过在主要目标市场国家举办交易会、博览会或者商品洽谈会，广泛针对可能的各种交易对象发展关系、建立联系，达到推销企业的商品的目的。

（5）工商联。企业分担一定的市场营销费用，如广告费用、摊位费用，建立稳定的购销关系。

3. 针对销售人员的营业推广（Sales-force Promotion）

针对销售人员的营业推广，主要是鼓励销售人员热情推销产品或处理某些老产品，或促使他们积极开拓新市场。其方式可以采用：（1）销售竞赛：如有奖销售，比例分成；（2）免费提供人员培训，技术指导等方法。

（三）营业推广的实施过程

一个公司在运用营业推广时，必须确定目标，选择工具，制定方案，实施和控制方案及评价结果。

1. 确定营业推广目标

从消费者角度而言，目标包括鼓励消费者更多地使用商品和促进大批量购买；争取未使用者试用，吸引竞争者品牌的使用者。就零售商而言，目标包括吸引零售商们经营新的商品品目和维持较高水平的存货，鼓励他们购买落令商品，贮存相关品目，抵消各种竞争性的促销影响，建立零售商的品牌忠诚和获得进入新的零售网点的机会。就销售队伍而言，目标包括鼓励他们支持一种新产品或新型号，激励他们寻找更多的潜在顾客和刺激他们推销落令商品。

2. 选择营业推广工具

可以选择不同的工具实现不同的销售促进目标。在选择销售促进的工具时，必须充分考虑销售促进的目标、市场的类型、市场竞争的状况以及各种销售促进工具的特点、成本、经济效益等因素。

3. 制定营业推广方案

营业推广方案应该包括这样几个因素：（1）成本费用。销售促进方案必须确定企业成本与效益的最优选择，确定销售额和成本的相对比例。（2）参加者的条件。决定参加者的条件是指决定销售促进的优惠是提供给每一个人还是提供给购买数量大的顾客，即确定顾客范围的大小，从而排除不可能成为本企业产品消费者的部分。（3）媒体的选择。它是指如何贯彻执行销售促进的方案。一般来说，可以通过广告媒体、包装、邮寄、店内散发等途径来实现。（4）营业推广时间的长度。销售促进时间太短，消费者无法得到其好处，故无法重复购买；销售促进时间太长，消费者认为是长期降价，甚至对产品质量产生怀疑。阿瑟·斯特恩的调查显示，最佳的频率是每季有三周的促销活动，最佳持续时间是产品平均购买周期的长度。（5）营业推广的总预算。一般采用两种方式：一是自下而上的方式，即根据全年销售活动的内容、销售工具及其成本费用来决定总预算；二是按照习惯比例来确定各种预算的比例。

4. 测试营业推广方案

面向消费者市场的营业推广能轻易地进行测试，可邀请消费者对几种不同的、可能的优惠办法做出评价，也可以在有限的地区进行试用性测试。

5. 实施和控制营业推广方案

实施的期限包括前置时间和销售延续时间。前置时间是从开始实施这种方案前所必须的准备时间。它包括最初的计划工作，设计工作，以及包装修改的批准或者材料的邮寄或者分送到家；配合广告的准备工作和销售点材料；通知现场推销人员，为个别的分店建立地区的配额，购买或印刷特别赠品或包装材料，预期存货的生产，存放到分配中心准备在特定的日期发放。销售延续时间是指从开始实施到大约95%的采取此促销办法的商品已经在消费者手里所经历的时间。

销售促进是一种效果比较明显的促销方式，如果使用不当，则会影响促销目标的实现，甚至影响产品销售和企业的形象。因此，必须对销售促进方案进行控制。

6. 评价营业推广结果

对营业推广方案的评价很少受到注意。最普通的一种方法是把推广前、推广中和推广后的销售额进行比较。如果其他的条件不变，销售额的增加可以说明营业推广的效果明显。

此外，由于国际营销与国内营销所处的市场环境不同，企业在采用营业推广促销方式时，应注意以下几个方面的问题：

（1）各国的法律限制。企业在国外采用营业推广促销方式时，最重要的一个问题，是认真检查各种营业推广形式是否违反了当地法规。如法国的法律规定：禁止抽奖的做法；免费提供给购买者的商品价值不能高于总购买价值的5%。又如德国的法律规定：禁止使用折价券；免费礼品不得超过 0.1 马克。再如新西兰的法律规定：禁止用交易印花的做法；折价券仅限于兑换现金。

（2）注意了解在各国行之有效的营业推广形式。营业推广的形式有多种多样，但有些形式在甲国有效，在乙国则无效。有一项研究表明：在法国，最有效的营业推广形式是商店降价、贸易折扣和免费样品；在巴西，最有效的形式是附送礼品；在瑞典，最有效的形式是合作广告；在匈牙利、荷兰和希腊，最有效的形式是贸易折扣；在德国，最有效的形式是商店降价、展销和贸易折扣。可见，由于各国的传统、法律规定和收入水平不同，最有效的营业推广形式也就不同。

虽然每个国家都有自己最有效的营业推广，但企业还应根据当地的具体情况而采取一些灵活做法。如，巴西的通货膨胀率一直较高，巴西的银行不愿意为打算购买高价商品的低收入家庭提供贷款。在这种情况下，美国福特汽车公司为了扩大向巴西销售汽车，在巴西建立了许多"购买汽车俱乐部"（Car-buying Clubs），每一个俱乐部由60个成员组成，每个成员每月付一次款，在60个月内付清一辆汽车的款项。这60个成员每个月搞一次抽奖活动，每次有一个中奖，中奖者可立即得到一辆福特公司生产的小汽车。通过这种形式，许多巴西低收入家庭在高通货膨胀、银行不贷款的情况下，仍继续购买福特汽车公司的小汽车。

（3）加强与国外零售商的合作。营业推广的许多形式，如，发放折价券、安装展览设备、安排包装礼品、现场示范等。在采用这些方式时，就需要有零售商或中间商的密切配合。又如，展销是一种能短期奏效的促销方式，其作用远远大于其他形式。但采用这种方式之前，就需要了解这个展销会的观众是否与企业的目标观众相吻合；该展销会的举办历史有多久；过去该展销会的参展单位有哪些；在时间安排上是否有利促销，等等。而当地的中间商多了解这些情况。同时，在现场收集订单、征询顾客意见、介绍本公司和产品、趁机评估市场潜力和产品对市场的适应性等方面，中间商的作用是不能忽视的。

企业在采用营业推广促销方式时，还注意同其他各种促销方式相配合，以达到开拓国外市场、提高市场占有率的营销目的。

四、国际公共关系营销策略

企业在跨国经营中，随时可能出现一些例外情况，和企业的目标或利益产生冲突，遇到这种时候，企业就要善用公共关系，加强与东道国政府官员的联系，了解他们的意图，懂得他们的法律，处理好突发的事件，协调好和东道国以及目标市场消费者的关系，以求得企业经营活动的长期发展。而国际营销公共关系是企业搞好与国外社会公众关系，树立企业在国外良好形象的重要手段。

（一）国际公共关系营销的含义与特点

1. 公关关系的含义

公共关系（Public Relation）营销，是指某一组织为改善与社会公众的关系，促进公众对组织的认识、理解及支持，达到树立良好组织形象、促进商品销售目的的一系列促销活动。它本意是工商企业必须与其周围的各种内部、外部公众建立良好的关系。它是一种状态，任何一个企业或个人都处于某种公共关系状态之中。它又是一种活动，当一个工商企业或个人有意识地、自觉地采取措施去改善自己的公共关系状态时,就是在从事公共关系活动。菲利普·科特勒认为,公共关系包括"设计用来推广或保护一个公司形象或它的个别产品的各种计划"。

作为促销组合的一部分,公共关系的涵义是指这种管理职能:评估社会公众的态度,确认与公众利益相符合的个人或组织的政策与程序,拟定并执行各种行动方案,以争取社会公众的理解与接受。公共关系也被称为"塑造企业形象的艺术"。其实质是一种促销手段,其最终目的是促进和提高企业的产品销售。因为良好的公众关系,可以保证企业经营的稳定性和较强的凝聚力。同时也会受到消费者的青睐,提高企业的销售业绩。

2. 公关关系的特点

作为一种社会关系,公共宣传不同于一般的社会关系,它有自己独特的特征。具体表现为以下几个方面:

(1) 公共关系是一定社会组织与其相关的社会公众之间的相互关系。这里包括三层含义:其一,公关活动的主体是一定的组织,如企业、机关、团体等。其二,公关活动的对象,既包括企业外部的顾客、竞争者、新闻界、金融界、政府各有关部门及其他社会公众,又包括企业内部职工和股东,这些公关对象构成了企业公关活动的客体。企业与公关对象关系的好坏直接或间接地影响企业的发展。其三,公关活动的媒介是各种信息沟通工具和大众传播。

(2) 公共关系的目标是为企业广结良缘,在社会公众中创造良好的企业形象和社会声誉。一个企业的形象和声誉是其无形的财富。良好的形象和声誉是企业富有生命力的表现,也是公关的真正目的之所在。企业以公共关系为促销手段,是利用一切可能利用的方式和途径,让社会公众熟悉企业的经营宗旨,了解企业的产品种类、规格以及服务方式和内容等有关情况,使企业在社会上享有较高的声誉和较好的形象,促进产品销售的顺利进行。

(3) 公共关系活动以真诚合作、平等互利、共同发展为基本原则。公共关系以一定的利益关系为基础,这就决定了主客双方必须均有诚意,平等互利,并且要协调、兼顾企业利益和公众利益。这样,才能满足双方需求,以维护和发展良好的关系。否则,只顾企业利益而忽视公众利益,在交往中损人利己,不考虑企业信誉和形象,就不能构成良好的关系。

(4) 公共关系是一种信息沟通,是创造"人和"的艺术。公共关系是企业与其相关的社会公众之间的一种信息交流活动。企业从事公关活动,能沟通企业上下、内外信息,建立相互间的理解、信任与支持,协调和改善企业的社会关系环境。公共关系追求的是企业内部和企业外部人际关系的和谐统一。

(5) 公共关系是一种长期活动。公共关系着手于平时努力,着眼于长远打算。公共关系的效果不是急功近利的短期行为所能达到的,需要连续的、有计划的努力。企业要树立良好的社会形象和信誉,不能拘泥于一时一地的得失,而要追求长期稳定的战略性关系。

3. 公关关系的基本职能

公共关系的对象很广,包括消费者、新闻媒体、政府、业务伙伴等,公共关系被用来促进品牌、产品人员、地点、构思、活动、各种组织机构甚至国家关系。组织机构利用公共关系去吸引公众的注意力或者去抵消留在公众头脑里的坏印象。国家使用公共宣传去吸引更多的观光者、外国投资者和取得国际支持。公共关系作为一门经营管理的艺术,其功用、职能主要表现在信息收集、咨询建议、信息沟通、社会交往、培训、平衡六个方面。

(1) 信息收集。公共关系所须收集的信息主要有两大类,即产品形象信息与企业形象信息。产品形象信息包括公众,特别是用户对于产品价格、质量、性能、用途等方面的反映,对于该产品优点、缺点的评价以及如何改进等方面的建议。企业形象信息则包括:公众对本企业组织机构的评价,如机构是否健全、设置是否合理、人员是否精简、运转是否灵活、办事效率如何等;公众对企业管理水平的评价,如经营决策评价、生产管理的评价、市场营销管理的评价、人事管理的评价等;公众对于企业人员素质的评价,如对决策者的战略眼光、决策能力、创新精神等方面的评价;公众对于企业服务质量的评价,包括服务态度、对顾客的责任感。

(2) 咨询建议,为企业提供决策参考。公共关系利用其收集到的信息,进行分析、综合整理,可以及时地向企业决策者提出合理化建议。其内容涉及本企业知名度和可信度的评估和咨询;公众心理的分析预测和咨询;评议本企业的方针、政策、计划。通过这些对有关企业决策方面的评估与咨询,有利于企业决策目标的确立,有利于获取及时准确的信息,同时反馈方案实施效果的信息。

(3) 舆论宣传,创造气氛。这一职能是指公共关系作为企业的"喉舌",将企业的有关信息及时、准确、有效地传送给特定的公众对象,为企业树立良好形象,创造良好的舆论氛围。如公关活动,能提高企业的知名度、美誉度,给公众留下良好形象;能持续不断、潜移默化地完善舆论气氛,因势利导,引导公众舆论朝着有利于企业的方向发展;还能适当地控制和纠正对企业不利的公众舆论,及时将改进措施公诸于众,避免扩大不良影响,从而收到化消极为积极、尽快恢复声誉的效果。

(4) 信息沟通,协调内外关系。企业是一个开放系统,不仅内部各要素需要相互联系、相互作用,而且需要与系统外部环境进行各种交往、沟通。交往沟通是公关的基础，任何公共关系的建立、维护与发展都依赖于主客体的交往沟通。只有交往，才能实现信息沟通，使企业的内部信息有效地输向外部，使外部有关信息及时地输入企业内部，从而使企业与外部各界达到相互协调。协调关系，不仅要协调企业与外界的关系，还要协调企业内部关系，包括企业与其成员之间的关系、企业内部不同成员之间的关系等，要使全体成员与企业之间达到理解和共鸣，增强凝聚力。

（5）教育引导，社会服务。公共关系具有教育和服务的职能，是指通过广泛、细致、耐心的劝服性教育和优惠性、赞助性服务，来诱导公众对企业产生好感。对企业内部，公关部门代表社会公众，向企业内部成员输入公关意识，来诱发企业内部各部门及全体成员都重视企业整体形象和声誉。对企业外部各界，公关部门代表企业，通过劝服性教育和优惠性社会服务，使社会公众对企业的行为、商品等产生认同和接受。

（二）国际公共关系营销策略

在实际的营销工作中，企业需根据不同时期，具体的主客观条件，确定公共关系的具体目标和策略。

1. 宣传型公共关系策略

宣传型公共关系策略，就是加强与传播媒介的关系，广泛利用报纸、杂志、广播、电视等各种大众传播媒介直接向公众传递有关企业及其产品的各种信息，促成企业与社会的沟通和理解，以提升企业及产品的美誉度，形成有利于企业发展的社会舆论以及内外部环境。

海尔董事长兼CEO张瑞敏曾经在美国市场上问一个老太太："海尔的冰箱质量很好，你为什么不买海尔呢？"这位老人说："我们有自己的品牌通用电器，我们多少年来用的都是它，我为什么要买你的呢？"看来，中国企业和品牌在国际上的形象和美誉度还需亟待提高。实施宣传型公共关系策略就是迅速提升企业产品的知名度和美誉度最有效的手段之一。这一策略要求企业的公关部门要主动向媒介提供各种宣传资料，与这些传媒的记者保持经常的接触，尽量做到有求必应，建立可靠信誉，为他们服务和建立相互合作关系。通过各种方式宣传企业的目标、实力和对社会的责任感，以形成有利于企业发展的社会舆论以及内外部环境。

2. 服务型公共关系策略

服务型公共关系策略是通过实惠性服务，以行动去获取公众的好感。这样不仅有利于促销，还有利于树立和维护企业及产品的良好形象，改善与消费者关系。服务的方式有消费指导、消费培训、免费修理等，同时，还应积极收集和听取目标市场国的公众对本公司政策、产品等方面的意见和态度，及时处理意见,消除公众的抱怨情绪,并提出改进本公司政策和产品的方案,以消除抱怨情绪产生的根源。对来访、来电、来函热情接待和对待,及时答复。有人称这种由消费者亲身体验而自觉传播的良好声誉为"口传广告",这种良好的口碑具有传播广泛、说服力强的特点。在国际市场营销活动中运用服务型公关,可以将公关活动由抽象的行动变为具体的、实在的行动。

3. 维系型公共关系策略

企业即使处在一个发展比较顺利、内外部环境较好、其公共关系状态处于良性循环的时期,也不能放松公共关系工作,此时可采取维系型的公共关系策略。维系型公共关系策略是指,企业在发展比较顺利的时期内,也要不断地加强与公众的沟通和联系,使公众对企业的认同感和依赖感得以增强,将公众始终维系在企业的周围。

4. 合作型公共关系策略

合作型公共关系策略是指要与竞争对手寻找利益的共同点,与利益一致的东道国进口商密切地合作,建立互利的合作竞争关系。"走出去"经营可能会出现与东道国的同行业企业展开竞争局面,企业与竞争者之间的关系也是公共关系的元素之一。经济一体化时代的竞争观念,已从"你死我活"发展为"竞合"新观念,因此与东道国国内的竞争对手及同样进入东道国市场的第三竞争者保持良好的"竞合"的态度非常重要。按照迈克·波特竞争理论,一个好的竞争者将着眼于长远规划,把消费者、企业、行业和社会的利益综合考虑,把行业的发展带上理性的道路,共同把市场做大。

5. 矫正型公共关系策略

矫正型公共关系策略,也称危机公关。矫正型公共关系则是指当企业遇上信任度下降、企业遭受官司等形象危机,或者某项工作产生了失误给消费者造成伤害或给企业造成损失时,企业通过一系列积极主动的措施来获得当事人、社会公众、政府监管部门、新闻舆论力量的谅解,最大限度地减少损失并挽回影响,重新树立良好的企业形象。

如柯达在 2002 年曾有一款相机出现问题,当危机出现时柯达也是运用公共关系策略很好地化解了危机。其做法是,立即按国际惯例宣布收回,坦诚地面对新闻界,将柯达的解释直接发给所有联系的记者。实际上,许多记者当时还不知情。但柯达明白,纸藏不住火,柯达的主动反倒让许多记者提不起追究的兴趣,反而使其质量事故的传播范围得到最小化,并使对事件有了一个统一的说法,由于柯达公司掌握了传播的主动性,就不会因为记者的分析和猜测导致另一层次的危机,没有发生被记者到处围追堵截的被动情况,避免了局面的失控。

6. 交际型公共关系策略

交际型公共关系策略,就是通过直接的人际交往,语言、文字的沟通,进行情感上的联络,为企业广交朋友,建立广泛的社会关系网络,以形成有利于企业发展的人际环境和外部社会环境。可采用宴会、座谈会、招待会、谈判、专访、慰问、电话、信函等形式。交际型公共关系具有直接、灵活、亲密、富有人情味等特点,是一种直接的情感投资,可以通过和目标市场国或地区公众的直接接触,深化交往层次,随时捕捉各种有价值的信息,了解特定公众的态度和反应,以期灵活有效地及时调整和完善各种公关行为和策略。

7. 社会型公共关系策略

社会型公共关系策略是以举办各种有组织的社会性、公益性、赞助性的活动,如庆祝会、纪念会、赞助文化、教育、体育、卫生等事业,参与国家、社区重大社会活动等形式,来扩大企业的社会影响,塑造企业的社会形象,提高企业的社会知名度和美誉度,树立企业的国际形象。社会型公关策略的最大特点就是公益性,它不以短期利益为出发点,不以获取直接经济利益为目的,而是通过一系列活动,创造出一种给企业带来长期利益的社会环境。

在国际市场竞争中,当企业树立起不单纯追求经济效益,还热衷于为社会公众服务的形象时,该企业的社会型公共关系促销策略就得到了最完美的体现。如柯达多次赞助中国的医疗、教育、环保、体育、文化等事业,曾经向无锡政府捐款 66 万人民币建设"柯达园",配合无锡市以"打太湖牌、唱运河歌、建山水城"为主题加强城市美化、绿化和现代化建设的工作。不过,这种公共关系方式公益性强,影响力大,但成本较高。

(三) 国际公共关系营销的实施步骤

1. 调查研究

企业通过调研,一方面了解企业实施政策的有关公众的意见和反应,反馈给高层管理者,促使企业决策有的放矢。另一方面,将企业领导者意图及企业决策传递给公众,使公众加强对企业的认识。

2. 确定目标

一般说来,企业公关目标是促使公众了解企业形象,改变公众对企业的态度。具体地说,公关目标是通过企业传播信息,转变公众态度,即唤起企业需求。必须注意,不同企业或企业在不同发展时期,其公关具体目标是不同的。

3. 编制计划

公共关系是一项长期的工作,必须有一个长期的连续性计划。公共关系计划必须依据一定的原则,来确定公共关系的目标、工作方案、具体的公共项目、公关策略等。

4. 执行与实施

在公共关系的实施过程中，需要依据公共关系的目标、对象、内容、企业自身条件等因素来选择适当的公共关系媒介和公共关系的方式。

5. 评估结果

评价的指标可以包括：（1）曝光频率。衡量公共关系效果的最简易的方法是计算出现在媒体上的曝光次数，企业同样希望报上有字，广播有声，电视有影。（2）反响。分析由公共关系活动而引起公众对产品的知名度、理解、态度方面的变化，调查这些变动前后变化水平。（3）销售额和利润的变化也是一种衡量方法。

第三节 影响促销策略选择的主要因素

企业为了实现产品销售的目标，需要对各种促销方式或手段进行选择与整合。那么具体而言，企业该如何对前面提到的各种促销方式进行选择、搭配及有效地运用？一般来说，企业需要考虑这样几个因素：促销目标、促销预算约束、产品因素、消费者所处的购买阶段、市场条件等。

一、企业促销的目标

企业从事促销活动所要达到的最终目的直接影响着促销方式的选择。企业的整体目标具有阶段性的侧重点，由于目标重点不同，则促销组合策略也不同。比如，以提高知名度和塑造良好形象为主要目标时，应以公关宣传和广告促销为主；而以销售商品为主要目标时，公关是基础，广告是重点，人员促销是前提，营业推广是关键。

因此，促销方式的选择要符合企业的促销目标。根据不同的促销目标来选择不同的促销组合和促销策略。

二、促销预算约束

企业开展促销活动，必然要支付一定的费用。而企业用于促销活动的费用往往又是有限的。因此，在满足促销目标的前提下，要做到成本低，效果好，实现经济上的最优组合。

假设企业全部的促销费用由人员推销费用和广告费用两部分组成。在图10-2 中，MN 为固定的促销预算约束线，l 为无差异的销售曲线（即曲线上的每一点虽然促销方式的组合不同，但所实现的销售水平相同）。l 越远离原点，所代表的销售水平越高。根据经济学理论可以知道，无差异销售曲线与预算约束线的切点 P 是最佳的促销组合点。在这一点上，产品的销售水平最高，企业的资金预算实现了最优配置。

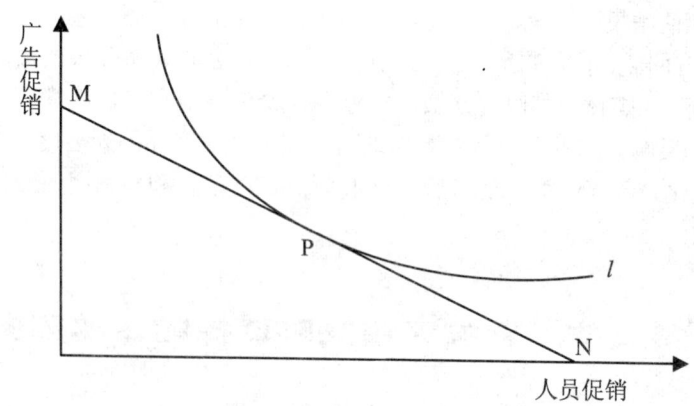

图 10-2　广告促销与人员推销的组合

三、产品因素

产品因素主要包括产品的性质和产品的生命周期两方面。

（一）产品的性质

不同性质的产品，购买者和购买目的就不同，因此，对不同性质的产品必须采取不同的促销组合和促销策略，如图 10-3 所示。

一般来说，在对消费品促销时，因市场范围广而更多地采用"拉"式策略。即企业利用广告、公共关系和营业推广等促销方式，以最终消费者为主要促销对象，设法激发消费者对产品的兴趣和需求，促使消费者向中间商、中间商向制造商企业购买该产品。这种策略一般适合于单位价值较低的日常用品，流通环节较多、流通渠道较长的产品，市场范围较广、市场需求较大的产品。

而对于工业品或生产资料促销时，因购买者批量较大，市场相对集中，则应采用"推"式策略。即企业利用人员推销，以中间商为主要促销对象，把产品推入分销渠道，最终推向市场。这种推销策略要求人员针对不同顾客、不同产品采用相应的推销方法。这种策略一般适合于单位价值高、性能复杂、需要做示范的产品，根据用户需求特点设计的产品，流通环节少、流通渠道较短的产品以及市场比较集中的产品。

（二）产品的生命周期

在产品生命周期的不同阶段，促销的目的不同，因而促销组合与促销策略也会随之不同。

在投入期，促销的目的主要是使顾客了解和认识产品，因而一般采取广告为主，以人员推销和销售促进为辅的促销组合，从而达到引起消费者购买欲望的目的。

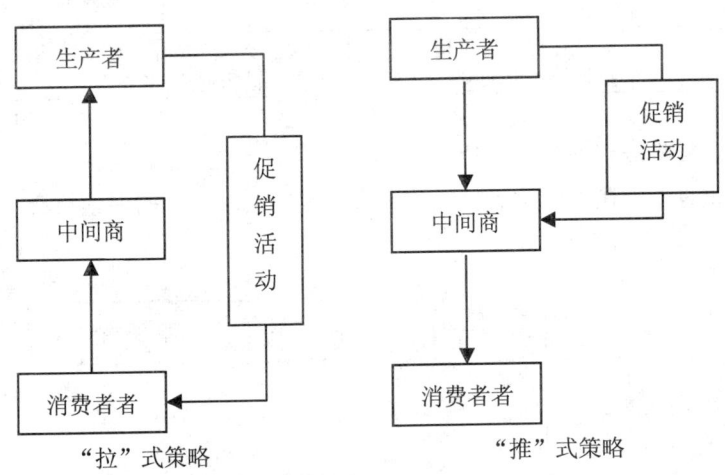

图 10-3　两种不同方式的促销策略比较

在成长期，出现了竞争者，促销的目的发生了变化，由介绍产品发展到宣传产品特色，因此主要采用以广告为主，人员推销、公共关系为辅的促销组合策略。

在成熟期，竞争者增多，促销的目的是增进消费者的购买兴趣与对企业产品的偏爱，因此仍以广告为主，并适当采取销售推广。广告与销售推广要强调本企业产品与其他同类产品的细微差别。

在衰退期，产品的销售量急剧下降，促销的目的是削减存货，减少费用，尽量保持足够的利润收入。因而促销费用不多，一般是采用销售促进和人员推销的促销组合。

表 10-2 以消费品为例，说明了在产品生命周期不同阶段的促销组合。

表 10-2　产品生命周期不同阶段的促销组合选择

生命周期阶段	促销目的	促销组合的运用
投入期	使顾客了解和认识本企业产品	以广告为主，以人员推销和销售促进为辅的促销组合
成长期	宣传产品特色，提高产品知名度	虽然以广告和公共关系为主，但应考虑用人员推销来部分代替广告以降低成本

续表

生命周期阶段	促销目的	促销组合的运用
成熟期	增进消费者的购买兴趣与对企业产品的偏爱,保住已有的市场占有率	应以销售促进为主,充分利用赠品等促销工具,并辅以广告、公共关系和人员推销
衰退期	削减存货,减少费用,尽量保持足够的利润收入	广告、公共关系和人员推销的投入应减少,主要以销售促进的方式

四、消费者所处的购买阶段

企业对于处在不同购买阶段的消费者也应采取不同的促销组合,如图 10-4 所示。

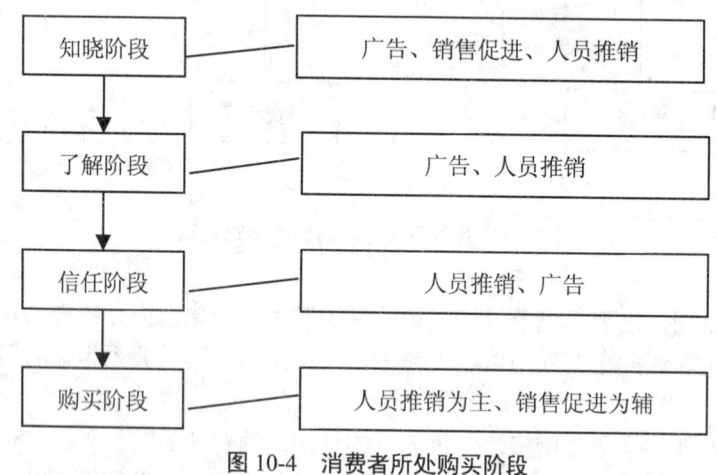

图 10-4 消费者所处购买阶段

五、市场条件

市场条件不同,促销组合与促销策略也有所不同。

从市场地理范围大小看,若促销对象是小规模的本地市场,应以人员推销为主;而对广泛的全国甚至世界市场进行促销,则多采用广告形式。

从市场类型看,消费者市场因消费者多而分散,多数靠广告等非人员推销形式;而对用户较少、批量购买、成交额较大的生产者市场,则主要采用人员推销形式。

在有竞争者的条件下,制定促销组合和促销策略还应该考虑竞争者的促销形式与策略。根据自身与对手的实力分析和比较,选择针锋相对的促销方式或避其锋芒的促销组合。

本章小结

促销的实质为营销者与购买者之间的信息沟通，促销的目的在于通过各种形式的信息沟通来引发、刺激消费者产生购买欲望直至发生购买行为。国际促销策略包括国际人员推销、国际广告、国际营业推广、国际公共关系四种策略。不同的促销方式具有各自的特殊作用，成功的企业促销活动，正是对各种促销方式的最佳组合运用。

在人员推销活动中，推销人员、推销对象和推销品是三个基本要素。人员推销的优点在于四个方面：信息传递双向性、推销过程的灵活性、具有较强的针对性和注重人际关系及合作的长期性。它的缺点在于，对推销人员的素质要求较高和成本费用较高。人员推销有以下三种基本形式：上门推销、柜台推销和会议推销。国际人员推销的常用策略包括，试探性策略、针对性策略和诱导性策略。国际人员推销的实施步骤为寻找顾客、顾客资格审查、约见顾客、接近顾客、与顾客面谈和成交。

广告是传播市场商品信息的主要工具。国际广告首先需确定国际广告目标，包括告知、说服和提示三种。其次要制定国际广告预算，并确定国际广告主题，这个广告主题应能有效地引起顾客注意，提起他们的兴趣，引导他们采取行动。广告必须通过适当的媒体才能抵达目标顾客，报纸、书刊、电视和广播为现代广告的四大媒体，是最常用的传递信息的手段。企业在选择国际广告媒体时，需要考虑如下因素：广告媒体的触及面、频率及效果，目标沟通对象的媒体习惯，产品特性，信息类型，成本。除此之外，国际广告媒体选择还受到来自不同国家或地区对广告媒体选择各方面的限制，体现在：目标市场存有的媒体种类和数量；目标市场法律对广告媒体使用的规定；目标市场社会文化环境和目标市场的文化教育水平。具体的国际广告媒体策略包括：使用大众媒体战略与自创媒体战略；兼用国内媒体与国际媒体战略；单一媒体战略与多媒体战略。国际广告设计中应注意：各国风俗习惯的差异、语言文字的差异和法律问题。

营业推广又称作销售促进，它是指企业运用各种短期诱因鼓励消费者和中间商购买、经销或代理企业产品或服务的促销活动。营业推广具有灵活多样、适应性强、促销效果显著的特点。一个公司在运用营业推广时，必须确定目标，选择工具，制定方案，实施和控制方案，及评价结果。此外，由于国际营销与国内营销所处的市场环境不同，企业在采用营业推广促销方式时，应注意以下几个方面的问题：各国的法律限制；注意了解在各国行之有效的营业推广形式；

加强与国外零售商的合作。企业在采用营业推广促销方式时，还注意同其他各种促销方式相配合，以达到开拓国外市场、提高市场占有率的营销目的。

公共关系营销，是指某一组织为改善与社会公众的关系，促进公众对组织的认识、理解及支持，达到树立良好组织形象、促进商品销售目的的一系列促销活动。公共关系的对象很广，包括消费者、新闻媒体、政府、业务伙伴等。国际公共关系营销是企业搞好与国外社会公众关系、树立企业在国外良好形象的重要手段。国际公共关系营销策略包括宣传型公共关系策略、服务型公共关系策略、维系型公共关系策略、合作型公共关系策略、矫正型公共关系策略、交际型公共关系策略和社会型公共关系策略。

企业为了实现产品销售的目标，需要对各种促销方式或手段进行选择与整合。那么具体而言，企业该如何对前面提到的各种促销方式进行选择、搭配及有效地运用？一般来说，企业需要考虑这样几个因素：促销目标、促销预算约束、产品因素、消费者所处的购买阶段、市场条件等。

重要概念

促销　促销组合　人员推销　广告　营业推广　公共关系营销

思考习题

1. 简述促销与促销组合的方式以及各自的优缺点。
2. 简述推销人员应具备的素质。
3. 国际广告促销方案设计的主要步骤有哪些？
4. 营业推广的主要方式有哪些？
5. 在采用营业推广促销方式时，需要注意哪些问题？
6. 试述国际公共关系营销策略有哪几种？其具体内容是什么？
7. 试述在进行促销策略选择时，企业需要考虑的主要因素有哪些？

案例分析

英美烟公司在华促销本土化实践

英美烟公司1902年成立于伦敦,是英美两国烟草制造商在国际竞争中相互妥协的产物,是一大型跨国公司。公司成立伊始,就开始在中国开拓市场,到1952年撤出中国,英美烟公司在华经营了整整半个世纪。这期间,英美烟公司的在华资本由1902年的21万元增加到1937年的21554万元,增加了1000多倍。占中国卷烟市场的份额一般在60%以上,有些年份达到80%,居于垄断地位。英美烟公司在华取得如此卓越的成绩,是与其推行本土化的策略分不开的,而最突出的表现是其促销本土化。

一、广告本土化

英美烟公司的广告本土化主要是报纸广告、烟标、年历、年画、月份牌等的本土化。以下重点说一下英美烟公司的报纸广告本土化。

英美烟公司做了大量的报纸杂志广告,当时,国内有名的报纸和杂志如《大公报》、《申报》、《民国日报》、《东方杂志》、《国闻周报》等都曾长期为其做过广告。以天津英美烟公司为例,英美烟草公司1921年在天津建厂投产后,公司曾设立50余人的广告部,广告费支出就占办公费的80%左右。1936年5月,天津英美烟草公司仅支付中外报纸的广告费就相当于当时30万支中档烟的售价。

英美烟公司的报纸广告有一个本土化的过程。以其在天津《大公报》刊登的广告为例,1916年—1922年,其广告主要强调产品的质量及特色。从1923年开始,英美烟公司的香烟广告虽也强调其品质优良,但更多地融入了中国文化,以期拉近和顾客的距离,使顾客产生认同。英美烟公司利用中国传统的名著、诗歌、书法、谚语做广告。大前门香烟的广告由苏州阊口钱起八根据唐代著名诗人杜牧的《清明》改编而成,"作文时节神昏昏,眼暗心疲欲断魂。借问名烟何处有,画僮笑指大前门"。改编得浑然一体,借朗朗上口的中国古诗加深了读者对大前门的印象。

英美烟公司还利用中国的年节如元旦、春节、中秋等做广告,知道这时是中国人大量消费的时候,利用这种时节宣传其产品的礼品功能。1925年元旦时,英美烟公司为大前门香烟做的广告是:"百枝锦包,装潢华丽,新年馈赠,最为适宜。"广告上是中国的一副年画,两旁各两个童子放鞭炮,中间四个人并排走入大门,门上有"步步高升"四个字,既表达了跨入新的一年人们步步高升的愿望,又宣传了"大前门",只要吸大前门,就能步步高升。1931年元旦,英美烟公司用一首诗表达了大前门是送礼佳品,"一见大前门,莫不笑嘻嘻。诸君送年礼,用之最相宜"。

二、利用中国传统节日促销

由于英美烟公司的销售人员都是中国人,他们了解本国人的消费心理,懂得利用中国传统的节日、庙会等进行宣传促销,有力地推动了卷烟的销售,提高了产品知名度,打开了销路。

端午节赛龙舟是中国特别是中国南方省份为纪念大诗人屈原而形成的民族习俗。湖南祁阳的英美烟公司就利用赛龙舟的机会,进行哈德门香烟促销。英美烟公司特地在浯水组织了一只大哈德门船,两旁悬挂中英国旗,中间悬挂万国旗帜,全船满贴各种广告,用各种烟壳嵌成"哈德门船"、"大哈德门"、"英美烟公司"、"良辰美景"、"赏心乐事"暨联语等字样。船上还设有售烟处、抽彩,兑彩都是有价值的赠品。竞赛开始后,游江的人们把"哈德门号"重重围住,购烟抽彩者拥挤异常。天津南乡峰山庙会,公司派职员万保年带领售烟小孩和贴报工人若干,前往促销大孩、百灵、地图、古印、哈德门灯香烟并赠送画片,"所售之烟甚多"。奉天省安东区大孤山段的段长苏志贵和大代理商义盛恒的人员在当地阴历四月十八日和二十八日两次庙会时,派人张贴哈德门广告,推销哈德门香烟并送赠品。"买主特别踊跃,奋力争购"。在浙江安徽交界处的威坪镇,英美烟公司的职员派人在该地三十年一次的迎神演戏时前往布置广告,推销喜鹊牌香烟。夜间悬挂大哈德门灯四盏,并大放焰火,以至于"观者人山人海"。河北安国(古称祁州)县是全国药商云集的时候,公司派王吉祥摆摊推销大地图香烟,"所得成效颇佳"。广东潮阳每年借游神佳会时机,不惜耗费巨资,准备锣鼓旗帜,"间以寓意谐剧随同神像四处出游……借以推广本公司之业务"。1925年,潮阳段段长亲自带领人员参与出游,沿途分发香烟和赠券。"凡得券之人,摩肩接踵,大有山阴道上,应接不暇之势。"由于举办这种促销活动,英美烟公司在潮阳的业务"蒸蒸日上"。像这类借年节庙会等进行促销的例子,在《英美烟公司月报》上有大量的记载。

英美烟公司在华企业促销本土化是其将产品销售融入东道国经济中的过程,同时也是将企业文化融入和植根于当地文化模式的过程。它有利于英美烟公司降低海外派遣人员和跨国经营的高昂费用、与当地社会文化融合、减少当地社会对外来资本的敌对情绪。英美烟公司的促销本土化取得了良好的效果,其促销本土化的模式、方法、途径至今值得人们借鉴。

案例思考题
1. 根据案例试述国际营销中如何进行本土化促销？
2. 国际营销进行成功的本土化促销需要注意什么？

参考文献

[1] Donald A. Depalma, Business without borders: A strategic guide to global marketing, Jonh Wiley & Sons, Inc. 2002

[2] Isobel Doole and Robin Lowe, International Marketing strategy, 5th edition, Cengage Learning EmEA, 2008

[3] Masaaki Kotabe, Kristiaan Helsen, Global Marketing Management, 5th edition, Wiley, Inc. 2010

[4] Mathur U. C., International Marketing Management: Text and Cases, Sage Publications, Inc. 2008

[5] Michael R. Czinkota and Ilkka A. Ronka, International marketing, 10th edition, Cengage Learning, 2012

[6] Naresh K. Malhotra, Marketing research: An applied orientation, Pearson Education, 2009

[7] Philip Kotler and Gary Armstrong, Principles of Marketing, 15th edition, Prentice Hall, 2013

[8] Philip R. Cateora, Marry C. Gilly, and John L. Graham, International Marketing, 15th edition, The McGraw - Hill Companies, Inc. 2010

[9] Svend Hollensen, Global Marketing: A decision – Oriented approach, 5th edition, Prentice Hall, 2010

[10] Warren J. Keegan and Mark Green, Global Marketing, 7th edition, Prentice Hall, 2012

[11] 金占明，段鸿．企业国际化战略．北京：高等教育出版社，2011

[12] 庞鸿藻．国际市场营销．北京：对外经济贸易大学出版社，2006

[13] 万成林，佟家栋编著．国际市场营销理论与实务．天津：天津大学出版社，1995

[14] 万成林．国际营销管理．天津：天津大学出版社，2004

[15] 王朝辉．国际市场营销学：原理与案例．大连：东北财经大学出版社，2011．12

[16] 吴晓云．全球营销管理．高等教育出版社，2009

南开大学出版社网址：http://www.nkup.com.cn

投稿电话及邮箱：　022-23504636　　QQ：1760493289
　　　　　　　　　　　　　　　　　QQ：2046170045(对外合作)
邮购部：　　　　　022-23507092
发行部：　　　　　022-23508339　　Fax：022-23508542

南开教育云：http://www.nkcloud.org

App：南开书店 app

　　南开教育云由南开大学出版社、国家数字出版基地、天津市多媒体教育技术研究会共同开发，主要包括数字出版、数字书店、数字图书馆、数字课堂及数字虚拟校园等内容平台。数字书店提供图书、电子音像产品的在线销售；虚拟校园提供 360 校园实景；数字课堂提供网络多媒体课程及课件、远程双向互动教室和网络会议系统。在线购书可免费使用学习平台，视频教室等扩展功能。